# 史记研究
## （第一辑）

杨共乐　主编

2016年·北京

图书在版编目(CIP)数据

史记研究.第1辑/杨共乐主编.—北京:商务印书馆,2016
ISBN 978-7-100-12601-4

Ⅰ.①史… Ⅱ.①杨… Ⅲ.①中国历史—古代史—纪传体②《史记》—研究 Ⅳ.①K204.2

中国版本图书馆CIP数据核字(2016)第229806号

所有权利保留。
未经许可,不得以任何方式使用。

史记研究
(第一辑)

杨共乐 主编

商 务 印 书 馆 出 版
(北京王府井大街36号 邮政编码100710)
商 务 印 书 馆 发 行
北京洲际印刷有限责任公司印刷
ISBN 978-7-100-12601-4

| 2016年10月第1版 | 开本 640×980 1/16 |
| 2016年10月北京第1次印刷 | 印张 27 3/4 |

定价:120.00元

# 卷头语

《史记研究》论文集代北京史记研究会会刊,计划三年出一辑,也就是三届年会出一辑。北京史记研究会成立于 2013 年 12 月 2 日。今年 2016 年是第三届年会,出版的《史记研究》是第一辑。随着时间的推移,每三年一辑的序列,若干年之后也将积累成一套《史记》研究系列丛书。

为什么要成立北京史记研究会,它不仅是为了推动"史记学"的研究,而且为中华民族复兴实现中国梦添砖加瓦,具有重大的现实意义。众所周知,《史记》是全人类的文化遗产,司马迁是联合国教科文组织颁布的世界文化名人。《史记》更是中国人民人人必读的一部国学根柢书,它总结上古三千年的文明史,是古代中华民族文化的浓缩、爱国主义的思想源泉,弘扬《史记》研究,弘扬司马迁创新精神,有无比重要的现实意义。商务印书馆是出版高端学术著作的平台,也是凝聚全国学术界通力合作的纽带。由商务印书馆牵头,成立北京史记研究会,团结首都学术界的同仁与全国学人共同努力推进史记研究,要领先于世界,使商务印书馆成为出版《史记》研究论著的重镇,这就是成立北京史记研究会最大的现实意义。

北京史记研究会成立,受到社会关注,也得到全国学术界关注,每届年会不只是首都学术界学者的参与,全国各地《史记》研究的学者以嘉宾的身份参与,共襄盛举。我们要特别感谢首都教育界高等学府的大力支持。北京史记研究会成立大会在商务印书馆召开,中国人民大学举办了第二届年会,2016 年由北京师范大学历史学院举办第三届年会,借此表达学会全体会员学者的衷心感谢。

本辑《史记研究》收文 44 篇,分为 7 个栏目刊发。2015 年是司马迁诞辰 2160 周年,北京史记研究会与中国史记研究会联合发起,特邀教授笔谈,在《博览群书》大力支持下全年连续刊载多位学者的笔谈论文,本辑集中刊发,看看参与笔谈的学者都说了些什么,是一个亮点。本辑论文第一栏目"史记"文本研究,向学术界推出一个重大的讨论课题,"古籍标点横排简体是一场革命",希望受到大家关注。我会计划在 2017 年推出现代版的《史记》,更希望学术界开展热烈讨论,开拓古籍整理事业发展的新局面。

本辑卷头语就说这么多。

**北京史记研究会**

2016 年 9 月

# 目　　录

## 《史记》文本研讨

《五帝本纪》文本梳理 …………………… 张大可　朱枝富（ 1 ）
五帝本纪第一 …………………………… 张大可　朱枝富（ 45 ）
横排简体《史记》标点符号系统梳理 …………… 朱枝富（ 59 ）
《史记》补遗 …………………………………… 杨共乐（ 82 ）
《史记》叙事中的若干自相歧异 ……………… 韩兆琦（ 85 ）
试论《太平御览》对《史记》校勘的价值
　　——兼评修订本《史记》校勘记 ………… 刘自稳（100）
日本学者编撰《史记钞》选本综论 …………… 凌朝栋（116）

## 《史记》史事研讨

一生成败浮沉　半部秦朝历史
　　——《史记·李斯列传》史学价值析论 …… 陈其泰（122）
秦朝的分封郡县之争与儒法之争 ……………… 张建安（133）
再论秦朝焚书的原因 …………………………… 石　鹏（141）
《史记》所记"吕""莒"二国存灭考异 ………… 王　珏（150）
"班马异同"视野下的《汉书》战争
　　叙述探索 …………………………………… 陈　曦（159）
《史记》的史实考订：以出土文献为依据 ……… 吴淑玲（174）

## 《史记》人物研讨

《史记》价值评价体系与用人制度的关系 ……… 刘丽文（183）
关于《史记》外戚宗亲世家的思考 …………… 杨燕起（194）
孟尝君名高天下，谤亦随之 …………………… 李伟泰（206）
生不逢时的贾谊 ………………………………… 丁　波（219）

《史记》中吕后、戚姬、薄姬成败原因之
  我见 …………………………………… 徐建芳（224）
《史记》中三种典型用人模式解析 ………… 杨　波（235）

## 司马迁思想研讨

别开生面，成就卓著——2001年以来司马迁
  经济思想开拓性研究评说 …………… 朱枝富（239）
论《史记·天官书》对天地人神异质同构思维的
  范式化 ………………… 刘丽文　张懿媛（265）
从"继《春秋》"到"成一家之言"
  ——试论《史记》的子书性质 ……… 叶文举（275）
司马迁《史记》对贾谊通变观的继承 ……… 宋馥香（287）

## 《史记》散论

司马迁的凿空之记对于"一带一路"建设的
  启示 …………………………………… 王斌俊（299）
试论《史记》神异书写的本质与历史解释
  目的 …………………………………… 庄亚琼（304）
试论杜甫诗对于《史记》的接受
  研究 ………………………… 苏宗元　康清莲（312）
《史记》中下级对上级劝说行为的语用研究 …… 张汝莹（320）
《史记》等若干传统文献所见之早期中国医学教育
  考察 ……………… CHO YONG JUN（赵容俊）（332）

## 2015年《博览群书》特邀教授笔谈

《史记》是一部国学根底书——写在2015年司马迁诞辰
  2160周年之际 ………………………… 张大可（342）
《史记》在今天的现实意义 ………………… 韩兆琦（346）
《史记》中的法治思想 ……………………… 岳庆平（351）
《史记》评述注重事势 ……………………… 杨燕起（355）
司马迁创作精神时下谈 ……………………… 刘德奉（360）

司马迁对公羊学"大一统"思想的继承
　　和发展 ································· 丁德科（368）
司马迁笔下的循吏带给我们的启示 ············ 田志勇（373）
长剑横九野　壮士唱大风——读司马迁
　　《史记》中的军人传记 ····················· 陈　曦（378）
谈《史记》气势恢宏的人生观和悲壮浓烈的
　　生死观之现代启示 ······················· 康清莲（382）
司马迁《史记》与六经的传承 ················· 姜海军（388）
春风噙寒入锦帷——司马迁笔下的汉宫红颜 ··· 刘玲娣（393）
《史记》在国外的传播与研究 ········· 张新科　李　红（397）

## 司马迁生年研讨

李长之关于司马迁生于前135年说举证十条无一考据
　　——兼论郭沫若《〈太史公行年考〉有问题》
　　亦无一考据 ····························· 陈　曦（402）
司马迁自叙生于建元年间
　　——兼论张守节《史记正义》不可尽信 ······ 吴名岗（414）
《太史公自序》中没有记载司马迁生年
　　——兼与吴名岗等先生商榷 ··············· 张奇虹（425）

# 《史记》文本研讨

《史记》标点横排简体文本梳理

## 《五帝本纪》文本梳理

﹡本文作者张大可、朱枝富。张大可,中央社会主义学院教授;朱枝富,江苏省产业海外发展和规划协会副会长兼秘书长。

【编者按】古籍标点横排简体是一场革命。古人著书不分段,不标点,极不方便阅读。蒙童读书,要跟着老师一句一句读,学会断句,背熟了,再听老师讲解,知其文义。近代中外文化交流,西学传来,于是有了分段标点的古籍整理。20世纪"五四"运动,书面语废文言,兴白话,是一场文化革命。文言文表达的许多意趣,白话文无法表达,当时推行者与反对者激烈交锋,所以是一场移风易俗的革命。任何美好的事物都不可能两全。是文言好还是白话好,各有千秋,白话文毕竟便于大众交流,所得大于所失,民众响应,成为不可阻挡的历史潮流,于是成为不可逆转之势。

简体字推行,是书面语言表达文字符号的一场革命。比如前后的"後"与君王后的"后",通用一个简化字"后",在一定的场合使用起来不顺当。不合理的简化字违反汉字规律,必然遭到废弃。例如,"面"字简化为"靣",就违背汉字象形为基础的规律。俗话说:"人活一张脸,树活一张皮。"中国人最讲面子。把眼睛、鼻子、嘴巴都去掉了,也就是"面子"都没了,还叫什么"靣"。又如"道"

字简化为"辺"，无论是道路的"道"，还是道理的"道"，走路和讲理的都是人，最能代表人的形象是"首"。而简化字"辺"，用"刀"代"首"，一个人拿着大刀走路，那是"劫道"，而不是"讲理"。所以第三批简化字许多字违背汉字规律就被废弃了，但不影响第一批、第二批合理的简化字使用，现今也已成为不可逆转的历史潮流。简化字不如繁体字好看，损失了书法艺术，但简化字带给人们书写方便，依然是所得大于所失。

现在就要谈到古籍整理了。以往的古籍整理重点在学术圈内，因此最为保守。明明是高兴的"悦"，一定要写成"说"；早晚的"早"，一定要写成"蚤"。其实古籍中的通假字，一部分是古今字，如"舍"与"捨"；"辟"与"避"等等，属于文字的发展，既分工，亦通用。而同音假借，有些就是写了错别字，如"倍"与"背"；"間"与"闲"，由于行用已久，约定俗成而不改。如果古籍整理走出学术圈子，而让广大人民群众喜爱，乃至于中小学生也可直接阅读古籍，是不是应该考虑打破"一些"（注意是"一些"）传统的校勘规矩，以方便大众使用为最高利益。具体说，就是古籍标点横排本一律使用规范简体字，把古今字、繁简字、通假字、冷僻字一一改正使用本字，可以省去许多的烦琐注释，甚至省去许多今译。提出这一问题本身，就是冒天下之大不韪，真正推行，将是一场古籍整理的革命，少不了一场大争论。

话又说回来，将通假字改用本字，问题多多，十分复杂。试举二例来说明。《货殖列传》开篇有一段话，其中一个"挽"字的通假，三家注就出现了歧义。

【原文】老子曰："至治之极，邻国相望，鸡狗之声相闻，民各甘其食，美其服，安其俗，乐其业，至老死不相往来。"必用此为务，挽近世涂民耳目，则几无行矣。

这段话中的"挽近世"作何解释？《索隐》司马贞曰："挽，音晚，古字通用。"《正义佚文》张守节曰："挽，与'挽'同，引也。"如果"挽"同"晚"，则"晚近世"与"近世"同义，不仅"晚"字多余，而且于上下文讲不通。"挽"同"挽"，挽回，扭转。"挽近世"，指"把近现代拉回到古代去"，上下讲通。

《货殖列传》紧接第二段有这样的话："俗之渐民久矣，虽户说以眇论，终不能化。"其中"眇论"之"眇"，当代学者有三种解释。其一，通"妙"，认为是美妙的言辞。其二，通"渺"，认为是渺小，即微不足道的理论。三是作微妙解，即微妙的言论。断章的字面意义，三解可通，然而联系上一段，"眇论"指《老子》的理论，只能解释为"美妙的理论"，最为贴切。因为《老子》的理论是妙不可言，而非微不足道。由于商品经济之俗，影响民众生活已久，《老子》那一套"甘其食，美其服"的小国寡民理论影响不了民众生活，这才符合司马迁的思想。

所以改通假字为本字，必然是"智者见智，仁者见仁"，有可能把古籍改得乱七八糟，于是保守者曰：为了慎重，还是不改为好。明人好改字，历来受到批评。

比改通假字更前进一步，等音同义字替换，或者等字语释，那就更不得了。"等音"、"等字"是笔者杜撰词语，指古今对等的字同义或译义相替换。语译古文，一般是用现代汉语双音词转译古文单音词，例如：厚古薄今＝尊崇古代，轻视当代；狐群狗党＝狐狸成群，恶狗成帮。"等音"、"等字"，特指用今语转译古语，或用同义词代替古语，字数相等，音节相等，最早发明者为司马迁。如《五帝本纪》用"能明驯德"代《尚书》的"克明俊德"；用"便章百姓"代"平章百姓"；用"合和万国"代"协和万邦"。仿此，《五帝本纪》中："名曰轩辕"改为"名为轩辕"；"幼而徇齐"改为"幼而迅捷"，可以视为等字对译。司马迁的这一方法，吴见思在《史记论文》中评论说："尧、舜二纪，纯用《尚书》、《孟子》，略改字面，便是太史公之文，不是《尚书》、《孟子》之文。"也就是说，我们如果改换了《史记》用字，那就不是司马迁之文，而是整理者之文了。恰如"白话史记"，是译者之文，而不是《史记》原文。既然白话《史记》都是成立的，为什么用规范简体字就不可以呢？如果说用规范简体字，不能称为《史记》原版，我们就改个名字叫"现代版《史记》"，或者叫"现代《史记》读本"好了。

有人断言，简体字违背汉字繁体的造字规律，损害书法艺术，将来还会回到繁体字。只要繁简字对应文字存在，由简回繁十分方便。为了弥补古籍横排改换用字，出现"智者见智，仁者见仁"的弊端，我们在每一篇的篇后附列本篇代用字表，还标出每一个代用字的次数即字频，便于读者验证，或者恢复原貌。同时我们主张，古籍整理严格区分两种排版。直行繁体，保留传统，横行简体一律使用规范简体字；有了直行繁体，庶几可以避免负面影响。今有张大可与朱枝富两位学者合作，进行古籍标点横排简体的《史记》文本梳理，取其首篇

《五帝本纪》在本集《史记研究》发表，以期抛砖引玉，在北京史记研究会第三届年会发布，进行学术研讨。期盼本会广大学者关注。是为编者按。

**横排简体《史记》文本梳理说明**
**一、横排简体《史记》文本梳理的意义和价值**
进行横排简体《史记》文本梳理，运用现代思维审视《史记》，运用现代语言改造《史记》，运用现代方法解读《史记》，形成规范的《史记》横排简体文本和通俗的现代版《史记》大众读本，是时代发展对《史记》研究提出的新要求，是师法司马迁改造古文精神研究《史记》的新尝试，也是将《史记》研究引向深入的新举措，是《史记》研究的创新之行、开拓之举，具有重要的时代意义和创新价值。

**二、横排简体《史记》文本梳理的主要内容**
主要开展以下四项工作：
一是进行《史记》原文文字的系统梳理。按照删繁就简，去异标新，弃假用正，舍古存今，同义求俗，生冷替代的原则，主要进行6个方面的文字梳理：即①繁体字、②异体字、③古今字、④通假字、⑤词性变化较大的同义字（词）、⑥比较生冷的文言字（词）。一律替换成规范简体文字。

二是进行《史记》段落划分的系统梳理。按照条理清楚、详略得当、突出主线、方便阅读的分段标准，对《史记》的自然段落进行统筹思考，重新划分，该分开的则分开，该合并的则合并，形成比较合理的、有一定规范的自然段落。

三是进行《史记》标点符号的系统梳理。按照现代白话文的标点符号使用规范，参照"常用标点符号用法简表"，对《史记》的标点符号进行重新思考，予以更新、改正，改造长句，完善句式。

四是进行《史记》原文内容的系统整理。参照前人的研究成果，进行汇集考辨、综合思考，并断以己见，对其中明显的讹、误、衍、脱的字、词、文，能改则改，不害原意，更加准确，务求完美。

**三、横排简体《史记》文本梳理的主要目标和参考文献**
横排简体《史记》文本梳理，就是用现代语言改造和提升《史记》，使《史记》成为现代应用文本，让普通大众能够直观地看懂读通《史记》，可称之为《史记》读本，或现代版《史记》。

《史记》读本的梳理依据，即主要参考文献，以中华书局点校本、商务印书馆《史记通解》本为蓝本，广泛吸收昔贤今人的多种《史记》研究论著和《史记》整理注译本的成果。主要参考的文献列目如次：

中华书局《史记》（修订本）、（简体本），简称"中华本"；商务印书馆《史记通解》，简称"商务通解本"；江西人民出版社《史记笺证》，简称"史记笺证本"。

《史记》文本梳理主要参考"三家注"，分别简称《集解》、《索隐》、《正义》；张大可《史记新注》，简称《新注》；韩兆琦《史记笺证》，简称《笺证》；王利器《史记注译》，简称《注译》；吴树平《史记全注全译》，简称《全注》；王叔岷《史记斠证》，简称《斠证》；《新华字典》（第11版），简称《字典》；《古代汉语词典》（第二版），简称《词典》。

《史记》文本梳理还参考：梁玉绳《史记志疑》；泷川《史记会注考证》；施之勉《史记会注考证订补》；张文虎《史记校刊札记》、中华书局《史记》（修订本）"校勘记"、凌稚隆《史记评林》、王念孙《读书杂志》、李人鉴《太史公书校读记》等10多种《史记》研究著作。

**四、横排简体《史记》文本梳理的主要符号、字号说明**

《史记》原文中予以替换的文字和标点符号用小四号宋体，用圆括号"（ ）"表示，如"（曰）"；予以替用的文字和标点符号用四号宋体，六角方括符号"〔 〕"表示，如"〔为〕"；有些通假字需要再用同义字或替代字处理的，用"｛（ ）〔 〕〔 〕"表示，如"｛（女）〔汝〕〔你〕"，表示"女"与"汝"，为通假字，"汝"与"你"，为同义字，现代一般用"你"；在电脑上打不出来的文字，用方框"☐"做标号。

"说明"，对《史记》原文的段落梳理、文本整理的讹误衍脱问题、重要的标点符号改正，主要是说明梳理替换以及改正的理由，必要时引用一些前人的研究成果；对梳理文字的说明，一般在梳理文字的第一次出现或认为需要作说明时所作的更换说明，对多次出现的同样的文字更改，一般在"正文"中标注出来，只作一次性说明。文字梳理的说明内容，包括生冷字的注音，对该字（词）的理解，引用有关文献予以佐证，确定替换文字的类别属性以及说明现代使用规范和习惯等。

《五帝本纪》全文如下：

黄帝者，少典之子，姓公孙，名(曰)〔为〕[1]〔"〕轩辕〔"〕。生而神灵，弱而能言，幼而(徇齐)〔迅捷〕[2]，长而敦敏，成而聪明。

**【说明】**

1．"曰"，是比较典型的文言用词，主要是两种用法，一是表示"说"，现代用"说"，古代用"曰"；二是表示"为"、"叫"，如这句"名曰轩辕"，就是"名为轩辕"或"名叫轩辕"的意思。"曰"字在《史记》中用得比较普遍，可以说满眼皆是。那么，是改，还是不改呢？比较纠结。考虑再三，还是改，索性要改就要改得到位。这样，《史记》"现代版"，则更有现代气息，更适合现代人阅读和品味。这句中的"轩辕"，是"曰"的内容，改为"为"后，宜加引号。后面类此情况，一般如此处理，不再作说明。

2．"徇齐"，这个词比较难于理解，如果不借于注释，恐怕一般人很难直观地表达出比较准确的意思，历来有些注释也是很难让人看得懂，越说越复杂。我想还是用同义词予以替代，使人一看就明白。《集解》："徇，疾；齐，速也，言圣德幼而疾速也。"《新注》："徇齐：古音与'迅疾'通，指黄帝成熟很快，思想敏锐。"《笺证》："谓思维敏捷，反应快。""迅疾"，指行动迅速、快疾；而"迅捷"，则是指行动迅速，思维敏捷。因此，用"迅捷"替代"徇齐"，更为准确，故改之。

轩辕之时，神农氏世衰。诸侯相侵伐，暴虐百姓，而神农氏(弗)〔不〕[1]能征。于是〔，〕[2]轩辕乃习用干戈，以征不享，诸侯(咸)〔皆〕[3]来宾从。而蚩尤最为暴，(莫)〔不〕[4]能伐。炎帝欲侵(陵)〔凌〕[5]诸侯，诸侯(咸)〔皆〕归轩辕。轩辕乃修德振兵，治五气，(蓺)〔艺〕[6]五种，抚万民，度四方，教熊罴貔貅䝙虎，以与炎帝战于(阪)〔坂〕[7]泉之野。三战，然后得其志。蚩尤作乱，不用帝命。于是〔，〕黄帝乃征师诸侯，与蚩尤战于涿鹿之野，遂(禽)〔擒〕[8]杀蚩尤。而诸侯(咸)〔皆〕尊轩辕为天子，代神农氏，是为〔"〕黄帝〔"〕。天下有不顺者，黄帝从而征之，平者(去)〔弃〕[9]之，(披)〔辟〕[10]山通道，未(尝)〔曾〕[11]宁居。

**【说明】**

1. "弗"，是"不"的同义字。《公羊传·桓公十年》："其言'弗遇'何？"注曰："弗，不之深也。"所谓"同义字"，是指语义相通、声音相近的字。在梳理中，我们把现代一般不用的字以及难以理解的字，用同义字予以替代。"弗"字，现代几乎不用，而都用"不"字替代。故改。"弗"字在《史记》中使用很多，后面所改，不再予以说明。

2. "于是"，现代一般为承接连词，表示后一事承接前一事，后面一般都加逗号，在阅读上略加停顿。而古代文言中的"于是"，则表示在此、当时、如此、语气等多种意思，随文而定。在梳理中，一般都在"于是"后加逗号。后面如此处理，不再另加说明。

3. "咸"，是古代汉语中比较普遍的一个副词，是皆、都的意思。"咸"与"皆"，为同义字。在现代,"咸"字作为副词,几乎不用了,而是用"皆"字替代,故改。

4."莫",一般作"不"讲。"莫"与"不",为同义字。在梳理中,如果是表示"不"的意思,即用"不"字替代,比较简朴明了。

5."陵",古同"凌",侵犯,欺侮。"陵"与"凌",为通假字,宜改。

6."蓺",读作"yì",是一个比较生冷的字,古同"艺",栽植、种植之意。"蓺"与"艺",为古今字,同义字,现代已不用"蓺",故改。"商务通解本"已改为"艺"。

7."阪",读作"bǎn",《字典》:"旧同'坂'。""阪"与"坂",在古代是同义词,而现代一般用"坂"。可用"坂"替代"阪"。

8."禽",古通"擒",作动词用。"禽"、"擒",为通假字。在现代,"禽"、"擒"分途,"禽"为名词,指鸟类;"擒"为动词,擒拿之意。宜改。

9."去",本义为离开,这里通"弃"。《新注》:"平者去之:平服者舍而不征。去:通'弃',舍弃。""去"与"弃",为通假字,宜改。

10."披",通"辟",本义为打开,开辟。《笺注》:"披:开辟,开拓。""披"与"辟",为同义字,此义现代一般用"辟",故改。

11."尝",作为副词,是曾经的意思。"尝"与"曾",是同义词,可予以替换,使文义更有现代气息。

东至于海,登丸山,及(岱宗)〔泰山〕[1]。西至于空(桐) 〔同〕[2],登鸡头。南至于江,登熊、湘。

北逐(荤粥)〔匈奴〕³，合符釜山，而邑于涿鹿之阿。迁徙往来无常处，以师兵为营卫。官名皆以云(命)〔名〕⁴，为云师。置左右大监，监于万国。万国和，而鬼神〔、〕山川〔、〕封禅与为多焉。获宝鼎，迎日推(筴)〔策〕⁵。举风后、力牧、常先、大鸿以治民。顺天地之(纪)〔道〕⁶(,)〔、〕幽明之(占)〔故〕(,)〔、〕死生之说(,)〔、〕存亡之难⁷。时播百谷草木，(淳)〔驯〕⁸化鸟兽虫蛾，旁罗日月〔、〕星辰〔、〕水(波)〔播〕⁹〔、〕土石〔、〕金玉¹⁰，劳勤心力〔、〕耳目，节用水火〔、〕材物。有土德之瑞，故号〔"〕黄帝〔"〕。

黄帝二十五子，其得姓者十四人。

【说明】

1. "岱宗"，是古代对泰山的尊称，即指"泰山"。"岱"，《说文》："岱，太山也。""泰山"，古代亦作"太山"。"岱宗"与"泰山"，为古今词，同义词，宜改。

2. "空桐"，即空桐山，古代有多种表示法，现代一般用"空同"表示，比较简易、通俗。"空桐"与"空同"，为同义词，故改。

3. "荤粥"，读作"xūn yù"，即匈奴，中国古代北方的一个部族。《集解》引《匈奴传》："唐虞以上有山戎、猃狁、荤粥，居于北蛮。"《索隐》："匈奴，别名也。唐虞已上曰'山戎'，亦曰'熏粥'，夏曰'淳维'，殷曰'鬼方'，周曰'狁'，汉曰'匈奴'。""荤粥"与"匈奴"，为同义词。在现代看来，这些名词都生冷得很，称为"匈奴"就得了，无须分得那么清，故改。

4."命",取名、命名的意思。"命"与"名",为同义字。"以云命",即用"云"来命名官职。而"以云名",则比较符合现代语言,故改。

5."筴",古同"策",是"策"的异体字,应改。"商务通解本"已改。

6."纪",本义指开端、头绪,引申为规律、法则。《新注》:"顺天地之纪:顺应天地阴阳四时变化的规律。纪:道,指时令规律。""纪"与"道",为同义字。此义,现代一般用"道",故改。

7."顺天地之纪,幽明之占,死生之说,存亡之难",这句话不太顺畅,"幽明之占,死生之说,存亡之难",只是词组,而不成为一句话,原来在其间均用逗号,似乎不妥。《笺证》:"语略不顺,'占'字似应依《大戴记》、《孔子家语》之《五帝德》作'故'。"并引李笠:"占,疑是'故'字之烂文。'顺'字蒙下三句。顺,陈也。谓陈说天地之纪、幽明之故、死生之说、存亡之难也。"并说:"《孔子家语》于此作'顺天地之纪,知幽明之故,达生死存亡之说',较此通畅。"据此,几个词组之间宜用顿号,"占"与"故",为替代字,可予以替代。

8."淳",用如动词,"驯"的意思。《新注》:"淳化:即驯化,指人工繁殖。""淳化"与"驯化",为同义词。现代一般用后者,故改。

9."波",即"播"的意思。《新注》:"水波:指水的震荡与运动规律。播:通'播',震荡、波动。"实际上是变水害为水利的问题。"波"与"播",为通假字,宜改。

10."日月星辰水波土石金玉",是现代汉语中比较典型的以两个词为一组的并列词组,中间宜用顿号隔开,以便于阅读和理解。

黄帝居轩辕之丘,而娶于西陵之女,是为〔"〕(嫘)〔雷〕祖¹〔"〕。(嫘)〔雷〕祖为黄帝正妃,生二子,其后皆有天下:其一(曰)〔为〕玄嚣,是为〔"〕青阳〔"〕,(青阳)²降居江水;其二(曰)〔为〕昌意,降居若水。昌意娶蜀山氏女,(曰)〔为〕昌仆,生高阳,高阳有圣德焉。黄帝(崩)〔死〕³,葬桥山。其孙昌意之子高阳立,是为帝颛顼也。

【说明】

1. "嫘祖",有多种写法。《索隐》:"一曰'雷祖'。""雷"与"嫘",同音,但比"嫘"通俗,可以作为通假字替换。

2. "青阳",疑为衍字,或是赘字。后一句没有重"昌意"二字。去掉"青阳",文义更加通顺。故删除。

3. "崩",在古代,是帝王去世的专用词,意谓帝王的去世并不是无声无息,而是动静大,有如山崩地裂一般,逐渐演变成一种身份的象征,只有帝王之死才能称为"崩"。古代对各种不同的人的去世,都有不同的说法,即帝王的死,称为"崩";侯王的死,称为"薨";大夫的死,称为"卒";未成年人的死,称为"殇";只有平民的死,才称为"死",等等,真是繁琐得很,也无聊得很。而现代一般都称为"去世"或"死"。其实,死了就是死了,称作"死",有什么不好呢?比如,这句改为"黄帝死,葬桥山",不是很好吗?意思不是很明白吗?考虑再三,所有的不同人等的去世,都改为

"死"，这样便于一般读者阅读和理解。凡类此情况，以后只作改动，不再作说明。

帝颛顼高阳者，黄帝之孙而昌意之子也。静渊以有谋，疏通而知事；养(材)〔财〕[1]以任地，载时以像天，依鬼神以制义，治气以教化，(絜)〔洁〕[2]诚以祭祀。北至于幽陵，南至于交(阯)〔趾〕[3]，西至于流沙，东至于(蟠木)〔扶桑〕[4]。动静之物，大小之神，日月所照，(莫)〔无〕不(砥)〔归〕属[5]。

【说明】

1. 材，通"财"，财物。《斠证》："'材'、'财'，古通。"《笺证》："材：通'财'，《大戴记》径作'财'。""养财"，指养育财物。"材"与"财"，为通假字，宜改。

2. "絜"，古同"洁"，干净、洁净之意。《新注》："絜：通'洁'。"《斠证》："'絜'、'洁'，古今字。""絜"与"洁"，为通假字，宜改。

3. "交阯"，泛指五岭以南地区，现代一般作"交趾"。"交趾"，为现代通用写法。"阯"与"趾"，为通假字，宜改。

4. "蟠木"，即"扶桑"，神话中的树名，传说日出于扶桑之下，拂其树稍而升，因称"扶桑"为日出处。《说文》："扶桑，神木，日所出也。"《十洲记》："扶桑在碧海中，树长数千丈，一千余围。两干同根，更相依倚，日所出处。""蟠木"与"扶桑"，为同义词。说"扶桑"，现代人还比较熟悉；说"蟠木"，恐怕没有多少人知道和理解，故改。

5. "砥属"，《集解》引王肃："砥，平也，四远皆平而来服属。"《笺证》："砥属：归属。""砥属"与"归属",为同义词。"砥属"一词非常生冷,现代一般不用,改为"归属",则比较通俗易懂,故改。

帝颛顼生子(曰)〔为〕穷蝉。颛顼(崩)〔死〕,而玄嚣之孙高辛立,是为〔"〕帝喾〔"〕。

帝喾高辛者,黄帝之曾孙也。高辛父(曰)〔为〕(蟜)〔桥〕极[1],(蟜)〔桥〕极父(曰)〔为〕玄嚣,玄嚣父(曰)〔为〕黄帝。自玄嚣与(蟜)〔桥〕极皆不得在位,至高辛即帝位。高辛于颛顼为族子。

**【说明】**

1. "蟜极",读作"jiǎo jí",为黄帝之孙,尧帝之祖。《正义》:"蟜,本作'桥'。"《注译》:"蟜:一作'桥'。"据改。"蟜极"还确实与"桥"相关,据说他发明了桥。"蟜"与"桥",为替代字,"桥极"二字更为简明,故改。

高辛〔,〕生而神灵,自言其名。普施利物,不于其身。聪以知远,明以察微。顺天之义,知民之急。仁而威,(惠)〔慧〕[1]而信,修身而天下服。取地之财而节用之,抚教万民而利诲之,历日月而迎送之,明鬼神而敬事之。其色(郁郁)〔穆穆〕[2],其德嶷嶷。其动也时,其服也士。帝喾溉执中而(徧)〔遍〕[3]天下,日月所照,风雨所至,莫不从服。

**【说明】**

1. "惠",古同"慧",聪明。"惠"与"慧",为通假字,宜改。

2. "郁郁",读作"yù yù",仪态端庄盛美的样子。《索隐》:"郁郁,犹'穆穆'也。"《注译》:"郁郁：通'穆穆'，端庄和悦的样子。"郁郁"与"穆穆"为同义词，此义现代一般用"穆穆"，故改。

3."徧"，与"遍"的含义相同，是"遍"的异体字，应改。"商务通解本"已改。

帝喾娶陈锋氏女，生放(勳)〔勋〕[1]。娶娵訾氏女，生挚。帝喾(崩)〔死〕，而挚代立。帝挚立，不善(崩)[2]，而弟放(勳)〔勋〕立，是为〔"〕帝尧〔"〕。

【说明】

1."勳"，特殊功劳的意思，与"勋"的含义相同，是"勋"的异体字，应改。"商务通解本"已改。

2."不善(崩)"，"商务通解本"作"不善，崩"。这里牵涉到历史事实的问题，究竟是挚在位无德无能，将帝位禅让于尧，还是挚去世后尧即位？《索隐》引卫宏："挚立九年而唐侯德盛，因禅位焉。"《正义》引《帝王纪》："帝挚之母于四人中班最在下，而挚于兄弟最长，得登帝位。封异母弟放勋为唐侯。挚在位九年，政微弱，而唐侯德盛，诸侯归之，挚服其义，乃率群臣造唐而致禅。唐侯自知有天命，乃受帝禅，乃封挚于高辛。"据此，挚为在位"不善"，禅位于尧，而非去世后由尧继位。故应为"不善"，"崩"为衍字，应去掉。

帝尧者，〔名〕(曰)〔为〕[1]〔"〕放(勳)〔勋〕〔"〕。其仁如天，其知如神。就之如日，望之如云。富而不骄，贵而不舒。黄收纯衣，彤车乘白马。能明(驯)〔顺〕[2]德，以亲九族。九族(既)〔已〕[3]睦，(便章)〔辨彰〕⁴(百姓)〔百官〕⁵。(百姓)〔百官〕昭明，合和万国。

【说明】

1. "名曰"，疑为脱字。《笺注》："崔适疑为依后文'虞舜者，名曰重华'、'夏禹，名曰文命'之例，此处应作'帝尧者，名曰放勋'。"其说是，故采之，加"名曰"二字，"曰"改为"叫"。

2. "驯"，本义是指马驯服，引申为顺从之意，泛指顺服。《笺证》："驯：同'顺'。顺德：顺天应人的美德。""驯"与"顺"，为通假字，现代一般用"顺"，故改。

3. "既"，已经的意思。"既"与"已"为同义字，此义现代一般用"已"，故改。这种用法在《史记》中很多，后面只作修改，不作说明。

4. "便章"，辨别彰明之意。《新注》："便章百姓：平判彰明百官族姓的治绩。便：通'辨'，平判。"而"章"，古同"彰"，彰明之意。"便"与"辨"、"章"与"彰"，均为通假字，宜改。"辨彰"，含义比较清晰、明了。

5. "百姓"，古代百姓是百官贵族的统称。《新注》："百姓：百官，指百官职责。"《笺证》："百姓：这里指百官。""百姓"与"百官"，为同义词，由于词性变化，古代称"百姓"，现代则称"百官"，而"百姓"则是相对于"官"而言的一般民众了，故改。

乃命羲、和，敬顺昊天，数法日月星辰，敬授民时。分命羲仲，居郁夷，(曰)〔为〕(旸)〔阳〕谷¹。敬(道)〔导〕²日出，(便)〔辨〕程(东)〔春〕

作³。日中，星鸟，以(殷)〔正〕⁴(中)〔仲〕春⁵。其民(析)〔散〕⁶，鸟兽{字(微)〔尾〕}〔交配〕⁷。申命羲叔，居南交。(便)〔辨〕程南为，敬致。日永，星火，以正(中)〔仲〕夏。其民因，鸟兽(希)〔稀〕⁸革。申命和仲，居西土，(曰)〔为〕昧谷。敬(道)〔导〕日入，(便)〔辨〕程西成。夜中，星虚，以正(中)〔仲〕秋。其民(夷)〔平〕⁹易，鸟兽毛(毨)〔鲜〕¹⁰。申命和叔，居北方，(曰)〔为〕幽都(。)〔,〕便在(伏)〔藏〕¹¹物。日短，星昴，以正(中)〔仲〕冬。其民(燠)〔暖〕¹²，鸟兽(氄)〔茸〕¹³毛。岁三百六十六日，以闰月正四时。(信饬)〔整顿〕¹⁴百官，众功皆兴。

**【说明】**

1. "旸谷"，古称日出之处。《正义》："尧命羲仲理东方青州嵎夷之地，日所出处，名曰'阳明之谷'。"现在一般作"阳谷"。"旸"与"阳"，为同义字，而"阳"则简明多了，故改。

2. "道"，读作"dǎo"。《正义》："道，导，训也。"即引导、疏导之意。"道"与"导"，为通假字。此义现代一般用"导"，故改。后面的"敬道"之"道"，含义亦相同，亦改。

3. "东作"，即"春作"，春天的劳作。《笺证》："东作：春天的农事活动。按照五行家的说法，'东'即相当于'春'。""东作"与"春作"，为同义词。说"东作"，恐怕没有多少人能够直观的理解，而说"春作"，一般人都能领会、理解，故改。

4. "殷"，正的意思。《集解》引孔安国："殷，正也。以正仲春之气节。"《新注》："殷：正，判断。""殷"与"正",为同义字,此义现代一般用"正",故改。

5. "中",通"仲",位居第二的。"中春",指春季的第二个月,即"仲春",也即"春分"。有《春分日》诗,说:"风雷送暖入中春,桃柳着装日日新。赤道金阳直射面,白天黑夜两均分。""中"与"仲",为通假字,应改。后面的"中夏"、"中秋"、"中东",其"中"均为"仲",亦改。

6. "析",分开、分散。《笺证》:"析:分散,分散到田野上进行农业劳动。""析"与"散",为同义字。此义现代一般用"散",故改。

7. "微",这里即"尾"的意思。《新注》:"微:通'尾',交尾。""微"与"尾",为通假字。可用"尾"替代"微",含义更加清楚。而"字尾",即交配的意思。"字尾"与"交配",为同义词。此义现代一般用后者,故改。

8. "希",假借为"稀",稀少、罕见之意。"希"与"稀",为通假字。现在表达稀少之意,均用"稀"字,故改。

9. "夷",平的意思。"夷易",平易、平正。《新注》:"夷易:平易,欢乐,指秋收给人们带来了喜悦。""夷"与"易",为同义字。此义现代一般用"平",故改。

10. "毨",读作"xiǎn"。《新注》:"毨:指鸟兽长出了光鲜的新羽毛。""毨",通'鲜',光泽。""毨"字非常生冷,与"鲜"音同意同,为同义字。此义现代一般用"鲜",故改。

11. "伏",收藏、储藏的意思。《新注》:"伏:

藏。""伏"与"藏",为同义字。此义现代一般用"藏",故改。

12."燠",读作"yù",暖,热,这里用如动词。《笺证》:"燠:暖。"《新注》"燠:取暖。指冬天人们入室取暖。""燠"与"暖",为同义字。"燠"字非常生冷,现代一般不用,故改。

13."毻",读作"rǒng",意指鸟兽细软而茂密的毛。其字非常生冷,如不借助于辞典或注释,神仙也不认识,而其实就是"茸"字之意,细柔的毛。"茸",为"毻"的替代字,此义现代一般用"茸",故改。

14."信饬",约束、整顿的意思。"饬",读作"chì",命令的意思。《新注》:"饬:令,安排。""信饬"与"整顿",为同义词。此义现代一般不用前者,故改。

尧(曰)〔说〕:"谁可(顺)〔承〕[1]此事?"放齐(曰)〔说〕:"嗣子丹朱开明。"尧(曰)〔说〕:"(吁)〔呀〕[2]!顽凶,不用。"尧又(曰)〔说〕:"谁可者?"(讙)〔欢〕[3]兜(曰)〔说〕:"共工旁聚布功,可用。"尧(曰)〔说〕:"共工善言,其用僻,似恭(漫)〔慢〕[4]天,不可。"尧又(曰)〔说〕:"(嗟)〔哎〕[5],四岳,(汤汤)〔荡荡〕[6]洪水滔天,浩浩(怀)〔包〕山(襄)〔上〕[7]陵,下民其忧,有能使治者?"皆(曰)〔说〕〔:〕〔"〕鲧〔,〕可。〔"〕尧(曰)〔说〕:"鲧〔,〕(负)〔违〕[8]命毁族,不可。"岳(曰)〔说〕:"异哉,试不可用而已。"尧于是听岳〔,〕用鲧。九岁,功用不成。

【说明】

1."顺",本义为沿着同一方向,引申为顺承,继承。《笺注》:"顺:循,继承。""顺"与"承",为同义字。将"顺"改为"承",文义更加明晰,故改。

2."吁",读作"xū",感叹词,相当于现代的"呀"。《新注》:"吁:呀,惊叹词。""吁"与"呀",为同义词。现代一般不用"吁",用"呀",故改。

3."讙",本指古代神话中的一种野兽,通"欢",喜悦之意。"讙兜",古代人名,尧时佞臣,即"欢兜"。后面的"驩兜","驩",是一种马的名字,也通"欢",高兴、快乐之意。两个字都是"欢"的异体字,都应改。

4."漫",通"慢",欺慢,欺瞒。《笺注》:"似恭漫天:貌似虔敬,实则对天地鬼神态度傲慢。""漫"与"慢",为通假字,宜改。

5."嗟",读作"jiē",打招呼时用的叹词,相当于现代的"哎"。"嗟"与"哎",为同义字。此义现代一般用"哎",可用"哎"替代"嗟"。

6."汤汤",读作"shāng shāng",即"荡荡",指水势浩大、水流很急的样子。"汤汤"与"荡荡",为同义词。此义现代一般用"荡荡",故改。

7."怀",包。"襄",读作"xiāng",冲上去的意思。《集解》引孔安国:"怀,包;襄,上也。"《新注》:"浩浩怀山襄陵:浩浩荡荡的洪水漫上群山,淹没丘陵。怀:包裹,漫上。襄,淹没。""怀"与"包"、"襄"与"上",均为同义字。此义现代一般用"包"、"上",故改。

8."负",违背,背弃。《新注》:"负命毁族:违背教命,毁败同族人。负:违背。""负"与"违",为同义字。此义现代一般用"违",故改。

尧(曰)〔说〕:"(嗟)〔哎〕!四岳:(朕)〔我〕[1]在位七十(载)〔年〕[2],(汝)〔你〕[3]能(庸)〔用〕[4]命,(践)〔即〕[5](朕)〔我〕位?"岳应(曰)〔道〕[6]:"(鄙)〔我〕德(忝)〔辱〕[7]帝位。"尧(曰)〔说〕:"(悉)〔尽〕[8]举贵戚及疏远隐(匿)〔藏〕者。"众皆言于尧〔,〕(曰)〔说〕:"有(矜)〔鳏〕[9]在民间,(曰)〔为〕虞舜。"尧(曰)〔说〕:"然,(朕)〔我〕闻之。其何如?"岳(曰)〔说〕:"盲者子。父顽,母(嚚)〔嚣〕[10],弟傲,能和以孝,(烝烝)〔蒸蒸〕[11]治,不至奸。"尧(曰)〔说〕:"(吾)〔我〕其试哉。"于是〔,〕尧妻之二女,观其德于二女。舜(饬)〔令〕下二女于妫汭,如妇礼。尧善之,乃使舜慎和五典,五典能从。乃遍入百官,百官时序。宾于四门,四门穆穆,诸侯远方宾客皆敬。尧使舜入山林川泽,暴风雷雨,舜行不迷。尧以为〔"〕圣〔"〕,召舜〔,〕(曰)〔说〕:"{(女)〔汝〕}〔你〕[12]谋事至而言可绩,三年矣。{(女)〔汝〕}〔你〕登帝位。"舜让于德不(怿)〔悦〕[13]。正月上日,舜受终于文祖。文祖者,尧(大)〔太〕[14]祖也。

【说明】

1."朕",是自秦始皇以来皇帝的独称。其由来,《李斯列传》记载赵高乃说二世:"天子所以贵者,但以闻声,群臣莫得见其面,故号曰'朕'。"秦始皇统一六国后,丞相李斯建议"朕"为皇帝专用的第一人称代词。取"天下皆朕、皇权独尊"之义。还有"寡人"、"孤"等,也都是帝王的独称。在现代,任何人作为第一人称,都称为"我",没有什么区别。因此,对这些独称没有再延续的必要,均改为"我"。对此,后面再改时不再加以说明。

2."载",即古时候唐虞时代的"年"。《尔雅·释天》:"夏曰'岁',商曰'祀',周曰'年',唐虞曰'载'。""载"与"年",为同义字。此义现代一般用"年",故改。

3."汝",是古代第二人称代词,这类的代词还有很多,如"女"、"若"、"而"、"乃"等,在不同的时期,有不同的代词。在现代,一般都称为"你"。因此,凡是第二人称代词,都改为"你",以后除特殊的,一般不再加以说明。

4."庸",本义为"用"。《说文》:"庸,用也。"《新注》:"庸:用,顺承。""庸命",顺承天命。"庸"与"用",为同义字。此义现代一般用"用",故改。

5."践",登上,承袭。"践位",即"即位",登上帝位。"践"与"即",为同义字。此义现代一般用"即",故改。

6."曰","说"的意思,这里作"道"讲。成语有"说千道万"。"应曰",即"应道"。"曰"与"道",为同义字。此义现代一般用"道",故改。

7."鄙",一般都作"鄙陋"解,其实,仔细推敲,应作为第一人称的谦辞解。"鄙",即为"我"的谦称。"忝",读作"tiǎn","辱",有愧于。《新注》:"忝:辱没,不配。""鄙"与"我"、"忝"

与"辱",均为同义字。此义现代一般不用"鄙"和"忝",故改。

8."悉","尽"的意思。"悉"与"尽",为同义字。"悉"是古代的用法,现代一般不用,用"尽"替代"悉",更加明白易懂,故改。

9."矜",读作"guān",古义通"鳏"。鳏,本指一种大鱼,其特点是喜欢独游,所以民间多用"鳏"来形容"无妻之人"。《新注》:"矜,通'鳏',单身汉。""矜"与"鳏",为通假字,宜改。

10."嚚",读作"yín",愚蠢而顽固之意。"嚚"字非常生冷,现代人几乎没有见过,不要说阅读和理解了,而其含义与"嚣"字基本相同,嚣顽之意。"嚣",可作为"嚚"的替代字,略微好懂一些,故改。

11."烝烝",读作"zhēng zhēng",指孝德的厚美。《笺证》:"烝烝:温厚善良的样子"。"烝烝"与"蒸蒸",其意略同,为替代词。此义现代一般不用"烝烝",故改。

12."女",读作"rǔ",古同"汝",为第二人称代词。"女"与"汝",为通假字;"汝"与"你",为同义字。此义现代则称为"你",故改。

13."怿",读作"yì",喜悦、愉悦。《新注》:"德不怿:德行还不能使人悦服。怿:悦。""怿"与"悦",为同义词,此义现代一般用"悦",可予以替代。

14."大",即"太"。《新注》:"大祖:即太祖,始祖。""大"与"太",为同义字,古代以"大"为"太",现代则有所分别,故改。

《史记》文本研讨

于是〔,〕帝尧老,命舜摄行天子之政,以观天命。舜乃在璇玑玉衡,以齐七政。遂(类)〔祭〕于上帝,(禋)〔祀〕¹于六宗,望于山川,(辩)〔遍〕²于群神。(揖)〔集〕³五瑞,择吉月日,见四岳诸牧,(班)〔分〕⁴瑞。岁二月,东巡(狩)〔守〕⁵,至于(岱宗)〔泰山〕,(柴)〔柴〕⁶,望秩于山川。遂见东方君长,合时月正日,同律度量衡,修五礼〔、〕五玉〔、〕三帛〔、〕二生〔、〕一死为(挚)〔执〕⁷,如五器,(卒)〔终〕乃(复)〔还〕⁸。五月,南巡(狩)〔守〕;八月,西巡(狩)〔守〕;十一月,北巡(狩)〔守〕:皆如初。归,至于祖祢庙,用特牛礼。五岁一巡(狩)〔守〕,群后四朝。(徧)〔遍〕告以言,明试以功,车服以(庸)〔用〕⁹。(肇)〔始〕¹⁰十(有)〔又〕¹¹二州,决川。象以典刑,流(宥)〔宽〕¹²五刑,鞭作官刑,扑作教刑,金作赎刑。眚灾过,赦;怙终贼,刑。钦哉,钦哉,(惟)〔唯〕¹³刑之(静)〔正〕¹⁴哉!

【说明】

1. "类"、"禋",是两种祭祀的名称。"类",《正义》引《五经异义》:"非时祭天谓之'类',言以事类告也。"《笺证》:"亦即张家英所谓'以特别事故祭祀天神的祭祀专名'。""禋",读作"yīn"。《新注》:"禋:置牲于柴上焚烧,使香味随烟上达。"这两个字实际上就是祭祀的意思,可以说,与祭祀是同义字,现代也没有必要分得这么细了。就用"祭"替代"类","祀"替代"禋"。

2. "辩",通"遍",普遍的意思。《新注》:"辩于群神:普遍祭祀丘陵坟衍之神。辩,通'遍'。""辩"与"遍"为通假字,宜改。

3."揖",《新注》:"揖,通'辑',积聚。"而"辑",通"集",聚集之意。"揖"与"辑","辑"与"集",均为通假字,现代一般用"集"。直接改为"集"字,更加简明。

4."班",是个会意字,中间是刀,左右是玉。像是用刀在割玉。其本义是分割玉,引申为分玉。"班瑞",《新注》:"分赐瑞玉。古会盟诸侯之礼,先收回各自执掌的符信瑞玉,择吉日会盟后再颁发他们。""班"与"分",为同义字,用"分"字替代"班"字,更加通俗。

5."狩",本义为冬季打猎,同"守",指帝王视察诸侯所守的地方。"狩"与"守",为通假字,宜改。

6."柴",读作"chái",即烧柴祭天。《新注》:"柴,也作'柴',动词用。""柴"与"柴"的含义相同,为同义字,而一生冷,一通俗,一般"柴"为名词;"柴"为动词,故改。

7."挚",《新注》:"挚,同'贽',献礼。"《正义》:"贽,执也。郑玄云:'贽之言至,所以自致也。'韦昭云:'贽,六贽:孤执皮帛,卿执羔,大夫执雁,士执雉,庶人执鹜,工商执鸡也。'"可见,"挚",即"执",拿着,此指拿着祭品祭祀。"挚"与"执"为通假字,可改。

8."卒",读作"zú",完毕,终了。这里指礼毕,礼终。"复",归还的意思。《新注》:"卒乃复:礼毕送还本人。""卒"与"终"、"复"与"还",均为同义字。此义现代一般那用"终"、"还",故改。

9. "庸",这里指"效用"。《笺证》:"车服以庸:以不同等级的车马服饰来奖励他们守土治民的功勋。庸:效用,功绩。""庸"与"用",为同义字。"庸"字有些令人费解,改为"用",通俗多了,也便于理解。故改。

10. "肇",读作"zhào",开始、初始之意。"肇"与"始",为同义字,现代一般用"始。"用"始",意思更加明了。

11. "有",读作"yòu",古同"又",表示整数之外再加零数。"十有二州",这是古代的一种用法,即"十又二州",现代则说"十二州"。"有"与"又",为通假字,宜改。

12. "宥",读作"yòu",宽容,饶恕,原谅。《笺证》引孔安国:"宥,宽也。以流放之法宽五刑。"《新注》:"流宥五刑:以流放办法宽宥当受五刑的人。""宥"与"宽",为同义字。现代一般不用"宥",故改。

13. "惟",单、只的意思,与"唯"为同义字,其含义基本一致。现代一般用"唯",故改。

14. "静",正的意思。唯刑之静,《新注》:"施用刑法千万要平稳公正。静:平和,公正。""静"与"正",为同义字,现代一般用正,故改。

(讙)〔欢〕兜进言共工,尧(曰)〔说〕〔:〕〔"〕不可〔。〕〔"〕而试之工师[1],共工果淫(辟)〔僻〕[2]。四岳举鲧治(鸿)〔洪〕[3]水,尧以为不可(,)〔。〕岳强请试之,试之而无功,故百姓不便。三苗在江淮、荆州数为乱。于是〔,〕舜归而言于帝,请流共工于幽陵,以变北狄;放(驩)〔欢〕兜于崇山,以变南蛮；迁三苗于三危，以变西戎；(殛)〔诛〕⁴鲧于羽山，以变东夷：四罪而天下(咸)〔皆〕服。

**【说明】**

1."尧曰不可而试之工师"，"中华简体本"为一句话，似乎有些不妥，既然尧说不行，已经作了否定，为什么还要试而用之？似乎不合情理。其实，这其中省略了一些内容，可能是尧这么认为，大臣们却不这么认为，尧也就听从了大臣们的意见，说："那就试试看吧。"因此，宜改为短句，有一句改为两句，在句中留下一些空间，前句承前，后句启后。即"尧曰：'不可。'而试之工师。""尧曰不可"，应是承接上半句"欢兜进言'共工'"而言，表示对欢兜进言的否定；"而试之工师"属下句，与"共工果淫辟"为一句，表示结果还是不行，说明尧的看法是正确的。

2."辟"，通"僻"，邪僻，邪恶。《新注》："淫僻：放纵地为邪恶之事。""辟"与"僻"，为通假字，宜改。

3."鸿"，本义为大雁，通"洪"，指洪水。"鸿"与"洪"，为通假字，宜改。

4."殛"，读作"jí"，诛杀、杀死之意。《说文》："殛，诛也。"《正义》引孔安国："殛，窜，放，流，皆诛也。""殛"与"诛"，为同义字。此义现代一般不用"殛"，故改。

尧立七十年得舜，二十年而老，令舜摄行天子之政，荐之于天。尧(辟)〔避〕¹位〔，〕凡二十八年而(崩)〔死〕。百姓悲哀，如丧父母。三年，四方(莫)〔不〕举乐，以思尧。尧知子丹朱之不肖，不足授天下，于是〔，〕乃权授舜。授舜，则天下得其利而丹朱病；授丹朱，则天下病而丹朱得其利。尧(曰)〔说〕〔：〕"终不以天下之病而利一人〔。〕"(，)而(卒)〔终〕授舜以天下。尧(崩)〔死〕，三年之丧毕，舜让(辟)〔避〕丹朱于南河之南。诸侯朝觐者不(之)〔至〕[2]丹朱而(之)〔至〕舜，狱讼者不(之)〔至〕丹朱而(之)〔至〕舜，讴歌者不讴歌丹朱而讴歌舜。舜(曰)〔说〕〔：〕"天也〔夫〕[3]〔！〕"(，)(夫)而后(之)〔至〕中国〔，〕(践)〔即〕天子位焉，是为帝舜。

【说明】

1."辟位"，即避位，让出政权。"辟"，古同"避"，躲，设法躲开。"辟"与"避"，为通假字，宜改。后面的"让辟"，其"辟"字含义相同，亦改。

2."之"，为动词，往，朝某方向走，到某地去，即"至"的意思。这种用法在《史记》中很多，绝大多数的"之"，都是这种用法。"之"与"至"，为同义字。现代一般用"至"，故改。

3."天也"，"中华简体本"如此，后用逗号，为一般的陈述句；"商务通解本"作"天也夫"，后面用感叹号，是典型的感叹句，具有一定的感染力。"夫"，在"中华简体本"中作为后一句的句首发语词；而在"商务通解本"中作为前一句的句尾语气助词。两相比较，"夫"字还是放在前句作语气助词为佳。故改。

虞舜者，名(曰)〔为〕〔"〕重华〔"〕。重华父(曰)〔为〕瞽叟，瞽叟父(曰)〔为〕桥牛，桥牛父(曰)〔为〕句望，句望父(曰)〔为〕敬康，敬康父(曰)〔为〕穷蝉，穷蝉父(曰)〔为〕帝颛顼，颛顼父

（曰）〔为〕昌意(:)〔,〕以至舜七世矣。自从穷蝉以至帝舜，皆微为（庶人）〔平民〕[1]。

**【说明】**

1. "庶人"，泛指无官爵的平民，百姓。"庶人"与"平民"，为古今词。现代一般通行"平民"，故改。

舜父瞽叟盲，而舜母死，瞽叟更娶妻而生象，象傲。瞽叟爱后妻〔、〕子[1]，常欲杀舜，舜避逃；及有小过，则受罪。舜事父及后母与弟，日以笃谨，{（匪）〔非〕}[无][2]有（解）〔懈〕[3]。

**【说明】**

1. "妻子"，在古代指妻子和儿子，而现代一般只指妻子，而妻子和儿子，则用妻儿来指代。因此，宜在"妻子"中间加逗号。

2. "匪"，假借为"非"，表示否定。"匪"与"非"，为通假字。而"非"，为无、没有的意思。"非"与"无"，为同义字。此义现代一般不用"匪"，而用"无"，故改。

3. "解"，古同"懈"，松弛，懈怠。《新注》："解：通'懈'。""解"与"懈"，为通假字，宜改。

舜，冀州之人也。舜耕历山，渔雷泽，陶河滨，作什器于寿丘，就时于负夏。舜父瞽叟顽，母（嚚）〔嚣〕，弟象傲，皆欲杀舜。舜顺适不失子道，兄弟孝慈。欲杀，不可得；（即）[如][1]求，（尝）〔常〕[2]在侧。

**【说明】**

1. "即"，假如，倘若。"即"与"如"，为同义字。此义，现代一般用"如"，故改。

2."尝"，即总是，常常。"尝"与"常"，为同义字，此义现代一般用"常"，故改。

舜年二十以孝闻(。)〔,〕三十而帝尧问可用者，四岳(咸)〔皆〕荐虞舜，(曰)〔说〕〔:〕〔"〕可。〔"〕于是〔,〕尧乃以二女妻舜以观其内，使九男与处以观其外。舜居妫汭，内行弥谨。尧二女不敢以贵骄事舜亲戚，(甚)〔很〕[1]有妇道。尧九男皆益笃。舜耕历山，历山之人皆让(畔)〔界〕[2]；渔雷泽，雷泽上人皆让居；陶河滨，河滨器皆不苦(窳)〔恶〕[3]。一年而所居成聚，二年成邑，三年成都。尧乃赐舜缔衣，与琴，为筑仓廪，予牛羊。瞽叟尚复欲杀之，使舜上涂廪，瞽叟从下纵火焚廪。舜乃以两笠自(扞)〔捍〕[4]而下，去，得不死。后瞽叟又使舜穿井，舜穿井为匿空旁出。舜(既)〔已〕入深，瞽叟与象共下土(实)〔填〕[5]井，舜从(匿空)〔暗孔〕[6]出，去。瞽叟、象喜，以舜为已死。象(曰)〔说〕："本谋者象(。)〔,〕〔……〕[7]"象与其父母分，于是〔,〕(曰)〔说〕："舜妻尧二女(,)与琴，象取之(。)〔;〕牛羊仓廪〔,〕予父母。"象乃(止)〔至〕[8]舜宫〔,〕居，鼓其琴。舜往见之。象(鄂)〔愕〕[9]〔,〕不(怿)〔悦〕，(曰)〔说〕："我思舜正(郁陶)〔忧郁〕[10]！"舜(曰)〔说〕："然，(尔)〔你〕[11]其庶矣！"舜复事瞽叟〔,〕爱弟(弥)〔更〕[12]谨。于是〔,〕尧乃试舜五典百官，皆治。

【说明】

1."甚"，很，极。"甚有妇道"，即"很有妇道"。"甚"与"很"，为同义字。此义现代一般用

"很",故改。

2."畔",读作"pàn",指田地的界限。《新注》:"让畔:不争田界。畔:田界。""畔"与"界",为同义字。此义现代一般用"界",故改。

3."窳",读作"yǔ",本义指粗劣,坏,是非常生冷的一个字,也许有人一辈子碰不到这个字。"苦窳",《笺证》:"粗劣,易坏。"同样的意思,《平准书》中作"苦恶":"式既在位,见郡国多不便县官作盐铁,铁器苦恶,贾贵,或强令民卖买之。"含义比"苦窳"更明白。因此,可用"苦恶"替代"苦窳"。

4."扞",读作"hàn",古字作"扞",后作"捍",是"捍"的异体字,应改。

5."实",充满,充实,填塞,为动词。"实井",即"填井"。"实"与"填",为同义字,此义现代一般用"填",故改。

6."匿空",暗穴,隧道。空,通"孔"。"匿空"与"暗孔",为同义词。此义现代一般用后者,故改。

7."本谋者象",这句话没有完,只是半句话,后面的意思大致是,我要比父母多分一些舜的财产。原来"象"后均用句号。我们应当尊重司马迁的记叙,这句话没有完,就是没有完,后面不宜用句号,而应用逗号和省略号。

8."止",至。《新注》:"止舜宫居:到舜的宫室去住。止:至舜宫而止。"实际上是"至"的意思。"止"与"至",为同义字,此义现代一般用"至",故改。另外,"止舜宫居",原来四字为一句话，这样，"宫居"容易被理解为"宫室"，其实，宫是名词，居为动词，"宫居"中间宜加逗号。

9."鄂"，读作"è"，古同"愕"，惊讶。《新注》："鄂：通'愕'。""鄂"与"愕"，为通假字，宜改。

10."郁陶"，忧伤、忧郁的样子。《笺证》："郁陶：伤心痛苦的样子。""郁陶"与"忧郁"，为同义词。此义现代一般用"忧郁"，故改。

11."尔"，古代第二人称代词，"你"的意思。"尔"与"你"，为同义字。此义现代一般不用"尔"，而用"你"，故改。

12."弥"，程度副词，更加的意思。"弥"与"更"，为同义字。此义现代一般用"更"，故改。

昔高阳氏有才子八人，世(得其利,)[1]谓之"八恺"(。)〔;〕高辛氏有才子八人，世谓之"八元"。此十六族者，世济其美，不(陨)〔损〕[2]其名。至于尧，尧未能举。舜举〔"〕八恺〔"〕，使主后土，以(揆)〔管〕[3]百事，莫不时序。举〔"〕八元〔"〕，使布五教于四方，父义，母慈，兄友，弟恭，子孝，内平外成。

【说明】

1."得其利"，疑为衍文。《笺证》引梁玉绳："《左传》无'得其利'语，以下文'世谓之八元'例观，疑'得其利'三字当衍。"从文章的角度来看，确有衍文之嫌，因为后面还有"此十六族者，世济其美"，"得其利"与"济其美"为重复之词，宜应删去。

2."陨"，读作"yǔn"，本指坠落，引申为毁坏，损害。"陨"与"损"，为同义字。此义现代一般用"损",故改。

3."揆",读作"kuí",管理,掌管。"揆"与"管",为同义词。此义现代一般用"管",故改。

昔帝鸿氏有不才子,掩义隐贼,好行(凶慝)〔邪恶〕[1],天下谓之〔"〕(浑)〔混〕沌[2]〔"〕(。)〔;〕少(皞)〔昊〕[3]氏有不才子,毁信恶忠,崇饰恶言,天下谓之〔"〕穷奇〔"〕(。)〔;〕颛顼氏有不才子,不可教训,不知话言,天下谓之〔"〕梼杌〔"〕。此三族〔,〕世忧之。至于尧,尧未能去。缙云氏有不才子,贪于饮食,冒于货贿,天下谓之〔"〕饕餮〔"〕。天下恶之,比之〔"〕三凶〔"〕。舜宾于四门,乃流四凶族,迁于四裔,以御螭魅(,)〔。〕于是〔,〕四门辟,言(毋)〔无〕[4]凶人也。

【说明】

1."慝",读作"tè",恶。"凶慝",犹邪恶,亦指邪恶的人。"凶慝"与"邪恶",为同义词。此义,现代一般用后者,故改。

2."浑沌",读作"hùn dùn",古代的凶神,也作"混沌"。"浑沌"与"混沌",为同义词。此义现代一般作"混沌",故改。

3."皞",读作"hào",古通"昊",广大之意。"少皞",即"少昊",传说中古代东夷集团首领,名挚,号金天氏,现代一般写作"少昊"。"皞"与"昊",为通假字,宜改。

4."毋",同"无",没有之意。《正义》在解释上句"御魑魅"时说:"恐更有邪谄之人,故流放四凶以御之也。故下云'无凶人'也。"可知,《正义》所见文本即是"无凶人"。"毋"与"无",

为同义字。现代几乎不用"毋",故改。

舜入于大麓[1],烈风雷雨不迷,尧乃知舜之足授天下。尧老,使舜摄行天子政,巡(狩)〔守〕。舜得举用事二十年,而尧使摄政。摄政八年而尧(崩)〔死〕。三年丧毕,让丹朱,天下归舜。而禹、皋陶、契、后稷、伯夷、夔、龙、(倕)〔垂〕[2]、益、彭祖〔,〕[3]自尧时而皆举用,未有分职。于是〔,〕舜乃至于文祖,谋于四岳,辟四门,明通四方耳目,命十二牧论帝德,行厚德,远佞人,则蛮夷(率)〔皆〕[4]服。

**【说明】**

1. "舜入于大麓",从这一句开始,到"分北三苗",原为一个自然段,很长,很容易形成阅读疲劳。仔细推敲,可细分为二个自然段,上段从开始到"则蛮夷率服",是总说;下段从"舜谓四岳曰"到段末,是具体阐述。

2. "倕",人名。相传为中国上古尧舜时代的一名巧匠,善作弓、耒、耜等。后面两处说到"倕",而用的是"垂",说明在当时"倕"、"垂"通用,为通假字。现一致起来,将"倕"改为"垂"。

3. "而禹、皋陶、契、后稷、伯夷、夔、龙、倕、益、彭祖自尧时而皆举用",这一句太长,宜在"彭祖"后用逗号断开,以方便阅读。

4. "率",读作"shuài",可作副词解,皆,都。"率服",相率而服从。亦指顺服,皆服。"率"与"皆",为同义字。此义现代一般用"皆",故改。

舜谓四岳(曰)〔说〕："有能奋(庸)〔用〕[1]美尧之事者，使居官相事？"皆(曰)〔说〕："伯禹为司空，可美帝功。"舜(曰)〔说〕："(嗟)〔啊〕[2]，然！禹，(汝)〔你〕平水土，(维)〔唯〕[3]是勉哉。"禹拜〔，〕稽首，让于稷、契与皋陶。舜(曰)〔说〕："然，(往)〔去〕矣。"舜(曰)〔说〕："弃，黎民始饥，(汝)〔你〕后稷播时百谷。"舜(曰)〔说〕："契，百姓不亲，五品不(驯)〔顺〕[4]，(汝)〔你〕为司徒，而敬(敷)〔布〕[5]五教，在宽。"舜(曰)〔说〕："皋陶，蛮夷猾夏，寇贼奸轨，(汝)〔你〕作士，五刑有服，五服三就；五流有度，五度三居：(维)〔唯〕明能信。"舜(曰)〔说〕："谁能(驯)〔训〕[6](予)〔我〕[7]工？"皆(曰)〔说〕〔：〕〔"〕垂〔，〕可。〔"〕[8]于是〔，〕以垂为共工。舜（曰）〔说〕："谁能(驯)〔训〕(予)〔我〕上下草木鸟兽？"皆(曰)〔说〕〔：〕〔"〕益〔，〕可。〔"〕于是〔，〕以益为(朕)〔我〕虞。益拜〔，〕稽首，让于诸臣朱虎、熊罴。舜(曰)〔说〕："(往)〔去〕矣，(汝)〔你〕谐。"遂以朱虎、熊罴为佐。舜(曰)〔说〕："(嗟)〔哎〕！四岳，有能典(朕)〔我〕三礼？"皆(曰)〔说〕〔：〕〔"〕伯夷〔，〕可。〔"〕舜(曰)〔说〕："(嗟)〔啊〕！伯夷，以(汝)〔你〕为秩宗，(夙)〔日〕[9]夜(维)〔唯〕敬，直哉〔，〕(维)〔唯〕(静)絜〕〔清明〕[10]。"伯夷让夔、龙。舜(曰)〔说〕："然。以夔为典乐，教稚子，直而温，宽而栗，刚而(毋)〔无〕虐，简而(毋)〔无〕傲；诗言意，歌长言，声依永，律和声，八音能谐，(毋)〔无〕相夺伦，神人以和。"夔(曰)〔说〕："(於)〔哦〕[11]！(予)〔我〕击石(拊)〔抚〕[12]石，百兽(率)〔皆〕舞。"舜(曰)〔说〕：

"龙，(朕)〔我〕畏忌谗说(殄)〔暴〕¹³伪，(振)〔震〕¹⁴惊(朕)〔我〕众，命(汝)〔你〕为纳言，(夙)〔日〕夜出入(朕)〔我〕命，(惟)〔唯〕信。"舜(曰)〔说〕："(嗟)〔啊〕！{(女)〔汝〕}〔你〕二十(有)〔又〕二人，敬哉，(惟)〔唯〕时相天事。"三岁一考功，三考{(绌)〔黜〕陟}〔升迁〕¹⁵，远近众功(咸)〔皆〕兴。分{(北)〔背〕}〔离〕¹⁶三苗。

【说明】

1. "庸"，此为功劳之意。《新注》："庸，通'用'，此指建功。""庸"与"用"，为通假字，宜改。

2. "嗟"，读作"jiē"，感叹词，相当于"啊"。《新注》："嗟，然：啊，好极了！""嗟"与"啊"，为同义字，此义现代一般用"啊"，"嗟"字一般不用，故改。

3. "维"，"唯"的意思，用如介词，由、对，现代一般用"唯"。《笺证》："维是勉哉：对此可要尽心竭力呀。""维"与"唯"，为同义字，现代一般用后者，故改。

4. "驯"，这里是"顺"的意思。《新注》："不驯：不和顺。"《笺证》："驯：通'顺'。""驯"与"顺"，为通假字，可用"顺"替代"驯"。

5. "敷"，读作"fū"，布的意思。《笺证》："敷：布，实施。""敷"与"布"，为同义字。"敷"字现代一般不用，可用"布"字替代。

6. "予"，为第一人称代词"我"的意思。"予"与"我"，为同义字。此义现代一般不用"予"，故改。

7. "驯"，这里是训练、管理的意思。《新注》：

"驯：管理。""驯"与"训"，为同义字。用"训"替代"驯"，意思更加明白。

8."皆曰垂可"，是群臣作答，原来作为叙述句句读，句式与舜帝问话的句式不一致，不相匹配，宜统一起来，改为对话体，即："皆曰：'垂，可。'"以下两句同样改之。

9."夙"，读作"sù"，"日"的意思。"夙夜"，朝夕，日夜，天天，时时。"夙"与"日"，为同义字。此义现代一般用"日"，故改。

10."静絜"，读作"jìng jié"，清明的意思。《正义》："静，清也。絜，明也。""静"与"清"、"絜"与"明"，均为同义字。现代一般均通用后者，故改。

11."於"，读作"wū"，表示感叹、赞美的语气词，现代一般不用，而用"哦"来表示。"於"与"哦"，为同义字，故改。

12."拊"，读作"fǔ"，古同"抚"。这里是抚石的一种动作，即敲打石器发出悦耳的声音。"拊"与"抚"，为同义字。"拊"字现代一般不常用，可用"抚"字替代。

13."殄"，读作"tiǎn"，是一个比较难认难解的字。本义为断绝，竭尽，引申为昏暴、凶暴。"殄"与"暴"，为同义字。此义现代一般用"暴"，故改。

14."振"，古同"震"。《笺证》："振：通'震'，耸动。""振"与"震"，为通假字，宜改。

15."绌"，《新注》："绌，通'黜'，降职。""绌"与"黜"为通假字。"绌陟"，读作"chù zhì"，指人事之降升。"陟",登高,引申为晋升,进用。"降升",通常称为"升迁"。"迁",既有晋升的意思,也有贬谪、降职的意思。"绌陟"与"升迁",为同义词。此义现代一般用后者,故改。

16. "北",古同"背",违背,违反。《新注》:"北,通'背',背离。""北"与"背"为通假字,而"背"与"离"为同义字,可直接改为"离",这样文义更加清楚。

此二十二人〔,〕(咸)〔皆〕成(厥)〔其〕[1]功:皋陶为大理,平,民各(伏)〔服〕[2]得其实;伯夷主礼,上下(咸)〔皆〕让;垂主工师,百工致功;益主虞,山泽辟;弃主稷,百谷时茂;契主司徒,百姓亲和;龙主宾客,远人至;十二牧行而九州(莫)〔不〕敢(辟)〔僻〕违;唯禹之功为大,(披)〔辟〕[3]九山,通九泽,(决)〔疏〕[4]九河,定九州,各以其职来贡,不失(厥)〔其〕宜。方五千里,至于荒服。南抚交(阯)〔趾〕、北(发)〔户〕[5],西〔抚〕[6]戎、析枝、渠廋、氐、羌,北〔抚〕山戎、发、息慎,东〔抚〕长、鸟夷(,)〔。〕四海之内(咸)〔皆〕(戴)〔颂〕[7]帝舜之功。于是〔,〕禹乃兴《九招》之乐,致异物,凤(皇)〔凰〕[8]来翔。天下明德皆自虞帝始。

【说明】

1. "厥",读作"jué",为文言助词,是"其"的意思。"厥"与"其",为同义字。"厥"字比较生冷,现代一般不用,可用"其"字替代。

2. "伏",通"服",屈服,顺从。《笺证》:"伏:通'服',谓被定罪者皆内心服气,因结论和事实相符。""伏"与"服",为通假字,宜改。

3. "披","辟"的意思。《笺证》:"披九山:谓开凿九山以泄洪水。披:意思同'辟'。""披"与"辟",为通假字,宜改。

4. "决",排除阻塞物,疏通水道。《笺证》:"决:疏通。""决"与"疏",为同义字,现代一般用"疏",故改。

5. "北发",应为"北户"。《笺证》:"北发:应作'北户',即'北向户',指今广东、广西的北回归线以南,窗户向北开的地方。"据改。

6. "西戎、析枝、渠廋、氐、羌",《笺证》:"'西'下省'抚'字,其意乃谓向西管理到'戎、析枝、渠廋、氐、羌'。"其实,这个"抚"字还省不得。"西戎",一般理解为西部的戎人,很难想到是向"西"抚"戎",因此,宜加"抚"字。同理,"北""东"后面也应加"抚"字,否则,"北山戎"、"东长",也是很难理解。

7. "戴",尊奉,推崇,拥护,即"颂"的意思。"戴帝舜之功",即拥戴、歌颂帝舜之功。"戴"与"颂",为同义字。此义现代一般用"颂",故改。

8. "凤皇",古代传说中的百鸟之王,雄的叫"凤",雌的叫"凰",总称为"凤凰"。"皇"与"凰",为古今字,同义字,现代一般写作"凰",故改。

舜年二十以孝闻,年三十尧举之,年五十(摄)〔代〕[1]行天子事,年五十八尧(崩)〔死〕,年六十一代尧(践)〔即〕帝位。(践)〔即〕帝位三十九年,南巡(狩)〔守〕,(崩)〔死〕于苍梧之野(。)〔,〕葬于江南九(疑) 〔嶷〕[2],是为〔"〕零陵〔"〕。舜之(践)

〔即〕帝位，载天子旗，(往)〔去〕朝父瞽叟，(夔夔)〔诺诺〕³唯谨，如子道。封弟象为诸侯。舜子商均亦不肖，舜乃(豫)〔预〕⁴荐禹于天。十七年而(崩)〔死〕。三年丧毕，禹亦乃让舜子，如舜让尧子。诸侯归之，然后禹(践)〔即〕天子位。尧子丹朱，舜子商均，皆有疆土，以奉先祀。服其服，礼乐如之。以客见天子，天子(弗)〔不〕臣，示不敢专也。

【说明】

1."摄"，读作"shè"，代理的意思。"摄"与"代"，为同义词。此义现代一般用"代"，故改。

2."九疑"，亦作"九嶷"，山名，在湖南宁远县南。"九疑"与"九嶷"，为古今词，同义词。现代一般称为"九嶷"，故改。

3."夔夔"，读作"kuí kuí"。《新注》："夔夔：孝敬恭顺的样子。""夔夔"与"诺诺"含义相似，为替代词。此义现代一般不用"夔夔"，而用"诺诺"，故改。

4."豫"，同"预"，预先之意。"豫"与"预"为通假字，宜改。

自黄帝至舜、禹，皆同姓而异其国号，以(章)〔彰〕明德。故黄帝为有熊，帝颛顼为高阳，帝喾为高辛，帝尧为陶唐，帝舜为有虞。帝禹为夏后〔，〕¹而别氏，姓姒氏。契为商，姓子氏。弃为周，姓姬氏。

【说明】

1."帝禹为夏后而别氏"，"夏后"后宜加逗号。"帝禹为夏后"，是完整的一句话，即帝禹的国号为"夏后"，与前面几句的含义一样。"而别氏"，又是另外一层意思，即"则改了姓"。

太史公(曰)〔说〕：学者多称〔"〕五帝〔"〕，(尚)〔久〕[1]矣。然《尚书》独载尧以来(;)〔,〕而百家言黄帝，其文不雅(驯)〔训〕[2]，(荐)〔搢〕绅[3]先生难言之。孔子所传《宰予问五帝德》及《帝系姓》[4]，儒者或不传。(余)〔我〕[5](尝)〔曾〕西至空(桐)〔同〕，北过涿鹿，东(渐)〔至〕[6]于海，南浮江淮矣，至〔,〕[7]长老皆各往往称黄帝、尧、舜之处，风教固殊焉(,)〔。〕总之〔,〕不离古文者〔,〕近是。(予)〔我〕观《春秋》、《国语》，其发明《五帝德》、《帝系姓》〔,〕(章)〔彰〕矣，(顾(弟)〔第〕)〔只是〕[8](弗)〔不〕深考，其所表(见)〔现〕[9]皆不虚。《书》缺有间矣，其(轶)〔佚〕[10]乃时时见于他说。非好学深思，心知其意，固难为浅见寡闻〔者〕[11]道也。(余)〔我〕并论(次)〔述〕[12]，择其言尤雅者，故著为〔"〕本纪〔"〕书首。

【说明】

1."尚"，本义指尚且，假借为"上"，尊崇的意思，引申为久远，古远。这里即用其意。《新注》："尚：通'上'，上古，久远。"而"上"，本义为高处，上面，引申为"上世"，远古时代。这样理解，有些转弯了。其实，"尚"与"久"，为同义字，现代一般用"久"，可直接用"久"替代"尚"。

2."驯"，通"训"。《新注》："驯：通'训'，引申为合理，说得通。""驯"与"训"，为通假字，宜改。

3. "荐绅",即"搢绅",也作"缙绅",插笏于绅,指有官职或做过官的人。绅,古代高级官吏围于腰际的大带。"荐",通"搢"。《新注》:"荐绅,即'搢绅'之假借字。搢:插;绅:插笏的赤色腰带。""荐"与"搢",为通假字,宜改。

4. "孔子所传《宰予问五帝德》及《帝系姓》","中华简体本"将"宰予问五帝德"标为"宰予问《五帝德》",而"商务通解本"标为《宰予问五帝德》。考校书名,应以"商务通解本"为是,而后面的"《五帝德》",是《宰予问五帝德》的省文。

5. "余",为第一人称代词,"我"的意思。"余"与"我",为同义字。现代一般不用"余"作为第一人称代词,故改。

6. "渐",至、到的意思。"渐"与"至",为同义字。此义现代一般用"至",故改。

7. "至长老皆各往往称黄帝、尧、舜之处","至"后不加逗号,不予断开,似乎不太好理解。什么叫"至长老"?以加逗号为宜。应当是"至,长老……",即"到那里,那里的长老……",含义更加清楚。

8. "顾弟",为文言转折连词,"只是"的意思。"弟",古同"第"。"顾弟"与"只是",为同义词。用"只是"替代,意思更加明了。

9. "见",古同"现",出现,显露。《笺证》:"其所表见皆不虚:这两部书所表现的观点都是切实可行的。""见"与"现",为同义字。此义现代一般用"现",故改。

10. "軼",读作"yì",通"佚",散失。"軼"与"佚",为通假字,宜改。

11. "者",疑为脱字。"浅见寡闻",指浅见寡闻的人,即"浅见寡闻者",为"者字结构"词组。否则,这句话就不顺畅,比较费解,而加上"者",则迎刃而解。

12. "论次",论定编次,与现代的"论述"含义相近。"论次"与"论述",为同义词。此义现代一般不说"论次",而是说"论述",故改。

## 附:《五帝本纪》文本梳理替换字统计表

| | 梳理的文字 | 合计 |
|---|---|---|
| 异体字 | (筴)〔策〕[1];(偏)〔遍〕[2],(勲)〔勋〕[3];(讙)〔欢〕[2];(驩)〔欢〕[1];(扞)〔捍〕[1] | 10 条(不含重复,6 条) |
| 通假字 | (陵)〔凌〕[1];(禽)〔擒〕[1];(波)〔播〕[1];(材)〔财〕[1];(絜)〔洁〕[1];(阯)〔趾〕[1];(惠)〔慧〕[1];(便)〔辨〕[4];(驯)〔顺〕[2];(章)〔彰〕[3];(道)〔导〕[2];(中)〔仲〕[4];(希)〔稀〕[1];(毪)〔鲜〕[1];(漫)〔慢〕[1];(矜)〔鳏〕[1];(辩)〔遍〕[1];(揖)〔集〕[1];(狩)〔守〕[7];(挚)〔执〕[1];(有)〔又〕[2];(辟)〔僻〕[2];(鸿)〔洪〕[1];(辟)〔避〕[2];(解)〔懈〕[1];(鄂)〔愕〕[1];(皞)〔昊〕[1];(倕)〔垂〕[1];(披)〔辟〕[1];(振)〔震〕[1];(伏)〔服〕[1];(阯)〔趾〕[1];(豫)〔预〕[1];(軼)〔佚〕[1]; | 52 条(不含重复,34 条) |

| | | |
|---|---|---|
| 同义字 | （曰）〔为〕[19]；（弗）〔不〕[3]；（咸）〔皆〕[9]；（莫）〔不〕[3]；（蓺）〔艺〕[1]；（阪）〔坂〕[1]；（披）〔辟〕[2]；（尝）〔曾〕[2]；（命）〔名〕[1]；（崩）〔死〕[9]；（莫）〔无〕[1]；（既）〔已〕[2]；（旸）〔阳〕[1]；（殷）〔正〕[1]；（析）〔散〕[1]；（夷）〔平〕[1]；（伏）〔藏〕[1]；（燠）〔暖〕[1]；（饬）〔令〕[2]；（曰）〔说〕[43]；（顺）〔承〕[1]；（吁）〔呀〕[1]；（嗟）〔哎〕[3]；（怀）〔包〕[1]；（襄）〔上〕[1]；（负）〔违〕[1]；（朕）〔我〕[8]；（载）〔年〕[1]；（汝）〔你〕[9]；{（女）〔汝〕}〔你〕[3]；（庸）〔用〕[3]；（践）〔即〕[6]；（曰）〔道〕[1]；（鄙）〔我〕[1]；（忝）〔辱〕[1]；（悉）〔尽〕[1]；（吾）〔我〕[1]；（怿）〔悦〕[2]；（大）〔太〕[1]；（紫）〔柴〕[1]；（班）〔分〕[1]；（卒）〔终〕[2]；（复）〔还〕[1]；（肇）〔始〕[1]；（宥）〔宽〕[1]；（惟）〔唯〕[3]；（静）〔正〕[1]；（殛）〔诛〕[1]；（之）〔至〕[5]；（即）〔若〕[1]；（尝）〔常〕[1]；（甚）〔很〕[1]；（畔）〔界〕[1]；（实）〔填〕[1]；（止）〔至〕[1]；（尔）〔你〕[1]；（弥）〔更〕[1]；（陨）〔损〕[1]；（撰）〔管〕[1]；（毋）〔无〕[4]；（率）〔皆〕[2]；（嗟）〔啊〕[3]；（往）〔去〕[3]；（敷）〔布〕[1]；（维）〔唯〕[3]；（驯）〔训〕[3]；（予）〔我〕[4]；（凤）〔日〕[2]；（於）〔哦〕[1]；（拊）〔抚〕[1]；（诊）〔暴〕[1]；{（北）〔背〕}〔离〕[1]；（厥）〔其〕[2]；（决）〔疏〕[1]；（戴）〔颂〕[1]；（皇）〔凰〕[1]；（摄）〔代〕[1]；（尚）〔久〕[1]；（余）〔我〕[2]；（渐）〔至〕[1]；（见）〔现〕[1] | 218条（不含重复，81条） |

| | | |
|---|---|---|
| 替代字 | （嫘）〔雷〕[2]；（虆）〔茸〕[1]；（罍）〔器〕[2]；（烝烝）〔蒸蒸〕[1]；（类）〔祭〕[1]；（禋）〔祀〕[1]；{（匪）〔非〕}〔无〕[1]；（窊）〔恶〕[1]；（慝）〔恶〕[1]；{（绌）〔黜〕陟}〔升降〕[1] | 12条（不含重复，10条） |
| 整理字 | （占）〔故〕[1]；（青阳）[1]；（蟜极）〔桥极〕[3]（崩）[1]；{名（曰）〔为〕}[1]；〔夫〕（夫）[1]；（得其利,）[1]；（北发）〔北户〕[1]；〔抚〕[3]；〔者〕[1] | 14条（不含重复，10条） |
| 同义词 | （徇齐）〔迅捷〕[1]；（岱宗）〔泰山〕[2]；（空桐）〔空同〕[2]；（荤粥）〔匈奴〕[1]；（蟠木）〔扶桑〕[1]；（砥属）〔归属〕[1]；（郁郁）〔穆穆〕[1]；（百姓）〔百官〕[2]；（东作）〔春作〕[1]；{字（微）〔尾〕}〔交配〕[1]；（汤汤）〔荡荡〕[1]；（匿空）〔暗孔〕[1]；（郁陶）〔忧郁〕[1]；（维是）〔唯此〕[1]；（九疑）〔九嶷〕[1]；（夔夔）〔诺诺〕[1]；（荐绅）〔缙绅〕[1]；{顾（弟）第}〔只是〕[1]；（论次）〔论述〕[1] | 22条（不含重复，19条） |
| 合计 | 梳理替代字词306条（不含重复的，为141条） |
| 标号 | 增加标点符号133个；减少标点符号20个 |
| 说明 | 撰写"说明"条文165条 |
| 字数 | 梳理文本字数20851字 |
| 全文 | 4706字，32段 |

（2016年7月25日修改完成）

## 《史记》读本示范样本

# 五帝本纪第一

＊本文作者张大可、朱枝富。

【编者按】前篇《标点"史记"横排简体文本梳理》是将梳理内容，文字替代与标点变动——说明，是一个供研讨的研究版。《史记》读本，是将研究成果直接标点成为一种新版《史记》，去掉一切说明文字，故称为《史记》读本示范样本。样本前面的说明文字，即是读本整理绌释出的理论总结，正式出版，将简化成为凡例。

**《史记》读本文本梳理说明**

何为《史记》读本？顾名思义，读本，即方便阅读的文本。《史记》读本，是《史记》大众读本的省称，也可以定义为现代版《史记》，就是对古籍《史记》进行标点、横排简体的文本疏理，便于大众阅读。实质就是一种古籍整理样式。古籍的标点、校勘、今译，以及横排简体，已成为常态化的古籍整理，中华书局已经出版了繁体直行点校本，也出版了简体横排标点本，已经方便了读者阅读，再搞《史记》读本，岂不是重床叠屋。学术界与出版界的古籍整理已持续了一百多年，出版了大量古籍整理图书，但至今还没有专门定义为"古籍读本"的整理品种。《史记》读本首开其端，将是古籍整理史上的破冰之旅，开拓的一种新型式、新样式，或者说新品种。《史记》读本的意义和价值，整理的具体内容，整理的依据，逐层展开说明，即为凡例。

**一、《史记》读本的意义和价值**

中国悠久的传统文化，是人民大众的精神食粮。《史记》是一部人人必读的国学根柢书，日益走向普及。运用现代思维审视《史记》，运用现代方法解读《史记》，适应现代快节奏生活方式，推出一种普及版的原本《史记》，便于大众阅读，是时代提出的呼唤。古籍标点、横排简体，做到彻底的现代化，突破一些传统的禁区，便于普及，将是一场革命。《史记》读本师法司马迁改造古文的方法疏理《史记》文本，核心要义是两条：一是用现代语言标点的方式标点古籍；二是横排简体一律使用规范简体字，使文言古籍现代化。这是研究《史记》的新尝试，也是将《史记》研究引向深入的新举措，也可以说是《史记》研究的创新，具有重要的现实意义与示范意义。推而广之，将引发古籍整理一场革新，产生一种新的古籍整理样式和品种。

**二、《史记》读本的标点疏理**

中华书局点校本《史记》的标点是最完善的标点本，积累了几代学者的心血和经验。读本按照现代汉语的标点视角，重新审视《史记》文本标点，完善句式，改造长句，仍有改进空间。以中华点校本《五帝本纪》句子为例，试举二例如次。

1. 旁罗日月星辰水波土石金玉，劳动心力耳目，节用水火材物。

按：此长句的三个分句都含有现代汉语比较典型的两个及以上的并列词组的句式，中间宜加顿号隔开，便于阅读和理解，即应标点为：

旁罗日月、星辰、水波、土石、金玉，劳动心力、耳目，节用水火、材物。

2. 欢兜进言共工，尧曰不可而试之工师，共工果淫辟。

按：这三句是浓缩的一个事件描写，有对话，有验证，要用短句，表达出省略的内容，而中华本的长句标点成了陈述句，于理不顺。既然尧说不行，已经作了否定，为什么还要试用？其实是尧与大臣对话，意见相左，尧还听从了大臣意见，那就试试吧，果然共工不行。三句应标点为四句，前两句表示尧与欢兜的对话，尧否定欢兜的进言，后两句表示尧听从了欢兜的进言试验不行，说明尧的看法是正确的。应作如下标点：

欢兜进言共工，尧曰："不可。"而试之工师，共工果淫辟。

标点疏理包括分段处理。分段要按照条理清楚，详略得当，突出主线，方便阅读的标准，《史记》行文的自然分段，仍有改进空间。《五帝本纪》的标点疏理，可分为 32 个自然段，多于中华本四个段落；改变了若干句式，标点符号的使用增减达 136 字，增加标点符号 116 个，减少标点符号 20 个。

### 三、《史记》读本一律使用规范简体字的疏理

简体字是文字改革的一项革新，目的就是方便大众识读。古籍文本一律使用规范简体字才是货真价实的革新，"古籍读本"的要害在此，因为全面落实，就要突破一些传统的禁区，具体说就是打破古籍整理不能改字的禁区。其实，改繁为简，已经是打破了不改字的禁区，只是这是一个小步。循此思路，再向前跨一个大步，一律使用规范简体字，其内容有六个方面：其一，改繁为简；其二，去异标新；其三，舍古存今；其四，弃假用正；其五，同义求俗；其六，生冷替代。即繁体字、异体字、古今字、假借字、同义字、生冷字六个方面的文字，一律改用规范简体字。古籍文本，如此处理，行文通顺畅达，省去许多繁杂语言的注释，中等文言文的古籍，包括《史记》基本成了大众读本。

一律使用规范简体字整理古籍，最终字数相等，具体说，526500 字的《史记》，最终还是 526500 字，不增多一个字，也不减少一个字，基本保持了古籍的原貌，可以视为原版《史记》。毫无疑问，简体本《史记》将要丧失一些历史内容，但方便阅读，所失者小而所得者大。恰如"五四"运动推广白话文，放弃文言文一样，失小得大，适应人民大众的需求，也就是符合历史的潮流。

一律使用规范简体字整理古籍，比古籍今译保持原汁原味不可以道里计。古籍今译也是古籍整理的一种形式，一种改造，人们已经接受，为什么不可以接受一律使用规范简体字整理古籍的形式呢？正如古籍今译十个译本有十个面貌一样，用规范简体字本的古籍整理，同一本古籍，不同整理者必然产生不同的面貌，这也是有所失的一个方面。但不能因噎废食。而且通过技术规范，可以把"智者见智，仁者见仁"产生的负面压缩到最低限度，比起古籍今译的损失小得多，而掌控要好得多，详见下文第四项。

### 四、《史记》读本使用规范简体字的技术掌控

六种字型，以简代繁无须掌控，实际掌控的是异体字、古今字、假借字、同义字、生冷字五种字型。具体操作转化为掌控异体字、通假字、同义字、同义词四个方面。通假字包括古今字、假借字。

单字代替，称为同义字；双字代替称同义词，指双音词同义代替，可以是两字代替，也可以是其中一个字的代替。个别的通假字可并入同义字或同义词，生冷字一律并入同义字或同义词，如此一来，就容易掌控了。把所有代替的字，以篇为单位归并为：异体字、通假字、同义字、同义词四类，全部列表标出，附于篇后。每一个代替字的次数，即出现的字频用数字标示在代替字的右上角。整理者智者见智，仁者见仁的失误，读者可以按附表索骥，找到古籍原字进行纠正。

古籍读本的整理形式推广以后，学术界约定成俗，或更高地由国家颁布一个法规，古籍繁体直行本遵照传统，永久保持古籍原始风貌，横排简体本等同古籍今译，只作为时代产品，即一个时代的现代版供大众阅读。此外，影印古籍可以永久保存原始版本，不必忧心古籍读本的推广将使古籍沦丧，那是杞人忧天。

**五、校正字的疏理**

古籍行文中的衍倒讹脱，予以标识，这属于校勘范围。《史记》读本不做多本校勘工作，只采用学术界的研究成果把必须要疏理的文字错误标识出来，并把依据写成一条条注文，排于页下。衍文用圆括小字标识，脱文用六角方括与正文同字号标识。

**六、保留特定含义的字、词不做替换**

例如帝王死称为"崩"，我们不用"死"字代替，并出注文曰："崩：古代称帝王之死叫崩，表示震动大，如山崩地裂。"凡应代替而未代替的字、词，均出注说明，此类字、词严加控制，目的可使读者了解一些历史知识，反过来说使读本尽量少损失一些历史内容。《史记》读本的注文不是注释整理，只是对文字疏理的说明。

**七、《史记》读本文本疏理的依据**

《史记》读本的文字疏理依据，即参考文献广泛征引昔贤今人的多种《史记》论著成果。主要有中华书局点校本、商务印书馆《史记通解》本、昔贤王念孙《读书杂要》、林稚隆《史记评林》、梁玉绳《史记志疑》、张文虎《史记校刊札记》、泷川《史记会注考证》、施之勉《史记会注考证订补》、王叔岷《史记斠证》，今人韩兆琦《史记笺证》、王利器《史记注译》、吴树平《史记全注全译》、杨燕起《史记全译》等，以及《新华典》、《古代汉语词典》等。

黄帝者，少典之子，姓公孙，名为轩辕。生而神灵，弱而能言，幼而迅捷，长而敦敏，成而聪明。

轩辕之时，神农氏世衰。诸侯相侵伐，暴虐百姓，而神农氏不能征。于是，轩辕乃习用干戈，以征不享，诸侯皆来宾从。而蚩尤最为暴，不能伐。炎帝欲侵凌诸侯，诸侯皆归轩辕。轩辕乃修德振兵，治五气，艺五种，抚万民，度四方，教熊罴貔貅貙虎，以与炎帝战于坂泉之野。三战，然后得其志。蚩尤作乱，不用帝命。于是，黄帝乃征师诸侯，与蚩尤战于涿鹿之野，遂擒杀蚩尤。而诸侯皆尊轩辕为天子，代神农氏，是为黄帝。天下有不顺者，黄帝从而征之，平者弃之，辟山通道，未曾宁居。

东至于海，登丸山，及泰山。西至于空同，登鸡头。南至于江，登熊、湘。北逐匈奴，合符釜山，而邑于涿鹿之阿。迁徙往来无常处，以师兵为营卫。官名皆以云名，为云师。置左右大监，监于万国。万国和，而鬼神、山川、封禅与为多焉。获宝鼎，迎日推策。举风后、力牧、常先、大鸿以治民。顺天地之纪、幽明之占、死生之说、存亡之难。时播百谷草木，驯化鸟兽虫蛾，旁罗日月、星辰、水播、土石、金玉，劳勤心力、耳目，节用水火、材物。有土德之瑞，故号黄帝。

黄帝二十五子，其得姓者十四人。

黄帝居轩辕之丘，而娶于西陵之女，是为雷祖。雷祖为黄帝正妃，生二子，其后皆有天下：其一为玄嚣，是为青阳，(青阳)① 降居江水；其二为昌意，降居若水。昌意娶蜀山氏女，为昌仆，生高

---

① (青阳)：依后一句没有重"昌意"来推断，"青阳"二字疑衍，故用圆括括起，表示删除，文义更加通畅。

阳，高阳有圣德焉。黄帝崩①，葬桥山。其孙昌意之子高阳立，是为帝颛顼也。

帝颛顼高阳者，黄帝之孙而昌意之子也。静渊以有谋，疏通而知事；养财以任地，载时以像天，依鬼神以制义，治气以教化，洁诚以祭祀。北至于幽陵，南至于交趾，西至于流沙，东至于扶桑。动静之物，大小之神，日月所照，无不归属。

帝颛顼生子为穷蝉。颛顼崩，而玄嚣之孙高辛立，是为帝喾。

帝喾高辛者，黄帝之曾孙也。高辛父为蟜极，蟜极父为玄嚣，玄嚣父为黄帝。自玄嚣与蟜极皆不得在位，至高辛即帝位。高辛于颛顼为族子。

高辛，生而神灵，自言其名。普施利物，不于其身。聪以知远，明以察微。顺天之义，知民之急。仁而威，惠而信，修身而天下服。取地之财而节用之，抚教万民而利诲之，历日月而迎送之，明鬼神而敬事之。其色穆穆，其德嶷嶷。其动也时，其服也士。帝喾溉执中而遍天下，日月所照，风雨所至，莫不从服。

帝喾娶陈锋氏女，生放勋。娶娵訾氏女，生挚。帝喾崩，而挚代立。帝挚立，不善（崩）②，而弟放勋立，是为帝尧。

帝尧者，〔名为〕③放勋。其仁如天，其知如神。就之如日，望之如云。富而不骄，贵而不舒。

---

① 崩：古代帝王去世专用语，表示震动大，如山崩地裂。

② （崩）：《索隐》、《正义》皆谓帝挚立九年，政微弱而禅位于异母弟放勋，不是死后传位。据此，"崩"字为衍文。

③ 〔名为〕：崔适《史记探源》依"虞舜者，名曰重华"、"夏禹者，名曰文命"之例，疑此脱"名曰"二字，据以补"名曰"译文"名为"。

黄收纯衣，彤车乘白马。能明顺德，以亲九族。九族已睦，辨彰百官。百官昭明，合和万国。

乃命羲、和，敬顺昊天，数法日月星辰，敬授民时。分命羲仲，居郁夷，为阳谷。敬导日出，辨程春作。日中，星鸟，以正仲春。其民散，鸟兽交配。申命羲叔，居南交。辨程南为，敬致。日永，星火，以正仲夏。其民因，鸟兽稀革。申命和仲，居西土，为昧谷。敬导日入，辨程西成。夜中，星虚，以正仲秋。其民平易，鸟兽毛鲜。申命和叔，居北方，为幽都，便在藏物。日短，星昴，以正仲冬。其民暖，鸟兽茸毛。岁三百六十六日，以闰月正四时。整顿百官，众功皆兴。

尧说："谁可承此事？"放齐说："嗣子丹朱开明。"尧说："呀！顽凶，不用。"尧又说："谁可者？"欢兜说："共工旁聚布功，可用。"尧说："共工善言，其用僻，似恭慢天，不可。"尧又说："哎，四岳，荡荡洪水滔天，浩浩包山漫陵，下民其忧，有能使治者？"皆说："鲧，可。"尧说："鲧，违命毁族，不可。"岳说："异哉，试不可用而已。"尧于是听岳，用鲧。九岁，功用不成。

尧说："哎！四岳：朕①在位七十年，你能用命，即朕位？"岳应道："朕德辱帝位。"尧说："尽举贵戚及疏远隐藏者。"众皆言于尧，说："有鳏在民间，为虞舜。"尧说："然，我闻之。其何如？"岳说："盲者子。父顽，母嚣，弟傲，能和以孝，蒸蒸治，不至奸。"尧说："我其试哉。"于是，尧

---

① 朕：第一人称我。从秦始皇起，"朕"字为皇帝独占的第一人称。

妻之二女，观其德于二女。舜令下二女于妫汭，如妇礼。尧善之，乃使舜慎和五典，五典能从。乃遍入百官，百官时序。宾于四门，四门穆穆，诸侯远方宾客皆敬。尧使舜入山林川泽，暴风雷雨，舜行不迷。尧以为"圣"，召舜，说："你谋事至而言可绩，三年矣。你登帝位。"舜让于德不悦。正月上日，舜受终于文祖。文祖者，尧太祖也。

于是，帝尧老，命舜代行天子之政，以观天命。舜乃在璇玑玉衡，以齐七政。遂类①于上帝，祀①于六宗，望①于山川，遍于群神。集五瑞，择吉月日，见四岳诸牧，分瑞。岁二月，东巡守，至于泰山，柴②，望秩于山川。遂见东方君长，合时月正日，同律度量衡，修五礼、五玉、三帛、二生、一死为挚，如五器，终乃还。五月，南巡守；八月，西巡守；十一月，北巡守：皆如初。归，至于祖祢庙，用特牛礼。五岁一巡守，群后四朝。遍告以言，明试以功，车服以用。始十又二州，决川。象以典刑，流宥五刑，鞭作官刑，扑作教刑，金作赎刑。眚灾过，赦；怙终贼，刑。钦哉，钦哉，唯刑之正哉！

欢兜进言共工，尧说："不可。"而试之工师，共工果淫僻。四岳举鲧治洪水，尧以为不可。岳强请试之，试之而无功，故百姓不便。三苗在江淮、荆州数为乱。于是，舜归而言于帝，请流共工于幽陵，以变北狄；放欢兜于崇山，以变南蛮；迁三苗于三危，以变西戎；诛鲧于羽山，以变东夷：四罪

---

① 类、禋、望：皆祭祀之名。类：祭天；禋：祭星辰；望：遥祭山川。
② 柴：烧柴祭天。

而天下皆服。

尧立七十年得舜，二十年而老，令舜摄行天子之政，荐之于天。尧避位，凡二十八年而死。百姓悲哀，如丧父母。三年，四方不举乐，以思尧。尧知子丹朱之不肖，不足授天下，于是，乃权授舜。授舜，则天下得其利而丹朱病；授丹朱，则天下病而丹朱得其利。尧说："终不以天下之病而利一人。"而终授舜以天下。尧死，三年之丧毕，舜让避丹朱于南河之南。诸侯朝觐者不至丹朱而至舜，狱讼者不至丹朱而至舜，讴歌者不讴歌丹朱而讴歌舜。舜说："天也夫！"而后至中国，即天子位焉，是为帝舜。

虞舜者，名为重华。重华父为瞽叟，瞽叟父为桥牛，桥牛父为句望，句望父为敬康，敬康父为穷蝉，穷蝉父为帝颛顼，颛顼父为昌意，以至舜七世矣。自从穷蝉以至帝舜，皆微为平民。

舜父瞽叟盲，而舜母死，瞽叟更娶妻而生象，象傲。瞽叟爱后妻、子，常欲杀舜，舜避逃；及有小过，则受罪。舜事父及后母与弟，日以笃谨，非有懈。

舜，冀州之人也。舜耕历山，渔雷泽，陶河滨，作什器于寿丘，就时于负夏。舜父瞽叟顽，母嚚，弟象傲，皆欲杀舜。舜顺适不失子道，兄弟孝慈。欲杀，不可得；如求，常在侧。

舜年二十以孝闻，三十而帝尧问可用者，四岳皆荐虞舜，说："可。"于是，尧乃以二女妻舜以观其内，使九男与处以观其外。舜居妫汭，内行弥谨。尧二女不敢以贵骄事舜亲戚，甚有妇道。尧九男皆益笃。舜耕历山，历山之人皆让界；渔雷泽，雷泽上人皆让居；陶河滨，河滨器皆不苦恶。一年而所居成聚，二年成邑，三年成都。尧乃赐舜絺衣，与琴，为筑仓廪，予牛羊。瞽叟尚复欲杀之，使舜上涂廪，瞽叟从下纵火焚廪。舜乃以两笠自捍而下，去，得不死。后瞽叟又使舜穿井，舜穿井为匿空旁出。舜已入深，瞽叟与象共下土填井，舜从暗孔出，去。瞽叟、象喜，以舜为已死。象说："本谋者象。"象与其父母分，于是，说："舜妻尧二女与琴，象取之；牛羊仓廪，予父母。"象乃至舜宫，居，鼓其琴。舜往见之。象愕，不悦，说："我思舜正忧郁！"舜说："然，你其庶矣！"舜复事瞽叟，爱弟更谨。于是，尧乃试舜五典百官，皆治。

　　昔高阳氏有才子八人，世谓之"八恺"；高辛氏有才子八人，世谓之"八元"。此十六族者，世济其美，不损其名。至于尧，尧未能举。舜举"八恺"，使主后土，以管百事，莫不时序。举"八元"，使布五教于四方，父义，母慈，兄友，弟恭，子孝，内平外成。

　　昔帝鸿氏有不才子，掩义隐贼，好行邪恶，天下谓之"混沌"；少昊氏有不才子，毁信恶忠，崇饰恶言，天下谓之"穷奇"；颛顼氏有不才子，不可教训，不知话言，天下谓之"梼杌"。此三族，世忧之。至于尧，尧未能去。缙云氏有不才子，贪于饮食，冒于货贿，天下谓之"饕餮"。天下恶之，比之"三凶"。舜宾于四门，乃流四凶族，迁于四裔，以御螭魅。于是，四门辟，言无凶人也。

舜入于大麓，烈风雷雨不迷，尧乃知舜之足授天下。尧老，使舜摄行天子政，巡守。舜得举用事二十年，而尧使摄政。摄政八年而尧死。三年丧毕，让丹朱，天下归舜。而禹、皋陶、契、后稷、伯夷、夔、龙、垂、益、彭祖，自尧时而皆举用，未有分职。于是，舜乃至于文祖，谋于四岳，辟四门，明通四方耳目，命十二牧论帝德，行厚德，远佞人，则蛮夷皆服。

　　舜谓四岳说："有能奋用美尧之事者，使居官相事？"皆说："伯禹为司空，可美帝功。"舜说："啊，然！禹，你平水土，唯是勉哉。"禹拜，稽首，让于稷、契与皋陶。舜说："然，去矣。"舜说："弃，黎民始饥，你后稷播时百谷。"舜说："契，百姓不亲，五品不顺，你为司徒，而敬布五教，在宽。"舜说："皋陶，蛮夷猾夏，寇贼奸轨，你作士，五刑有服，五服三就；五流有度，五度三居；唯明能信。"舜说："谁能训我工？"皆说："垂，可。"于是，以垂为共工。舜说："谁能训我上下草木鸟兽？"皆说："益，可。"于是，以益为朕虞。益拜，稽首，让于诸臣朱虎、熊罴。舜说："去矣，你谐。"遂以朱虎、熊罴为佐。舜说："哎！四岳，有能典我三礼？"都说："伯夷，可。"舜说："啊！伯夷，以你为秩宗，日夜唯敬，直哉，唯清明。"伯夷让夔、龙。舜说："然。以夔为典乐，教稚子，直而温，宽而栗，刚而无虐，简而无傲；诗言意，歌长言，声依永，律和声，八音能谐，无相夺伦，神人以和。"夔说："哦！我击石抚石，百兽皆舞。"舜说："龙，朕畏忌谗说暴伪，震惊我众，命你为纳言，日夜出入朕命，唯信。"舜说："啊！你二十又二人，敬哉，唯时相天事。"三岁一考功，三考升迁，远近众功皆兴。分离三苗。

此二十二人，皆成其功：皋陶为大理，平，民各服得其实；伯夷主礼，上下皆让；垂主工师，百工致功；益主虞，山泽辟；弃主稷，百谷时茂；契主司徒，百姓亲和；龙主宾客，远人至；十二牧行而九州不敢僻违；唯禹之功为大，辟九山，通九泽，疏九河，定九州，各以其职来贡，不失其宜。方五千里，至于荒服。南抚交趾、北（发）〔户〕①，西抚戎、析枝、渠廋、氐、羌，北抚山戎、发、息慎，东抚长、鸟夷。四海之内皆颂帝舜之功。于是，禹乃兴《九招》之乐，致异物，凤凰来翔。天下明德皆自虞帝始。

舜年二十以孝闻，年三十尧举之，年五十代行天子事，年五十八尧死，年六十一代尧即帝位。即帝位三十九年，南巡守，死于苍梧之野，葬于江南九嶷，是为"零陵"。舜之即帝位，载天子旗，去朝父瞽叟，夔夔唯谨，如子道。封弟象为诸侯。舜子商均亦不肖，舜乃预荐禹于天。十七年而死。三年丧毕，禹亦乃让舜子，如舜让尧子。诸侯归之，然后禹即天子位。尧子丹朱，舜子商均，皆有疆土，以奉先祀。穿其服，礼乐如之。以客见天子，天子不臣，示不敢专也。

自黄帝至舜、禹，皆同姓而异其国号，以彰明德。故黄帝为有熊，帝颛顼为高阳，帝喾为高辛，

---

① 北（发）〔户〕："发"字乃"户"字之讹。《笺证》："北发：应作'北户'，即'北向户'，指今广东、广西的北回归线以南，窗户向北开的地方。"

帝尧为陶唐，帝舜为有虞。帝禹为夏后，而别氏，姓姒氏。契为商，姓子氏。弃为周，姓姬氏。

太史公说：学者多称"五帝"，久矣。然《尚书》独载尧以来，而百家言黄帝，其文不雅训，搢绅先生难言之。孔子所传《宰予问五帝德》及《帝系姓》，儒者或不传。我曾西至空同，北过涿鹿，东至于海，南浮江淮矣，至，长老皆各往往称黄帝、尧、舜之处，风教固殊焉。总之，不离古文者，近是。我观《春秋》、《国语》，其发明《五帝德》、《帝系姓》，彰矣，只是不深考，其所表现皆不虚。《书》缺有间矣，其佚乃时时见于他说。非好学深思，心知其意，固难为浅见寡闻者道也。我并论述，择其言尤雅者，故著为"本纪"书首。

**附：字型替换统计表（左为原用字，右为替换字以及替换字频）**

### 异体字（共7字）

| | | | |
|---|---|---|---|
| 筴—策[1] | 徧—遍[2] | 勳—勋[3] | 悳—德[2] |
| 讙、驩—欢[3] | 扞—捍[1] | | |

### 通假字（共35字）

| | | | |
|---|---|---|---|
| 陵—凌[1] | 蓺—艺[1] | 禽—擒[1] | 波—播[1] |
| 嫘—雷[2] | 材—财[1] | 絜—洁[1] | 阯—趾[1] |
| 惠—慧[1] | 驯—顺[2] | 道—导[2] | 中—仲[4] |
| 希—稀[1] | 毪—鲜[1] | 漫—慢[1] | 便—遍[4] |
| 辩—遍[1] | 揖—集[1] | 狩—守[7] | 倕—垂[1] |
| 挚—执[1] | 有—又[2] | 辟—僻[2]、避[2] | 鸿—洪[1] |
| 解—懈[1] | 匪—非[1] | 鄂—愕[1] | 皞—昊[1] |
| 驯—顺[1] | 维—唯[1] | 振—震[1] | 伏—服[1] |
| 披—辟[1] | 豫—预[1] | 轶—佚[1] | |

### 同义字（包括译文字、生冷字，共76字）

| | | |
|---|---|---|
| 曰—为[19]、说[43]、道[1] | 弗—不[3] | 咸—皆[8]、都[1] |

莫—不[3]、无[1]　蓺—艺[1]　阪—坂[1]　尝—曾[2]
命—名[1]　　　去—弃[1]　既—已[2]　殷—正[1]
析—散[1]　　　伏—藏[1]　燠—暖[1]　氄—茸[1]
顺—承[1]　　　吁—呀[1]　嗟—哎[3]　啊[3]
怀—包[1]　　　襄—漫[1]　鄙—我[1]　负—违[1]
载—年[1]　　　汝—你[9]　庸—用[4]　践—即[6]
鄙—我[1]　　　忝—辱[1]　悉—尽[1]　矜—鳏[1]
嚚—嚣[2]　　　女—你[3]　吾—我[1]　怿—悦[1]
大—太[1]　　　班—分[1]　紫—柴[1]　卒—终[2]
复—还[1]　　　肇—始[1]　宥—宽[1]　惟—唯[3]
静—正[1]　　　殛—诛[1]　之—至[5]　即—若[1]
尝—常[1]　　　甚—很[1]　畔—界[1]　实—填[1]
止—至[1]　　　尔—你[1]　弥—更[1]　陨—损[1]
揆—管[1]　　　毋—无[1]　率—皆[2]　往—去[3]
敷—布[1]　　　予—我[4]　维—唯[3]　驯—训[3]
夙—日[2]　　　於—哦[1]　拊—抚[1]　殄—暴[1]
北—离[1]　　　厥—其[2]　决—疏[1]　戴—颂[1]
皇—凰[1]　　　摄—代[1]　尚—久[1]　余—我[2]
渐—至[1]　　　见—现[1]

**同义词（包括译文词、生冷词，共 31 个）**

徇齐—迅捷[1]　　空桐—空同[2]　　岱宗—泰山[2]
荤粥—匈奴[1]　　淳化—驯化[1]　　蟠木—扶桑[1]
砥属—归属[1]　　郁郁—穆穆[1]　　便章—辨彰[1]
百姓—百官[2]　　旸谷—阳谷[1]　　东作—春作[1]
字微—交配[1]　　夷易—平易[1]　　信饬—整顿[1]
汤汤—荡荡[1]　　烝烝—蒸蒸[1]　　庶人—平民[1]
苦窳—苦恶[1]　　匿空—暗孔[1]　　郁陶—忧郁[1]
维是—唯此[1]　　凶慝—邪恶[1]　　浑沌—混沌[1]
静絜—清明[1]　　绌陟—降升[1]　　九疑—九嶷[1]
夔夔—诺诺[1]　　荐绅—缙绅[1]　　顾弟—只是[1]
论次—论述[1]

**校正字（共 8 处）**

（青阳）、不善（崩）、世（得其利）谓之八恺、北（发）〔户〕、西〔抚〕戎、北〔抚〕山戎、东〔抚〕长、固难为浅见寡闻〔者〕道也

# 横排简体《史记》标点符号系统梳理
## （十二本纪、十表序言、八书）

\* 本文作者朱枝富。

近来研读《史记》，对其文本标点进行系统梳理，以形成规范的横排简体本"《史记》（标简本）"，对标点符号进行系统研究推敲，是其中的重要内容之一。

既然是《史记》的简体文本，就要用现代语言的标点符号来规范和处理。对照比较，文言繁体字的标点符号与现代简体字的标点符号在使用上还是略有不同。这里以"中华简体本"和"商务通解本"为蓝本，对《史记》简体文本的标点符号进行系统处理，一般不做说明，但觉得有必要说一说的，就予以说明，在"十二本纪"、"十表序言"、"八书"中有近一百三十处的标点符号改动，略作说明。

## 一、五帝本纪

1. 于是［,］轩辕乃习用干戈

"于是"，现代一般为承接连词，表示后一事承接前一事，后面一般都加逗号，在阅读上略加停顿。而古代文言文的"于是"，则表示在此、当时、如此、语气等多种意思，随文而定。《史记》中的"于是"一词很多，在梳理中，一般都在"于是"后加逗号，这样处理，使文章的文气舒缓，便于阅读。

2. 顺天地之纪（,）［、］幽明之（占）［故］（,）［、］死生之说（,）［、］存亡之难

这句话不太顺畅，"幽明之占，死生之说，存亡之难"，只是词组，而不成为一句话，而"中华简体本"、"商务通解本"在其间均用逗号，似乎不妥。《笺证》："语略不顺，'占'字似应依《大戴记》、《孔子家语》之《五帝德》作'故'。"并引李笠："占，疑是

'故'字之烂文。'顺'字蒙下三句。顺，陈也。谓陈说天地之纪、幽明之故、死生之说、存亡之难也。"并说："《孔子家语》于此作'顺天地之纪，知幽明之故，达生死存亡之说'，较此通畅。"据此，几个词组之间宜用顿号，"占"与"故"，为整理字，可予以替代。这样，一"顺"到底，文义顺畅。

3. 旁罗日月［、］星辰［、］水波［、］土石［、］金玉

这句是比较典型的以两个词为一组的并列词组组成的动宾结构的一谓多宾并列式的句式。因此，中间宜用顿号隔开，以便于阅读和理解。《史记》中类似这样的句式很多，一般都作如此处理。

4. 尧曰［：］["]不可［。］["]而试之工师

"尧曰不可而试之工师"，《中华简体本》为一句话，似乎有些不妥，既然尧说不行，已经作了否定，为什么还要试而用之？似乎不合情理。其实，这其中省略了一些内容，可能是尧这么认为，大臣们却不这么认为，尧也就听从了大臣们的意见，说："那就试试看吧。"因此，宜改为短句，增加一些标点符号，在句中留下一些空间，即改成："尧曰：'不可。'而试之工师"，改为两句话。"尧曰不可"，应是承接上半句"欢兜进言'共工'"而言，表示对欢兜进言的否定；"而试之工师"属下句，与"共工果淫辟"为一句，表示结果还是不行，说明尧的看法是准确的。因此，中间宜加句号。

5. 舜曰［：］"天也［夫］［！］"

"天也"，"中华简体本"如此，后用逗号，为一般的陈述句；"商务通解本"作"天也夫"，后面用感叹号，是典型的感叹句，具有一定的感染力。"夫"，在"中华简体本"中作为后一句的句首发语词；而在"商务通解本"中作为前一句的句尾语气助词。两相比较，"夫"字还是放在前句作语气助词为佳。这里采纳后者。

6. 象曰："本谋者象（。）［，］［……］"

"本谋者象"，这句话没有完，只是半句话，后面的意思大致是，我要比父母多分一些舜的财产。原来"象"后用句号，似乎不妥。我们应当尊重司马迁的记叙，这句话没有完，就是没有完，后面不宜用句号，而应用逗号和省略号。

7. 象乃止舜宫［，］居，鼓其琴

"止舜宫居"，原来四字为一句话，这样，"宫居"容易被理解为"宫室"。其实，宫是名词，居为动词，"宫居"中间宜加逗号。

8. 而禹、皋陶、契、后稷、伯夷、夔、龙、倕、益、彭祖［，］自尧时而皆举用

"而禹、皋陶、契、后稷、伯夷、夔、龙、倕、益、彭祖自尧时而皆举用"，这一句太长，宜在"彭祖"后用逗号断开，以方便阅读。

9. 帝禹为夏后［，］而别氏

"帝禹为夏后而别氏"，"夏后"后宜加逗号。"帝禹为夏后"，是完整的一句话，即帝禹的国号为"夏后"，"而别氏"，又是另外一层意思，即"则改了姓"。

## 二、夏本纪

10. 乃殛鲧于羽山［，］以死

"羽山"后宜加逗号。"乃殛鲧于羽山"的主语是舜，而"以死"的主语是鲧，如果连为一体，很容易理解为"以死"的主语也是舜了。中间加了逗号，就不会出现歧义。

11. 薄衣食，致孝于鬼神（。）［；］卑宫室，致费于沟淢

"薄衣食，致孝于鬼神"与"卑宫室，致费于沟淢"，是并列句，分说了两层意思，中间宜用分号，而不宜用句号。

12. 鸟夷皮服（。）［，］夹右碣石，入于海

"鸟夷皮服"，与后面的"夹右碣石，入于海"，是一句话，是指东夷之人以皮服进贡，从海路入河，绕过碣石山（用《新注》注释之意）。"鸟夷皮服"后用句号甚为不妥，把完整的一句话断为没头没尾的两句话，应改。

13. 淮［、］海维扬州

"淮海"，指"淮"与"海"，即淮河与大海，中间宜加顿号。如果不加顿号，很容易与现今作为一个区域的"淮海"混淆，宜改。

14. 中国赐土［、］姓（：）［，］"祗台德先，不距朕行"

"赐土姓"，"商务通解本"在"土姓"之间加顿号，为"赐土、姓"，即赐"土"、赐"姓"。《新注》："赐土、姓：建制诸侯，封土授民，赐以姓号。"如果不加顿号，很容易被理解为赐予土姓，土姓即姓土。因此，加顿号为是。再者，"中国赐土、姓"，后面用冒号也不是很妥当。"祗台德先，不距朕行"，其中有"朕"字，当是帝王之语，加引号是对的。而在"中国赐土、姓"后面省略了"曰"字，冒号应在"曰"后，既然"曰"字省略了，就不宜用冒号了，而应改为逗号。

15. 朔（、）……〔，〕南暨（：）……〔，〕声教讫于四海

"朔、南暨"，疑有脱文。《笺证》："疑文字有脱讹，应作'北至（于）朔方，南暨（于）某某'。"其说是。据此，在标点符号上宜作相应的改动，作"朔……，南暨……"，以表达这样的意思。原来文本在"朔、南暨"，后面用冒号，总感到有些怪怪的，现代语言一般不这么用，后面一句"声教讫于四海"，是承前而来，可用逗号。如果"声教讫于四海"是开始句，倒可以用冒号，"东渐于海，西被于流沙，朔、南暨"，是"四海"的说明，而目前的句式，就没有必要用冒号了，而应用逗号为宜。

16. 翕受普施，九德咸事，俊乂在官（，）〔。〕百吏肃谨（。）〔，〕毋教邪淫奇谋

这几句在句读上感到有些不妥。"翕受普施，九德咸事，俊乂在官"，应当是完整的一句话，后面宜用句号；"百吏肃谨，毋教邪淫奇谋"，又是完整的一句话，中间也宜用逗号。

17. 女言致可绩〔，〕行

这是一句赞美之词，是说"女言致可绩"，"行"。"行"字，是表示肯定。如果中间不加逗号，在理解上有些为难，肯定之意就出不来，因此，宜加逗号。

18. 生启〔，〕予不子，以故能成水土功

"生启予不子"，《正义》："此五字为一句。"仔细推敲，这五字应当是两句短句，在"生启"后应加逗号。"生启"，是省略主语；"予不子"，是完整的一句话。

19. 或言〔：〕〔"〕禹会诸侯江南，计功而崩，因葬焉，命曰〔'〕会稽〔'〕。〔"〕

"或言"，是"有人说"的意思，说的是什么内容呢？即后"禹会诸侯江南，计功而崩，因葬焉，命曰会稽。"这句话是转述"言"的内容，宜加引号。而"会稽"，是"命曰"的具体内容，是专用名词，也宜加引号，在一句话内，用单引号。

## 三、殷本纪

20. 或曰（，）〔：〕〔"〕伊尹处士，汤使人聘迎之，五反〔，〕然后肯往从汤，言〔'〕素王及九主之事〔'〕。〔"〕

"或曰"，即有人说。这是设问。"或"，不定代词，不是连词里

的"或"。后面的这一段，为"或曰"的内容，宜将陈述句改为叙说句，在标点符号上予以处理，这样读起来更加亲切。

21. 予维闻女众言（,）[:][""]夏氏有罪。[""]

这是完整的一句话。"夏氏有罪"，是"众言"的内容，宜加引号，而"言"后的逗号改为冒号。

22. 于是［,］汤曰［:］"吾甚武［。］"

这一段的标点符号，改动甚多。如这一句"汤曰'吾甚武'。""曰"后的"吾甚武"，是完整的一句话，应单独成句，因此，"曰"后宜用冒号。还有，句末的标点符号，是在引号前，还是在引号后？也是需要思考的，一般用冒号，后面所引的就是完整的话语，标点符号应在引号内；而不用冒号，引用的只是一个词或词组，不是完整的一句话，标点符号应在引号外。

23. 帝太戊立（,）伊陟为相

这是完整的一句话，"商务通解本"在"立"后加逗号，则不妥，其含义变成两层意思，即"帝太戊立"、"伊陟为相"，而此前面一句，即是"弟太戊立，是为帝太戊"，因此，"立"后不宜有逗号。

## 四、周本纪

24. 乃求有莘氏美女（,）[、]骊戎之文马（,）[、]有熊九驷（,）[、]他奇怪物

"乃求有莘氏美女，骊戎之文马，有熊九驷，他奇怪物"，这其中是几个词组，而不是短句，其谓语是动词"求"，其后是并列词组为宾语，因此，不宜用逗号，而应用顿号。

25. 周人所耻，何往为（,）[？]

"何往为"，是一疑问句，意即"为何还要再去呢"，后面用逗号不妥，宜用问号。

26. 毁坏其[""]三正[""]

"三正"，指"三仁"，即微子、箕子、比干，宜用引号。

27. 王弃亲[,]亲翟

"王弃亲亲翟"，原来五字连为一体，读起来很别扭，细细分析，这五字为两句话，即一是"王弃亲"，二是"亲翟"，中间宜用逗号。

28. 周恐[。]借之[,]畏于韩（,）[;]不借[,]畏于秦

"周恐借之畏于韩"，"商务通解本"在"周恐"后加句号，断为

两句，颇有道理。"周恐"，承上，是对秦借道伐韩的恐惧，产生恐惧的原因，是左右为难，借道与不借道，都要得罪人。合为一句，似乎不及分开两句。

29. 五十九年，秦取韩阳城 [、] 负黍

"秦取韩阳城负黍"，"商务通解本"在"阳城"后面加逗号，表明是两座城。如果历史事实是如此，则应该加顿号。对此，《新注》："阳城、负黍：两韩邑，阳城在今河南登封市东南之告城镇，负黍在登封市西。"《笺证》也作如此注释。那么，以"商务通解本"的注释为是。

## 五、秦本纪

30. 鸟身 [，] 人言（。）帝太戊 [，] 闻而卜之使御

"鸟身人言。帝太戊闻而卜之使御"，"中华简体本"如是断句，而"商务通解本"则断为："鸟身，人言帝太戊闻而卜之使御"。断句不同，含义也不相同。按第一种断句法，是说中衍长着鸟的形体，会说人话，帝太戊听说后让他当了"御驾"。按第二种断句法，则认为，中衍本来就是人，以鸟为图腾，以鸟形纹身，有人告诉于帝太戊，帝太戊占卜后，就让他驾车。相比较而言，第二种断句法比较合情合理，予以采纳，在句读上略加改变，为"鸟身，人言帝太戊，闻而卜之使御"。"鸟身"后的逗号不变；"人言帝太戊"，即"人言于帝太戊"，后加逗号，"闻而卜之使御"，省略主语"帝太戊"。

31. 丹、犁 [，] 臣 (，) [。] 蜀相壮杀蜀侯来降

"丹、犁臣"，只有三个字，实际上是一句话，即"丹、犁"两个小国家，臣服于秦国，称臣，与后面的"蜀相壮杀蜀侯来降"，实际上是两句话，因此，宜将"犁"后加逗号，"臣"后用句号。

32. 晋走 [，] 流 [，] 死河二万人

"晋走流死河二万人"，这句话比较费解。《新注》："晋军败走，被河水流冲而死者二万人。"宜在"走"和"流"后分别加逗号，可能更好理解。

## 六、秦始皇本纪

33. 号曰 ["] 文信侯 ["] （。）[，] 招致宾客游士

"招致宾客游士"的主语，毫无疑问是吕不韦，是顺承前面，因

此，前句"文信侯"后，应用逗号，而不应用句号。

34. 齐、赵来［,］置酒

"齐、赵来置酒"，很容易被理解为"齐、赵过来置酒"，"来"后应加逗号，"置酒"前省略主语"秦"。

35. 取邺［、］安阳

"邺安阳"，"邺"与"安阳"，是两个地方，中间宜用顿号，否则，容易理解为"邺之安阳"。"商务通解本"在"邺"与"安阳"之间已加顿号。

36. 求［,］弗得

"求弗得"，这句话虽然只有三个字，但表达了两层意思，一是"求"，即搜求、寻求；二是"弗得"，没有找到，没有结果。"求"字后面宜加逗号，否则，产生歧义，很容易被理解为"求不得"，即"不得求"，"不能求"，意思完全相反。

37. 隐宫［、］徒刑者七十余万人

"隐宫徒刑者"，"商务通解本"作"隐宫、徒刑者"。《新注》："隐宫徒刑不可能有七十万之多，疑'隐宫'下脱一'及'字，以顿号带。"以加顿号为是。

38. 将闾乃仰天大呼［"］天者［"］三

"天者"，犹如"天啊"，是公子将闾大呼的内容，宜加引号。

39. 故营阿房宫（。）［,］为室堂［。］未就

"故营阿房宫"，"中华简体本"用句号，"为室堂"连下面"未就"；"商务通解本"作"故营阿房宫为室堂。两者皆有道理，但比较起来，还是需要推敲的。"中华简体本"的句读，可理解为："营造阿房宫"，是"室堂未就"，其实，还是"营造阿房宫""未就"。"商务通解本"的句读，可理解为："营造阿房宫"，主要是营造"室堂"，"未就"。其实，这句话表达了两层意思，即一是营造阿房宫，"为室堂"是其中的说明性内容；二是还没有造好。因此，宜作如下句读："故营阿房宫，为室堂。未就"，"未就"二字与"下句"相连。

40. 而倔起（什伯）["十百"］之中

"什伯"，即"十百"。《笺证》："什伯：同'十百'，十人长、百人长，借指最低层的小军官。"可用"十百"替代"什伯"。同时，"十百"为高度浓缩的专用词，宜加引号。

## 七、项羽本纪

41. 项籍少时，学书不成，去［;］学剑，又不成

"学书不成，去学剑"，"中华简体本"句读如此；"商务通解本"则在"去"后加分号。这牵涉到对"去"字的理解。前者用的是现代之义，即"过去"的意思；后者用的是古文之意，即"离开、舍弃"的意思。《新注》："去：舍弃，丢下学书之事。"两相比较，以后者为义长，故取之。

42. 书［,］足以记名姓而已（。）［;］剑［,］一人敌（,）［:］不足学，学［""］万人敌［""］

"剑一人敌，不足学，学万人敌"，原来句读如此。仔细推敲，似乎不很妥当。在"而已"后用句号，则后面"不足学，学万人敌"只是针对"剑"而言。其实不是，是承"学书不成，去学剑，又不成"，是针对"书"和"剑"而言。因此，这句话的句读应当如此考虑：在"书"、"剑"二字后加逗号，加重语气，表示项羽的厌倦情绪；"而已"后用分号，说明"书"、"剑"是并列而言；"一人敌"后用冒号，说明后面一句话是从"书"、"剑"两个方面而言；"万人敌"是什么？只是一个形象的比喻，是指"兵法"而言，宜加引号。

43. 以故［,］事得已

"以故事得已"，这句话如此句读，很容易使人将"故事"二字联系起来理解，即理解为"过去的事"。其实，不是如此，而应句读为"以故，事得已"，因为这个缘故，这个事情才得以了结。

44. 景驹走［,］死梁地

"走"与"死"，是两个概念，首先是逃，其次是死，逃是自己逃，死是别人杀死。原作"走死梁地"，容易理解为是自己在逃的途中死了，被人追杀而死的意思出不来。《笺证》："走死梁地：逃至梁国地面，被追兵所杀。"因此，在"走"后宜加逗号。

45. 皆曰："首立楚者，将军家也。今将军诛乱（。）［,］［……］"

"今将军诛乱"，这句话没有完，只是半句话。《笺证》："此句语气未完，下面应有'固宜为上将军'云云，因与下面的叙述句重复，故而省略对话，单由叙述语补足。"半句话，在句读上应体现出来，在"诛乱"后，不用句号，用逗号和省略号，这样，半句话的效果就出来了。

46. 将军何不还兵与诸侯为从，约共攻秦，分王其地，南面称[""]孤[""]（；）[？]

这句用"何不"二字，为疑问句，原用分号，不妥，应改为问号。"孤"是"称"的内容，宜加引号。

47. 曰："毋从[，]俱死也。"

"毋从俱死也"，原五字连为一体。《笺证》："不要跟着刘邦一起被杀。"其实，这其中表达了两层意思，即一是"毋从"，很肯定地认为张良不能跟随刘邦；二是假设，即是如果跟从的话，都得死。因此，"毋从"后宜加逗号。

48. 良问曰："大王来[，]何操？"

"大王来何操"，五字原来中间不加标点，意即大王来的时候，带来了什么礼物？从古代汉语语法的角度来看，"何操"，是倒装句，即"操何"，带来什么？宜单为一句，才便于理解。因此，"来"后宜加逗号，以断开。

49. 曰："我持白璧一双，欲献项王（，）[；]玉斗一双，欲与亚父（，）[。]

这句话表达了两层意思，即一是"持白璧一双，欲献项王"；二是持"玉斗一双，欲与亚父"，两层意思并列，同为动词"持"，只不过后面的"持"字承前省，因此，"项王"后面宜用分号。这句的后面是"会其怒"，文义已经转折，因此，"亚父"后宜用句号，不宜用逗号。

50. 居数日，项羽引兵西[，]屠咸阳

"项羽引兵西屠咸阳"，其中的"西"字宜为动词，即"向西"，而"西"后不加逗号，则"西"字则成为方位副词，缺少了"向西"的动作行为。因此，"西"后宜加逗号。

51. 人或说项王曰："关中阻山河四塞，地肥饶，可都[，]以霸。"

"可都以霸"，四个字表达了两层含义，即一是"可都"，可以作为都城；二是"以霸"，可以成其霸业。可原四字一句，意思不明，容易解释为"完全可以称霸"，失去了建立都城的这一重要含义。因此，"都"后宜加逗号。

52. 说者曰："人言['"]楚人沐猴而冠耳["']，果然。"

"楚人沐猴而冠耳"，是"言"的内容，宜加引号。

53. 求太公、吕后[，]不相遇

"求太公、吕后不相遇"，这句话的含义是："求太公、吕后"，而"不相遇"。而按照原来的句读，意思正好相反。按照汉语语法，动词作谓语的"求"的宾语为"太公、吕后不相遇"，是希望不遇"太公、吕后"。因此，在"吕后"后加逗号，就不存在这一问题了。

54. 汉王笑［，］谢曰："吾宁斗智，不能斗力。"

"汉王笑谢曰"，原五字为一句，实际上，五字表达了汉王的两个行为，即一是"笑"，传达出汉王对项羽的嘲讽、讥讽之意；二是"谢"，用言辞表示自己的看法，委婉地推辞拒绝，否定项羽的说法。如果五字为一句，重心只在"谢"字上，"谢"作为动词、谓语，而"笑"只作为修饰词，"笑"的行为动作和深层含义出不来。因此，"笑"后宜用逗号。

55. 辟易数里（，）［。］与其骑会为三处

"辟易数里"、"与其骑会为三处"，是两个不同的主语，即一为"赤泉侯"，一为"项羽"。"中华简体本"在两句中间用逗号，则其主语均为"赤泉侯"，与文义不合。中间宜用句号。"商务通解本"已改为句号。

## 八、高祖本纪

56. 高祖每酤［，］留饮

"高祖每酤留饮"，原来六字为一句，意谓刘邦每次来买酒，都留下来喝酒。细揣文意，"留饮"二字的主语应为王媪、武负。这样的理解，与前句相照应，因为他们"见其上常有龙，怪之"，故对刘邦格外照顾，献殷勤。因此，"酤"后应加逗号。

57. 秦二世二年，陈涉之将周章军西［，］至戏而还

这句话的"西"，应当动词理解，即向西进军，而现在则成了方位副词，应在"西"后加逗号。这样，起义军的主动性、进攻性就体现出来了。

58. 及魏招之，即反［，］为魏守丰

"即反为魏守丰"，这句话如此句读，则意思是"则反而为魏守丰"。其实，这句话的意思没有完全出得来，应当是"即反，为魏守丰"，即"当即就反，为魏守丰"，"反"后应加逗号。

59. 西［，］与秦将杨熊战白马，又战曲遇东，大破之

"西"，应为动词，即攻打开封不利后，继续向西，在白马与秦将战斗。因此，"西"后宜加逗号。

60. 反［，］为楚。汉王使郦生说豹，豹不听

"反为楚"，其中的"反"，为动词，即反叛的意思，"为楚"，即叛汉归楚。原来的句读，"反为楚"，"反"字多义，容易产生歧义，使人理解为"反而为楚"。因此，"反"后宜加逗号。

61. 项羽已破［，］走彭越，闻汉王复军成皋

"项羽已破走彭越"，原为一句话，比较难于理解，"破走"是什么意思？实际上是两句话，即一是"项羽已破"，省略宾语，即"彭越"；二是"走彭越"，即"彭越走"。"走"，即"逃"。因此，"破"后宜加逗号。

62. 曰："始与项羽俱受命怀王，曰［'］先入定关中者王之［'］

"先入定关中者王之"，是"曰"的具体内容，宜加引号。"商务通解本"已加引号。

63. 高祖曰［：］［"］将军刘贾数有功，以为荆王，王淮东。弟交为楚王，王淮西。子肥为齐王，王七十余城，民能齐言者皆属齐。［"］

"高祖曰"后面一段话，至"皆属齐"，是刘邦的一段话，内容是分封三王。因此，宜用冒号和引号。

64. 令樊哙止［，］定代地。立兄刘仲为代王

"止"，驻守，留的意思。《新注》："止定代地：留下来平定代地。""止"与"定"，是两个动词，表示两种行为，中间宜加逗号。

65. 陈豨降将言［：］［"］豨反时，燕王卢绾使人之豨所，与阴谋。上使辟阳侯迎绾，绾称病。辟阳侯归，具言绾反有端矣。［"］

"陈豨降将言"以下一段话，似为所"言"之话语，宜作为"言"的内容，用冒号和引号。

# 九、吕太后本纪

66. 欲王吕氏，诸君从［，］欲阿意背约

"诸君从欲阿意背约"，其中"从欲"，一般理解为"顺从其欲望"，还有的理解为"纵欲"，即放纵其欲望。我认为，"从"后宜加逗号，将一句话变为二句话，即一是"诸君从"，指顺从"欲王吕氏"；二是"欲阿意背约"，打算逢迎太后之意，违背盟约。这样，更加直接，更符合文义和语境。

67. 以其弟襄城侯山为常山王，更名［"］义［"］

"更名义"，"名义"二字容易被理解为"名分"，与文义不合，

宜将"义"字加引号，表明是所更之名，是专用名字。

68. 太尉令朱虚侯监军门（。）[，]令平阳侯告卫尉

"令平阳侯告卫尉"，这一句与上一句是同一个主语，即"太尉"。因此，"令"前宜用逗号。

## 十、孝文本纪

69. 填抚诸侯[、]四夷[，]皆洽欢

这句话原来中间不加标点，不甚通顺，在理解上也有歧义。"填抚"是动词，作谓语，宾语是"诸侯"，即"填抚诸侯"，"四夷皆洽欢"为后句；也可以是"诸侯、四夷，皆洽欢"为后句。因此恰当地使用标点符号，在古文言文中是非常重要的，丝毫马虎不得。这句话的句读，宜改为："填抚诸侯、四夷，皆洽欢"。

70. 右丞相勃乃谢病[，]免罢，左丞相平专为丞相

"谢病免罢"，四个字为两个主语，即"谢病"，以"病"为由辞谢，主语是周勃。"免罢"，即罢免，解除官职，主语是文帝，解除其官职，或被解除官职。因此，"病"后宜加逗号。

71. 六年，有司（言）[说][：]["]淮南王长废先帝法，不听天子诏，居处毋度，出入拟于天子，擅为法令，与棘蒲侯太子奇谋反，遣人使闽越及匈奴，发其兵，欲以危宗庙社稷。["]

"言"，讲、说的意思。"有司言"，犹"有司说"。后面一段话，至"欲以危宗庙社稷"，是说的内容，宜加引号。

72. 孝文皇帝临天下，通关梁，不异远方（。）[；]除诽谤，去肉刑，赏赐长老，收恤孤独，以育群生（。）[；]减嗜欲，不受献，不私其利也（。）[；]罪人不帑，不诛无罪（。）[；]除刑，出美人，重绝人之世

此句及以下几句系统阐述文帝的功绩，所谓盖棺论定，主语都是文帝，宜用分号，使文章更加紧凑，内容更加紧密。

## 十一、三代世表

73. 其["]历谱谍["]、["]终始五德["]之传

"历谱谍终始五德之传"，"中华简体本"连为一体，"商务通解本"将"历谱谍"、"终始五德之传"分别加书名号。"历谱谍"，《笺

注》："即历书和记载古代帝王世系、谥号的谱牒类著作。""终始五德"，即"五德终始"《笺注》："阴阳家邹衍以水、火、木、金、土五行相生相克的理论阐述朝代的更替和循环不已。终始：周而复始。"两者可能都是通称，而并非是某种著作的专称，就如同"史记"，专指司马迁的史著，就应用书名号，而指一般的历史记载的"史记"，就不宜用书名号。而"之传"二字，可能通指"历谱谍"和"终始五德"之类的著作，而并非单指"终始五德"。将"终始五德"和"之传"连为一体，可能也有不妥之处。因此，这句话的表述方式，应是"历谱谍"和"终始五德"加引号而非书名号。

74. 于是［，］以《五帝系谍》、《尚书》集世［，］纪黄帝以来讫共和为《世表》

这句话很长，很容易读错，将"集世"读成"集世纪"，成为破句。因此，"世"后宜加逗号。

75. 褚先生曰：不然

"褚先生曰"，后面的一段文字，按照"太史公曰"的标示方法，不用引号。后面的"曰"，也应为"褚先生曰"，同样处理，不加引号。

76.《传》云［：］［＂］天下之君王［，］为万夫之黔首

"《传》云"，原文后面均不加引号，至于"《传》""云"了什么？出处在哪里，不得而知。根据文义，似乎《传》的内容至"有福千世"，是对"帝"和"王"的说明和解释，宜加引号。

## 十二、十二诸侯年表

77. 为王不能尽观（《）［＂］春秋（》）［＂］

"春秋"，"中华简体本"用书名号，"商务通解本"则用引号。这里牵涉到对书名号应用的理解。《字典》附录《常用标点符号用法简表》："书名号：用于书名、篇名、报纸名、刊物名等。"那么，"春秋"是书名吗？现代一般将孔子所修订的"春秋"用书名号，"《春秋》"成了专用名字。《李学勤讲演录》："当时（战国时期）各诸侯国的史书一般都叫《春秋》，只是鲁国就叫《春秋》，没有加个专名，而晋国、楚国自己加了专名。《春秋》，就是个共名。"从这个意义上来说，不管是孔子的《春秋》，还是其他的《春秋》，都是存在的，加书名号，并没有错，这是从广义的角度来说；相对于孔子

《春秋》来说,逐步成为专用名称,人们一说到《春秋》,想都不要想,就认为是孔子的《春秋》。因此,除孔子《春秋》以外的"春秋",不加书名号,以示区别,防止混淆,也是有道理的。这样更精确一些。《新注》之所以对此《春秋》不加书名号,肯定认为不是孔子的《春秋》。其说:"春秋,本为古代典籍泛称。本文只有三处以'春秋'作为孔子书之专名,凡称专书的其他'春秋',则冠以他名,如《虞氏春秋》、《吕氏春秋》。故本文将泛指典籍的'春秋'用引号而不用书名号以资区别。"其说是。这里按照《新注》的做法,将此以及下的"虞卿上采《春秋》"、"删拾《春秋》"、"捃摭《春秋》之文"的"春秋"用引号。

78. 汉相张苍(《)历谱五德(》)

"历谱五德","中华简体本"不用书名号;"商务通解本"用书名号。《笺证》:"张苍'善律历',尝'绪正律历',主张仍依秦以十月为岁首,并'推五德之运,以为汉当水德之时','著书十八篇,言阴阳律历事。'"历谱五德",指张苍进行"历"、"谱"、"五德"方面的研究,并没有专门著作称为"历谱五德"。所著《终始五德传》,考其内容,只是他所研究"历谱五德"的一个方面的内容,不能以此替代"历谱五德"。因此,这里不宜用书名号。

## 十三、六国年表

79. 诸侯["]史记["]尤甚,为其有所刺讥也

"史记",这里并不指司马迁所著的《史记》,而指一般意义上的各个诸侯国家的史书。"商务通解本"将"史记"加引号,诚有道理。这里需要说的是,全书要统一起来,凡是不是司马迁所著之《史记》,均加引号。

## 十四、秦楚之际月表

80. 太史公读["]秦楚之际["]

"秦楚之际",是一个词组,是半句话,不是一个完整内容的表达,但有其特定的含义,即指"秦楚之际"是历史资料,因此,宜加引号。

81. 此乃["]传["]之所谓["]大圣["]乎?

"传",读作"zhuàn",指为经书作注的著作,一般由他人记述,

如《春秋左氏传》、《春秋公羊传》。这里的"传",指"传"一类的著作,但究竟是指哪一部"传",无法确指,似同诸侯"史记"一样处理,在"传"上加引号,而不加书名号。后面的"大圣",应是"传"上的内容,故也加引号。

## 十五、惠景间侯者年表

82. 太史公读［《］［"］列封［》］［"］至便侯

"列封",《笺注》:"列侯受封的档案资料。""中华简体本"作为一般文字处理;"商务通解本"用书名号。考"列封"并非专门的书籍,但也有其特定的含义,宜用引号,而不用书名号。

83. 长沙王者,著［《］［"］令甲》［》］［"］,称其忠焉

"令甲",《笺注》:"令甲:也称'甲令',诏令汇编的第一集,令有多集,故以甲、乙、丙、丁相区分。""中华简体本"作为一般文字处理;"商务通解本"用书名号。"令甲",实际上是"令"的第一集,是叙述语,并非"令书"的名称,但也有其特定的含义,宜用引号。如同不用书名号。

## 十六、礼书

84. 管仲之家,兼备［"］三归［"］

"三归",是专有名词,具有特定的含义。按照标点符号的使用规则,即具有特殊含义的词语应用引号,故加引号。

85. 几席,所以养体也［:］［。］故礼者养也

"中华简体本"一般碰到这样的情况,都用冒号,其根据是:"用于总括性话语的前边,以总结上文。"这固然不错。但我觉得,这里用冒号,比较勉强。原因是:后面的一句总结性话语,用了指代词"故",所谓"故"即指"这些",以上说的这些。"故礼者养也",是一个完整的句子,前面应当用句号。如果说要用冒号,应当是在这些具体说明的前面一句"故礼者养也"的后面,即"用于总结性话语的后面,标示引起下文的分说"。而分说的内容比较多,也宜用句号。如果再进一步分析,两句同样的"故礼者养也"的话,删掉一句还更好呢,稍有重复之感。当然,既然司马迁这样用了,肯定有他的道理,即起着强调的作用。

86. ["] 坚白 ["] [、] ["] 同异 ["]

"坚白同异",是指战国时名家公孙龙的"离坚白"和惠施的"合同异"之说,具有特定的内容,可以说是专用名词,宜分别加引号。

## 十七、乐书

87. 然后正六律,和五声,弦歌《诗 [》] [·] [《] 颂》

"诗颂","中华简体本"与"中华通解本"均将两字标为书名号,将"诗"、"颂"并列,似乎不妥。如果从"《诗》"的角度说,"《颂》"只是其中的一个内容。因此,这两个字的句读应为"《诗·颂》"。

88. [《] 武 [》] 乱皆坐,周召之治也

"武",这里指《大武》的舞蹈。"武乱",即指《大武》的舞蹈表演到了尾声。因此,"武"字宜加书名号。

## 十八、律书

89. 孔子所称 ["] 有德君子者 ["] 邪!

"有德君子者",是孔子所称的内容,宜加引号。《史记》中类似这样的情况很多,从规范使用现代标点符号的角度考虑,都应用引号。

90. 《书》曰 [:] ["] 七正,二十八舍。["]

"《书》曰"的内容究竟是什么?"中华简体本"将后面的"七正"加引号,似乎是说明内容为"七正",但是用小字排列,但又不知究竟是为什么?是多余的文字,还是排版的疏忽?不得而知。"商务通解本"则没有表明"曰"的是什么?而《笺证》表明所"曰"的内容是"七正,二十八舍"。今从之。

91. 大吕者 [,] [……]。其于十二子为丑

"大吕者",只是半句话,没有完,在句读上,不宜用句号,应将"半句话"的意思表达出来,宜用逗号,引号,然后用句号,这样,很直观,一看就明白。

92. [至于] 轸。轸者,言 ["] 万物益大而轸轸然 ["]

"[至于]","中华简体本"如此,说明为脱字而增加。"商务通

解本"则去掉了括号，表明与正文融为一体。今从之。

## 十九、历书

93. 历术［《］甲子篇［》］

"甲子篇"，"中华简体本"、"商务通解本"均没有用书名号。《注译》："甲子篇：当时一种历书的名称。"今依之，加书名号。

## 二十、天官书

94. 其旁有一小星，曰长沙星［，］星不欲明

"星"，"中华简体本"在"长沙"后用逗号，"星"字属后句，后句为"星星不欲明"。"商务通解本"在两个"星"之间用逗号，反复推敲，以后者为是。这句"其旁有一小星，曰长沙星"，句式非常完整，据改。

95. 是谓（"）正平（"）

"正平"，"中华简体本"、"商务通解本"均用引号。在《史记》中，这类的句式很多，其他的都没有加引号，为了同一起见，可不加引号。

96. 荧惑为勃乱（，）［、］残贼、疾、丧、饥、兵

"中华简体本"、"商务通解本"在"勃乱"后均用逗号，似乎不太妥当。"勃乱"与"残贼、疾、丧、饥、兵"，都是并列关系，都是"为"的宾语，即"为"的对象。如果在"勃乱"后用逗号，与后面的词隔断开来，后面的词则成了一组词，不成为一句话，不妥，故改。

97. 薄短小，无胜。重抱［，］大破无

"重抱大破无"，是什么玩意儿？如果不作注释，恐怕神仙也不知道。现有两解：《笺注》："日晕的光气重重环抱向日，军将大破。抱：指日晕的光环环抱向日，《汉书·天文志》'无'作'之'。"《注译》："指日晕形成、变化和消失的整个过程。重：云气发生。抱：云气围绕太阳。大：云气逐渐扩大。破：云气散开。无：云气消失。"两者都能自圆其说。而从整个语境来看，如果这句话单纯写"日晕"，与前后的句义不相称。以第一种解释为佳。如此，标点符号则要重新处理，在"抱"后加逗号。

98. 无云有风［、］日，当其时，浅而多实

"有风日"，指有风，有太阳，中间宜加顿号。如果不加顿号，容易理解为"有风的日子"，故改。

99. 故甘、石历［"］五星法［"］

另："商务简体本"将"五星法"用书名号，表示是专门著作；而"中华简体本"没有用书名号，没有作为专门著作理解。"五星法"，即"五星占"，古代天文星占著作。《新注》："《五星法》：推占金、木、水、火、土五大行星的运行情况，并据此遇见吉凶的书，也称《五星占》。"据此，应加书名号。

## 二十、封禅书

100. 苌弘乃明鬼神事，设射（《）（貍）［狸］首（》）

"狸首"，"中华简体本"加书名号，"商务通解本"没有加。"狸首"，本是逸诗篇名。而这里则指具体的事件。《新注》："设射貍首：设置射杀象征诸侯的貍首之巫术，用以诅咒和恐吓不来朝天子的诸侯。"以此，宜不加书名号。

101. 驺衍以阴阳（《）["] 主运（》）["] 显于诸侯

"主运"，是一种运气术语。五运分主一年的春、夏、长夏、秋、冬五季。它随季节的变化而传递有次，一般规律是由木而火而土而金而水，循五行相生之序，始于木而终于水，每运约各主七十三日另五刻。从每年的大寒节起算。邹衍著有《走运》篇章。《索隐》："《主运》是《邹子书》篇名。"在处理上，"中华简体本"的"主运"不加书名号；而"商务通解本"则加书名号，观其内容，"驺衍以阴阳主运显于诸侯"，和上句"驺子之徒论著终始五德之运"一样，都是叙述句，叙述邹衍理论的核心内容，并非专指其著作，因此，宜统筹处理，不加书名号，而加引号，文义比较通畅。

102. 三年而二世弑［，］死

"二世弑"后宜加逗号。"弑"，即"杀"，是一种被动用法，即"被杀"，"死"，是"杀"的结果。加逗号，含义更加清晰。

103. 以牡荆［，］（画）幡［画］日月［、］北斗［、］登龙

这句话不太通顺。如果在"牡荆"后面加逗号，将"画幡"改为"幡画"，含义就比较顺畅，即"牡荆"为"幡"杆；在"幡"上"画""日月北斗登龙"。这样，句式就比较完整，便于理解。

104. 作二十五弦（瑟）及（空侯）[箜篌]（琴瑟）[，]自此起

这句话很不顺，且文义欠通，须根据历史实际略加改造。《札记》引《礼记》："'瑟'字疑当在'及'字上，与'二十五弦'相属。"其说是，承前文"素女鼓五十弦瑟，悲，帝禁不止，故破其瑟为二十五弦"之义，"瑟"字宜在"二十五弦"后，据改。又：《笺注》引梁玉绳："'琴'字衍。"并说："《武帝本纪》与《汉书·郊祀志》皆无'琴'字。""瑟"字移至"二十五弦"后，"琴"字似为多余，宜删。又：《笺注》："此句句首'作'字与句尾'自此起'三字，二者应削其一。"其说有理，确实有些重复，但从另一个角度考虑，"作"解为开始制作，"自此起"解为从此兴起，则有加重、强调的意思，因此，予以保留，还是很有意义的，只是"自此起"前加逗号，主语承前省，则可解决这一问题。

105. 礼[，]登中岳太室

"礼登"，容易被理解为礼节性地登山，实际上，"礼"，是登山前举行的一种仪式。因此，"礼"后宜用逗号，把"礼"作为一个单独的行为，作为动词，与"登"字并列。

## 二十一、河渠书

106. 往往引其水益用溉田畴之渠

这句话太长，比较拗口，意谓在这些主干渠道流经的地方，人们引用其水来灌溉田地；并注重从这些主干渠道上开通了无数小沟渠，作为灌溉之用。所表达的是两层意思，即一是人们引用这些主干渠道的水；二是开挖小水渠，用来灌溉农田。因此，在"引其水"后面宜加逗号，这样层次分明，含义清楚。

107. 欲通褒斜道及漕[，]事（，）下御史大夫张汤

这句话有两种句读法：一是在"事"后加逗号；二是在"漕"后加逗号。考校两种句读法，都可以，反复推敲，觉得还是第二种句读法比较妥当。从语法的角度分析，第一句的"欲"为动词、谓语，"通褒斜道及漕"，是双宾语，用"及"连接；下句以"事"为主语，即这件事，"下"为谓语，"御史大夫张汤"为补语，省略了介词"于"。《注译》："事下，皇帝把事情交给大臣去拟议，叫'事下'。"

108. 东窥洛汭、大邳（，）[、]迎河

"大邳"后面，原为逗号，说明后面的"迎河"是一个动宾结构

的词组，即迎着河。"迎"，与文中的"上""望""窥""行""瞻"的词性相同，即均为动词；如果将"迎河"前的逗号改为顿号，则"迎河"作为名词，即上文中的"逆河"之意。因为"迎"与"逆"，文义相通，"迎河"即"逆河"。反复推敲文义，宜改为顿号，"迎河"与前面的"逆河"吻合，也是"窥"的对象。这样文义更好，前后各更加吻合。

109. 行淮、泗、济、漯［、］洛［、］渠

"漯洛渠"，原来三字之间均没有加标点符号，而前面的"淮泗济"之间则加了顿号，不知出于何种考虑。反复推敲，觉得，"漯洛渠"之间均应加顿号，这样，"淮泗济漯洛渠"是六个独立的水体，司马迁都曾经去巡视过，研究过。这样文义更好。

110. 曰：［"］甚哉，水之为利害也！［"］

"曰"后是司马迁所感慨的内容，是完整的一句话，应加冒号、引号，改为话语句。原来为陈述句，阅读起来，在"曰"后没有停顿，司马迁的那种思想感情就不能完整的体现出来。

# 二十二、平准书

111. 一黄金一斤（，）［。］约法省禁

"一黄金一斤"后面，原来用逗号，不是很妥当。其含义是汉兴以后改变了黄金的成色和重量，应当是承接"更令民铸钱"而来，到这里，意思就完整了，前面讲了原因，是"为秦钱重，难用"；后面讲了结果，是"一黄金一斤"。而后面的"约法省禁"，讲的是另外一层意思了。因此，在"一黄金一斤"后面应用句号。

112. 物踊腾［，］粜（，）米至石万钱，马一匹则百金

"物踊腾"，是完整的一句话，表示物价飞涨，宜在"腾"字后加逗号。"中华通解本"作"物踊腾粜"，在"粜"后加逗号，显得非常繁赘。"商务通解本"虽然在在"粜"后加逗号，但在注释中则将"粜"字放在下一句解释。《考证》："物踊腾，断句。"反复考虑，"粜"字宜属下句，而表示物价飞涨，用"物踊腾"三字足够了，故改。

113. 兵甲之财［、］转漕之费［，］不与焉

"兵甲之财"与"转漕之费"，是并列关系，中间宜加顿号，这样，文义更加清晰。

114. 议令民得买爵及赎禁锢［、］免减罪

"赎禁锢"与"免减罪",是并列关系,中间宜用顿号。

115. 梁、楚之地,固已数困,而缘河之郡堤塞河

"梁"与"楚",是两个地方,原则上中间应用顿号,也可以不用,省略。"商务通解本"在《河渠书》的"梁、楚之地复宁"中用了顿号,而在这里没有用。应当统一起来,加上顿号为宜。

116. 有司言［"］三铢钱轻,易奸诈［"］

"三铢钱轻,易奸诈",是"有司言"的内容,宜加引号。这一句不是"有司言"的全部内容,只是司马迁转述其中的一部分内容,也就是一句话没有说完整,因此,"有司言"后面不宜加冒号,引号后也不宜用句号,而用逗号为佳。

117. 敢犯令,没入田［、］僮

"田僮",指田地和田地上的劳作者,是并列的意思。不加顿号,容易使读者理解为"田的僮",即种田的僮仆,而隐没了"田地"这一层意思。因此,两字中间宜加顿号。

118. 拜为缑氏令［。］试之,缑氏便之

"拜为缑氏令试之",原为一句话,仔细推敲,似有不妥。"拜为缑氏令",是承上句"上以式为奇"的结果,后面应用句号。"试之",是担任"缑氏令"的行为,结果是"缑氏便之"。

119. 迁为成皋令,将漕［,］最

"将漕最",原来三字连读,很难理解,很容易将"漕最"二字作为一个词,不知何意。其实,在"漕"后加一逗号,就好理解多了。"将漕",指管理漕运;"最",指实绩最好。

120. 事下张汤［,］治异

"事下张汤治异",其实是两句话,即"事下张汤","张汤治异"。张汤既是第一句话的宾语,又是第二句话的主语,只是省略而已。宜分开,中间用逗号。《笺证》:"李笠以为此句中'异'字衍文,应删。"李笠误把两句话当成一句话了,故有此说。

121. 郡国多奸铸钱,钱多［,］轻

"钱多轻",表达的是钱的数量多又质量轻,三字连在一起,则往往被理解为"钱很轻",因为"多"在这里也可以充当程度副词。因此,在"多"和"轻"中间宜用逗号。

122. 卜式相齐（,）［。］而杨可告缗遍天下

"卜式相齐",后面宜用句号。这一句与后面一句"杨可告缗遍

天下"，虽然中间用了承接连接词"而"，但没有必然的因果关系，应当是叙述的两件事情。因此，用逗号不是很妥当。

123. 乃分遣御史［、］廷尉正监［，］分曹往

"御史"和"廷尉正监"，是两方面的人员，中间宜用顿号。后面的"分曹往"，换了主语，而又省略，宜用逗号。否则，和前面连在一起，所包含的内容很多，使读者没有思考的余地，也不容易弄懂这句话的真正含义。

124. 得民财物以亿计（，）［；］奴婢以千万数（，）［；］田［，］大县数百顷，小县百（馀）［余］顷（，）［；］宅亦如之

"田"，分为"大县"和"小县"两方面来讲，"田"后宜用逗号，否则，如果不用逗号，"田大县"也可理解为"田大的县"，与文义不合。而"田"的后面用了逗号，几层相同的内容之间应改为分号。这样层次感更强，读者更能理解文中的内容。

125. 命曰（：）"株送徒"

"："，疑为多余的符号。"命曰'株送徒'"，即"名为'株连犯'"，语气非常连贯，不宜用冒号分隔开来，宜删去。"中华简体本"没有用冒号。

126. 而上郡、朔方、西河、河西开田官（，）［、］斥塞卒六十万人［，］戍、田之

"开田官"与"斥塞卒"，是两个并列的词组，后面的"六十万人，戍田之"，应当是指以上两个方面而言，并非单指"斥塞卒"而言。因此，宜将原文中的逗号改为顿号。"戍田"，是两个动词，即守卫边疆与屯田种地，中间宜用顿号。否则，很容易只理解为在那里戍守田地，掩盖了"屯田"的含义。

127. 故抑天下物，名曰（：）"平准"

"商务通解本"在"名曰"后用冒号，宜去掉。这里的"曰"，是称为、叫做的意思，不是说的意思。不用冒号，文义更加通畅，阅读更加流畅。而冒号后面的引号是需要的，是"曰"的具体内容。

128. 甘泉仓满（。）［；］边余谷诸物［；］均输帛五百万匹

"商务通解本"在"甘泉仓满"后用句号。考其文义，"一岁之中"，应包含后面的内容，到"帛五百万匹"。因此，这里宜用分号。而"边余谷诸物均输帛五百万匹"，这句话很费解，仔细推敲，应包含两层意思，一是"边余谷诸物"，即边境地区有了余粮和各种物资；二是"均输帛五百万匹"，即通过均输，积存了帛五百万匹。因

此，在"诸物"后面宜加分号。这样，均输所带来的好处，在一岁之中，一是"太仓、甘泉仓满"；二是"边余谷诸物"；三是"均输帛五百万匹"。文义非常清楚。

129. 曷足怪焉（。）[！]

"曷"，读作"hé"，何，什么。《注译》："曷：何。""曷足怪焉？"有什么奇怪的呢？""焉"后改句号为惊叹号，加重感慨的成分，会更好。

【说明】

此为张大可、朱枝富共同完成的《横排简体〈史记〉文本梳理》中"十二本纪"、"十表序言"、"八书"部分的标点符号梳理。标题文中"（ ）"，表示为原文的标点符号；"[ ]"表示予以替换的标点符号。

文中参照、引证的主要文献，一般都用简称，主要是：原文主要参考中华书局《史记》（简体本），简称"中华简体本"；商务印书馆《史记通解》，简称"商务通解本"；梳理内容部分主要参考"三家注"，分别简称《集解》、《索隐》、《正义》；张大可《史记新注》，简称《新注》；韩兆琦《史记笺证》，简称《笺证》；王利器《史记注译》，简称《注译》；梁玉绳《史记志疑》，简称《志疑》；郭嵩焘《史记札记》，简称《札记》；泷川《史记会注考证》，简称《考证》；施之勉《史记会注考证》订补，简称《订补》；吴树平《史记全注全译》，简称《全注》；王叔岷《史记斠证》，简称《斠证》。等等。

（2016年7月25日修改完成）

# 《史记》补遗

＊本文作者杨共乐，北京师范大学历史学院院长、教授，史学理论与史学史研究中心博士生导师。

据司马迁《史记·大宛列传》记载，建元三年（前138），张骞"以郎应募，使月氏"。为匈奴获，亡，至大宛，经乌孙，到月氏。"骞从月氏至大夏，竟不能得月氏要领。""留岁馀，还，并南山，欲从羌中归，复为匈奴所得。留岁馀，单于死"，……"国内乱，骞与胡妻及堂邑父俱亡归汉。汉拜骞为太中大夫，堂邑父为奉使君"。

"骞为人彊力，宽大信人，蛮夷爱之。堂邑父故胡人，善射，穷急射禽兽给食。初，骞行时百馀人，去十三岁，唯二人得还。骞身所至者大宛、大月氏、大夏、康居，而传闻其旁大国五六，具为天子言之"。

司马迁在《史记》中对张骞出使大月氏、大夏等都有很多报道，但就是忽略了从大夏带来的当地音乐——"胡乐"。

据《古今乐录》云："横吹，胡乐也。张骞入西域，传其法于长安，唯得摩诃兜勒一曲，李延年因之更造新声二十八解，乘舆以为武乐。"

《晋书·乐志》也有载："胡角者，本以应胡笳之声，后渐用之横吹，有双角，即胡乐也。张博望入西域，传其法于西京，惟得摩诃兜勒一曲。李延年因胡曲更造新声二十八解，乘舆以为武乐。后汉以给边将，和帝时，万人将军得用之。魏晋以来，二十八解不复俱存，用者，有黄鹄、陇头、出关、入关、出塞、入塞、折杨柳、黄覃子、赤之杨、望行人十曲。"

从现有材料看，这些记载最早出现于西晋人崔豹的《古今注》。上述文献材料告诉我们，张骞在出使西域时，曾学得摩诃兜勒一曲，李延年又根据这一曲子，更造新曲二十八解，皇上将其定为武乐。魏晋以来，二十八解虽不复俱存，但还有十曲流行。由此可见，摩诃兜勒音乐对我国民族音乐产生的影响之大。

摩诃兜勒一曲到底指的是什么？

"摩诃兜勒"实为希腊文"Μακεδονες"的音译。它和《后汉书·孝和孝殇帝纪》上记载的"西域蒙奇兜勒二国内附"、"西域蒙奇兜勒遣使内附，赐其王金印紫绶"中的"蒙奇兜勒（Macedones）"是同一民族名；惟一不同的是"摩诃兜勒"译自希腊文，"蒙奇兜勒"译自拉丁文。

而这与客观的历史又完全吻合。因为早在公元前 327 年，亚历山大曾带领马其顿军队来到中亚，在这里留下了一支马其顿军队来管理刚征服不久的中亚巴克特里亚地区。未来的 186 年间尽管中亚巴克特里亚地区政权变化不断，但掌握当地政权的还是马其顿人，也就是"摩诃兜勒"人。

"摩诃兜勒"一曲进入中国后，李延年又对其更造新声，那么更造新声的对象即"旧曲"是否存在？我经过研究发现：在李延年以前确实存在"出塞"、"入塞"等曲子。这我们可从晋·葛洪的《西京杂记》中看得很清楚。据《西京杂记》记载："高帝戚夫人善鼓瑟击筑。帝常拥夫人倚瑟而弦歌，毕，每泣下流涟。夫人善翘袖折腰之舞，歌出塞、入塞、望归之曲。侍妇数百皆习之，后宫齐首高唱，声入云霄。"

戚夫人（？—前 194）为汉高帝刘邦的爱妃，而李延年（汉武帝宠妃李夫人的哥哥,？—约前 104 或前 101）与张骞（前 164—前

**翘袖折腰舞**

113)皆是汉武帝时代的人。李延年用张骞传入之曲改造"出塞"、"入塞"等旧声,使汉初就业已存在的旧声焕发出新的活力。这是中国文化发展史上的一件大事。它不但为新的音乐门类的出现创造了条件,而且也为中华传统音乐走出宫殿、走向民间开辟了新的路径。由于《史记》中没有记录这方面的内容,现特将其整理组合,以作补遗。

# 《史记》叙事中的若干自相歧异

＊本文作者韩兆琦，北京师范大学文学院教授、博士生导师。

## 一、刘邦破项羽的最后关键之战是在"垓下"，还是在"陈"？

据《史记·高祖本纪》说："项羽解而东归。汉王欲引而西归，用留侯、陈平计，乃进兵追项羽，至阳夏南止军，与齐王信、建成侯彭越期会而击楚军。至固陵，不会。楚击汉军，大破之。汉王复入壁，深堑而守之。用张良计，于是韩信、彭越皆往。及刘贾入楚地，围寿春，汉王乃使使者召大司马周殷举九江兵而迎武王，行屠城父，随刘贾、齐梁诸侯皆大会垓下。五年，高祖与诸侯兵共击楚军，与项羽决胜垓下。淮阴侯将三十万自当之，孔将军居左，费将军居右，皇帝在后，绛侯、柴将军在皇帝后。项羽之卒可十万。淮阴先合，不利，却；孔将军、费将军纵，楚兵不利。淮阴侯复乘之，大败垓下。"

据《项羽本纪》说："汉五年，汉王乃追项王至阳夏南，止军，与淮阴侯韩信、建成侯彭越期会而击楚军。至固陵，而信、越之兵不会。楚击汉军，大破之。汉王复入壁，深堑而自守。谓张子房曰：'诸侯不从约，为之奈何？'对曰：'楚兵且破，信、越未有分地……君王能自陈以东傅海，尽与韩信；睢阳以北至穀城，以与彭越：使各自为战，则楚易败也。'汉王曰：'善。'于是乃发使者告韩信、彭越曰：'并力击楚。楚破，自陈以东傅海与齐王，睢阳以北至穀城与彭相国。'使者至，韩信、彭越皆报曰：'请今进兵。'韩信乃从齐往，刘贾军从寿春并行，屠城父，至垓下。大司马周殷叛楚，以舒屠六，举九江兵随刘贾、彭越皆会垓下，诣项王。"

《淮阴侯列传》说："汉王之困固陵，用张良计召齐王信，遂将兵会垓下。项羽已破，高祖袭夺齐王军。汉五年正月，徙齐王信为楚王，都下邳。"

再看相应的《汉书》诸篇，《高帝纪》曰"汉王发使使韩信、彭越，至，皆引兵来。……十二月，围羽垓下"；《项籍传》曰"五年，汉王进兵追羽至固陵，复为羽所败，汉王用张良计，致齐王信、建成侯彭越兵……迎黥布，与齐梁诸侯皆大会。羽壁垓下，兵少食尽，汉率诸侯兵围之数重"；《韩彭英卢吴传》说韩信"汉王之败固陵，用张良计，征信将兵会垓下"；说彭越"于是汉王发使使越，如留侯策。使者至，越乃引兵会垓下"。

再看《资治通鉴·汉纪三》，司马光也是取用《汉书·高祖纪》的说法，先说刘邦有固陵之败，而后用张良之谋，换得韩信、彭越等各路诸侯出兵，共同包围项羽于垓下。都没有所谓"破项羽于陈"的事情。

而《史记·曹相国世家》的说法却与此大不相同，其文曰"韩信为齐王，引兵诣陈，与汉王共破项羽"；与此类似的还有《樊郦滕灌列传》，其文说樊哙"从高祖击项藉，下阳夏，虏楚将军卒四千人，围项藉于陈，大破之"；又说夏侯婴"复常奉车从击项藉，追至陈，卒定楚"；又说灌婴"复得亚将周兰，与汉王会颐乡。从击项藉于陈下，破之"；还有一篇《傅靳蒯成列传》，其文说靳歙"击项悍济阳下，还击项藉陈下，破之"；另据《高祖功臣侯者年表》的"曲城侯"格，也有所谓"（蛊逢）以都尉破项羽陈下，功侯，四千户"。

而相应的《汉书·曹参传》亦谓"韩信立为齐王，引兵东至陈，与汉王共破项羽"；《樊郦滕灌傅靳周传》说樊哙"项籍引东，从高祖击项籍，下阳夏，围项籍陈，大破之。项籍死，汉王即皇帝位"；又说夏侯婴"击项籍下邑，追至陈，卒定楚"；说灌婴"从击项籍军陈下，破之"；说靳歙"还击项籍军陈下，破之"。

以上诸条都是只说破项羽于陈，而只字不提"垓下"之事。只有在叙述灌婴事迹的时候，先说了破项羽于陈，而后面也提到了项羽的"垓下之败"，这是唯一的一段既提到项羽被破于陈，又提到项籍"败于垓下"的文字。

根据以上资料，可做如下归纳：

1. 从《史记》的《高祖本纪》、《项羽本纪》、《淮阴侯列传》；《汉书》的《高祖纪》、《项籍传》、《韩彭英卢吴传》；《资治通鉴》的《汉纪三》这些最重要的历史篇章看，项羽是在固陵又一次打败刘邦后，进而向东南撤退，最后被刘邦的诸路人马合围于垓下。其间再没有什么"陈之战"。

2. 提出有"陈之战"的是《史记》的《曹相国世家》、《樊郦滕灌列传》、《傅靳蒯成列传》三篇，和相应的《汉书》中的《萧曹传》与《樊郦滕灌傅靳周传》两篇。此外在《史记·高祖功臣侯者年表》中的"曲城侯"格，和《汉书》中的《高惠高后文功臣侯表》的"曲城侯蛊逢"格中也记有蛊逢"以都尉破项羽军陈下，功侯，四千户"云云。这几篇的最大问题是，它只提到"陈"，而没有提到"垓下"，以为项羽就是在"陈之败"中垮台了。只有在灌婴一个人的传中，既提到了项羽的"败于陈"，又提到"败于垓下"。有些学者写文章力辨"陈之战"的存在，但又说项羽在陈只是一场小败而已，项羽的彻底失败仍是在垓下。那么，我们就必须指出《曹相国世家》与《樊郦滕灌列传》等篇的写法是有问题的了。

3. 从《曹相国世家》、《樊郦滕灌列传》、《傅靳蒯成列传》的说法看来，很可能是当时人们对项羽最后失败的地点说法不同，故而在各篇的写法上就出现了不统一，而司马迁死前又未能细致修改，故而将歧异留了下来。又由于《汉书》的前半部大体上是照录《史记》，故而《史记》中的问题不由得又被班固因袭了下来。

## 二、项羽是死在东城，还是死在乌江？

从《史记·项羽本纪》、《汉书·项籍传》与《资治通鉴·汉纪三》的具体叙述、具体描写来看，三者一脉传承，观点与文字都大致相同。其故事都是说项羽在垓下失败后，半夜突出重围，向南方逃去；汉军发现后，紧急追赶。由于项羽在阴陵迷路，逃到东城时被汉军追上。双方经过一场激烈地厮杀，项羽又突围南逃。最后被围困在乌江浦，项羽自杀，五个汉军的军士将项羽的尸体分成五块，因而五个人都被刘邦封侯。

单看这三篇的故事本身，项羽是死在乌江，事实清楚，应该没有问题。但《项羽本纪》的"太史公曰"出了歧异，司马迁称道项羽的"乘势起陇亩之中，三年遂将五诸侯灭秦，分裂天下，而封王侯，政由羽出"，实在是"近古以来未尝有也"。但可惜的是他"自矜功伐，奋其私智而不师古"；甚至他"身死东城，尚不觉悟，而不自责，过矣。乃引'天亡我，非用兵之罪也'，岂不谬哉"。

司马迁明明是描写了项羽经过东城激战后，逃到了乌江浦；而且他还故意地有船不上，把马送人，自己下马步战，最后自杀。怎么忽然又在"太史公曰"里说他是"身死东城，尚不觉悟"呢？这不是给自己制造矛盾么？一个两千多年少有其比的大文豪，在文章中出现这种有目共睹的大矛盾，难道他看不出？更奇怪的是班固，他几乎一字不改地抄录了司马迁的文字，而在篇末的评论中竟然也说"身死东城，尚不觉悟"，难道班固也看不出这个有目共睹的大矛盾？

对此，我以为是这段文字中有错字，是司马迁出了笔误。不是"身死东城，尚不觉悟"，而应该是"身至东城，尚不觉悟"。我们翻到前文看一看："项王乃复引兵而东，至东城，乃有二十八骑。汉骑追者数千人。项王自度不得脱，谓其骑曰：'……此天之亡我，非战之罪也。'""此天之亡我，非战之罪也"，是项羽逃到东城时所说的话。司马迁评论项羽，惋惜项羽觉悟得太迟，故说他"身至东城尚不觉悟"，而不是为了说项羽是死在什么地方。"身至东城"，"身死东城"，在声音上也很接近，司马迁不小心，出了笔误，又没有时间反复地读改，故而流传了下来。班固抄《史记》，也就这么照原样地抄了过来。两个大文豪在自己的鸿文中留着明显的矛盾还在其次，它给千百年后的读者留下迷团，令后代读者为之考证、为之争论不休，事情可就多了去了。

但是话又说回来，可能不可能在当时就存在着"身死东城"与"身死乌江"两种说法呢？也很有可能。"身死乌江"应该是司马迁、班固、司马光所共同认可的，不然《史记·项羽本纪》、《汉书·项籍传》、《资治通鉴·汉纪三》就不会那么写了。但《史记》与《汉书》又的确不排除项羽"身死东城"的说法。请看《史记》的《樊郦滕灌列传》说灌婴"项籍败垓下去也，婴以御史大夫受诏将车骑别追项籍至东城，破之。所将卒五人共斩项籍，皆赐爵列侯"；尤其是在《史记》的《高祖本纪》中司马迁叙述项羽在垓下被韩信打败后，竟也接着说："项羽乃败而走，是以兵大败。使骑将灌婴追杀项羽东城，斩首八万，遂略定楚地。"与此相应的《汉书·高祖纪》也说："十二月，围羽垓下。羽夜闻汉军四面皆楚歌，知尽得楚地，羽与数百骑走，是以兵大败。灌婴追斩羽东城，楚地悉定。"再看与《樊郦滕灌列传》相应的《汉书·樊郦滕灌傅靳周传》之写灌婴："项籍败垓下去也，婴以御史大夫受诏将车骑别追项籍至东城，破之。所将卒五人共斩项籍，皆赐爵列侯。"又是一字不差的抄录《史记》的说法。

项羽自杀后,将项羽尸体分成五块拿去请功的灌婴手下的五个军士是杨喜、吕胜、杨武、王翳、吕马童。这五个人都因为抢到项羽的一块尸体而被刘邦封为列侯,名载于《高祖功臣侯者年表》。其受封的原因都写着"从灌婴共斩项羽,侯"。但究竟在何处斩项羽,都没有写明是在什么地方。大概也许正是因为有"东城"与"乌江"两种说法而不能定夺,故而在表中从略的吧。

有些学者考证,当时的乌江浦是属于东城,因此说死在乌江浦也就是死在东城。这从逻辑上说不合适。因为司马迁在其文章中是将"阴陵"、"东城"、"乌江"三个地名相对而言的,我们不能将"乌江"与"东城"合说成一个。

另外,东城之战的规模究竟有多大,也是问题:《项羽本纪》说是项羽率二十八骑,与灌婴所率的汉军数千人反复冲杀,所杀汉军"数十百人",自己减员二人,而后逃到乌江浦;而《高祖本纪》则说,项羽在垓下被韩信"大败"后,"项羽乃败而走,是以兵大败"。刘邦"使骑将灌婴追杀项羽东城,斩首八万,遂略定楚地"。项羽本来就"十万人",先被韩信在垓下一个"大败",后在溃逃中自己一个"大败",又被灌婴在东城"斩首八万",彼此既有矛盾,又存在着不合理。

## 三、刘邦自咸阳入汉中是走的哪一条栈道? 是怎样烧的?

《史记·高祖本纪》说:"四月,兵罢戏下,诸侯各就国。汉王之国,项王使卒三万人从,楚与诸侯之慕从者数万人,从杜南入蚀中。去辄烧绝栈道,以备诸侯盗兵袭之,亦示项羽无东意。"所谓"杜",即指杜县,在当时咸阳的东南方,地处于子午道的北口。所谓"蚀中",即日后通称的"子午道"。"从杜南入蚀中",即从杜县出发,向南进入翻越秦岭大山的子午道。"去辄烧绝栈道",意思是刘邦等一面向南走,一面遂即将刚刚走过的栈道,放火烧毁。目的是不让山北的军阀们再经过栈道来打刘邦,同时也向项羽表示,我刘邦不会再出来与你争夺天下了。

这里清楚地表明:刘邦从咸阳入汉中所经由的是子午道,是刘邦自己边走边将栈道烧毁的。

再看《史记·留侯世家》:"汉王之国,良送至褒中,遣良归韩。良因说汉王曰:'王何不烧绝所过栈道,示天下无还心,以固项王意。'乃使良还,行,烧绝栈道。"据《高祖本纪》,刘邦入汉中是走的子午道,子午道的南出口是在今陕西省的石泉县一带,不可能从子午道上走到"褒中"去。石泉县是在汉中(南郑)东部的二百多里;而褒中乃在汉中(南郑)的西北方,地处在汉中通往关中的另一条名叫褒斜道的山路上。褒斜道的北口在今陕西眉县附近。若据《留侯世家》所说,则刘邦入汉中就是走的褒斜道,当他们走到褒中,已经快到汉中(南郑)的时候,刘邦打发张良回中原地区找韩王成,并让张良边走边烧栈道。这一来就成了栈道是被张良烧毁的,而其所烧乃是褒斜道上的栈道了。两处所说完全不同。

再看《汉书·高帝纪》:"夏四月,诸侯罢戏下,各就国。羽使卒三万人从汉王,楚子、诸侯人之慕从者数万人从杜南入蚀中。张良辞归韩,汉王送至褒中,因说汉王烧绝栈道,以备诸侯盗兵,亦视项羽无东意。"说刘邦率众入汉中是经由的子午道,这点与《史记·高祖本纪》相同,但没有说刘邦烧子午道的栈道。从"张良辞归韩,刘邦送至褒中"两句看,可以理解为张良是跟从刘邦到达了汉中(南郑),而后请辞归韩,刘邦送张良从另一条山路褒斜道北返,故遂有了"送至褒中(即汉中市的褒城镇)"之说。至于张良到这时才建议刘邦烧栈道,就让读者看不清是劝刘邦派人回去烧子午道的栈道,还是张良自报奋勇在北归的路上边走边烧褒斜道的栈道了。《汉书·张良传》的说法与《史记·留侯世家》同,都是说刘邦等入汉中是走的褒斜道,但张良并未到达汉中(南郑),而是随刘邦到达"褒中"时就请求北归,而刘邦就派张良在北归时边走边把褒斜道上栈道烧毁了。

《资治通鉴·汉纪一》写此事是将《史记·高祖本纪》开头几句的意思,与《史记·留侯世家》后几句的意思拼合起来,说:"项王使卒三万人从汉王之国,楚与诸侯之慕从者数万人,从杜南入蚀中。张良送至褒中,汉王遣良归韩。良因说汉王烧绝所过栈道,以备诸侯盗兵,且视项王无东意。"前半截说的是走子午道,后半截就说到褒斜道上去了。而张良之劝烧栈道,究竟是劝烧哪一条?还是两条都要烧?而事实上刘邦又是烧得哪一条?这就把读者的头脑搅得很乱,无法从中看出究竟了。

汉元年八月的韩信出兵,是"从故道还"。"故道"是从汉中翻越秦岭到关中平原的最靠西的一条，其北口是离今宝鸡不远的陈仓。古人流传下来的俗语有所谓"明修栈道，暗度陈仓"，是不是靠东侧的两条山路都已遭到破坏，韩信虽然是用智，实际上也只有选用这最靠西的一条山路出兵呢？

## 四、项羽到底是派谁在什么地方杀了楚怀王？

据《项羽本纪》，鸿门宴后，"项王使人致命怀王。怀王曰：'如约。'乃尊怀王为义帝。项王欲自王，先王诸将相。谓曰：'天下初发难时，假立诸侯后以伐秦。然身被坚执锐首事，暴露于野三年，灭秦定天下者，皆将相诸君与籍之力也。义帝虽无功，故当分其地而王之。'诸将皆曰：'善。'乃分天下，立诸将为侯王。……汉之元年四月，诸侯罢戏下，各就国。项王出之国，使人徙义帝，曰：'古之帝者地方千里，必居上游。'乃使使徙义帝长沙郴县，趣义帝行。其群臣稍稍背叛之。乃阴令衡山、临江王击杀之江中"。

据《高祖本纪》："项羽使人还报怀王。怀王曰：'如约。'项羽怨怀王不肯令与沛公俱西入关，而北救赵，后天下约。乃曰：'怀王者，吾家项梁所立耳，非有功伐，何以得主约？本定天下，诸将及籍也。'乃详尊怀王为义帝，实不用其命。……项羽出关，使人徙义帝。曰：'古之帝者地方千里，必居上游。'乃使使徙义帝长沙郴县，趣义帝行。群臣稍倍叛之。乃阴令衡山王、临江王击之，杀义帝江南。"

按：据以上二文，奉项羽命，击杀义帝者是衡山王吴芮与临江王共敖。二文的差别，只是义帝被杀的地点不同，《项羽本纪》说是在"江中"；而《高祖本纪》则说是在"江南"。

据《黥布列传》："汉元年四月，诸侯皆罢戏下，各就国。项氏立怀王为义帝，徙都长沙，乃阴令九江王布等行击之。其八月，布使将击义帝，追杀之郴县。"

按此文，则奉项羽命击杀义帝者主要是黥布，而且是杀于郴县，非杀于"江中"，也不是笼统地说是在"江南"。

据《汉书·韩彭英卢吴传》："项王封诸将，立布为九江王，都六。尊怀王为义帝，徙都长沙，乃阴令布击之。布使将追杀之郴。"

按此文，接受项羽杀义帝之命者，就是九江王黥布一人，其他人皆黥布所布置、指使。

历代学者赞成主要凶手为黥布者，有洪亮吉、吴见思等。洪亮吉曰："义帝徙长沙，道盖出九江、衡山、临江，故羽令二王及九江王布杀之。二王虽受羽命而不奉行，故布独遣将击杀耳。"吴见思曰："项羽使布坑秦卒，又使布破关，令布击义帝，写英布与项羽同功一体，两人一样。"

赞成主要凶手为衡山王吴芮与临江王共敖者，有崔适等。崔适曰："下文随何说布曰：'楚兵虽强，天下负之以不义之名，以其背约而杀义帝也。'若项王实使九江王杀之，则随何当为之讳。盖后人从《汉书》窜入也。"（《史记探源》）这个说法倒是值得注意。崔适又说："颜师古注《高纪》，谓衡山、临江与布同受羽命，欲为《史》《汉》调停，然《汉书》不谓项王使衡山、临江，本与《史记》异指，不可强而为一也。"

关于义帝被杀的时间，梁玉绳曰："义帝之杀，《项羽纪》与《高纪》在汉元年四月；而《月表》在二年十月；《黥布传》在元年八月，《汉书》从《月表》，然究未知的在何月。疑四月为是。"

## 五、高祖功臣王陵的生平事迹歧说纷纭

王陵是刘邦的重要开国功臣，但《史记》中没有专传，只在《陈丞相世家》中附有王陵事迹云："王陵者，故沛人，始为县豪，高祖微时，兄事陵。陵少文，任气，好直言。及高祖起沛，入至咸阳，陵亦自聚党数千人，居南阳，不肯从沛公。及汉王之还攻项籍，陵乃以兵属汉。项羽取陵母置军中，陵使至，则东乡坐陵母，欲以招陵。陵母既私送使者，泣曰：'为老妾语陵，谨事汉王。汉王，长者也，无以老妾故，持二心。妾以死送使者。'遂伏剑而死。项王怒，烹陵母。陵卒从汉王定天下。以善雍齿，雍齿，高帝之仇，而陵本无意从高帝，以故晚封，为安国侯。"

"安国侯既为右丞相，二岁，孝惠帝崩。高后欲立诸吕为王，问王陵，王陵曰：'不可。'问陈平，陈平曰：'可。'吕太后怒，乃详迁陵为帝太傅，实不用陵。陵怒，谢疾免，杜门竟不朝请，七年而卒。"仅此而已。

其他，据《高祖本纪》：刘邦奉怀王命，率兵至南阳，刘邦用陈恢之议，"乃以宛守为殷侯，封陈恢千户，引兵西，无不下者。至丹水，高武侯鳃、襄侯王陵降西陵"。《集解》引臣瓒曰："江夏有襄，

是陵所封。"韦昭曰:"汉封王陵为安国侯,初起兵时在南阳。"

又据《张丞相列传》:刘邦奉怀王命,率兵西下,"及沛公略地过阳武,苍以客从攻南阳。苍坐法当斩,解衣伏质,身长大,肥白如瓠。时王陵见而怪其美士,乃言沛公,赦勿斩。遂从西入武关,至咸阳"。

《高祖本纪》又曰:"(汉元年)八月,汉王用韩信之计,从故道还……遂定雍地。东至咸阳,引兵围雍王废丘,而遣诸将略定陇西、北地、上郡。令将军薛欧、王吸出武关,因王陵兵南阳,以迎太公、吕后於沛。楚闻之,发兵距之阳夏,不得前。"

《高祖本纪》又曰:"已而吕后问:'陛下百岁后,萧相国即死,令谁代之?'上曰:'曹参可。'问其次,上曰:'王陵可。然陵少戆,陈平可以助之。陈平智有余,然难以独任。周勃重厚少文,然安刘氏者必勃也,可令为太尉。'"

据《高祖功臣侯者年表》安国侯格:"以客从起丰,以厩将别定东郡、南阳,从至霸上。入汉,守丰。上东,因从战不利,奉孝惠、鲁元出睢水中,及坚守丰,封雍侯,五千户。"

《集解》引徐广曰:"王陵以客从起丰,以厩将别守丰。上东,因从,战不利,奉孝惠、鲁元出睢水中,封为雍侯。高帝六年,定食安国。二十一年卒,谥武侯。"

据《高祖功臣侯者年表》,王陵封侯的时间为高帝六年八月,侯爵的次序为第十二。

据《吕太后本纪》:太后称制,议欲立诸吕为王,问右丞相王陵。王陵曰:"高帝刑白马盟曰:'非刘氏而王,天下共击之。'今王吕氏,非约也。"太后不说。问左丞相陈平、绛侯周勃。勃等对曰:"高帝定天下,王子弟;今太后称制,王昆弟诸吕,无所不可。"太后喜,罢朝。王陵让陈平、绛侯曰:"始与高帝喋血盟,诸君不在邪?今高帝崩,太后女主,欲王吕氏,诸君从欲阿意背约,何面目见高帝地下?"陈平、绛侯曰:"于今面折廷争,臣不如君;夫全社稷,定刘氏之后,君亦不如臣。"王陵无以应之。十一月,太后欲废王陵,乃拜为帝太傅,夺之相权。王陵遂病免归。

以上诸条,歧说纷纭,可以大体归纳为三点:

其一,王陵究竟是从何时、何地归附刘邦:第一说是从公元前209年王陵随刘邦起义于丰,见《高祖功臣年表》与《史记集解》。《张丞相列传》说刘邦攻打南阳的时候,张苍犯罪,多亏王陵向刘邦讲情，刘邦是看着王陵的面子饶了张苍。由此可知王陵早已在刘邦身边，而且王陵在刘邦身边还颇有话语权；第二说是公元前207年刘邦奉怀王命率军西进到南阳城西的丹水时，王陵归附于刘邦，见《高祖本纪》；第三说是王陵在丹水见到刘邦时，仍不肯归从，直到公元前206年刘邦从汉中杀出，"还攻项籍"的时候，"陵乃以兵属汉"，见《陈丞相世家》。《高祖本纪》中有所谓"汉元年八月，令将军薛欧、王吸出武关，因王陵兵南阳，以迎太公、吕后于沛"云云，似乎王陵与刘邦早已建立了关系，不是到刘邦东攻项羽时才开始归附。

其二，王陵与刘邦的私人关系如何：一说是关系既早而又紧密，王陵"始为县豪，高祖微时，兄事陵"；后王陵又进言以救张苍，刘邦旋即释而用之；刘邦又临终嘱咐吕后要以王陵继曹参为丞相；而王陵也的确是毫不动摇地谨遵刘邦的遗言，坚定地维护着刘氏血统的统治。事皆见于《高祖本纪》、《吕后本纪》、《张丞相列传》。另一说则谓王陵曾长时间地不肯归附刘邦，而刘邦也对王陵心怀耿耿，如《陈丞相世家》有所谓"及高祖起沛，入至咸阳，陵亦自聚党数千人，居南阳，不肯从沛公"。又曰"以善雍齿，雍齿，高帝之仇，而陵本无意从高帝，以故晚封"。关于王陵与雍齿的交往，书中无任何记载。但书中说过王陵故为"县豪"，雍齿亦"沛豪，有力"，都像是有点瞧不起刘邦的意思。《高祖本纪》又记有刘邦命雍齿守丰，而雍齿以丰投降了魏将周市的事。雍齿背叛过刘邦，从而招致刘邦憎恨是自然的。但王陵是不是就因为曾与雍齿"相善"，就招致刘邦迁怒，并由此"晚封"呢？没有任何线索。

其三，王陵究竟有何功勋：王陵曾占据南阳一带为刘邦留守，这一点大概可以为人们所公认；而《高祖功臣侯者年表》与《史记集解》又有所谓"守丰"，这是其他许多地方所不曾提到的。这"守丰"究竟是在什么时候，也说法不同。一说是在刘邦初起时，即《集解》之所谓"以客从起丰，以厩将别守丰"。这就与雍齿的"守丰"时间颇近了，而且又有所谓"王陵与雍齿相善"云云。这王陵的"守丰"与雍齿的"守丰"，是不是一回事呢？如果真的有关，那么此事对王陵就不仅不是有功，而是连带有罪了。另一说王陵的"守丰"是在刘邦为汉王以后。《高祖功臣侯者年表》及《集解》皆谓"入汉，守丰。上东，因从战不利，奉孝惠、鲁元出睢水中，及坚守丰"云云，于是这就又牵出了一个新的问题：

据《史记·高祖本纪》："汉王之败彭城而西，行使人求家室，家室亦亡，不相得。败后乃独得孝惠，六月，立为太子，大赦罪人。令太子守栎阳，诸侯子在关中者皆集栎阳为卫。"与此相应的《汉书·高祖纪》也是说："汉王道逢孝惠、鲁元，载行。楚骑追汉王，汉王急，推堕二子。滕公下收载，遂得脱。"其后就是"五月，汉王屯荥阳；六月，汉王还栎阳，壬午，立太子，赦罪人。"都像是刘邦等逃出险境后，遂将两个孩子直接送到了栎阳。但《史记·樊郦滕灌列传》却说："夏侯婴从击项籍，至彭城，项羽大破汉军。汉王败，不利，驰去。见孝惠、鲁元，载之。汉王急，马罢，虏在后，常蹶两儿欲弃之。婴常收，竟载之，徐行，面雍树乃驰。汉王怒，行欲斩婴者十余，卒得脱，而致孝惠、鲁元于丰。"与此相应的《汉书·樊郦滕灌傅靳周传》也是说"汉王急，马疲，虏在后，常蹶两儿弃之。婴常收载行，面拥树驰。汉王怒，欲斩婴者十馀，卒得脱，而致孝惠、鲁元于丰"。这丰邑可是项羽的地盘呀，好不容易逃出险境，怎么能转身又把两个孩子送进敌占区去呢？唉，这似乎就与王陵是不是真的曾经"坚守丰"大有关系了。

首先这"入汉，守丰"四个字的含义，是不是刘邦在被项羽封为汉王，南入汉中时，项羽为把刘邦的家属当做人质，不准他们离开丰邑往投刘邦；而当刘邦由汉中杀出，收复关中，派薛欧、王吸偕同王陵欲往丰邑迎取刘邦的家属时，项羽又派兵顶住不许。这时张良正在中原地区游荡，他向项羽施放烟幕，说刘邦取得关中即可终止，项羽可以安心地去攻打田荣，不必担心刘邦再东出与项羽争天下。这时项羽对刘邦还是相对放心的，于是便断然率兵去攻剿田荣了。在这时，项羽是不是还答应了刘邦、张良的一点请求，这就是允许王陵带着一股小部队驻扎在丰邑，以尽其保护与侍奉刘邦家属之责任；从项羽一方，还可以美其名曰是项王把丰邑"封"给了刘邦，做为刘邦的"汤沐邑"，这不就更加深了刘邦与项羽的友好吗？于是王陵就在丰邑"守"了起来。再说后面的"上东，因从战不利，奉孝惠、鲁元出睢水中，及坚守丰"云云，这就显然是指公元前205年四月刘邦率大军直捣彭城，而后被项羽打败的事情了。结合《项羽本纪》、《高祖本纪》、《樊郦滕灌列传》所写的情景，可以大致推想为：当刘邦胜利地攻入彭城后，刘邦的家属便离开丰邑，去彭城投奔刘邦。不料正碰上项羽率骑兵由齐地杀回，将刘邦军队打得大败。刘邦的家属不仅没能见到刘邦，还被乱兵冲得四散。结果太公与吕后被楚军捉去，刘邦与夏侯婴等在西逃中遇到了失散的两个孩子，由于刘邦等知道这时王陵还带着一些人驻扎在丰邑，于是他们便就近把两个孩子送到丰邑，交给了王陵；再由王陵将两个孩子辗转护送到了关中的栎阳。在王陵护送两个孩子西行的路上还不时地与项羽的军队作战，两个孩子曾一度落水，多亏王陵亲自下水把他们从睢水中救了上来。

王陵这次在丰邑"坚守"，并救助、护送两个孩子入关中，其功劳是很大的。王陵在受封的一百四十三个功臣中，名列第十二。在他前面只有萧何（第一）、曹参（第二）、张敖（第三）、周勃（第四）、樊哙（第五）、郦商（第六）、夏侯婴（第七）、灌婴（第八）、傅宽（第十）、靳歙（第十一）等，远比陈平（第四十七）、张良（第六十二）等高得多。王陵如果光凭为刘邦留守过南阳，其功劳名次是不可能有这么高，也更不可能让刘邦牢记不忘地嘱咐吕后让王陵日后当丞相。问题最不可解的是，王陵有这么高的品级，这么高的名次，为什么在被封侯的时间上偏偏如此靠后呢？刘邦封功臣为侯是从高祖六年（前201）的十二月开始（当时用秦历，以十月为岁首），接着在这年的正月、三月、四月、六月、七月、八月、九月，每月都有分封。与其他人相比，王陵竟然晚到了八月，连被刘邦咬牙痛恨的雍齿，也比王陵早封五个月，这究竟是为什么呢？实在想不出头绪。

王陵在刘邦去世前，应该是声誉名望很高的；王陵的受打压、受诽谤，应该是在吕后封王诸吕，陈平、周勃卖身投靠吕后，分揽丞相与太尉大权的时候。当时王陵因坚持"非刘氏不得王"的刘邦的遗言，被陈平、周勃所排斥，被吕后所罢官。王陵气愤地闭门不出，吕后七年（前181）病卒。

## 六、周亚夫破吴楚是在"昌邑"，还是在"下邑"

据《绛侯周勃世家》："太尉既会兵荥阳，吴方攻梁，梁急，请救。太尉引兵东北走昌邑，深壁而守。梁日使使请太尉，太尉守便宜，不肯往。梁上书言景帝，景帝使使诏救梁。太尉不奉诏，坚壁不出，而使轻骑兵弓高侯等绝吴楚兵后食道。吴兵乏粮，饥，数欲挑战，终不出。夜，军中惊，内相攻击扰乱，至于太尉帐下。太尉终卧不起。顷之，复定。后吴奔壁东南陬，太尉使备西北，已而其精兵果奔西北，不得入。吴兵既饿，乃引而去。太尉出精兵追击，大破之。吴王濞弃其军，而与壮士数千人亡走，保于江南丹徒。汉兵因乘胜，遂尽虏之，降其兵，购吴王千金。月余，越人斩吴王头以告。凡相攻守三月，而吴楚破平。"

"出精兵追击，大破之。"事在景帝三年二月。杨树达曰："《李广传》'广以骁骑都尉从亚夫战昌邑下，显名'，即此时事也。"按：据本文，周亚夫乃壁于昌邑，吴之初攻东南，周亚夫使备西北者，皆昌邑事也。

但据《吴王濞列传》：其文先曰："条侯将乘六乘传……至淮阳，问父绛侯故客邓都尉曰：'策安出？'客曰：'吴兵锐甚，难与争锋。楚兵轻，不能久。方今为将军计，莫若引兵东北壁昌邑，以梁委吴，吴必尽锐攻之。将军深沟高垒，使轻兵绝淮泗口，塞吴饷道。彼吴梁相敝而粮食竭，乃以全强制其罢极，破吴必矣。'条侯曰：'善。'从其策，遂坚壁昌邑南，轻兵绝吴饷道。"

其后又曰："初，吴王之度淮，与楚王遂西破棘壁，乘胜前，锐甚。梁孝王恐，遣六将军击吴，又败梁两将，士卒皆还走梁。梁数使使报条侯求救，条侯不许。又使使恶条侯于上，上使人告条侯救梁，复守便宜不行。梁使韩安国及楚死事相弟张羽为将军，乃得颇败吴兵。吴兵欲西，梁城守坚，不敢西，即走条侯军，会下邑。欲战，条侯壁，不肯战。吴粮绝，卒饥，数挑战，遂夜奔条侯壁，惊东南。条侯使备西北，果从西北入。吴大败，士卒多饥死，乃畔散。于是吴王乃与其麾下壮士数千人夜亡去，度江走丹徒，保东越。……东越即绐吴王，吴王出劳军，即使人鈠杀吴王，盛其头，驰传以闻。"

《吴王濞列传》先是说周亚夫坚壁于昌邑，以逸待劳；其后又说吴楚军攻梁不下，掉头改攻周亚夫军。张嘴就说"会下邑"。"昌邑"与"下邑"相隔数百里，而此前从未交代周亚夫军队的向南移动。奇怪的倒是《绛侯世家》中所叙于昌邑的吴军"夜奔条侯壁，惊东南；条侯使备西北，果从西北入"云云，又改叙于"下邑"来了。两篇之间相互歧异。

再看《资治通鉴》，它大体是依据了《吴王濞列传》，先说周亚夫曾坚壁于昌邑，坐山观虎斗；后移兵而南，乃与吴军相峙于下邑；但仍坚壁不战，故有"吴军惊其壁之东南，亚夫备其西北"之事。随之即大举反攻，吴楚之乱遂一举被扫平。

## 七、张汤之死是罪有应得，还是已经公开平反的大冤案？

据《酷吏列传》：会人有盗发孝文园瘗钱，丞相青翟朝，与汤约俱谢。至前，汤念独丞相以四时行园，当谢，汤无与也，不谢。丞相谢，上使御史案其事。汤欲致其文丞相见知，丞相患之。三长史皆害汤，欲陷之。……以故三长史合谋曰："始汤约与君谢，已而卖君；今欲劾君以宗庙事，此欲代君耳。吾知汤阴事。"使吏捕案汤左田信等，曰："汤且欲奏请，信辄先知之，居物致富，与汤分之。"……天子果以汤怀诈面欺，使使八辈簿责汤。……汤乃为书谢曰："汤无尺寸功，起刀笔吏，陛下幸致为三公，无以塞责。然谋陷汤罪者，三长史也。"遂自杀。

汤死，家产直不过五百金，皆所得奉赐，无他业。昆弟诸子欲厚葬汤，汤母曰："汤为天子大臣，被污恶言而死，何厚葬乎？"载以牛车，有棺无椁。天子闻之，曰："非此母不能生此子！"乃尽案诛三长史。丞相青翟自杀。出田信。上惜汤，稍迁其子安世。

按：依本段所叙之原由，乃丞相庄青翟在职务方面有疏漏，张汤原想帮着丞相分担一些责任，后来变了主意，想趁机接替他的丞相职。丞相很害怕。恰好这时庄青翟属下的三个长史（朱买臣、王朝、边通）都恨张汤，他们合谋，逮捕了一个与张汤有来往的商人田信，诬蔑张汤向田信泄露国家经济情报，说田信赚了钱，与张汤合分。张汤不承认。汉武帝谴责张汤，张汤被迫自杀。张汤死前给汉武帝上书，报告说："谋陷汤罪者，三长史也。"张汤是个清廉的人，家产的总值不过五百金，都是来源于自己的薪俸。张汤的母亲给儿子治丧事，"载以牛车，有棺无椁"。汉武帝弄清此事后，称道张汤的母亲说："非此母不能生此子！"于是他处死了丞相的"三长史"，丞相也服罪自杀。汉武帝释放了被诬陷的商人田信。武帝为补偿张汤，而提拔了张汤的儿子张安世。

从《酷吏列传》的这段文字看来，张汤的死分明是一个已被汉武帝公开平了反的大冤案。而且做恶的三长史已被汉武帝处以极刑，连他们的主官丞相庄青翟也受连累自杀了。处理得很清楚、很干净。

但张汤在司马迁笔下是一个奸诈而又阴险狡猾的酷吏，是一个被司马迁所深恶痛绝的人。司马迁在《汲郑列传》中写了这样一件事：汲黯是一个带有司马迁理想色彩的官员，他正直敢言，一向与张汤不睦。当汲黯要离开朝廷，往任淮阳太守的时候，他到负责外事工作的大行人李息家辞行，说："黯弃居郡，不得与朝廷议也。然御史大夫张汤智足以拒谏，诈足以饰非，务巧佞之语，辩数之辞，非肯正为天下言，专阿主意。主意所不欲，因而毁之；主意所欲，因而誉之。好兴事，舞文法，内怀诈以御主心，外挟贼吏以为威重。公列九卿，不早言之，公与之俱受其戮矣。"息畏汤，终不敢言。后张汤果败，上闻黯与息言，抵息罪。

单从《汲郑列传》看来，张汤是一个彻头彻尾的大坏人，他的倒霉被汉武帝逼迫自杀是罪有应得。李息就因为没能接受汲黯的意见，没能及早地与张汤斗，结果被汉武帝下狱判刑。你看这汲黯的预见性该有多么精准呢？张汤身为御史大夫，位同副丞相，在这么大一个案子里，两方面都牵引着汉武帝作过表态。

应该说，李息这件事即使真有，也是在汉武帝还没有辨明原委，张汤正蒙受冤屈愤而自杀的短暂时刻里发生的。但司马迁与其代言人汲黯的情绪却一直沿续下来，故而在《汲郑列传》里尚称心遂愿地说："后张汤果败，上闻黯与息言，抵息罪"。在司马迁与汲黯看来，不仅张汤的死是罪有应得，而且像李息这种不听人劝、不即早起来与张汤做斗争的官员也早就该受到相应的处置。这样，保留在《汲郑列传》里面的事实真相与作者的感情，就与《酷吏列传》里所写的三长史捏造罪名，加害于一个国家的御史大夫，并使其含冤至死这样一个大冤案相互抵牾了。

由于司马迁的特殊身世，又死得仓卒，其《史记》之叙事存在某些歧异与疏漏是不奇怪的，但类似本文所提出的这些问题都是汉兴以来百年之内的，甚至就是几年前的事情，而出现在历史上竟然有如此之大的说法不同。其原因我想或者是某几个篇章不是出于同一个作者之手；或者虽然是出于同一个作者之手，但原来的说法本自不同，而作者又没来得及反复核实统一；再有就是当时政治条件的限制，有外力干预的因素；以及作者自身的立场感情，左右对某些材料的使用等等。看来读历史也实在不是个轻松事，必须认真思考的事情还多着呢。

# 试论《太平御览》对《史记》校勘的价值
## ——兼评修订本《史记》校勘记

*本文作者刘自稳，中国人民大学历史学院博士研究生。

司马迁的《史记》自问世以来，经历写本时代和刻本时代，被多次传抄和刊刻，流传复杂、版本众多。1959年中华书局出版由顾颉刚等人点校的《史记》整理本（以下称点校本《史记》），此为目前学术界最为通行的版本。其以清同治年间张文虎等点校刊刻的金陵书局本为底本，"分段精善，校勘审慎，标点妥帖"[①]。

受时代和版本资源所限，点校本《史记》整理时间仓促且未能广校诸本，存在一些问题。近几十年来，《史记》校勘工作成果丰硕，同时部分具有重要价值的版本在海内外被发现，这些都为重新修订《史记》提供了可能。鉴于此，2005年由南京师范大学赵生群先生领衔的团队对《史记》进行重新修订，是书称"《史记》点校本二十四史修订本"（以下简称"修订本《史记》"）。2013年9月正式出版修订本精装本，2014年7月在吸纳读者意见和自我完善的基础上推出修订平装本。据介绍，修订本《史记》改订标点约6000处，新增校勘记3000余条，处理文字约3700字，改正原点校本排印错误300多处[②]，可见修订本《史记》对点校本《史记》的改动颇大。修订本《史记》甫一面世即引起学术界极大争议，褒扬者、批评者皆有之，特别是针对其新增3000余条校勘记的讨论已有数篇

---

[①] 点校本《史记》修订组，修订本《史记》前言（点校本二十四史修订本），中华书局2013年版，第10页。（本文引用《史记》涉及修订本和点校本两个版本，后注所列以出版时间予以区别。）

[②] 杜羽、张敏：《点校本〈史记〉完成"大修"》，《光明日报》2013年10月20日第一版。

成果付刊。①

　　成书于北宋太平兴国八年（983）的《太平御览》（以下简称《御览》）作为一部大型类书保存了大量古文献资料，历来被学者视为校勘和辑佚的宝山。宋人王应麟最早利用《御览》校勘《战国策》；清代考据学家利用《御览》校勘辑佚的成果可谓蔚为大观，代表性的论者或论著，如孙原湘利用其校勘经史，又如王念孙的《读书杂志》，等等；近来，则有吴玉贵利用其校勘《旧唐书》，等等。《御览》编修的宗旨是"为百圣立绝学，为万世开太平，为古今集斯文之大成，为天下括事理之至要"②，其内容包罗万象。《史记》便是其重要征引对象，故《御览》对《史记》有校勘价值，修订本《史记》自然不应忽视此点。然而，通过研究修订本《史记》校勘记可以发现，其对《御览》的利用程度并不充分，利用原则也不明确。

　　本文分上下两篇，上篇分析《御览》对《史记》校勘价值和具体表现，并以是否充分利用《御览》这一视角评价修订本《史记》校勘记；下篇在通览修订本《史记》校勘记的基础上，提供50余条可利用《御览》佐证、补充或质疑修订组意见的校勘记，具体分析其利用《御览》是否充分合理。

## 上篇：写本时代的《史记》

　　《御览》的编修始于太平兴国二年（977）。关于其成书时间，学界尚有争议。聂崇岐、郭伯恭认为成书于太平兴国七年（982）③，张秀春重新考察史料认为成书时间为太平兴国八年（983）十二月十九日④。自汉至唐，《史记》皆以写本形式流传，至北宋太宗淳化五年（994）始被刊刻。《御览》成书时间无论是在太平兴国七年还是八年，皆在《史记》始被雕印之前，其编纂所引书籍当皆为此前写本。

---

　　① 2013年11月19日在南京师范大学召开"《史记》修订本出版暨《史记》研究学科团队建设"座谈会上有专家对修订本《史记》的具体字句和校勘记、校改体例、标码等提出批评意见，见永吉《〈史记〉修订本出版暨〈史记〉研究学科团队建设座谈会综述》，《南京师范大学文学院学报》2014年第2期。王华宝举出十余例修订本《史记》校勘或改动的存疑之处，见王华宝《〈史记〉修订本平议》，《渭南师范学院学报》2014年第18期。
　　② 《太平御览·序》。
　　③ 《太平御览引得·序》。
　　④ 张秀春：《试论〈太平御览〉的成书年代》，《烟台师范学院学报》2002年第4期。

刻本《史记》流传开来后，唐以前的写本逐渐亡佚。现存为数不多的《史记》古写本大多保存在海外（以日本为主），且基本都为残卷。《御览》的征引保存了《史记》大量内容，这对于校勘《史记》乃至认识《史记》写本时代的面貌有重要意义。

目前存世的写本、抄本《史记》大约有二十余种。学术界利用古写本对《史记》进行校勘的成果十分丰富，尤以泷川资言的《史记会注考证》最为代表，其著录写本14件，后来水泽利忠作《史记会注考证校补》又补入敦煌本3件。① 国内学术界最早关注写本《史记》校勘价值的是卫聚贤《〈史记〉残卷校》② 一文，此后王叔岷、施之勉、安平秋等《史记》研究成果中都利用了古写本《史记》。张玉春《〈史记〉版本研究》一书对大部分存世古写本《史记》进行了系统研究，特别是逐条罗列了敦煌石窟藏本与今本《史记》的异文，揭示了诸古写本《史记》的特点及校勘价值。③ 张涌泉在《敦煌写本文献学》中指出敦煌文献具有校勘古籍的价值，一是保存古书较早抄本与引文，可以据以纠正传世文献的一些传刻之误；二是其丰富的语言文字资料，可以为校勘古书提供许多有用的证据。④《太平御览》的成书年代决定其所引《史记》同样具有写本性质，甚至可以看作一种传世写本，对今本《史记》同样具有以上两方面的校勘价值。

问题在于，《御览》所引典籍是否皆是当时所见的宫室所藏写本。自陈振孙《直斋书录解题》提出《御览》的成书"特因前诸家类书之旧尔"⑤ 的说法后，历代学者基本认同《御览》编纂很大程度上以前代类书为蓝本⑥。譬如，《玉海》引《太宗实录》中言《御览》

---

① 《史记会注考证附校补》。
② 卫聚贤：《〈史记〉残卷校》，《语历所周刊》1928年11月。
③ 张玉春：《〈史记〉版本研究》，商务印书馆2001年版。
④ 张涌泉：《敦煌写本文献学》，甘肃教育出版社2013年版。
⑤ 《直斋书录解题·类书类》。
⑥ 明人胡应麟指出"《太平御览》，盖因袭唐诸类书《文思博要》、《三教珠英》等，仍其前引书目，非必宋初尽存也"。见《少室山房笔丛·经籍会通四》。今人周生杰详细论述《御览》对于《皇览》等类书的具体利用情况，将《御览》杂抄前代类书的说法坐实，见周生杰：《论〈太平御览〉对前代类书的利用》，《古典文献研究》2007年第十辑；更有潘铭基指出《御览》所引《史记》多与唐代杜佑《通典·兵典》之文相合，而与今本《史记》颇异。《御览》所引可能是唐本《史记》，亦可能是取诸《通典》之间接引文，未必《御览》真见与今本《史记》颇异之别本，见潘铭基：《〈太平御览〉引〈史记〉条目实见〈通典·兵典〉考》，《书目季刊》2012年第3期。

"以前代《修文御览》、《艺文类聚》、《文思博要》及诸书,分门编为一千卷"①。既然《御览》征引多杂抄前代类书,其所引《史记》当也并非完全从当时所见写本中摘录而成。笃信《御览》引书直接取之于写本《史记》的洪迈,在其《容斋随笔》中记道:

> 《御览》载《史记·乐书》曰:汉家祀太一以昏时,祠到明。今人正月望日夜游观灯,是其遗事。今本《史记》无此文。②

此条记载虽不见于今本《史记》,却见于前代类书《白氏六帖》和《初学记》。《白氏六帖》无"今人正月望日夜游观灯,是其遗事"句,《初学记》中则载有此句,形式是对"汉家祀太一以昏时,祠到明"一句的注释③,到《御览》卷第三〇时序部十五中则全部保存下来④。不过,事实并非如洪迈所言"今本《史记》无此文",《史记·乐书》中存有此文的影子,只是表述方式与《御览》不同:

> 汉家常以正月上辛祠太一甘泉,以昏时夜祠,到明而终。常有流星经于祠坛上。使僮男僮女七十人俱歌。⑤

此例说明,《白氏六帖》在引用《史记》此段文字时已经对原文进行了加工,《初学记》的编者又在《白氏六帖》正文后加一注释,《初学记》此段材料被《御览》的编纂者完全因袭下来,所以《御览》的成书杂抄了《初学记》部分内容。

虽然《御览》存在杂抄前代类书的问题,但是不能认为其成书皆是如此,并依此否认其校勘和辑佚的价值。洪业在《所谓〈修文殿御览〉者》一文中通过对比鸟部禽类数量,认为《御览》虽一定程度上抄自前代类书,但并非没有参考当时藏书,《御览》存在独立编纂的部分。⑥ 另外,之前一直没有被关注的几条以注文形式出现的引文也能说明这一问题。《御览》卷第三三时序部十八有一条注文"案:《史记·陈胜传》有腊月之言是谓此也"⑦。这一说法见于今本

---

① 《玉海》卷五四。
② 《容斋随笔·上元张灯》。
③ 《初学记·正月十五日第三》。
④ 《太平御览·时序部十五》。
⑤ 《史记·乐书》。
⑥ 洪业:《所谓〈修文殿御览〉者》,《燕京学报》1932年第12期。
⑦ 《太平御览·时序部十八》。

《史记·陈胜传》："腊月，陈王之汝阴，还至下城父，其御庄贾杀以降秦。"①《御览》的这种引文说法并不见于它书，更无从抄自前代类书。在校勘古书时，对待《御览》不能因噎废食、弃之不用，在充分利用的基础上要注意辨析材料来源。清人孙原湘在《重刊宋本御览序》中即说：

> 窃谓《御览》一书，其援引浩博，足以存秦、汉以来失传之书，世所知也。其具存古训，可以订证宋以后经、史刊本之讹。②

从《御览》引《史记》具有写本性质这一角度出发，《史记》的修订工作应该充分关注《御览》保存《史记》古写本的价值。

而且，《御览》征引《史记》数量巨大。司马迁在《太史公自序》中言其书共"五十二万六千五百字"③，《御览》中征引《史记》约1600余条，合计约140000余字④，约占全书四分之一。《御览》所引虽有重复，但数量仍十分可观，对于校勘《史记》意义颇大。保存在《御览》当中如此大数量的《史记》内容，受到《史记》研究者的注意，特别是清人王念孙的《读书杂志》充分利用《御览》异文对《史记》校勘做了不少探索。张文虎的《史记集解索隐正义校刊札记》当中也有引用《御览》的材料，可见其校订的金陵书局本《史记》同样参考了《御览》的异文。今人龚碧虹所撰硕士学位论文《〈御览〉引〈史记〉考校》，以《御览》所引《史记》异文为据，分篇考证，讨论了中华书局点校本《史记》文字的某些问题，所征引条目并不全面。虽然前辈学者在利用《御览》校勘《史记》方面已有诸多成果，但由于《御览》征引写本《史记》数量之大，既有的研究成果难免有不全乃至误处，故仍有可供发掘的空间以及其利用的价值。

《御览》校勘价值的具体体现，在前辈学者的研究中已有充分论

---

① 《史记·张释之冯唐列传》。
② 《重刊宋本御览序》。
③ 《史记·太史公自序》。
④ 《太平御览引得》一书中记载《太平御览》引《史记》共1665处（见《太平御览引得》，哈佛燕京学社引得编纂处1935年版），另有几处以作注形式引《史记》存于他书，而《引得》未列。如"宋有泰丘见《史记》"为《尔雅》正文作注，见于卷第五十三地部十八；"《史记》作长城之地今武原县有长城"为《春秋后语》作注，见于卷第一百五十八州郡部四。

述。我们依照古书在传抄过程出现的诸种错误，简要说明《御览》对校勘《史记》的具体价值。

1. 校衍文。衍文指经后人之手添加到原文的文字。《御览》卷第五天部五有曰"魁下六星，两两相比者，曰三能……"①而《史记·天官书》曰"魁下六星，两两相比者，名曰三能……"②今本《史记》于"曰三能"前多一"名"字。而《汉书·天文志》亦无"名"，作："魁下六星，两两而比者，曰三能。"③可见今本《史记》"名"或为衍文。

2. 校讹谬。古籍传抄过程由于各种复杂原因导致讹谬的情况十分常见。《史记·赵世家》记载"三国攻晋阳，岁余，引汾水灌其城，城不浸者三版"④。而《御览》卷第六三三治道部有曰"三国攻晋阳，引汾水灌其城，城不没者三版"⑤。今本《史记》中的"浸"在《御览》中作"没"。而《战国策》此处作"今约胜赵而三分其地。今城不没者三板"⑥。《说苑》亦曰"智伯从韩、魏之兵以攻赵，围晋阳之城而溉之，城不没者三板"⑦。可见"浸"当为"没"之误，两字字形相似，当是由此造成的讹误。

3. 校脱文。古书流传当中脱字漏句的情况也十分常见。《史记·司马相如列传》记载"上闻之，乃使相如责唐蒙"⑧。《御览》卷第七七七奉使部一"上闻之，乃使相如责唐蒙等"⑨。《御览》较今本《史记》多一"等"字。张文虎《札记》记载此条"蔡、中统、游、毛本下有'等'字，与《汉书》合"⑩。《文选》卷四十四记载"上闻之，乃遣相如责唐蒙等"⑪。可见今本《史记》当脱一"等"字。

总之，《御览》的编纂虽然存在种种问题，但仍不失为古书辑佚校勘的渊薮，修订本《史记》的编修工作理应对《御览》的校勘价值给予充分关注。本次修订本《史记》所撰写校勘记虽一定程度上

---

① 《太平御览·天部五》。
② 《史记·天官书》。
③ 《汉书·天文志》。
④ 《史记·赵世家》。
⑤ 《太平御览·治道部》。
⑥ 何建章：《战国策注释·赵策一》，中华书局1990年版。
⑦ 刘向撰，向宗鲁校正：《说苑校正》，中华书局1987年版。
⑧ 《史记·司马相如列传》。
⑨ 《太平御览·奉使部一》。
⑩ 张文虎：《校勘史记集解索隐正义札记》，中华书局1977年版。
⑪ 《文选·司马长卿谕巴蜀檄》。

参考了《御览》异文，但是其原则和参考数量则有待商榷。王永吉在《赵生群〈史记〉研究述评》一文中披露了修订本《史记》的修订流程和体例，其"布置版本对校，判定异文"步骤并未提到修订组是否参考《御览》等类书。① 根据校勘记可知，修订组确实参考了《御览》的相关内容。一是直接参考，如《白起王翦列传》中"李将军果势壮勇"②的校勘记为"《御览》卷二七四引《史记》作'果断'"③；二是间接参考，即在参考王念孙、梁玉绳和张文虎等人考据成果中间接利用了《御览》，如《秦始皇本纪》中"其赐死"条校勘记引王念孙《读书杂志》"《御览》皇王部引此无'其'字"④。统计修订本全书的校勘记可知，修订组有 36 条校勘记是以上述两种形式参校《御览》异文，可见并非不重视《御览》校勘作用。

然而，修订组利用《御览》存在两方面的问题。

其一是参考数量严重不足。相对于《御览》引《史记》数量之巨大以及清代考据学家的校勘成果之丰硕，修订组的两种引用方式都是不充分的。就直接引用而言，《御览》引《史记》数量之巨大，异文之多，绝非现有的几十条校勘记所能体现。就间接引用而言，王念孙、梁玉绳等的校勘成果也远非现有的校勘记征引所能涵盖。甚者，部分《御览》异文能够直接为修订本提供版本依据，却未能被采择到校勘记中。

如修订本《史记·张释之冯唐列传》记载：

> 其军市租尽以飨士卒，出私养钱。⑤

《御览》卷二七八兵部九记载：

> 军市租尽以给士卒，出私养钱。⑥

点校本《史记》此处本无"出"字，修订组新增。梁玉绳《史记志疑》认为"'私'上缺'出'字，《汉书》有"⑦。修订组依照梁玉绳简单对比《史》、《汉》的考证改动《史记》原文，此处校勘

---

① 王永吉：《赵生群〈史记〉研究述评》，《渭南师范学院学报》2015 年第 3 期。
② 《史记·白起王翦列传》。
③ 同上书。
④ 《史记·秦始皇本纪》。
⑤ 《史记·张释之冯唐列传》。
⑥ 《太平御览·兵部九》。
⑦ 梁玉绳：《史记志疑》，中华书局 1981 年版。

实则并无版本依据。《御览》此处记载与修订组的改动相合，恰好能够为修订组的改字提供依据，只是修订组似乎未能充分重视、利用之。

其二是采择的原则或依据不清。比如，修订本《五帝本纪》"西娶于西陵之女"处有如下校勘记：

> 王念孙《杂志·史记第一》："西陵"下脱"氏"字。下文"昌意娶蜀山氏女"、"帝喾娶陈锋氏女"，皆有"氏"字。《御览》皇王部、皇亲部引此并作"西陵氏"，《大戴礼·帝系》篇亦作"西陵氏"。①

此条校勘记所引为王念孙《读书杂志》原文，体现了王氏对《史记》此处记载的看法。修订组直接挪用形成一条校勘记，未提出诸如版本依据等新例证。如此，王氏《读书杂志》中所有的校勘记是否都应该罗列在书中？

从修订组所撰校勘记可知，其参引《御览》的程度不够，而且参引的原则也不明确。本次修订工作中新增的 3000 余条校勘记中有约 1200 余条针对《史记》原文。在逐一阅读这些校勘记后，除去修订组已通过直接和间接方式利用《御览》异文的 30 余条校勘记外，尚有 50 余条可以参考《御览》，详见本文下篇。

## 下篇：《御览》校勘《史记》示例

据统计，修订本《史记》新增 3349 条校勘记，约有 1200 条是对《史记》正文所作校勘，其中 36 条是直接和间接的参考了《御览》，此外又有 50 余条校勘记可利用《御览》异文。现依托《御览》对修订本《史记》正文校勘记整理情况，分佐证、补充、存异三类罗列如下，以此窥见其校勘记是否合理，希望对《史记》整理工作有所帮助。②

第一类，佐证。

修订组依据其他版本或前人研究成果对原文进行改动，而《御

---

① 王念孙：《读书杂志·〈史记〉第一》，上海古籍出版社 2014 年版。
② 按，本文先列《史记》原文，然后在案语中考察《御览》对此条校勘记的具体作用。《史记》引文卷次及册、页、行等均为中华书局修订本《史记》，2013 年 9 月第 1 版。《御览》引文卷次及册、页等均为中华书局缩印商务印书馆影宋本，1960 年 2 月第 1 版。

览》所引《史记》或与修订组修改结果相同，但并未被修订组列为佐证。

1. 其军市租尽以飨士卒，出私养钱（《张释之冯唐列传》/册 9/页 3319/行 12）

案：修订组校勘记据梁玉绳《史记志疑》于"私"前补"出"字。《御览》卷二七八引此处作"军市租尽以给士卒，出私养钱"（册 2/页 1294），可佐证修订组所补不误。

2. 上闻之，乃使相如责唐蒙等（《司马相如列传》/册 9/页 3665/行 7）

案："等"字原无。修订组校勘记据景佑本、张文虎《札记》和《文选》等补。《御览》卷七七七引此处为"上闻之，乃使相如责唐蒙等"（册 4/页 3446），亦有"等"，可作为补文又一证据。

第二类，补充。

修订组不改原文，在校勘记中指出它本或它书与此处不同，《御览》所引则可以佐证校勘记推论，补充其版本依据。

1. 入登于鹿台之上，蒙衣其殊玉（《周本纪》/册 1/页 160/行 15）

案：修订组校勘记引景佑本等指出"殊玉"或作"珠玉"。《御览》卷八四引此为"登鹿台之上，蒙衣其珠玉"（册 1/页 398），亦作"珠玉"。

2. 黄帝得宝鼎宛侯（《孝武本纪》/册 2/页 588/行 1）[①]

案：修订组校勘记指出《封禅书》中"宛侯"为"宛朐"。《御览》卷二八亦为"黄帝得宝鼎宛朐"（册 1/页 131），为"宛朐"，可作补充。

3. 黄帝得宝鼎，神策（《孝武本纪》/册 2/页 588/行 1）

案：修订组校勘记据指出张文虎《史记三家注校勘札记》认为"黄"为衍文。《御览》卷二八为"帝得宝鼎，神策"（册 1/页 131），无"黄"，可作补充。

4. 后率二十岁得朔旦冬至（《孝武本纪》/册 2/页 588/行 2）

案：修订组校勘记据指出《封禅书》中"得"或作"复"。《御

---

[①] 今本《史记·孝武本纪》抄自《封禅书》，而《太平御览》征引时往往不具体到该书的篇章，故而难以明确该条条到底是引自《封禅书》还是《孝武本纪》。为了便于比对，本文将《御览》所引皆予以罗列。本类第 2、3、4、6 条以及第三类第 17、18 条皆是此种情况，不赘。

览》卷二八引《史记·封禅书》为"后率世岁复朔旦冬至"（册1/页131），亦为"复"，可作补充。

5. 兕旄牛犀象之属不用册（《孝武本纪》/册2/页597/行3）

案：修订组校勘记据指出《封禅书》无"旄"。《御览》卷536引为"兕牛犀象之属不用"（册3/页2430），无"旄"，此条不能直接说明《孝武本纪》原文是否真确，却能佐证《封禅书》所载不误，可作补充。

6. 尝从武安侯饮，坐中有九十余老人，少君乃言与其大父游射处，老人为儿时从其大父，识其处，一坐尽惊。（《封禅书》/册4/页1657/行2）

案：修订组校勘记据《孝武本纪》和《汉书》认为"九十"上有"年"字。《御览》卷383引文作"坐中有年九十余老人"（册2/页1769），佐证修订组推测。

7. 孔子由大司寇行摄相事（《孔子世家》/册5/页2311/行12）

案：修订组校勘记据《吴太伯世家索隐》等认为"行摄"或作"摄行"。《御览》卷四六七引此处为"孔子由大司寇摄行相事"（册3/页2147），正是"摄行"。

8. 今营陵侯泽，诸刘，为大将军（《荆燕世家》/册5/页2408/行8）

案：修订组校勘记据梁玉绳《史记志疑》认为"诸刘"后脱"长"。《御览》卷一五〇引此处为"今营陵侯泽，诸刘长，为大将军"（册1/页732），有"长"字。

9. 使击赵（《范雎蔡泽列传》/册6/页2918/行6）

案：修订组校勘记据景佑本等认为"使"下或缺"将"字。《御览》卷四六九引此处为"使将击赵"（册3/页2155），可作为原文脱字又一证据。

10. 郑安平为赵所围（《范雎蔡泽列传》/册6/页2918/行7）

案：修订组校勘记据张文虎《札记》等认为"围"或作"困"。《御览》卷四六九引此处为"安平为赵所困"（册3/页2155），可作原文讹误又一证据。

11. 李斯者……为郡小吏（《李斯列传》/册8/页3067/行3）

案：修订组引王念孙《读史杂志》认为"郡"或作"乡"，并引《御览》卷一八六"李斯者，楚之上蔡人也。少时为乡小吏"（册1/页904）佐证。但修订组引用《御览》并不全面，又见卷九一一"李斯少时为郡小吏”，此处又作"郡"。

12. 此人必有以毁臣者（《季布栾布列传》/册 8/页 3289/行 8）

案：修订组校勘记据张文虎《札记》指出"以"字或为衍，景佑本等亦无"以"字。《御览》卷八四七引此处为"此人必有毁臣者"（册 4/页 3781），无"以"字，可佐证修订组。

13. 错乃穿两门南出（《袁盎晁错列传》/册 8/页 3307/行 4）

案：修订组校勘记据《汉书》认为"穿两门"或可为"穿一门"。《御览》卷一八七引此为"乃穿一门太庙㙇垣"（册 1/页 187），为"穿一门"，可佐证修订组。

14. 不类三代之乐，其声动心（《扁鹊仓公列传》/册 9/页 3353/行 13）

案：修订组校勘记据《赵世家》认为"心"字上或缺"人"字。《御览》卷三六四引文"不类三代之乐，其声动人心"（册 2/页 2547），有"人"字，然不知此处所引为《赵世家》还是《扁鹊仓公列传》。

15. 朝鲜相路人、相韩阴、尼溪相参、将军王唊（《朝鲜列传》/册 9/页 3597/行 4）

案：修订组校勘记据《汉书》等认为"韩阴"或作"韩陶"。《御览》卷七八〇引此处为"朝鲜相路人、韩陶、尼溪相参、将军王唊"（册 4/页 3456），亦作"韩陶"。

16. 于是为发卒万余人穿渠，自征引洛水至商颜下。（《河渠书》册 4/页 1694/行 13）

案：修订组校勘记唐钞本、景佑本等于"商颜"后删"山"字。《御览》卷九八八引此处为"穿渠自征引洛水至商颜，（服虔曰：颜音崖。应劭曰：微在冯翊；或曰：商颜，山名。）穿梁得龙骨"（册 4/页 4374），亦无"山"字。

17. 上已封大功臣二十余人，其余日夜争功不决（《留侯世家》/册 5/页 2467/行 10）

案：此句上原有"六年"，修订组校勘记据梁玉绳《史记志疑》考证删。《御览》卷二九五引此处为"高帝已封大功臣二十余人，其余日夜争功不决"（册 2/页 1362），亦无"六年"。

第三类，存异。

修订组对原文作出校勘记，修改原文文字或指出它本或它书与此处不同，而《御览》所引则与校勘记说法不同。

1. 子报丁立。报丁卒，子报乙立。报乙卒，子报丙立。(《殷本纪》/册 1/页 120/行 12)

案：修订组校勘记引用王国维《观堂集林》指出次序当为"报乙、报丙，报丁"。《御览》卷八三引此段亦为"子报丁立。报丁卒，子报乙立。报乙卒，子报丙立"(册 1/页 388)，与景佑本等同。

2. 帝祖丁崩，立弟沃甲之子南庚，是为帝南庚。(《殷本纪》/册 1/页 131/行 11)

案：修订组校勘记认为"弟"或作"帝"；《御览》卷八三引此为"帝祖丁在位三十二年，崩，立沃甲之子，是为南庚。"(册 1/页 391)，无"弟"或"帝"，或可作为补充。

3. 周武王遂斩纣头，县之大白旗。(《殷本纪》/册 1/页 139/行 8)

案："县之大白旗"原无"大"字，修订组据日本高山寺藏《殷本纪》钞本和《周本纪》所补。而张文虎《史记及三家注校勘札记》认为或可缺"太"字。《御览》卷一三五引此为"悬之小白旗"，并有小注"《世本》又载"(册 1/页 657)，即非"大"又非"太"，又为一说。

4. 后七岁，秦庄襄王灭东周 (《周本纪》/册 1/页 211/行 12)

案："东周"之间原有"西"字，修订组校勘记据梁玉绳考证删掉，认为如此则符合《秦本纪》、《六国年表》等东西周被灭时间记载。然《燕世家》等处作"东西周"，《御览》卷八五亦为"后七岁，秦庄襄王灭东、西周"(册 1/页 405)。

5. 女华生大费，与禹平水土。(《秦本纪》/册 1/页 221/行 4)

案：修订组校勘记依据高山本等认为"大费"字或有重文，《御览》卷八六引此为"女华生大费，与禹平水土"(册 1/页 407)，"大费"不重文，与景佑等版本同。

6. 大廉玄孙曰孟戏、中衍，中衍鸟身人言。(《秦本纪》/册 1/页 223/行 6)

案："中衍"原不重。修订组校勘记据高山本和梁玉绳考证增。《御览》卷八六引此为"大廉玄孙曰孟戏、中衍，鸟身人言"(册 1/页 407)，亦不重文。

7. 遂葬于霍太山 (《秦本纪》/册 1/页 223/行 7)

案：修订组校勘记指出高山本"遂"下有"以"字。《御览》卷五五一引此为"遂葬霍太山"(册 3/页 2494)，亦无"以"。

8. 缭曰："秦王为人，蜂准，长目，鸷鸟膺，豺声……"（《秦始皇本纪》/册 1/页 223/行 7）

案：修订组校勘记虽引《御览》，但只引卷七二九"秦王为人，蜂准、（徐广曰：蜂一作隆。）长目、鸷啄、鸟膺、豺声"（册 3/页 3232）。此段材料又见《御览》两处，卷八六"秦王为人，蜂准，长目，鸷鸟膺，豺声"（册 1/页 408），卷三六六"秦王为人蜂准（蜂，一作隆。）长目"（册 2/页 1685），各处之间都有差别。

9. 自榆中并河以东，属之阴山，以为三十四县（《秦始皇本纪》/册 1/页 319/行 10）

案：修订组校勘记引《匈奴列传》等指出"三十四"或为"四十四"。《御览》卷八六为"以为三十四县"（册 1/页 408），与诸版本同。

10. 又使蒙恬渡河取高阙、陶山、北假中（《秦始皇本纪》/册 1/页 319/行 11）

案：修订组校勘记引王念孙《读史杂志》认为"陶山"或为"阴山"，《御览》卷八六也为"陶山"（册 1/页 408），与王氏考证不同，与诸版本同。

11. 卒有田常、六卿之臣（《秦始皇本纪》/册 1/页 321/行 6）

案：修订组校勘记引《李斯传》"臣"或作"宦"。《御览》卷 451 引此亦为"六卿之臣"（册 2/页 2075）。

12. 若欲有学法令，以吏为师。（《秦始皇本纪》/册 1/页 322/行 3）

案：修订组校勘记引王念孙《读史杂志》"欲有"为"有欲"，引《李斯列传》等"若欲有"作"若有欲"。《御览》卷八六作"若有学法令，以吏为师"（册 1/页 408）。

13. 乃命宋昌参乘，张武等六人乘六乘传诣长安。（《孝文本纪》/册 2/页 520/行 3）

案："六乘"字原无，修订组校勘记据日本东北大学图书馆藏《孝文本纪》钞本补。又以《吕太后本纪》、《袁盎晁错列传》等皆云代王"乘六乘传"佐证。《御览》卷八八引此段为"代王乃命宋昌参乘，张武等六人乘传诣长安"（册 1/页 417），并无"六乘"二字。

14. 天狗，状如大奔星，有声，其下止地，类狗。所堕及，望之如火光炎炎冲天。其下圜如数顷田处，上兑者则有黄色，千里破军杀将。（《天官书》/册 4/页 1585/行 8）

案：修订组校勘记据《南齐书》、《晋书》疑文有脱误。《御览》

卷八七五引为"天狗,状大如奔星,有声。其止地,类狗,地望之如火光,炎炎冲天,其下圆如数顷田处,上兑见则有黄色。千里破军杀将。(《洪范五行传》同。)"(册 4/页 3882)

15. 格泽星者,如炎火之状。黄白,起地而上。下大,上兑。其见也,不种而获。不有土功,必有大害。(《天官书》/册 4/页 1585/行 12)

案:修订组校勘记据《开元占经》和《汉书》认为"害"疑作"客"。《御览》八七五引此为"必有大咎"(册 4/页 3885),作"咎"。

16. 天齐渊水,居临菑南郊山下者。(《封禅书》/册 4/页 1637/行 2)

案:修订组校勘记引张文虎《札记》认为"下"或重文。《御览》卷一六〇引《史记·封禅书》为"天齐,池名,在临淄南郊山下"(册 1/页 777),"下"不重。

17. 臣尝游海上,见安期生,安期生食巨枣(《封禅书》/册 4/页 1657/行 10)

案:修订组校勘记据《孝武本纪》和《汉书》认为"巨"或作"臣",《御览》卷九六五引文作"见安期生食巨枣"(册 4/页 4280),亦作"巨"。

18. 纵远方奇兽蜚禽及白雉诸物,颇以加礼。(《封禅书》/册 4/页 1671/行 4)

案:修订组校勘记据《孝武本纪》和《汉书》认为"礼"或作"祀",《御览》卷五三六引文作"颇以加礼"(册 3/页 2430),作"礼"不作"祀"。

19. 及闻子产死,孔子为泣曰:"古之遗爱也。"(《郑世家》/册 5/页 2128/行 14)

案:修订组校勘记根据景佑本等认为此句后脱有"兄事子产",《御览》卷四八七引此处为"及闻死,为泣曰:'古之遗爱也'"(册 3/页 2230),后无它字。

20. 若寡人国小也(《赵世家》/册 5/页 2280/行 12)

案:修订组校勘记引《后汉书》、《资治通鉴》指出此处或为"寡人之国虽下"或"寡人国虽小"。《御览》卷八〇三引此处作"若寡人国小"(册 4/页 3559),与此两种说法不同,与原文同。

21. 则道不拾遗。将以照千里(《赵世家》/册 5/页 2281/行 1)

案：修订组校勘记据《后汉书》认为"将以照千里"上当有"以此为贤"四字。《御览》卷八〇三引此处作"则道不拾遗。将以照千里"（册 4/页 3559），无此四字。

22. 荣至，诣中尉府簿。(《五宗世家》/册 5/页 2535/行 1)

案：修订组校勘记据《汉书》等认为"簿"上或有"对"字。《御览》卷五五三引此处为"四年，坐侵庙壖为宫，上征荣诣中尉府"（册 3/页 2504），另卷 922 引此处为"临江闵王荣坐侵庙壖为宫。上征荣，诣中尉府。"（册 4/页 4090），两处都无"簿"或"对"。

23. 民之食大抵菽饭藿羹(《张仪列传》/册 6/页 2772/行 3)

案："菽饭"原作"饭菽"。修订组校勘记据王念孙《读史杂志》改。《御览》卷八四一引此处作"民之食大抵饭菽藿羹"（册 4/页 3758），亦作"饭菽"。

24. 从间路绝其辎重(《淮阴侯列传》/册 8/页 3153/行 14)

案：修订组校勘记据景佑本等认为"间路"或作"间道"。《御览》卷 334 引此处为"从间路绝其辎重"（册 2/页 1534），为"间路"。

25. 桓侯体病(《扁鹊仓公列传》/册 9/页 3360/行 12)

案：修订组校勘记引王念孙《读史杂志》认为"体病"或作"体痛"。《御览》卷七二一引此处为"桓侯体病"（册 3/页 3194），作"体病"。

26. 以取外三阳五会。(《扁鹊仓公列传》/册 9/页 3359/行 9)

案：修订组校勘记指出《后汉书》引此处无"外"字。《御览》卷七二一引此处为"以取外三阳五会"（册 3/页 3194），有"外"字。

27. 汉使涉何谯谕右渠(《朝鲜列传》/册 9/页 3595/行 2)

案：修订本校勘记据景佑本等认为"谯"或作"诱"。《御览》卷七八〇引此处为"汉使涉河谯谕右渠"（册 4/页 3456），为"谯"。

28. 使济南太守公孙遂往正之(《朝鲜列传》/册 9/页 3596/行 15)

案：修订组校勘记据梁玉绳《史记志疑》改"征"为"正"。《御览》卷七八〇引此处为"使济南太守公孙遂往征之"（册 4/页 3456），为"征"字，与诸版本同。

29. 西南夷……自滇以北君长以什数，邛都最大(《西南夷列

传》/册 9/页 3601/行 3)

案：修订组校勘记引用《汉书》和李笠《广史记订补》认为“西南夷”或作“南夷”。《天平御览》卷一六六引此处为“西南夷滇以北君长十数，邛都最大”(册 1/页 810)，为“西南夷”。

30. 家居徒四壁立(《司马相如列传》/册 9/页 3614/行 15)

案：修订组校勘记据王念孙《读史杂志》认为此处或当作“家徒四壁立”无居字，或当做“居徒四壁立”无“家”字，语义通顺。《御览》卷一八七引此处为“家徒四壁立”(册 1/页 906)，无“居”字。

31. 治务在无为而已，弘大体，不拘文法。(《汲郑列传》/册 10/页 3748/行 1)

案：修订组校勘记据《汉书》认为“弘”或作“引”。《御览》卷二四一引此处作为“治务在无为而已，弘大体，不拘文法”(册 2/页 1143)，作“弘”。

32. 而巴寡妇清，其先得丹穴(《食货列传》/册 10/页 3929/行 4)

案：“巴”下原有“蜀”。修订组校勘记据王念孙《读书杂志》删“蜀”。《御览》中共有四处引此段材料。卷四三九、四七一、九八五皆为“寡妇清”(册 2/页 1143、册 3/页 2163、册 4/页 4360)，无“巴”和“蜀”。卷一七七作“蜀寡妇清” (册 1/页 861)，有“蜀”而无“巴”，故修订组去“蜀”值得商榷。

另外，有一处引《御览》存在排印错误。

1. 以北山石为椁，用纻絮斮陈，蕠漆其间，岂可动哉。(《张释之冯唐列传》/册 9/页 3313/行 13)

案：修订组校勘记指出“御览卷五五二引《史记》无‘絮’字，疑‘蕠’即‘絮’之衍误。”而《御览》卷五五二“北山石为椁，用纻絮斮(一作错)陈，漆其间(纻絮以漆着其间)。岂可动哉”(册 3/页 2457)，可知《御览》实则无“蕠”字，而非修订组指出的“絮”字。此处或为排印错误。

# 日本学者编撰《史记钞》选本综论

*本文作者凌朝栋，渭南师范学院人文学院院长、教授。

《史记》作为史学经典，文学名著，早在汉代就有选择篇目，推荐阅读的做法。到了西晋时期，著名学者葛洪（284—364）就钞录篇目形成选本《史记钞》。这种做法不仅在国内学术界成为传统，而且还传到了国外单就《史记钞》一名，中外学者所选就有不少。中国历史上的晋代学者葛洪就有《史记钞》十四卷，明高似孙在《史略》中指出："又有葛洪《史记钞》十四卷，撷其精语者。"他不仅对《史记》进行了钞撰，而且对《汉书》也是如此，如有《汉书钞》三十卷、《后汉书钞》三十卷等。其书虽没有保存下来，不过《新唐书》等均有记载。而且影响到日本对《史记》研究与阅读，甚至被借鉴与编撰了许多名为《史记钞》的选本。我们结合这些《史记钞》选本的编者情况、编选思想、体例、选目、篇幅等进行一些比较。

## 一、日本学者早期编撰的《史记钞》选本

据有关学者陈桐生先生研究，《史记》早在公元600—604年之间，就已经传到了日本。从《史记》中选录出若干篇目，按照编选者的想法与愿望，编撰而成名曰《史记钞》的著作，日本学者也有多种以《史记钞》（"钞"与"抄通"假）为名称的本子，早期日本就有英房《史记抄》、桃源《史记抄》、幻云《史记抄》等，这些所谓的《史记抄》在某种意义上是中国《史记钞》影响的结果。其中英房《史记抄》二卷，小三册，为日本南北朝时期写本。根据水泽利忠博士考证，其抄写时期为正平三年（1347），时值英房五十五岁。这部书大致是日本人汉文记录《史记》注解本中最古老的读物，它选录了从《五帝本纪第一》到《项羽本纪第七》以及八书的全部内容。没有选录表、世家、列传。为集解、索隐、正义合刻本，即大部分是从彭寅本注解抄录而成。它对后面的桃源《史记抄》、幻云

《史记抄》有着很大的影响。

幻云《史记抄》作于室町时代，作者寿桂，字月舟，亦称幻云。幻云《史记抄》全部用汉文体例记录解说，据说全部为写本，并且没有完本。依据日本足利学校遗迹图书馆藏本，零本大四册（庆元间钞本），现存本纪第四至第十二、列传第二十一至第四十五。收录有大量的《史记正义》佚文。具体完成的年代，依据记载被推定为永正十一年（1514）以前。

桃源《史记抄》十九卷，依据池田四郎次郎和池田英雄《史记研究书目解题》（稿本）所记载，亦名《史记桃源抄》，桃源瑞仙著。桃源瑞仙，延德元年（1489）十月二十八日殁，六十岁。现存的桃源《史记钞》版本有多种，最早者为"文明丁酉夏初九日抄毕"，则其时间为1477年。现在米泽文库所藏的《史记桃源抄》古写字本二十册为永正十三年至十四年（1516—1517）相国寺桃源和尚手抄本。而池田父子《史记研究书目解题》对其《史记抄》所选录的内容，不是很明确。

## 二、日本学者近晚以来编撰的《史记钞》选本

日本学者竹添井井抄录于明治十七年（1884）高嵣的《史记钞》，署上自己的大名，形成了和刻本《史记钞》。从该书的扉页上可以看出，其丛书名为竹添井井钞录《评注历代古文钞》第四集《史记钞》五册。该丛书总目为《左传钞》四册、《国语钞》一册、《国策钞》二册、《史记钞》五册、《汉书钞》四册、《八家钞》十册、《归余钞》四册。该书与高嵣《史记钞》相比，有以下几方面的特点：一是该书《史记钞序》基本内容为高嵣《史记钞序》，只是部分文字稍有不同。例如，高嵣《史记钞序》开始为："《史记》一书，易编年之体而创为纪传书表。"而竹添井井《史记钞序》开头一句为："龙门《史记》创为纪传之体。"而其后的总评《史记钞杂说》基本相同。二是该书只有《史记钞》的分卷目录，并置于每卷之前，而没有总目录。三是卷数未变，每卷篇目数量有所减少。高嵣《史记钞》原书是五卷共录文七十七篇；而竹添井井也是五卷，共选录四十篇，几乎减少了一半。从评点的方法和内容上没有什么区别，只是将篇目数量减少了。评点方法主要有：一是采用不同的标识符，圈点相应的内容。二是评点内容分层次，分别有对地名概念解说的

夹注，对某一句话进行评点夹批文字，还有针对某一部分进行眉批文字，还有将整个文章划分为若干部分，对每一部分进行评点。三是在文末引用前代学者的选本评语，总体上对该篇选文评价。

日本学者秋山四郎于明治二十九年（1896）编选《史记钞》上下册，由东京金港堂书籍株式会社出版，线装本。秋山四郎虽然生卒不详，我们从有关资料可知，他是一位著名的汉学家，曾经在明治三十五年编有《汉文教科书》。其编撰目的可以从其《史记钞引》得知，"是书夙传于我国（日本），学者爱读焉。然卷帙浩繁，非专攻汉学者，则不可毕读。今撰择适初学者十篇，厘为两卷，以充中等教育课本，初学熟读有得，其所裨益，盖不鲜浅矣"。所选篇目大致按时代顺序，并不是按照体例类别编排。具体为上卷为平原君列传、信陵君列传、廉颇蔺相如列传、项羽本纪、萧相国世家；下卷为留侯世家、陈丞相世家、淮阴侯列传、张耳陈馀列传、滑稽列传。该书版式是每半叶十行，每行二十字，有上栏用于评点。全部选文有句读而无分段，有眉批评点只是对选文中部分内容的注释，没有真正意义上的评点文字。

森山书店于 1934 在上海内山书店发行的《史记钞》。该书在日本国内原来是由森山书店发行。该书的具体编撰者不详。该书总共选取《史记》文章二十九篇。按时代、按体例类别编排。包括本纪三篇即秦始皇本纪、项羽本纪、高祖本纪；表一篇为六国表；书一篇为河渠书；世家四篇为越王勾践世家、孔子世家、陈涉世家、留侯世家；列传二十篇为伯夷列传、管晏列传、老庄申韩列传、孙子吴起列传、商君列传、张仪列传、孟子荀卿列传、廉颇蔺相如列传、屈原列传、刺客列传、淮阴侯列传、扁鹊仓公列传、李将军列传、匈奴列传、朝鲜列传、酷吏列传、滑稽列传、货殖列传、太史公自序。该书没有前言后记，有句读而无注释、评点。书的扉页上署了一个"阿九津"的名字，应该是该书的购买者。从该书的选篇来看，本纪里重视秦汉，世家和列传则兼顾先秦与秦汉。

日本学者、文学教授土桥文夫编选有《史记钞》小一册，于 1934 年 2 月在京都平野书店刊行，该书是将本纪、表序、列传进行了一定程度的删节并加以排列，应该为练习汉语而编辑的读物。该书将《钦定四库全书总目提要》内容罗列在前作为《史记》解题和前言。看不出其编选的目的。主要篇目十六篇，有项羽本纪、六国表序、伯夷列传、管晏列传、司马穰苴列传、孙子吴起列传、商君列传、信陵君列传、乐毅列传、田单列传、淮阴侯列传、李将军列传、儒林列传序、游侠列传序、货殖列传序、太史公自序论六家之要指。整个选文有句读无标点，采用脚注的形式对选文中出现的概念进行注释。

另外日本部分高校中国古典文学作品教材，也有名为《史记钞》或相近的名称，如东京高等师范学校教授儿岛献吉郎编写的于大正五年（东京光风馆藏版，1916年）《史记钞本》。该书的编撰目的很明确，儿岛献吉郎则在其《绪言》中称："本书编纂目的，欲与中学校、师范学校即高等女学校现行汉文教科书并用，以供多读之用也。然单用本书，以兼取精读多读两方便，亦庶几可乎。"从其目录看出分体选录《史记》文字，本纪一篇为项羽本纪；世家二篇为陈涉世家节录、留侯世家节录；列传七篇为孙子吴起列传、孟尝君列传、信陵君列传、廉颇蔺相如列传、鲁仲连列传节录、淮阴侯列传、李将军列传节录。

## 三、日本当代学者编选的《史记钞》选本

日本当代学者编选的《史记钞》则是在前面的基础上，多为高中汉文教材。与前者相比有了更为明显的变化，对所选文章内容，按照主题进行集中命名。例如由日本文部省检定教科书小林信名教授高等标准汉文《史记钞》，1973年讲谈社出版。作为教科书，从其前言中（该书3页）看出，其编选的目的是学习中国上古史，特别是探究春秋战国时代以前的人世。包括春秋五霸的时代、霸力时代、乱臣贼子的时代、周代遗风的存续。还有战国时代、秦连续的隆盛及合纵连横之说的流行等。这么说，尽管小林信明是文学博士，但其编选是从史学角度来考虑的。从该书的目次上可以看出选文主要有齐之霸业、孔子、吴越之抗争、孙武之兵法、合从连衡（与"合纵连横"有所不同）、刎颈之交、强秦之难等七个主题，并附录句形略例、当用汉字体与旧字体对照表。另外在书扉页上附有春秋战国形势略图、书后附有春秋战国时代诸王侯年表。其中每个主题之下可能选自同一篇《史记》文章，也可能选自不同的篇章。例如齐之霸业选自《管晏列传》分别有小标题：管仲之功业、晏婴之危行，还附有杜甫的《贫交行》作为参考。而强秦之难则分别有四个小标题：孟尝君善遇客、先从隗始、风萧萧兮易水寒、秦王环柱而走，

这四篇分别选自孟尝君列传、燕召公世家、刺客列传，并加以删修等。

所选《史记》文章，其结构大致是这样的。标题之下先有一段文字解题，然后选文正文部分，正文的部分汉字有日语训读发音标注，个别难懂的概念或利用脚注的形式标注，随文在相应的页面附有图片，便于读者对《史记》故事文章的理解。选文后面附有"注意"重要语句，接着是学习思考题以及参考。以《刎颈之交》为例，开始先对"刎颈之交"做一解释，标注该选文来自于删修《廉颇蔺相如列传》，接下来是三个故事，即完璧归赵、渑池之会、将相和。第一个故事附有古玉璧图与来自《金石索》的蔺相如奉璧图，第二个故事附有战国时代木瑟图，第三个故事附有作者不明的廉颇负荆请罪图，即《将相和》图。附有"注意"重要语句提示里含有加点的词汇。例如"秦昭王使人遗赵王书"等。

从以上看这本《史记钞》虽然是从史学角度选取了《史记》文章，但我们看到相关结构后认为，是文史兼顾的，尤其是在选文后附录的《句形略例》分别罗列了《史记钞》选文中汉语常见的句形例子，如否定、疑问、反语、役使等十五种句形。

日本大修馆书店出版的《史记抄》，特别标注为精选高等汉文，经过日本文部省检定的高中国语科古典Ⅱ（汉文）用教材。出版时间为昭和四十九年（1974），昭和五十二年1977又修订再版，变为《史记抄》附录《十八史抄》。主要编撰者为诸桥辙次和镰田正。两人均为东京教育大学名誉教授和文学博士。同时还有从和歌山大学、东京大学等高校聘请的学者组成编撰委员会。该书选取的内容有伯夷叔齐、管仲晏子、孟尝君、平原君、廉颇蔺相如、韩信、张良、高祖等八篇，每篇前选录司马迁《太史公自序》中对选文传主的评价文字，末尾还选了《司马迁与〈史记〉》短文一篇。每篇选文分别有小的故事标题，接着还有参考内容。像伯夷叔齐中列有"饿死于首阳山"、"天道是邪非邪"，参考有《论语》一章、《孟子》一章。每篇文章均有注释，日文标注汉字读音。图文并茂，从其他资料中选录的实物或地理图片，如北京故宫博物院藏"长信宫灯"照片、巴黎国民图书馆藏《敦煌史记钞本》书影、元刊本《史记》书影、日本室町时代三条西富隆《史记古钞本》等。日本江户时代汉学家安井衡的《题蔺相如奉璧图》文字，司马迁《廉颇蔺相如列传》论赞作为参考。没有选取失败者项羽本纪的文章。从编选内容看出，这是侧重于从语言文学方面选取的。

　　总而言之，日本学者所编撰的以《史记钞》命名的《史记》选本数量较多，均是从中国有关《史记钞》名称借鉴而来。编选思想有的明确，有的不明确；有的是从史学角度，有的是从文学角度；还有的是从专题较多选取，尤其是高中汉语教材。这些多样化的《史记钞》选本，展现了《史记》选择阅读在日本的情况，不同学者有自己心目中不同的《史记》精彩篇章。

# 《史记》史事研讨

## 一生成败浮沉　半部秦朝历史
### ——《史记·李斯列传》史学价值析论

*本文作者陈其泰，北京师范大学历史学院教授。

司马迁的不朽杰作《史记》的最大特色，是以人物为中心记载历史。司马迁以其伟大的创造力，将书中众多的人物、复杂的事件组织成为一个瑰玮精当的整体。众多的人物列传的设立和处理，既有通盘考虑的严密体例，又能根据需要灵活变通。每一篇章的撰写均达到史料剪裁恰当，组织严密合理，具有高超的技巧，大到宏篇巨制，小至结构精悍的短篇，无不做到匠心运用，因而具有宝贵的史学价值。

### "体圆用神"：《史记》人物传记编纂的特色

"体圆用神"，是章学诚对司马迁历史编纂卓越成就和鲜明特色的精辟概括。他是借用《周易》上"圆而神"和"方以智"的用语，来阐发中国史学名著在历史编纂上的两种风格。其论云：

《易》曰："筮之德圆而神，卦之德方以智。"间尝窃取其义以概古今之载籍，撰述欲其圆而神，记注欲其方以智也。夫智以藏往，神以知来，记注欲往事之不忘，撰述欲来者之兴起，故记注藏往似智，而撰述知来拟神也。藏往欲其赅备无遗，故体有一定而其德为方；撰述欲其抉择去取，故例不拘常而其德为圆。①

他将《史记》和《汉书》作为两种不同风格的代表："然圆神方智，自有载籍以还，二者不偏废也，不能究六艺之深耳，未有不得其遗意者也。史氏继《春秋》而有作，莫如马、班，马则近于圆而神，班则近于方以智也。"②所谓"藏往似智"，是指记注这一大类史书，作用在于记载历史知识，为了达到内容丰富，包容量大，必须讲究一定的体例，做到有规矩可循，整齐合理，所以说"藏往欲其赅备无遗，故体有一定而其德为方"。所谓"知来拟神"，是指撰述这一大类史书，目的在于通过记载人物的活动、事件的发展和时代的变迁，以展示未来的趋势，这就要求作者有高明的史识，按照自己的见解而有所轻重取舍，在体例上则注意灵活运用，做到融会贯通，互相配合，所以说"知来欲其抉择去取，故例不拘常而其德为圆"。司马迁有雄伟的创造力，他创设了合理、完善的体例，而又能根据需要灵活运用，巧妙变化，而且记述历史笔势纵放，不可阻遏，因此章学诚视之为"圆而神"的代表。班固《汉书》继《史记》而起，包涵着极其丰富的各学科知识，它继承了《史记》的体裁、体例，而又做到更加整齐合理，有规矩可循，后代修史者便一概以之为榜样，所以章学诚视为"班则近于方以智"。同时明确指出，"固书本撰述而非记注，则于近方近智之中，仍有圆且神者以为之裁制，是以能成家而可以传世行远也"。③

章学诚所高度评价的《史记》"体圆用神"的编纂特色，即具体体现在互有紧密联系的三个方面：全书"五体"配合，创造了记述一代"全史"的完善体裁；各大部分内部的篇章安排，章法分明，七十列传中专传、合传、类传、附传等的设立极具匠心，而又灵活变化，能根据需要突破成例；每一篇章的撰写均能对史料作恰当的剪裁、组织妥贴、重点突出，体现出极高的编纂技巧。本文限于篇

---

① 《文史通义·书教下》，载仓修良编《文史通义新编》，上海古籍出版社1993年版。
② 同上。
③ 同上书，第17页。

幅，仅就最后一项，举出典型篇章加以剖析。

## 李斯只身入秦的奋斗史

　　《李斯列传》无论从李斯对历史进程的影响或是从记载史实的复杂程度而言，在七十列传中都占据着重要地位，司马迁对此篇的撰写尤其作了苦心经营。前半篇，集中记载李斯本人入秦前后的行事。他从荀卿学帝王之术，学已成，他判断当此列国纷争之际只有秦国才具备统一天下的条件，入秦游说秦王，才能获得干出一番事业的机会。李斯辞别荀卿时所言，即将其急切寻找机会的心理和贪慕权势、耻于贫困的人生观表达得淋漓尽致："今秦王欲吞天下，称帝而治，此布衣驰骛之时，而游说者之秋也。处卑贱之位而计不为者，此禽鹿之视肉，人面而能强行者耳！故诟莫大于卑贱，而悲莫甚于穷困。久处卑贱之位，困苦之地，非世而恶利，自托于无为，此非士之情也。故斯将西说秦王矣。"

　　李斯只身入秦，为何能平步青云，很快登上卿相高位呢？司马迁通过选取记述具有典型性的事件，对此作了令人信服的回答。李斯先求为秦丞相吕不韦舍人，吕不韦果然欣赏其才能，任以为郎。于是李斯有机会向秦始皇进说，其言辞确实具有打动君主之心的力量："秦之乘胜役诸侯，盖六世矣。今诸侯服秦，譬若郡县。夫以秦之强，大王之贤，由灶上骚除，足以灭诸侯，成帝业，为天下一统，此万世之一时也！今怠而不急就，诸侯复强，相聚约从，虽有黄帝之贤，不能并也。"怂恿秦始皇加强对六国进攻，采取各个击破策略，实现统一大业。秦始皇先拜李斯为长史，李斯又献计策，"阴遣谋士赍持金玉以游说诸侯。诸侯名士可下以财者，厚遗结之；不肯者，利剑刺之。"破坏各国君臣的计谋，派出良将强兵随之其后。于是秦始皇更视李斯为得力人物，任为客卿。

　　这时又发生李斯上书《谏逐客令》的事。事情的引起，是韩国的水工郑国受命到秦国作间谍，他劝说秦修灌溉渠，想大量耗费人力，延缓秦国东进。郑国的间谍活动被发觉，引起秦的宗室大臣一片哗然，借口"诸侯人来事秦者，大抵为其游间于秦耳"，纷纷向秦始皇进言，要求逐客！李斯反应快捷，立即上书秦始皇，这就是著名的《谏逐客令》。司马迁将它全文写入传中，成为一篇重要的历史文献。文章充分显示出李斯对时势的极高洞察力，举证确凿、充分，说理深刻有力。他举出，秦缪公所用五个名臣，由余出于西戎，百里奚是虞国人，蹇叔寓居于宋，丕豹是晋臣，公孙支游于晋，"此五子者，不产于秦，而缪公用之，并国二十，遂霸西戎"。孝公任用卫国人商鞅从事变法，"移风易俗，民以殷盛，国以富强"。惠王任用魏人张仪为相，实行连横之计，拔三川之地，西并巴、蜀，北收上郡，南取汉中，东据成皋之险，"割膏腴之壤，遂散六国之从，使之西面事秦，功施到今"。昭王任用魏国人范雎为丞相，采用其计策，废除了擅权的穰侯、华阳君，加强国君权力，杜绝势家豪门营私之路，因而逐步蚕食诸侯，使秦成就帝业。"此四君者，皆以客之功。由此观之，客何负于秦哉！向使四君却客而不内，疏士而不用，是使国无富利之实而秦无强大之名也。"李斯以确凿的史实证明，客卿是秦逐步强大而对六国形成席卷之势的重要力量！奏书中进而提出，秦王宫廷中所赏玩珍用的宝玉明珠、骏马良剑，以及左右侍立的窈窕赵女，皆非秦国所产，而无一不出自外国。再如击瓮叩缶，弹筝拊髀，是秦国的本土音乐。"今弃击瓮叩缶而就郑、卫，退弹筝而取《昭虞》，若是者何也？快意当前，适观而已矣。今取人则不然：不问可否，不论曲直，非秦者去，为客者逐。然则是所重者在乎色乐珠玉，而所轻者在乎人民也。此非所以跨海内、制诸侯之术也。"以此进一步强调，如果以"非秦者去，为客者逐"为标准，那就颠倒了珍玩与人才何者为重要的标准，削弱了统一海内、制服诸侯的力量。奏书由此自然得出结论，如果干驱逐外来人才的蠢事，就等于为敌国增强力量，而严重损害秦国实力，断送统一各国的大业，使秦处于空虚危险的境地："是以地无四方，民无异国，四时充美，鬼神降福，此五帝、三王之所以无敌也。今乃弃黔首以资敌国，却宾客以业诸侯，使天下之士退而不敢西向，裹足不入秦，此所谓'藉寇兵而赍盗粮'者也。""夫物不产于秦，可宝者多；士不产于秦，而愿忠者众。今逐客以资敌国，损民以益仇，内自虚而外树怨于诸侯，求国无危，不可得也。"

司马迁所全文引录的《谏逐客令》堪称是脍炙人口的篇章，充分表现出李斯知识和辩才过人，善于把握关键时刻使自己由被动变主动的性格特点。果然奏书上达后被秦始皇所采纳，不仅平息了原先气势汹汹的逐客议论，而且成为李斯更加受到信任、为秦统一全国的功业发挥了重大作用的转折点，官升廷尉，又再升任丞相高位：

秦王乃除逐客之令，复李斯官，卒用其计谋，官至廷尉。

二十余年，竟并天下。尊主为皇帝，以斯为丞相。夷郡县城，销其兵刃，示不复用。使秦无尺土之封，不立子弟为王，功臣为诸侯者，使后无战攻之患。

李斯任丞相后的又一重要作为，是于秦始皇三十四年（前213），驳淳于越主张分封子弟之议，并上书曰："今陛下并有天下，别白黑而定一尊；而私学乃相与非法教之制，闻令下，即各以其私学议之，入则心非，出则巷议，非主以为名，异趣以相高，率群下以造谤。……臣以诸有文学《诗》《书》百家语者，蠲除去之。"始皇依其议，收焚《诗》《书》百家之语以愚百姓，实行以吏为师，制定法度律令，书同文。"明年，又巡狩，外攘四夷，斯皆有力焉。"

由此证明，《李斯列传》上半篇展现了司马迁叙述人物性格行事的娴熟手法，他对史料作了恰当的剪裁，所选取李斯辞别荀卿时的表白，向秦王进说对六国各个击破之策，谏逐客令，驳淳于越之议、建议收焚《诗》《书》、加强专制统治等四项均为典型性材料。这些记述集中、紧凑，极其生动地刻画了李斯贪慕权势而又富有才能、善于判断时局作出正确应对的性格特点，以及其辅佐秦始皇实现统一大业的功绩。

## 多线条展开：个人浮沉与秦朝覆灭相交织

而到了《李斯列传》的后半篇，史家记述的格局却明显发生了变化，不但写出李斯本人后期走向穷途末路，而且以多线条结合的手法，记载了秦朝覆亡的历史。这是为什么呢？

这是因为，此前所记主要是李斯本人的活动，而后面则是李斯与赵高、秦二世三人的所为纠集在一起，史家组织材料的方法就由单线条叙述变为多线条结合的记述。后半篇的内容超出了李斯本人的传记，是写李斯、赵高、秦二世三人在秦帝国晚期阴谋策划、倒行逆施，最终覆灭的下场。既写李斯应负的历史罪责，又刻画了阴谋家赵高、暴君秦二世的面目。李斯后期的所作所为自然是其原先性格、行事在新的条件下的发展，而赵高和秦二世二人是最终葬送秦皇朝的主要人物，由于无法单独写此两人，也无法放在《秦始皇本纪》中去写，而其行事与李斯紧密联系，因此采取多线条结合的手法，集中记载于此。司马迁这种剪裁和组织手法不但巧妙，而且使历史画卷内容更加丰富，情节曲折动人，寓含极其深刻的教训。

这样，《李斯列传》后半篇便与《秦始皇本纪》相辅相成，构成秦皇朝由统一到走向灭亡的全景图。

构成全篇的高潮和转折的是秦始皇病死、李斯参与了赵高的阴谋。时为秦始皇三十七年（前210）十月，始皇出巡天下，丞相李斯、中车府令赵高及次子胡亥随从，行至河北沙丘，突发重病，令赵高立诏书发给在上郡监军的长子扶苏，令其"以兵属蒙恬，与丧会咸阳而葬"。诏书尚未交给使者，始皇已卒。于是，赵高、胡亥、李斯三人立即共同紧张活动，策划伪造遗诏立胡亥为太子的阴谋。赵高先将胡亥置于阴谋圈套之中，恐怕他说："顾小而忘大，后必有害；狐疑犹豫，后必有悔。断而敢行，鬼神避之，后有成功，愿子遂之！"然后，又对李斯威胁利诱，称：长子扶苏刚毅武勇，"即位必用蒙恬为丞相"，"君侯终不怀通侯之印归于乡里"，"贬为庶人"。"方今天下之权命悬于胡亥，高能得志焉。"如合谋废长子扶苏，立胡亥为帝，可以欺瞒天下。"中外若一，事无表里。君听臣之计，即长有封侯，世世称孤，必有乔松之寿，孔、墨之智。今释此而不从，祸及子孙，足以为寒心！"李斯本来就以"贪慕权势，苟活求荣"为处世原则，至此乃"垂泪太息"表示实出无奈，而听从赵高的主意。于是三人共同炮制了一个大阴谋，"诈为受始皇诏丞相，立子胡亥为太子。更为书赐长子扶苏"，诬称其"为人不孝"，逼其自杀！

司马迁全局在胸，以多线条结合的手法，清晰地记述赵高、秦二世、李斯三人种种倒行逆施，生动地再现了当时的历史场景。立秦二世为皇帝之后，赵高为郎中令，"常侍中用事"，控制朝政，掌握大权。二世欲纵情享乐，"悉耳目之所好，穷心志之所乐"。赵高立刻奉承说：这正是"贤主"之所能行，办法是"严法而刻刑，令有罪者相坐诛，至收族，灭大臣而远骨肉"，则可高枕而享乐。"二世果然高之言，乃更为法律。于是群臣诸公子人有罪，辄下高，令鞫治之。杀大臣蒙毅等，公子十二人僇死咸阳市，十公主矺死于杜，财物入于县官，相连坐者不可胜数。"残酷暴虐的统治达到令人发指的地步，"群臣人人自危，欲畔者众。又作阿房之宫，治直（道）、驰道，赋敛愈重，戍徭无已"。终于激起全国性的反抗浪潮，起义军直逼关中。就在这行将灭亡的前夕，秦二世还对李斯宣扬其暴君纵情享乐的哲学："彼贤人之有天下也，专用天下适己而已矣，此所以贵于有天下也。……今身且不能利，将恶能治天下哉！故吾愿肆志广欲"。李斯因其贪恋爵禄，奉迎求生的性格，竟上书讨好秦二世，为其暴君行为张目！其时，起义军已攻至三川郡，郡守李由是李斯之子，因抵当不力，正受查问，还有人议论李斯作为丞相对局势负有责任。"李斯恐惧，重爵禄，不知所出，乃阿二世意，欲求容"，在上书中反复陈述对臣下应当督责重罚，严加驾驭，实行极端的专制统治，一意孤行、暴戾恣睢的主张，云："夫贤主者，必且能全道而行督责之术者也，督责之，则臣不敢不竭能以徇其主矣。……是故主独制于天下而无所制也。能穷乐之极矣，贤明之主也，可不察焉！""以身徇百姓，则是黔首之役，非畜天下者也，何足贵哉！"又极言须排斥仁义之人，谏说之臣，死节之行！书奏，二世大悦。"于是行督责益严，税民深者为明吏。二世曰：'若此则可谓能督责矣。'"

赵高用计，让二世深居宫中，不坐朝廷，不见大臣。于是赵高一手操纵朝政，"事皆决于赵高"。赵高又预谋将李斯害死。他撺掇李斯说，你身为丞相，应向二世谏说到处频发反抗事件、赋税徭役过重的事啊，李斯相信了他，而赵高又专门安排当二世燕乐之时让李斯一再求见，引起二世的恼恨。至此赵高认为对李斯下毒手的时机已到，便诬告李斯有裂土为王的野心，又使人审问三川郡守李由与盗相串通的案件，欲牵连追查李斯。李斯感到本人受到严重威胁，只好企图侥幸一试，上书二世，告发赵高有谋反的危险。又面告二世，称赵高出身宦官，身份低贱，"无识于理，贪欲无厌，求利不止"，但为时已晚，李斯的上书和面谏，都已无法改变二世将其交给赵高审问的结局。"二世前已信赵高，恐李斯杀之，乃私告赵高。高曰：'丞相所患者独高，高已死，丞相即欲为田常所为。'于是二世曰：'其以李斯属郎中令。'"李斯在狱中仰天长叹，他知道二世的种种暴政，已造成反抗烈火遍地燃烧，秦朝灭亡即在眼前！"今反者已有天下之半矣，而心尚未悟也，而以赵高为佐，吾必见寇至咸阳，麋鹿游于朝也。"赵高对李斯用尽酷刑，"榜掠千余，不胜痛，自诬服"。但李斯自负有功、善辩，对二世仍抱有幻想，希望上书后能获赦免。上书中自陈为丞相已三十余年，称其"谨奉法令，阴行谋臣，资之金玉，使游说诸侯，阴修甲兵，……故终以胁韩弱魏，破燕、赵，夷齐、楚，卒兼六国，虏其王，立秦为天子"，此为第一项大功，还列举有其他六项。但李斯寄托着希望的上书，却被赵高扔到一边，说"囚安得上书！"最后，李斯被判具五刑，腰斩咸阳市，夷三族。

由于司马迁的精心剪裁的组织，《李斯列传》成为《史记》全书最具有史料价值和记述最为丰富、生动的篇章之一。尽管事件头绪甚多，但篇中叙事条理清晰，一波三折，李斯由身居丞相高位、助秦始皇统一全国立了大功，到结伙假造诏书，逼死公子扶苏、立二世为皇帝，到讨好二世，为其暴君行为张目，又接连遭到赵高暗算，而对二世表白己功、幻想赦免，最后难逃被腰斩的下场——复杂的事件、纷繁变化的场景，令读者紧绷着心弦，被全神吸引，心情随着情节的展开而起伏。读完后对接连出现的场面无法忘怀，而且从中得到深刻的历史启示！司马迁突破了"专传"即集中记载传主本人事迹的惯例，而作了灵活的处理，随着历史情势的发展和李斯所处环境的复杂化，因此需要运用多线条结合叙述的方法，确实做到了"体圆而用神"，体现出其历史编纂的杰出创造力。惟有这样做，才能完整地写出李斯"贪慕富贵，苟活求荣"这一典型性格的发展，也才能反映出统一了全国的秦帝国这座大厦为何会顷刻坍塌！

司马迁对篇章组织的匠心运用还可以举出多项，如：在上半篇记述李斯登上丞相高位、为统一全国建立大功之后，随之记载一事，李斯在咸阳家中摆下盛大的庆功宴，"百官长者皆前为寿，门廷车骑以千数"。此时的李斯却喟然叹息，曰："当今人臣无居臣上者，可谓富极矣。物极则衰，吾未知所税驾也！"看似闲写一笔，实则是以此巧妙地预示其走向下坡路的开始，并且将上半篇和下半篇紧密地联系起来。又如，写李斯被处死以后，又补写二世拜赵高为中丞相，赵高权势更加炙手可热，于是上演了"指鹿为马"的丑剧；二世被赵高用诡计赶出上林宫，三天后，赵高又令卫士诈称"山东群盗兵大至！"逼令二世自杀；子婴即位后，与宦官韩谈合谋擒杀赵高。分别交代了暴君和阴谋家的可耻下场。子婴立后三个月，沛公军入咸阳，子婴迎降。本篇记事的最后结束是："子婴与妻子自系其颈以组，降帜道旁。沛公因以属吏。项王至而斩之。遂以亡天下。"[①] 恰恰证明《李斯列传》记载史实以李斯的活动为主线，而其发展则是记述秦皇朝最后覆亡的历史。司马迁在结尾精心记述的这些史实足以说明：此篇设置的用意，正是与《秦始皇本纪》互相配合，以完整地写出秦皇朝如何由成功的顶点，到经由赵高、二世、李斯之手而迅速灭亡的！

因此，《李斯列传》的宝贵史学价值是：既生动地记述了李斯本

---

[①] 《史记·李斯列传》。

人成败浮沉的经历，又巧妙地展现了半部秦朝由建立到覆亡的历史。前代学者对《李斯列传》的内容独特性和文章组织的手法甚为关注，如明代学者茅坤评论说："《李斯传》传斯本末，特佐始皇定天下，变法诸事仅十之一二，传高所以乱天下而亡秦特十之七八。太史公恁地看得亡秦者高，所以酿高之乱者并由斯为之，此是太史公极用意文，极得大体处。学者读《李斯传》，不必读《秦纪》矣。"① 另一位明代学者钟惺也指出："李斯古今第一热中富贵人也，其学问功业佐秦兼天下者皆其取富贵之资，而其种种罪过，能使秦亡天下者，即其守富之道。……太史公言秦用李斯，二十年竟并天下，而于秦亡关目紧要处皆系之《李斯传》，若作《秦本纪》者。而结之曰'遂以亡天下'，见人重富贵之念，其效足以亡天下。罪斯已极，而垂戒亦深矣。"② 他们点明《李斯列传》突出其热衷富贵、苟活求利的性格，前面记载李斯本人行事，后面则详载赵高、李斯等人倒行逆施如何断送秦朝的天下，此篇足以与《秦始皇本纪》所载相互比照等，均不愧为有识之见。

篇末论赞，为全篇记述作了出色的总结和提升，赞语云：

> 李斯以闾阎历诸侯，入事秦，因以瑕衅，以辅始皇，卒成帝业，斯为三公，可谓尊用矣。斯知六艺之归，不务明政以补主上之缺，持爵禄之重，阿顺苟合，严威酷刑，听高邪说，废嫡立庶。诸侯已叛，斯乃欲谏争，不亦末乎！人皆以斯极忠而被五刑死，察其本，乃与俗议之异。不然，斯之功且与周、召列矣。③

司马迁极其精炼、全面地总结了李斯辅佐秦始皇统一全国的功绩，严肃地谴责他参与赵高、二世的阴谋、实行暴政、残害民众的历史罪责，指出李斯违背了儒学的宗旨，不能劝导秦始皇实行由武力兼并向德政治国的转变，本人因贪求权势而苟活奉迎，而导致最终惨死的悲剧，揭示了后人应当深刻记取的历史教训，并且严肃地批评以李斯为"极忠"的迂见。生动紧张、起伏变化的历史场景，鲜明的人物形象，与蕴涵深刻哲理、耐人寻味的论赞交相辉映，构成了史传作品的绝唱！

---

① 《史记钞》。
② 《钟伯敬评史记》。
③ 《史记·李斯列传》。

## 精悍短篇的匠心安排

《史记》传记中鸿篇巨制的高度编纂技巧已如上述，那么，记载史实并不十分复杂的篇章的叙事手法又是怎样呢？这里仅举出一个典型例证作简要的评析。孙叔通传在书中是与刘敬传合设为一篇"合传"，因两人都曾就朝政大事向高祖提出重要建言，对于安定汉初社会秩序贡献很大。以往对叔孙通传作为史料引用者颇为常见，对于篇中所载叔孙通善于"面谀"的性格也有过诸多解释。实则叔孙通传的主要价值，是以确切的史实证明汉初制定礼仪乃是为现实政治的迫切需要，以及史家为再现当时历史场景而在篇章内容上所作的精心安排。司马迁对次要材料一概从略，篇中的记载集中围绕"制定朝礼"这一核心事件而依次展开。先叙述制定礼仪的背景。汉五年（前202），高祖在定陶登帝位。初时为求简易，一概取消秦朝苛繁的礼节。不料却出现混乱局面："群臣饮酒争功，醉或妄呼，拔剑击柱"，高祖为之头痛！叔孙通进谏：现在天下初定，正是用得着儒家礼仪的时候了！又针对刘邦一向讨厌儒生的心理，告诉他，礼仪因时而设，与时变化，我要对古礼和秦朝礼制加以改造，尽量避免复杂。以此打消高祖的顾虑。进而用一月余时间排练演习，先由叔孙通带领征集来的鲁诸生与其弟子练习，然后是皇帝练习，再后是百官练习。最后，详细记载长乐宫成、诸侯群臣朝见皇帝的隆重仪式。极写当时场面的庄严肃穆，"先平明，谒者治礼，引以次入殿门，廷中陈车骑步卒卫宫，设兵张旗志。传言'趋'"。功臣武将和丞相文官分别列阵东西向，大行（司礼官）设九宾，胪传，于是皇帝乘辇出房，百官执帜传警，引诸侯王以下各级官员依次奉贺。"自诸侯王以下莫为振恐肃敬"，"以尊卑次起上寿"。有官员举止不合仪式者立即被御史带走。竟朝置酒，莫敢欢哗失礼者。于是高帝曰："吾乃今日知为皇帝之贵也。"这与前面诸将饮酒争功、高祖苦于无法对付的情景，形成多么鲜明的对照！

须知，在当时漫无秩序之中，皇权就是秩序的代表。叔孙通制定朝仪，为汉初建立起政治秩序立了大功，因此拜为太常，位居九卿。叔孙通也不是一味奉承，当汉十二年，高祖意欲将太子废掉、立宠姬戚夫人所生赵王如意为太子，叔孙通即以太子太傅身份坚决谏阻，说："陛下必欲废嫡而立少，臣愿先伏诛，以颈血污地。"高祖只好作罢。本篇篇末论赞云:"叔孙通希世度务制礼,进退与时变化,卒为汉家儒宗。'大直若诎,道固委蛇',盖谓是乎!"① 强调他依据儒学制定礼仪的重大贡献,同时又肯定他善于运用道家以屈求伸的智慧,确是定评。

总之,通过分析李斯和叔孙通这两篇典型传记的编纂手法,我们有充分的理由得出如下结论:《史记》中无论是鸿篇巨制或是所载内容不甚复杂的篇章,司马迁无不惨淡经营,精心撰写,力求达到内容和编纂形式的尽善尽美。他从再现客观历史进程的需要出发,既有通盘考虑的严密体例,而在具体运用上又根据情况作灵活变通,在必要时突破成例,堪称"体圆用神",因而达到史料剪裁和内容组织匠心运用的极致。

---

① 《史记·刘敬孙叔通列传》。

# 秦朝的分封郡县之争与儒法之争

\* 本文作者张建安，自由撰稿人，作家。

## 一

秦始皇三十四年（前213），秦始皇在咸阳宫摆设酒宴。70位博士为他祝寿。仆射周青臣进颂祝寿词，说："以前秦国土地不过千里，仰仗陛下神灵明圣，平定海内，放逐蛮夷，日月所照，莫不宾服。以诸侯为郡县，人人自安乐，无战争之患，传之万世。自上古不及陛下威德。"秦始皇听得很高兴。

周青臣祝寿词提到的"以诸侯为郡县"，就是为秦始皇以郡县制为核心建立的中央集权制度唱赞歌。这是儒生淳于越接受不了的，他忍不住进谏："我听说殷朝、周朝统治天下达一千多年，分封子弟功臣，作为自己的辅佐。如今陛下拥有天下，而陛下的子弟却是平民百姓，一旦出现像齐国田常、晋国六卿之臣谋杀君主的事情，而陛下没有辅佐，如何来救援呢？凡事不师法古人而能长久的，还没有听说过。现在周青臣当面阿谀奉承，这是在加重陛下的过失，不是忠臣！"[①]

在国家制度上，淳于越显然主张分封制。分封制在商朝、周朝实行，有悠久的历史。其主要特点是，各封国名义上归中央政权管理，而实际上在政治、军事、经济、人事等方面都有很大的独立性，不必像郡县那样必须事事都由中央掌控。周公摄政时期，将分封制与宗法制结合，并形成一套礼乐制度，维护了王朝的长久稳定，这是儒家非常推崇的，却是秦王朝全面推翻的。

对于淳于越的观点，秦始皇没有马上下结论，而是把他的意见交给群臣讨论。丞相李斯说："五帝的制度不是代代重复，夏、商、

---

① 《史记·秦始皇本纪》。

周的制度也不是一直沿袭，都是按照自己的制度治理，这并不是他们故意要不一样，而是时代变了，情况就跟着不同。如今陛下开创大业，建立起万世之功，这本来就不是愚陋的儒生所能理解的。而淳于越所说的是夏、商、周三代之事，如何足以取法？从前诸侯纷争，大量招揽游说之士。如今天下已定，法令出自陛下一人，百姓在家就应该致力于农工，士子们则应该学习法令刑禁。如今儒生们不学习今天的法令，却要效法古代，以此诽谤当世，惑乱人心。这是非常严重的。"

具有法家思想的李斯只重视政治的现实操作，而将儒家效法古代的倡议视为惑乱人心，并借此机会发动对儒家的极端攻击："臣李斯冒死进言：古时天下散乱，没有人能够统一，所以诸侯并起，都是称道古人而指责当今，矫饰虚言而故意扰乱实际情况，人人都推崇自己私下所学的知识，反对当政者建立的制度。如今皇帝一统天下，辨别黑白而为至尊。可是私学者一起非议法教，人们一听说有命令下达，就各自根据所学妄加议论，入朝时在心里不满，出朝后就去街巷乱说，他们在主子面前炫耀自己以成就其功名，提出异端邪说来抬高自己，率领下面的众人专事行诽谤之事。如果这样还不禁止，那么君主的威势就会从上面降下来，而下面朋党的势力就会越来越大。所以，必须严厉惩处！"

李斯由此提出臭名昭著的"焚书"建议：（一）命令史官，凡不是秦国的史书，全部焚毁。（二）除博士官署所掌管的，天下胆敢有收藏《诗》、《书》、诸子百家著作的，全部送到郡守、尉那里烧掉。（三）谁若敢说《诗》、《书》，处死刑并示众。谁如果借古代之事非议当今，满门抄斩。官吏如果知道却不予举报，以同罪惩处。（四）命令下达30天后仍然不烧书的，脸上刺字，发配边疆服劳役。（五）那些医药、占卜、种植之类的书籍，可以不必取缔。（六）如有人想学习法令，以官吏为师。①

秦始皇听后，马上在全国范围内焚书，之后还发生了"坑儒"事件。

在秦朝，郡县制完全取代了分封制，法家也基本上将儒家打击到无法抬头的地步。而秦朝之所以采取这样的措施，与秦以往的历史有很大的关系。

---

① 《史记·秦始皇本纪》、《史记·李斯列传》。

## 二

在春秋战国时期，秦国本来是一个弱的诸侯国，生产力落后，很受东方的诸侯国的歧视。秦穆公是一个明君，在他的统治下，秦国重用百里傒、蹇叔等贤臣，第一次将疆域东扩至黄河以西。而且大败西戎，巩固了本国的统治。然而，秦穆公并没有给秦国一套先进的制度，所以，秦穆公一死便出现了人亡政息的局面，秦国重新陷入长期混乱，国力再次衰微，到公元前362年，年轻有为的秦孝公即位时，秦国正面临被东方强国瓜分的危险。秦孝公急需要富国强兵，于是向天下招募英才。商鞅因此来到秦国，并将一套制度带到秦国。

商鞅自幼喜欢刑法功名之学，他曾在最早实行变法的魏国学习《法经》，希望能大展宏图。但他没有得到魏王的亲睐，所以得知秦孝公的求贤令后，便毅然携带《法经》来到秦国。

史载，商鞅见到孝公后，先说以"帝道"、"王道"，即实行仁政，以德化民。这样的治国措施需要很好的基础，需要数代人的努力，而在弱肉强食的战国，务实的秦孝公急需改变秦国的命运，实现强国理想，所以对"帝道"、"王道"并不感兴趣。第三次见面，商鞅转而讲述以"霸道"为核心的"强国之术"，就是通过废除旧的礼制、强力实施改革变法，使秦国迅速走上强国之路。这一次，秦孝公被深深地吸引了，"语数日不厌"。商鞅变法由此在秦国全面实施。

商鞅强调以重法治国，极度排斥儒家，只重实际功效，不讲圣贤仁德。为了使秦国迅速强大，商鞅将举国之力集中到农耕和军事上，贯彻严格的奖惩机制。他说："民众认为农耕是最劳苦的事情，作战是最危险的事情，都不会心甘情愿地去做。既然这样，驱使民众农耕和作战，就必须用重法，要使他们逃避农战所遭受的惩罚比前去作战农耕还要痛苦。"他又说："欲使民众勇于出战，必以重法。奖赏必须多，刑法必须严，其他放任引诱的道路必须堵塞。让那些能言善道的人无法显贵，让那些游走求官的人得不到任命，让儒家学说得不到显扬。既奖赏多又刑罚严，民众见到作战后很多的奖赏，就容易忘记死亡的危险，见到不参加作战而受到的侮辱，就害怕那样活着。如此一来，奖赏使他们忘死，严刑使他们苦生，而放纵引诱之道均被堵塞。这样的民众一旦迎战敌人，哪有不胜利的道理。这样的国家，就可以称王天下了。"儒家虽然讲等级制度，但同时讲"民为贵"，讲究仁义治国，而商鞅的思想是，只要富国强国，一切手段都可以实施，可以"以刑去刑"、"以战去战"，民众皆可为草芥，不许读书，不许娱乐，不许穿好衣服听靡靡之音，不许旅游，不许大吃大喝，不许有流动人口……总之，秦国民众只能集中精力于国家所需的农战上。为了更强硬地管理民众，商鞅还率先实施连坐法。就是一人犯法，全家遭殃！为了达到富国强国的目的，贵族也可以成为牺牲品。商鞅规定："有军功者，各以率受上爵"，如果没有军功，宗室也将被剥夺爵位属籍。

商鞅又进一步通过郡县制、统一度量衡的手段，使秦国成为一个高度中央集权的国家。依靠商鞅制定的制度法令，秦国从地方官员到普通百姓，如同一个个齿轮，严密而精准地运行在整个国家机器中。商鞅之法虽然严苛，但客观地讲，秦国的办事效率因此极大地提高，整个国家就像一个组织严密的军团，全民皆兵，形成最有战斗力的虎狼之师。秦国一跃而为强国。后来秦始皇之所以能统一全国，依仗的就是商鞅变法以来的强大国力。历史上，商鞅虽然因得罪人太多，最后被秦孝公的儿子车裂，但商鞅制定出的制度被一直沿用，也成为秦朝制度的基础，被秦国执政者深深认同。

秦始皇、李斯在秦朝建立后所实施的郡县制、统一度量衡、统一文字等，其实是对商鞅时期政策的一种扩展。他们认为，这是秦国乃至秦朝之所以成就伟业的基础，所以，必须坚决维持。可是他们没有更多地意识到，统一后的秦朝，其国情已与战争时期的秦国不一样了，而断然以毁灭性的方式对待儒家等其他思想，是秦朝迅速灭亡的重要原因。

## 三

下面我想阐述一下李斯和他的老师荀子。这有利于看清李斯内心深处的东西，也可以更好地看清楚秦王朝的特质以及儒法之间的关系。

李斯的老师荀子是一位大儒，他曾到过秦国，对秦国的评价是："城堡关口险要，地势有利，山林川谷优美，天然资源丰富，客观条件非常优越。进入秦国境内，观其风俗，则百姓朴实，声乐不流污，服装不轻佻。百姓敬畏官吏，十分顺从，符合古风。到了都邑官府，官吏们无不严肃认真、恭俭敦敬，是符合古风的官吏。再到秦国的国都，观察那些士大夫，他们都走出自家的大门，就进入公家的大门，出了公家门，就又很快回到自己家，没有徇私之事。官员们不勾结，不结党，与他国相比，异常凸显出它们是明通公正的士大夫。再观察秦朝廷，所处理的政务，退朝时百事不留，官员们恬然安静如同没有事做一样。这是具有古风的朝廷。正因为如此，秦国保持四代优胜，绝非侥幸，而是符合理数的。所以说：安逸而能治理，不劳烦而能有功，这是治理国家最高的境界呀。秦国有点类似于这种境界了。不过，它还是令人有所畏惧的。与称王天下的王者的功名相比，秦王还远远不如。"有人因此问荀子："为什么？"荀子一语中的："大概是缺乏儒的缘故吧！实施儒家礼义来治理国家而成功的，是称王于天下；没有实施儒家礼义来治理国家成功的，是称霸于天下。秦国所短缺的是儒家的礼义！"① 荀子这样的评价与当年商鞅的作为是一致的，秦国只是用法家的霸道成就了霸业，却没有运用儒家的帝道、王道来成就帝王大业。因此，秦国虽然统一了天下，其制度也十分完备，然而仍使用霸道治理天下，这是存在很大问题的，而李斯没能看到这一点，而且一错再错。当他提出焚书意见的时候，他已完全背离了他的老师，也使自己完全成为儒家的仇人。

　　《荀子》中记载了李斯和荀子的一段对话：

　　李斯问荀子："秦国四世有胜，兵强海内，威行诸侯，不是行仁义造成的，而只是顺着便利的形势做事而已。"

　　荀子回答："这不是你所能理解的。你所说的便利，其实是不便利。我所说的仁义，才是真正的大便利。仁义，是用来把政事治理好的。政事治理好了，则百姓自然地亲近和喜欢他们的君王，可以毫不犹豫地为他们的君王而死。秦国虽然四代保持强盛，但总是害怕天下人合起来对付它，这是所谓的末世之兵，没有抓住根本。当年商汤战败夏桀，武王诛杀商纣，都是长期施行仁义的结果，他们是真正的仁义之兵。你现在羡慕秦国的便利，是不求之于根本，而索之以末端，本末倒置，这也是世道太乱的原因。"②

　　荀子也许没有料到秦军可以统一天下，然而，他说秦军非仁义之兵，是末世之兵，却是非常正确的判断。这却正是只关注现实、

---

① 《荀子·强国》。
② 《荀子·议兵》。

只注重功利及短期效应的李斯所无法理解的。

秦朝时期的儒家和法家相比,有这样一些区别:儒家注重长远、注重伦理道德、注重礼仪、注重等级、注重历史、提倡中庸,有助于国家的长期稳定与稳步发展,但不容易在短期内形成合力;而法家注重刑法、蔑视礼仪道德、蔑视旧等级、有革新精神、容易采取冷酷的极端措施、关注现实和功利层面的操作性与短期效应,容易迅速强大国力但并不利于政权的长期稳定。这其实是秦王朝迅速灭亡的根本所在。

## 四

焚书坑儒后,儒家遭受毁灭性的打击,儒家经典被烧毁,无人敢公开说儒。但是,儒法之间的斗争其实还在延续,并且在秦始皇死亡前后的关键时期仍极大地影响着秦朝的命运。

公元前210年,秦始皇在第五次外出巡游途中死去。临终前,他将随行的李斯、赵高、胡亥叫到身边,立下了最后的遗嘱。关于这份遗嘱,《史记·秦始皇本纪》、《资治通鉴》上记载一致,都只有短短七个字:

"与丧,会咸阳而葬。"

《史记·李斯列传》中,在这七个字前面加了五个字,就是"以兵属蒙恬"。

意思就是,命令扶苏把兵权交给蒙恬,赶紧到首都咸阳,主持安葬秦始皇的事宜。

扶苏是秦始皇的大儿子,懂儒学,讲仁义,曾多次直言劝谏秦始皇。坑儒事件中,因方士卢生以求仙为名蒙骗了秦始皇大量的金钱后逃之夭夭,秦始皇愤怒得不得了。一时间抓不到卢生,就将怒气发泄到周围的方士、儒生身上。一下子就要把460多名方士、儒生活埋。鉴于秦始皇的淫威,没有人敢说半个不字。偏偏扶苏劝谏:"天下刚刚平定,远方的百姓还没有完全归附。儒生们都诵读诗书,效法孔子,现在皇上都用重法制裁他们,儿臣我担心天下不安,影响国家社稷,恳请皇上明察。"秦始皇在气头上,一怒之下就把扶苏贬到北方上郡,也就是现在的陕西榆林南面,去监督蒙恬的军队。好在,在秦始皇生命的最后时刻,原谅了扶苏。秦始皇有20多位皇子,却单单给长子扶苏写信,让他主持丧事,用意十分明显,就是要让扶苏当他的接班人。

这是秦始皇调整国策的最后举措，他选择扶苏，其实相当于间接地选择了儒家。究竟是什么原因使他改变主意，史书中并不能找到答案。而扶苏如果真的成为皇帝，那么秦朝和中国的历史都需要重写。正如明朝思想家李贽评论："使扶苏嗣之，虽四三皇、六五帝，何所不可。"

可惜的是，秦始皇遗嘱的执行者和知情人李斯、赵高、胡亥却最终篡改了秦遗嘱。作为丞相，李斯本来要严格执行秦始皇的遗嘱，但赵高想要扶立自己的学生——秦始皇的幼子胡亥。按照常理，赵高只是中车府令，他的权力和地位还远远不能威胁到李斯，但赵高却最终胁迫李斯篡改了秦始皇的遗嘱。归根到底，还是儒法之间的斗争造成的。

赵高点明扶苏成为皇帝后李斯将面临的危险：李斯虽然与扶苏没什么恩怨，但他与扶苏的政治主张截然不同，他是法家，对儒家采取的是完全打倒的做法，扶苏则侧重于儒家。扶苏继位，必然不会重用李斯。再看看秦国的历史，像商鞅、吕不韦那些曾经的秦国丞相，一旦被撤去官职，商鞅很快遭到五马分尸的酷刑，而吕不韦则被迫自杀。这些例子李斯非常清楚，因此最终走上了赵高的贼船，拟造秦始皇的假遗嘱逼迫扶苏自杀，然后把胡亥立为新皇帝。这便基本上决定了秦朝的最终命运。

胡亥就是秦二世，根本不懂治国，赵高则乘机操纵国政，到处打击报复，怂恿秦二世杀掉了秦始皇所有的其他儿女，并阴谋陷害李斯，使其遭酷刑而死。在政治上，秦二世时代沿袭并强化了秦始皇时期的暴政，以更加严苛的刑法治理国家，社会矛盾剧增，民众无法生存，最终揭竿而起，推翻秦朝。

号称最强大的秦王朝从建立到灭亡，仅仅 15 年而已。这给后来者以巨大的警示。人们重新看待郡县制，重新看待儒家和法家的作用。

当刘邦建立汉朝时，执政者普遍认为，郡县制虽然能更好地使中央集权，但完全废除分封制，使得秦朝在遭受危险时没有外援而迅速灭亡。所以汉初采取的是郡县制与分封制并行的治国制度。

法家遭受重挫，汉武帝时期有明确规定，凡治商鞅、申不害法家思想者，均被罢黜。

儒家则受到重视，刘邦是首位以太牢礼祭奠孔子的最高统治者，汉朝初年虽然因休养生息采取了道家无为而治的治国思想，但到汉武帝时期，"罢黜百家，独尊儒术"，儒家最终成为汉朝唯一的官方思想，并在后来的众多王朝中长期占据主流地位。不过值得注意的是，汉武帝时期的儒家虽然在基本思想上与秦朝的儒家一脉相承，但它已经根据时代的需要，汲取了包括法家思想在内的多种思想的精神，已成为"新儒家"了。

# 再论秦朝焚书的原因

﹡本文作者石鹏，中国人民大学历史学院研究生。

秦朝焚书历来被认为是我国学术史上的重要事件之一，隋朝牛弘把秦朝焚书列为"五厄"之首，[①]明代学者胡应麟补论"十厄"，也把秦朝焚书列为第一。[②] 近年来我国史学界对秦朝焚书进行了比较深入的研究，[③] 尤其是对焚书的原因都予以深层上的分析，但在一程度上忽视了李斯本人在焚书中所起到的作用。本文试图在学界现有理论成果的基础上，以李斯个人因素为视角，对焚书的背后原因略陈己见。

一

在秦始皇三十四年（前213），统治阶级内部就秦朝实行分封制还是郡县制进行了激烈的争论，这也成为焚书的导火索。当时秦始

---

[①] 一是秦始皇焚书，二是西汉末赤眉起义军入关，三是董卓移都，四是刘石乱华，五是魏师入郢。

[②] 隋末江都大乱、唐末黄巢入长安、北宋靖康之难、南宋末元兵攻陷临安等造成的五次文化典籍大灾难，连同牛弘所举共为"十厄"。参见胡应麟：《少室山房笔丛》，中华书局1958年版。

[③] 史学界一般将秦朝的"焚书"与"坑儒"放在一起研究，如晁福林：《焚书坑儒原因再议》，《天津社会科学》1987年第1期；张子侠：《"焚书坑儒"辨析》，《淮北煤师院学报》1991年第2期；孙福喜：《"焚书坑儒"与"独尊儒术"原因的双向考察》，《宁夏大学学报》1993年第1期；钱穆：《国学概论》；严丽纯：《从新出简牍看"焚书坑儒"》，《中山大学研究生学刊》2003年第4期；李开元：《焚书坑儒的真伪虚实——半桩伪造的历史》，《史学集刊》2010年第6期；李勇强：《焚书坑儒的真相：秦朝儒学》；刘力：《"悉召天下文学方术士"至"焚书坑儒"——析秦帝国政权与士人关系的演变》，《武汉大学学报》2015年第3期。对焚书进行专题研究的学术论文相对较少，主要有俞敏：《说"百家语"》，《训诂学研究》1981年第一辑；张鹏程：《浅谈秦始皇焚书》，《重庆科技学院学报》2009年第8期；陈春霞：《秦始皇焚书与战国诸侯国史的留存》，《兰州学刊》2010年第4期；李锐：《秦焚书考》，《人文杂志》2010年第5期；张勇：《对秦始皇焚书事件的再探析》，《南阳理工学院学报》2014年第4期等。

皇在咸阳宫设宴，博士七十人上前祝寿。仆射周青臣颂称："以诸侯为郡县，人人自乐，无战争之患，传之万世"，高度肯定了郡县之制。然博士淳于越则驳斥道："臣闻殷周之王千余岁，封子弟功臣，自为枝辅。今陛下有海内，而弟子为匹夫，卒有田常、六卿之臣，无辅拂，何以相救哉？"①并进一步指出，"事不师古而能长久者，非所闻也"。秦始皇不能定夺，下议群臣。丞相李斯针锋相对，不但否定了淳于越"师古"的建议，还批评"今诸生不师今而学古"，其做法是"以非当世，惑乱黔首"。

鉴于此，李斯进言：

> 古者天下散乱，莫之能一，是以诸侯并作，语皆道古以害今，饰虚言以乱实，人善其所私学，以非上之所建立。今皇帝并有天下，别黑白而定一尊。私学而相与非法教，人闻令下，则各以其学议之，入则心非，出则巷议，夸主以为名，异取以为高，率群下以造谤。如此弗禁则主势降乎上，党与成乎下。禁之便。臣请史官非秦记皆烧之。非博士官所职，天下敢有藏《诗》、《书》、百家语者，悉诣守、尉杂烧之。有偶敢私语《诗》《书》者弃市。以古非今者族。吏见知不举者与同罪。令下三十日不烧，黥为城旦。所不去者，医药卜筮种树之书。若欲有学法令，以吏为师。
>
> 制曰："可。"②

以上为司马迁在《史记·秦始皇本纪》中对"焚书"一事起因的详细记载。李开元先生通过考察《史记》此段记事的内容及形式，认为这是"一段典型的秦汉时代的上奏文"，"其史料来源于纪录秦王朝大臣奏事和名山刻石文的史料集《奏事》"。焚书这件事"思想源流清楚，多种证据齐全，是确凿无疑的史实"。③

需要说明的是，据《韩非子·和氏篇》载："商君教秦孝公以连什伍，设告坐之过，燔《诗》、《书》而明法令。"④故李斯此次焚书，很容易被认为是秦孝公时商鞅推行"燔《诗》、《书》"的文化政策的一种继承。⑤商鞅"燔《诗》、《书》"一事因仅见载于《韩非子·和氏

---

① 《史记·秦始皇本纪》。
② 同上。
③ 李开元：《焚书坑儒的真伪虚实——半桩伪造的历史》，《史学集刊》2010年第6期。
④ 《韩非子校疏》。
⑤ 参见李禹阶：《秦始皇"焚书坑儒"新论——论秦王朝文化政策的矛盾冲突与演变》，《重庆师范大学学报》2004年第6期。

篇》，孤证不立，有不少学者对其可信度提出了质疑。[1]然无论商鞅是否有"燔《诗》、《书》而明法令"之举，至少我们可以看到，李斯在焚书论中并没有引证商鞅"燔《诗》、《书》"之事作为历史依据和理论支撑。商鞅"燔《诗》、《书》"，其范围不出《诗》、《书》此类经典典籍。李斯焚书则范围更广，除了《诗》、《书》外，还包括百家语以及《秦记》以外的史籍。因此，商鞅"燔《诗》、《书》"难以与李斯此次焚书相提并论。

## 二

史学界普遍将秦始皇三十四年（前213）秦朝统治阶级内部就秦朝实行分封制还是郡县制的争论，作为焚书事件的导火索。但对于焚书的背后原因，史学界众说纷纭，莫衷一是。其中，众多学者是从学术发展的视阈来看待秦朝焚书的背后原因，总结其主要观点有：第一，焚书是法家思想指导的结果；第二，焚书是"儒法斗争"的结果；第三，焚书是秦朝为了统一思想和学术的结果。[2]以上三种主要观点虽然是从不同的角度来分析焚书的背后原因，但都没有脱离焚书与法家之间的联系。笔者认为，从法家这一层面来看待焚书的背后原因是值得商榷的。

一方面，李斯并没有形成如后人所认为的具有强烈的学派意识。李振宏曾在《论"先秦学术体系"的汉代生成》一文中指出，"先秦诸子的学派划分，形成于汉代"，就连出自西汉初期的《淮南子·要略》，"仍然没有表现出明确的学派意识，没有给后人划定一个先秦学术的基本图景。我们现在所接受的先秦学术的学派体系，首见于司马迁《史记·太史公自序》中的《论六家要旨》……"除此之外，作者还着力分析了汉代人是如何按照他们自己的观念和意图对先秦诸子进行扭曲和改造的，进一步指出，"汉代是中国学术史上先秦诸子学体系的定型时期，后世人们对先秦诸子的认识，基本上是被框架在汉人的思想藩篱之内"。[3]可见，秦朝时期的士人并未有强烈的

---

[1] 张炳武：《"燔诗书而明法令"辨疑》，《沈阳师范大学学报》1982年第2期；姚能海、张鸿雁：《商鞅"燔诗书"辨》，《光明日报》1987年2月4日；谭前学：《商鞅"燔诗书"辨析》，《秦汉史论丛》1992年第五辑。

[2] 参见堵斌、高群：《近代以来"焚书坑儒"研究综述》，《乌鲁木齐职业大学学报》2009年第1期。

[3] 李振宏：《论"先秦学术体系"的汉代生成》，《河南大学学报》2008年第2期。

学派意识，尚未对先秦诸子做出细致的派别划分。即便在《史记》中，司马迁也未对先秦学人进行具体的学派归类。对于李斯而言，其本人不可能超越时代思想文化的局限，而独自表现出强烈的学派意识。近年来，随着学界对李斯研究的不断深入，越来越多的学者指出李斯的思想并不是单一、纯粹的法家思想，李斯本人和其政治实践在很大程度上也表现出了儒学色彩。[①] 从《史记·乐书》的记载来看，李斯本人并不排斥儒家典籍。"秦二世尤以为娱。丞相李斯进谏曰：'放弃《诗》、《书》，极意声色，祖伊所以惧也……'"[②]李斯认为统治者不读《诗》、《书》，而迷恋声色，对其统治是十分危险的，这说明李斯仍然比较看重儒家典籍在统治中所发挥的作用。因此，将焚书视为以李斯为代表的法家与儒家在秦朝内部的一场激烈的思想文化冲突，有夸大李斯个人的学派意识之嫌，也与李斯个人实际的思想表现不符。

另一方面，从焚书的内容来看，李斯及秦始皇所致力的并非要维护法家思想，也不是为了统一秦朝的学术和思想。若李斯果真是从站在法家的立场而提出焚书，那么，法家的著作理应属于不被禁挟的书。然据《史记·秦始皇本纪》记载，"所不去者，医药卜筮种树之书"，并不包括法家的著作。相反，所要焚烧的书中有"百家语"，[③]古代"百家"之称多指诸子百家，故"百家语"包括诸子百家之子书、传记。[④]毋庸置疑，这其中也包括后人所认为的法家著作，诸如韩非、申子等人的著述。同时，既然李斯提出焚书是为了维护法家的思想，为何李斯又要在焚书时建议秦朝百姓"若欲有学法令，以吏为师"？换言之，李斯为何限制百姓自私学习法令？从这个角度来讲，岂不是和李斯的重视"法教"的思想背道而驰！因此，把焚书看作是法家思想指导的结果，也是值得商榷的。那么，焚书是了巩固中央集权和君主专制政体，推行学术和思想文化统一而引起的吗？其实未必如此。从李斯焚书的建议中我们丝毫看不出李斯有统

---

① 参见吴龙辉：《李斯与儒学》，《中国文学研究》1999年第4期；陈曦：《李斯其人其政的儒学色彩》，《青海民族大学学报》2010年第2期；石蓉蓉：《李斯政治思想之解读》，《理论学刊》2011年第4期。

② 《史记·乐书》。

③ 东汉王充在《论衡·书解》中提出："秦虽无道，不燔诸子。诸子尺书，文篇具在，可观读以正说，可采掇以示后人。"（《论衡·书解》）刘勰在《文心雕龙·诸子》中亦认为："烟燎之毒，不及诸子。"不过这种说法已经遭学界反驳，故不在此赘述。

④ 李锐：《秦焚书考》，《人文杂志》2010年第5期。

一学术和思想之意。因为凡是有思想性的书，均在焚烧之列，我们看不出李斯焚书是为了独显何种学术，何家思想。实际上，统一学术和思想是焚书的客观结果，而不是焚书的起因。

基于以上分析，我们发现从学术史发展层面来阐释焚书的背后原因，不但余地有限，疑点重重，而且在一定程度上与历史事实抵牾。这需要我们转换视角，重视李斯在焚书中所起到的个人作用，透过焚书所呈现的表象，观察到李斯提出焚书的真实意图。

## 三

探讨焚书的背后原因，还得从分封制和郡县制之争谈起。焚书起因于秦始皇三十四年（前213）的分封制和郡县制之争，但是我们不能孤立地看待此次争论，因为关于分封制和郡县制的争论早在八年前就有过。在秦朝初并天下之时，丞相王绾曾提出："诸侯初破，燕、齐、荆地远，不为置王，毋以填之。请立诸子，唯上幸许。"王绾的建议得到了群臣的普遍认可，而李斯力排众议，认为实行郡县制是"安宁之术"，而"置诸侯不便"。对于这次争论，秦始皇最终采纳了李斯的建议，"分天下以为三十六郡，郡置守、尉、监"。[①]就秦始皇而言，他本人更愿意实行郡县制，不仅仅是因为"天下共苦战斗不休，以有侯王……天下初定，又复立国，是树兵也"[②]，更重要的是秦国在历史上缺乏严格的宗法制度，其分封制度也不盛行。[③]但是郡县制和分封制之争关乎国家的长治久安，当秦始皇面对群臣对郡县制的不断质疑时，其对秦朝实行郡县制的决心也产生了动摇，否则他不会将此问题多次交给群臣讨论。而李斯作为郡县制的主要倡导者，每次在争论不休之时，其态度一以贯之，都明确表示支持郡县制，反对分封制。正是由于李斯不遗余力地支持郡县制，加之秦始皇对他的信任和赏识，秦始皇才最终坚定了实行郡县制的决心，这也进一步影响了秦朝的各项政策。

淳于越作为博士官，重新主张分封制，乃是出于对秦朝现实政治的考虑。不仅在当时，即使在此后的两汉、魏晋、唐宋，乃至明清，分封制与郡县制利弊之辩一直存在，但在无意之中他把李斯推

---

① 《史记·秦始皇本纪》。
② 同上。
③ 参见林剑鸣：《秦史稿》，上海人民出版社1981年版。

到了自己的对立面。面对周青臣对郡县制的赞扬，淳于越不仅否定了郡县制，甚至斥其为"面谀以重陛下之过，非忠臣"。①这已经不仅仅只是政见的分歧，甚至上升到了对人臣的道德评判。实际上，不仅周青臣，李斯本人也一度将"海内为郡县"视为秦始皇的功德。在始皇二十六年（前221）在议定帝号时，李斯等人也曾称颂："今陛下兴义兵，诛残贼，平定天下，海内为郡县，法令由一统，自上古以来未尝有，五帝所不及。"②淳于越抨击郡县制，批评周青臣"面谀"，乃为不忠之臣，这无疑也是对郡县制倡导者李斯的讽刺。地方管理制度的选择对于刚成立不久的秦政权来说至关重要，关乎国家命运。郡县制一旦被完全否定，说明了李斯在重大国家制度的制定过程中存在巨大失误。据《史记·李斯列传》记载，秦始皇沙丘之死后，赵高在劝诫李斯共谋立胡亥时，赵高反问李斯："君侯自料能孰与蒙恬？功高孰与蒙恬？谋远不失孰与蒙恬？无怨与天下孰与蒙恬？长子旧而信之孰与蒙恬？"③李斯道，"此五者皆不及蒙恬"。李斯认为自己"谋远不失"不及蒙恬，"无怨于天下"不及蒙恬，实际上等于承认了自己的某些主张是"谋远有失"，"有怨天下"的，其中极有可能包括郡县制。因为李斯力主秦朝实行郡县制，本身存在着遭人反对、受人质疑的状况，以致"有怨天下"也就不足为怪。这种状况的存在势必会影响李斯在秦始皇心目中的地位，④甚至影响李斯在整个秦朝的政治地位。

为了阻止士人对现行诸多政策的议论，以保证自己提出的政治主张不再受人非难，所以李斯要"借题发挥"⑤，要通过焚书来钳制言论，禁止人们随意议论政治。在焚书令中，李斯将《秦记》以外的史籍作为首要的焚烧对象，且最为严苛，"皆烧之"。六国史书显然与法家、儒家等学派皆无关系，之所以被焚烧，司马迁在《史记·六国年表》序言中提到："秦既得意，烧天下诗书，诸侯史记尤

---

① 《史记·秦始皇本纪》。
② 同上。
③ 《史记·李斯列传》。
④ 李斯是秦始皇统一六国之谋士，建国之重臣，深得秦始皇的赏识和重用，故认为李斯在秦始皇的心目中是有一定地位的。
⑤ 林先生在《秦史稿》一书中认为"主张分封或反对分封的大臣，都是为秦始皇长久统治打算，本无根本对立，但李斯借题发挥，最后竟造成焚书的结局"。至于李斯"借题发挥"的原因，林先生在此书中没有提到。参见林剑鸣：《秦史稿》，上海人民出版社1981年版。

甚，为其有所刺讥也。"①这说明六国史书对秦国有所讥讽，并不利于树立当前统治者的权威。更为重要的是，李斯在焚书令中提到诸侯"道古以害今"，而六国史书所记载的历史事件、为政举措以及从中总结出的统治经验，恰好可以为士人"害今"提供理论依据。所以，李斯首先要将六国史书焚烧殆尽，以防止士人"不师今而学古，以非当世，祸乱黔首"。从量刑的力度来看，在焚书令下达后三十日内有不焚书者，其惩罚为"黥为城旦"，尚罪不至死，但是"敢私语《诗》《书》"却要"弃市"，若是"以古非今"，则要灭族。这也表明李斯提出焚书只是作为打击"异说"的手段，其主要目的在于禁止人们非议当朝政策，尤其是借古讽今。

"作为思想学术载体的士人阶层对社会、政治、自然等各个领域在认识和研究的基础上发表个人的见解，如议论帝号、统治方式、在地方上实行分封制还是郡县制等，这些议论许多是对统治的批评和非议。"②如果不对这些议论进行制止，就可能把李斯推到风口浪尖。因为李斯将自己的思想贯彻到秦朝的一统大业之中，许多重要政策的制定和实施都离不开李斯的参与和推动。李斯"从任廷尉至任左丞相期间，参与了重大改革。李斯在辅佐秦王政创立皇帝制、统一度量衡、统一文字、立碑刻等方面都做出了重大贡献"。③从《史记·李斯列传》的记载来看，秦朝"一切对内的积极政策，皆为李斯所主张"④，并不是夸张之言。司马迁在《太史公自序》里称："能明其画，因时推秦，遂得意于海内，斯为谋首。"⑤故当士人对秦朝的统治方式产生怀疑，甚至是否定某些政策时，李斯是无法与之脱离干系的。李斯之所以诋毁其他士人的言论是"夸主以为名，异取以为高"，无非是为了显示自己的主张或建议的合理性以及不容质疑性。但李斯毕竟不是秦朝的最高统治者，为了使自己焚书的建议被秦始皇采纳，李斯需要为焚书找到合理的依据和借口。李斯巧妙地利用了秦朝的"言论自由"与"专制皇权"的矛盾，以维护皇权为口号，以防止"主势降乎上，党与成乎下"和"群下以造谤"为表面目的，向秦始皇提出了焚书的建议。正因为如此，焚书的建议得

---

① 《史记·六国年表》。
② 张国刚、乔治忠等：《中国学术史》，东方出版中心 2006 年版。
③ 薛运智、蒋经魁：《李斯的功过与历史教训》，《史学集刊》1995 年第 1 期。
④ 翦伯赞：《秦汉史》，北京大学出版社 1999 年版。
⑤ 《史记·太史公自序》。

到了秦始皇的认可,从而得以实施。

## 四、余论

为了理解历史人物的重大行为,特别是要理解其行为的意图和性质,我们应该考察其动机,其中包括历史人物的主观动机。"心理学研究表明,动机的产生与需要和诱因有着密切的联系。"[①]诱发李斯提出焚书的是秦廷的分封制与郡县制之争。从个人性格角度来看,李斯是一个追求和迷恋权势与富贵之人。[②]因此,李斯存在着保全自己功名利禄的需要。窥探李斯提出焚书建议背后的个人原因,我们可以发现,实际上李斯是害怕其他士人"夸主以为名,异取以为高"以及所谓的"造谤"会影响到自己的"势",其"主势降乎上"在一定程度上映射了李斯对自己政治地位的担忧。为了保证自己提出的政治主张不再受人质疑,进而维护自己在秦朝的政治地位,李斯要以焚书这种极端的文化政策来钳制言论,禁止人们随意议论政治。虽然焚书包藏了李斯的私心,但焚书本身有利于加强皇权,在客观上也适应了秦朝加强思想统一的需要,故焚书的建议得到了秦始皇的认可。由此看来,在评价历史人物的重大行为时,我们应该分析和考察其主观的行为动机,否则,容易被其客观的行为及结果所蒙蔽。

恩格斯曾说:"探讨那些作为自觉的动机明显地或不明显地,直接地或以意识形态的形式、甚至以被神圣化的形式反映在行动着的群众及其领袖即所谓伟大人物的头脑中的动因,——这是能够引导我们去探索那些在整个历史中以及个别时期和个别国家的历史中起支配作用的规律的唯一途径"。[③]然而,由于我们习惯相信历史不是由

---

① 赵国祥:《心理学概论》,河南大学出版社2007年版。
② 李斯早年在担任郡小吏时,因偶见"舍厕中鼠,食不絜,近人犬,数惊恐之",而"观仓中鼠,食积粟,居大庑之下,不见人犬之忧",由此领悟出自己立身行事的人生哲理,发出"人之贤不肖,譬如鼠矣,所在自处耳!"之叹。李斯在学有所成,西投秦王时,对其老师荀子说:"故诟莫大于卑贱,而悲莫甚于穷困。"李斯位居重臣之后,曾感慨:"当今人臣之位无居臣上者,可谓富贵极矣。物极则衰,吾未知所税驾也!"这些话语充分体现了李斯早年对权势与富贵的追求以及后期对自己富贵至极地位的忧虑。(《史记·李斯列传》)当今众多学者认为,苦于卑微和穷困而贪恋权势和富贵,是李斯人生观、价值观的核心。参见梁华刚:《创世之重臣 毁业之罪人——评李斯的功过》,《河北师范大学学报》1987年第1期;何颖:《"老鼠哲学"引发的悲剧人生——谈司马迁笔下李斯之处世得失》,《齐齐哈尔大学学报》2001年第3期。
③ 《路德维希·费尔巴哈和德国古典哲学的终结》。

个人意志所决定的,在重大历史事件的分析上,历史人物潜在的思想、情感则很容易被忽略,个人的意志与动机也往往被消融在政治、经济、文化等诸多非个人因素中。但人是历史的创造者,人的活动构成了动态的历史场景。历史研究始终脱离不了对人的客观活动的追索与寻迹。由于人的客观活动又受人的意识与情感的支配,"所以,人们在研究历史创造者的活动时,不仅仅要考察、确定他们表面的言行以及这些言行所体现的历史过程、历史现象、历史因果,同时也力图考察伴随这些活动的历史创造者们的内心世界"。①

为避免史家特有的后见之明,有时候我们需要摈弃现代知识,站在当时人的角度去思考当时的问题。这种换位思考有助于我们加深理解历史人物所具有的人性。②尽管在不同的历史环境和社会条件下,人性的不同侧面会有所不同,但人性的本质并没有改变。"人类的历史归根到底,是人性展现的历史。因此,我们对历史的认识应当以解读人性为基础,在此基础上去解读历史。"③除去"明道淑世之心","拨乱反正之志"④,除去民族、国家、社会等大义,个人对生死的考量、对权力与富贵的追求,这种个人利益的诉求,甚至越过正当的界限,表现为人类另一面——贪婪、自私等,这些最基本的人性表现不也存在于历史进程之中吗?

历史研究把人性作为一种认识途径和研究视角,并不能保证从根本上解决历史问题,但是至少会让我们发现,"原来,大义与私意、高尚与卑琐,在历史的真实运行中有时竟可能是那么复杂地交织在一起"。⑤李斯提出焚书,从表面上看,是以禁止人们借古讽今,维护专制皇权的大义为出发点,但其主观动机实为维护自己政治主张的合理性,尽量避免其主张和举措遭人责难,进而维护自己的政治地位和权威。这种"私意",是我们在探究李斯焚书的背后原因时所不能忽略的问题。

---

① 邹兆辰:《当代中国史学对心理史学的回应》,《史学理论研究》1990年第1期。
② 此处所说的人性是指"人与生俱来的独有特征,包括生理的和心理的,如欲望、感情、理性、非理性,等等"。王和:《人类历史是人性展现的历史》,《清华大学学报》2014年第1期。
③ 参见王和:《人类历史是人性展现的历史》,《清华大学学报》2014年第1期。
④ 《顾亭林诗文集·亭林余集》。
⑤ 黄兴涛:《文化史的追寻——以近世中国为视域·自序》,中国人民大学出版社2011年版。

# 《史记》所记"吕""莒"二国存灭考异

*本文作者王珏，军事科学院军事历史研究部研究员，历史学博士。

《史记》所载"吕""莒"二国有关问题均曾引起较多争讼[①]：1. 关于莒国亡于何年以及为何国所灭问题。《史记·楚世家》载："楚简王元年，北伐灭莒。"《六国年表》亦载："楚简王仲元年，灭莒。"2. 关于姜太公先祖的封国问题。《史记·姜太公世家》载："太公望吕尚者，东海上人。其先祖尝为四岳，佐禹平水土甚有功。虞夏之际封于吕或封于申，姓姜氏。"

因为史料稀缺而难以窥见全貌，还因为时空遥隔而倍感神秘，这或许正是上古历史的最引人入胜之处。初步浏览关于上述两个问题的存世史料，总体而言是分散、驳杂且无序的，甚至有相互抵牾之处。然而，弥足可贵的上古资料本来就是稀缺资源，研习古史应尽量避免让史料"打架"。如果没有铁的证据，不可用一种史料否定另一种史料；更不可削足适履，主观臆断其有无。而是要调动全副的精神，对每一条资料进行多维而细致的思考，全面检视，综合考察，尽量让早期史料"对话"，寻找其中的合理性，发现内在的联系。在勾勒出较为完整的历史图景的同时，发现上古历史记载错落有致共相映衬的美感。

## 一、姜太公所出"吕国"地望蠡测

姜姓的始祖是谁？同一部《左传》就有两种说法，一为大岳，

---

[①] 较为代表性的观点是："《史记·楚世家》所记楚简王灭莒说，此说不见于先秦资料，是孤证；有《墨子》和《战国策》莒亡于齐说。参考青铜器铭文解读，认为莒亡于齐说，不仅不是孤证，而且还有一些旁证。通过辨疑，作者确定相信莒国亡于齐说。"详见朱文民等：《齐灭莒说辨疑》，《管子学刊》2016年第2期。

一为炎帝。

《左传·庄公二十二年》:"姜,大岳之后也。"《左传·哀公九年》也载:"炎帝为火师,姜姓其后也。"

同一部《国语》则有三种说法,一为四岳,一为炎帝,一为伯夷。

《国语·周语下》:"其后伯禹念前之非度,……祚四岳国,命以侯伯,赐姓曰姜,氏曰有吕,谓其能为禹股肱心膂,以养物丰民人也。"《国语·晋语》载:"昔少典娶于有蟜氏,生黄帝、炎帝。黄帝以姬水成,炎帝以姜水成。成而异德,故黄帝为姬,炎帝为姜,二帝用师以相济也,异德之故也。"《国语·郑语》:"姜、嬴、荆、芈,实与诸姬代相干也。姜,伯夷之后也,嬴,伯翳之后也。伯夷能处于神以佐尧者也,伯翳能议百物以佐舜者也。其后皆不失祀而未有兴者,周衰其将至矣。"

《左传》和《国语》都没有指明姜姓的最初封土所在。《史记》基本接受《国语·周语》的记载,但所言更为详确。《史记·姜太公世家》载:"太公望吕尚者,东海上人。其先祖尝为四岳,佐禹平水土甚有功。虞夏之际封于吕或封于申,姓姜氏。"司马迁见到的吕国史料应该更多,指出姜姓的封地在吕或申,并交待太公望吕尚出自上古的"姜氏",出生地在"东海"。

后世之人多接受姜姓的封国为"吕"的观点,而对姜太公所出的"吕"国地望则说法不一。

刘宋裴骃注《史记集解》引:"徐广曰:吕在南阳宛县西"。唐司马贞注《史记索隐》引:"《地理志》申在南阳宛县,申伯国也。吕亦在宛县之西也"。南宋郑樵《通志·氏族略》载:"吕氏,姜姓,侯爵,炎帝之后也,虞、夏之际,受封为诸侯,或言伯夷,佐禹有功,封于吕。"南宋罗泌《路史·国名纪》:"《图经》以新蔡为古吕国。""郙:甫也。汝南上蔡有郙乡、郙亭。或云:即吕,非也。孝经偶引吕为甫。"清顾祖禹《读史方舆纪要·河南六》:"吕城,在府西三十里。虞夏时国,周亦为吕侯国。穆王以吕侯为司寇,作《吕刑》。《国语》,史伯曰:当成周者,南有申、吕,是也。后亦并于楚。汉吕后封昆弟子吕恕为吕城侯,邑于此。今名董吕村。"

综合诸家所言,汉之前的"吕"地望是以历时形态存在着,大致有五处:

第一,山西的"吕"。山西霍县亦有"吕"。以"吕"名地者、传说时代的古国，或为炎帝之国，或为大禹时代"四岳"的封国。如果允许进行合理推断，其地应与学术界普遍接受的孕育虞夏时代的核心区域"晋南——豫北"相近。清嘉庆、道光间程恩泽《国策地名考》云："近霍州西三里有吕乡，西南十里有吕城。""山西境内之姜姓族类，吕氏之外有燕京之戎。《竹书》：'太丁二年，周人伐燕京之戎，周师大败'；有姜姓之戎，《周语上》：宣王三十九年，'战于千亩，王师败绩于姜氏之戎'。此两姜戎、并相当强大，故王师伐之亦不免大败。以附近霍太岳之区而有吕氏之遗邑，有与其同姓而强大之姜戎，此殆不可以为偶然，是必太岳之封国本原在此。"① 并且，殷代羌族之活动，也在今豫西晋南，如果这种说法成立，那么四岳之后的封地吕，其地望本在霍太山附近，亦即在晋南境。

第二，新蔡、上蔡之间的"吕"。随着时间的推移，上古的封国徙封、绍封、易（改）封的情形屡屡发生，吕国或许亦不例外。"若河南西境，本与晋南接壤，则羌族扩充势力，自然至此耳。"与这条线索若合符节的是，东汉许慎《说文》云："郘，汝南上蔡亭"；南朝宋时期的历史学家范晔《后汉书·郡国志》云："新蔡古吕亭"；北魏晚期的郦道元《水经注·汝水注》云："汝水又东南迳新蔡县故城南。昔管、蔡间王室，放蔡叔而迁之。其子胡能率德改行，周公举之为卿士以见于王，王命之以蔡仲，吕地也。"清代马瑞辰《毛诗传笺通释》曰："吕国有二：一为虞夏所封之吕。""周初吕地已封蔡仲，所云吕国，必虞、夏时所封矣。一为周时绍封之吕"。陈槃《春秋大事表列国爵姓及存灭表譔异》对此有所商榷："案马氏谓虞、夏之吕已绝封，周时续封，此可也。然以上蔡之郘亭（即吕亭）为虞、夏时所封之吕，此则无文可验。周时之吕由姜太公而复兴，其续封也未知先居何许。上蔡、新蔡相去百六十余里，以二地相接，故或曰上蔡有郘亭，或曰新蔡有古吕亭，则吕氏遗址当二县交界之区矣。蔡仲之封，如其初居新蔡城南，则谓吕氏即居新蔡、上蔡之间，此亦不足为异。古之小国，地方不过五十里，而新蔡、上蔡之间乃径百六十里，何以已有蔡即不容有吕？况吕氏遗址不一，是其不恒厥居。谓吕已自上蔡、新蔡间他适，然后蔡仲之封始来居上蔡，似亦未尝无此可能。马氏之未之思耳。"

吕氏是姜姓的分支，"吕"的"迁徙之迹"反映姜姓发展历程。

---

① 陈槃：《春秋大事表列国爵姓及存灭表譔异》，上海古籍出版社2009年版，下引该书不再注。

在"虞夏之际"的姜姓古吕国之后,新蔡、上蔡之间也存在过姜姓势力生息其间的"吕地"。《吕氏春秋》云:"(吕尚)东夷之士"。《史记·姜太公世家》载:"太公望吕尚者,东海上人。"姜太公吕尚是商末周初的人物,生于东海,最有可能出自新蔡、上蔡之间的"吕地"。

第三,南阳宛县的"吕"。《左传·成公七年》:"楚围宋之役,师还,子重请取于申、吕以为赏田。王许之。申公巫臣曰:'不可。此申、吕所以邑也,是以为赋,以御北方。若取之,是无申、吕也,晋、郑必至于汉。'王乃止。"杨伯峻:吕,古国名,姜姓,周穆王(前976~前922)时所封,《尚书》有《吕刑》,即吕侯所作。彝器又有郘钟、郘大叔斧,孙诒让《籀庼述林·郘钟跋》谓"郘"即"吕"也。"故城在河南南阳市西。"

"吕,本古国名,古帝王望祀四方,因有四岳之官。四岳、伯夷、许由,壹是皆传说中人物,其故事必因传说而有所演变,今皆无可深考。如前所述,吕之初封,远在四岳之世,虽历唐、虞、三代,仍继绪不绝。吕氏或许常常中衰,逮周已克殷有天下,始由大姜之关系,因得绍封,理或然也。"太公因功封齐,为保持古"吕"国的继绪不绝,将"吕"徙封至南阳宛县,以奉"吕"之先祖。姜太公是周武王时初封,约前1046年~前1042年,这或许也是南阳之"吕"徙封的时间。

第四、第五,江苏铜山的春秋吕邑和山东曲海的汉代之"吕"。西晋张华《博物志》云:曲海城有东吕乡、东吕里,太公望所出也。撰于宋太宗太平兴国年间(976—983)《太平寰宇记》云:"密之莒县东六十(里),汉曲海城"。至于山东莒县东百六十里之有东吕乡、东吕里;而今江苏铜山县北五十里、亦为春秋时宋之吕邑,此其移殖,盖又其河南南部以后之事矣。"

上古虞夏时代的晋南之吕,姜太公所出的新蔡、上蔡之间的吕,周初所封的南阳之吕,以上三者可视历时性存在的上古吕姓诸侯国,春秋宋时的吕邑,汉代曲海的东吕乡、东吕乡,以上二者仅为地名而已。各类史料指向的时空关系十分明确,只需"兼存或说"的方法便能梳理成有序状态。

## 二、《史记》所记"莒"国存灭

莒国的史料与吕国的史料存在较大的共性,甚至其表象更为复杂。诚所谓"莒氏屡灭，遗址不一，而其姓抑或以为己、或以为嬴、或以为曹，盖尝改封易姓也。各据所见，故言之亦不尽同也。"古史中的"莒"国三次易姓，三次被灭。那么，分别为何姓？封在何地？为谁所灭？如果按上述"兼存或说"的方法，将莒国的存世史料进行历时性排比分析，莒国播迁、存灭的线索也能够大致分辨清楚。

1. 商末"莒方"与嬴姓之莒的存灭

最早的莒国为嬴姓，商朝时已存在，封土在岐山附近，为周人所灭。

"莒"为商代方国，在帝乙、帝辛时期的甲骨文中有"莒方"称谓（详见《含》27995，《屯》3533）。又据《史记·秦本纪》记载，"太史公曰：秦之先为嬴姓，其后分封，以国为姓，有徐氏、郯氏、莒氏"。孔颖达曰："杜预《氏族谱》云：'莒，嬴姓，少昊之后。'"《汉书·地理志》亦载："周武王封少昊之后嬴姓兹舆期于莒。"

《诗经·大雅·皇矣》云："爰整其旅，以按徂旅。"周振甫的注释是"按：止。徂旅：往莒。旅当作莒。"① 《韩非子·难二》云："昔者文王侵孟，克莒，举丰；三举事而纣恶之"。"雷氏《竹书义证》卷33云：'商时之莒，国于西土，与阮、密相近'。案阮，在今陕西泾川县；密，今灵台县。泾川东南与灵台接壤，而灵台东南则与岐山毗连。文王启土而侵及邻国孟、丰与莒，则莒与孟、丰境地相接，亦可知也。而此莒之为何姓及其与东方之莒之关系如何，亦未渠详也。"

2. 曹姓之莒的存灭

两周之际，存有易封之后的曹姓莒国，地在东土，与齐国相邻。春秋初年，齐桓公在位期间为楚国所灭。

《国语·郑语》载："（郑）桓公为司徒，甚得周众与东土之人"。在周室东迁的公元前770年之前，郑桓公曾咨询过史伯天下形势，对话中两次提及"莒"：一是"东有齐、鲁、曹、宋、滕、薛、邹、莒"。元诰按："莒在今山东莒县，与蒲侯氏莒，渠丘氏莒各异"②。二是"曹姓邹、莒"。元诰按："邹、莒见上。然上文韦《注》'莒，己姓'，与此传文不同，说者谓《韩非子》'文王侵孟，克莒，举酆'即此，未知是否。"嬴姓之莒已为周文王所灭，周室东迁时，莒为曹姓之国，徐元诰注解《国语》，把时空关系搞混了。

---

① 周振甫：《诗经译注》，中华书局2002年版。
② 徐元诰：《国语集解》，中华书局2002年版。

公元前721年,《春秋·隐公二年》载:"夏五月,莒人入向",此时曹姓莒国尚存。《管子·小问》载:"楚伐莒,莒君使人求救于齐,桓公将救之。管仲曰:'君勿救也。'公曰:'其故何也?'管仲对曰:'臣与使者言,三辱其君,颜色不变。臣使官无满其礼,三强其使者,争之以死。莒君,小人也。君勿救!'桓公果不救而莒亡。"又载:"且臣观小国诸侯之不服者,唯莒。"① 《吕氏春秋·重言》、《说苑·权谋》等亦有所载。齐桓公于公元前685年即位,管仲先齐桓公而逝,卒于公元前645年,第二次莒亡的时间应该在公元前685年到公元前645年之间。

3. 己姓之莒的存灭

春秋时期,又有"己"姓莒国。为在大国的夹缝中求生存,此莒一直活跃在政治舞台上,成为山东地区仅次于齐和鲁的重要诸侯国。到了战国时期,公元前431年,再次被楚国所灭。

《世本八种》载:"自纪公以下为己姓,不知谁赐姓。"又云:"莒前为嬴姓,后为己姓,共名为莒,而非一国。考世本纪篇及史记秦世家。嬴姓之莒,则莒先封于祁,后归于莒。嬴姓之莒亡,而己姓之莒仍其名也。汉地理志及姓氏族谱,皆以莒为嬴姓,俱未知莒之前后有两姓也。"② 其实莒前后有三姓,《世本》辑注者们忽略了《国语·郑语》记载的曹姓之莒的存在。

据《左传·文公七年》记载,公元前620年,"穆伯娶于莒,曰戴己,生文伯;其娣声己生惠叔。冬,徐伐莒,莒人来请盟,穆伯如莒莅盟,且为仲逆。及鄢陵,登城见之,美,自为娶之。"可知,莒女有己姓。不知是否为莒君或莒宗之女。公元前619年,《左传·文公八年》:"穆伯如周吊丧,不至,以币奔莒,从己氏焉。"《春秋大事表》言莒为己姓,其说本此。

此后,莒国多次参与到诸侯争霸的乱局之中,《春秋经传》花费不少笔墨记载其挣扎沉浮的史迹,兹择其要着胪列如下:

《春秋·文公十八年》载,公元前609年,"莒弑其君庶其。"

《左传·文公十八年》载:"莒纪公生大子仆,又生季佗"。杜注:"纪,号也。莒夷无谥,故有别号。"俞樾《平议》云:"纪乃莒邑名,纪公盖以邑为号。"莒公名庶期,鲁文公时人。

《左传·宣公四年》载,公元前605年,"公及齐侯平莒及郯,

---

① 钟肇鹏等:《管子简释》,齐鲁书社1997年版。
② 宋衷注,秦嘉谟等辑:《世本八种》,中华书局2008年版。

莒人不肯。公伐莒，取向，非礼也。平国以礼，不以乱。伐而不治，乱也。以乱平乱，何治之有？无治，何以行礼？"

《左传·宣公十三年》载，公元前596年，"齐师伐莒，莒恃晋而不事齐故也。"

《左传·成公八年》载，公元前583年，"晋侯使申公巫臣如吴，假道于莒。与渠丘公立于池上，曰：'城已恶。'莒子曰：'辟陋在夷，其孰以我为虞？'对曰：'夫狡焉思启封疆以利社稷者，何国蔑有？唯然，故多大国矣。唯或思或纵也。勇夫重闭，况国乎？'"莒人以"辟陋在夷"自谓！国君无谥号，以地名为号，春秋时还有黎比公、著丘公、莒郊公、兹丕公（莒期）、莒共公等。

《左传·成公九年》载，公元前582年，"冬十一月，楚子重自陈伐莒，围渠丘。渠丘城恶，众溃，奔莒。戊申，楚入渠丘。莒人囚楚公子平。楚人曰：'勿杀，吾归而俘。'莒人杀之。楚师围莒。莒城亦恶，庚申，莒溃。楚遂入郓，莒无备故也。"

《春秋·成公十四年》载，公元前577年，"莒子朱卒"。《谷梁传》杨士勋《疏》云："莒子朱者，莒渠丘公。今不书葬者，莒行夷礼，则是失德。又葬须称谥，莒夷无谥，故不书葬也。"

《春秋·成公十七年》载，公元前574年，"（秋）齐高无咎出奔莒。"

《左传·襄公六年》载，公元前567年，"齐侯灭莱，……莱共公浮柔奔棠。正舆子、王湫奔莒，莒人杀之。"

《春秋·襄公十六年》载，公元前557年，"三月，公会晋侯、宋公、卫侯、郑伯、曹伯、莒子、邾子、薛伯、杞伯、小邾子于溴梁。"

《春秋·襄公二十三年》载，公元前550年，"齐侯袭莒。"

《左传·襄公二十三年》载："齐侯还自晋，不入，遂袭莒。门于且于，伤股而退。明日，将复战，期于寿舒。杞殖、华还载甲夜入且于之隧，宿于莒郊。明日，先遇莒子于蒲侯氏。莒子重赂之，使无死，曰：'请有盟。'华周对曰：'贪货弃命，亦君所恶也。昏而受命，日未中而弃之，何以事君？'莒子亲鼓之，从而伐之，获杞梁。莒人行成。"

《春秋·襄公二十四年》载，公元前549年，"齐崔杼帅师伐莒。"《左传·襄公二十四年》载："秋，齐侯闻将有晋师，使陈无宇从蒍启强如楚，辞，且乞师。崔杼帅师送之，遂伐莒，侵介根。"

《左传·襄公二十五年》载，公元前548年，"夏五月，莒为且于之役故,莒子朝于齐。甲戌,飨诸北郭。"

《左传·昭公元年》载,公元前 541 年,"季武子伐莒,取郓。莒人告于会。楚告于晋曰:'寻盟未退,而鲁伐莒,渎齐盟,请戮其使。'"

《左传·昭公十年》载,公元前 532 年,"(陈)桓子尽致诸公,而请老于莒。""公与桓子莒之旁邑,辞。穆孟姬为之请高唐,陈氏始大。"又载:"(鲁)平子伐莒,取郠。献俘,始用人于亳社。"

《左传·昭公十三年》载,公元前 529 年,"邾人、莒人愬于晋曰:'鲁朝夕伐我,几亡矣。我之不共,鲁故之以。'晋侯不见公。使叔向来辞曰:'诸侯将以甲戌盟,寡君知不得事君矣,请君无勤。'子服惠伯对曰:'君信蛮夷之诉,以绝兄弟之好,弃周公之后,亦唯君。寡君闻命矣。'"晋和鲁皆为姬姓,以诸夏正宗自居,视莒为蛮夷。《国语·鲁语下》亦载此事,谓"晋信蛮、夷而弃兄弟。"《水经·沭水注》引《尸子》"莒君为鬼巫而国亡。"①

《左传·昭公十九年》载,公元前 523 年,"秋,齐高发帅师伐莒,莒子奔纪鄣。使孙书伐之。初,莒有妇人,莒子杀其夫,已为嫠妇。及老,托于纪鄣,纺焉以度而去之。及师至,则投诸外。或献诸子占,子占使师夜缒以登。登者六十人,缒绝。师鼓噪,城上之人亦噪。莒共公惧,启西门而出。七月丙子,齐师入纪。"

《左传·昭公二十二年》载,公元前 520 年,"齐北郭启帅师伐莒。莒子将战,苑羊牧之谏曰:'齐帅贱,其求不多,不如下之,大国不可怒也。'弗听,败齐师于寿余。齐侯伐莒,莒子行成。司马灶如莒莅盟;莒子如齐莅盟,盟于稷门之外。莒于是乎大恶其君。"

据《晏子春秋·内篇问下》记载,"景公问晏子曰:'当今之时,诸侯孰危?'晏子对曰:'莒其先亡乎!'公曰:'何故?'对曰:'地侵于齐,货竭于晋,是以亡也。'"。齐景公卒于公元前 490 年,对己姓莒国未来命运的预测有待时间验证。

《左传·哀公十四年》载,公元前 481 年,"莒子狅卒。"

时隔五十年,公元前 431 年。《史记·楚世家》载:"楚简王元年,北伐灭莒。"《六国年表》亦载:"楚简王仲元年,灭莒。"由于春秋与战国是各具奇观的双峰,然而却又仿佛是断裂的两岸,自鲁

---

① 陈桥驿:《水经注校释》,杭州大学出版社 1999 年版。

哀公二十七年（前 468）春秋绝笔，至周显王三十五年（前 334）苏秦合纵，其间"凡一百三十三年之间，史文阙疑，考古者为之茫昧。"① 己姓莒国灭亡前半个世纪的历史，也在这一时段，其间发生哪些事件？只有等待新史料来揭示。

## 三、结论

通过考察上古的诸侯国吕和莒的存灭历史，可以形成如下结论：

上古之世，地广人稀，交通不便，诸侯国可以控制地域和民众极其有限。《孟子·万章章句下》云："天子之制，地方千里，公侯皆方百里"。即便到了春秋初年，素有大国之名的齐的疆域也没有实质性的扩充。正如史家所言："齐之东境，不逾百里。"强大诸侯国伐灭弱小诸侯国之后，一般不考虑直接兼并，而是通过绍（继）封、或徙封、或易（改）封的方式保留弱小诸侯国的存在。《论语·尧曰》："兴灭国，继绝世，举逸民，天下之民归心焉"。强大诸侯国由此博得"存亡续绝"的政治名声。《公羊传·僖公十七年》："桓公尝有继绝存亡之功，故君子为之讳也。"在战国兼并之前，"存亡续绝"是值得称颂的行为，这也是导致一些弱小诸侯国屡灭屡存的根本原因所在。

春秋之前，古国林立，留下的有价值信息极其丰富，埋藏着中华民族生生不息的原始文化密码，以及中华文明"多元一体"构造的形成机理。古国史料值得后世倍加珍视，司马光《通鉴考异》所言对古国历史研究颇有启示意义："参诸家异同，正其谬误而归于一"。意即采取"博采旁取，排比众说，理解古人"的科学态度，这样不仅可以打消对《史记》记载的怀疑，更重要的是，还能由此获得对古国研究的"历时性排比史料"的研究方法。

---

① 《日知录集释》。

# "班马异同"视野下的
# 《汉书》战争叙述探索

* 本文作者陈曦,解放军艺术学院学报编辑部主任、教授。

就像人们热衷比较盛唐诗坛的双子星座李白与杜甫一样,评析《史记》《汉书》这两部汉代史学名著的优劣短长,长期以来便是中国学术史上一个引人入胜的话题,以至于"马班异同"早已成为一门历史悠久的专门学问。从这一角度切入班固的战争观与《汉书》的战争叙述,或许能更清晰地看出其中的价值与缺憾。

一

在刘汉帝国建国之初,统治者便已号召思想家去研究有关秦亡汉兴的一些重大历史课题,诸如:不可一世的秦王朝为什么会在短时间之内土崩瓦解?大汉王朝为什么能够兴起得这样快?楚汉战争期间楚的优势为什么会很快失去?汉为什么能够以弱胜强,得到天下?等等。当然,统治者对这些课题的高度重视也经历了一番曲折。据《史记·郦生陆贾列传》记载,陆贾在汉高祖刘邦面前陈述《诗经》《尚书》的思想时,刘邦很不以为然:"你老子我是在马上夺得天下的,要《诗》《书》干什么?"陆贾开导他说:"您在马上得天下,难道还能在马上治理天下吗?"刘邦从善如流,很快改变了轻视文化的观念,要求陆贾研究"秦所以失天下,吾所以得之者何,及古成败之国"的复杂现象,并探究其原因与规律。到了汉文帝时期,统治者仍然非常重视研究秦汉兴亡的历史问题,《史记·张释之冯唐列传》有如下记录:

> 释之既朝毕,因前言便宜事。文帝曰:"卑之,毋甚高论,令今可施行也。"于是释之言秦汉之间事,秦所以失而汉所以兴者久之。文帝称善,乃拜释之为谒者仆射。

可见当年汉高祖所关注的那些问题，仍是这时思想界探讨的热门话题。到了汉武帝时期，司马迁写《史记》，自然不能回避这些历史问题。他必须回答：秦汉为什么会发生这样的历史变化？而且因为他写的是通史，所以还要回答从轩辕到汉武的几千年，历史为什么会发生诸多变化？其中的特点和规律是什么？有哪些历史经验可资借鉴？司马迁很明确地交待他的撰史宗旨是"究天人之际，通古今之变，成一家之言"。所谓"通古今之变"，就是把古今变化的规律研究清楚，从而为后人提供盛衰成败的经验参照。要做到这一点，就必须超越刘姓一家的利益，超越现实政治利益的束缚，拥有史家独立的思想与人格。司马迁做到了这些，做到了"史学""史才""史识""史德"的四者兼备，从而使《史记》荣膺"实录"的桂冠，成为"史家之绝唱，无韵之《离骚》"。

到了班固生活的东汉时期，思想界已经发生了很大的变化。从汉武帝的"罢黜百家，独尊儒术"，到东汉章帝的白虎观会议，在最高统治者的大力倡导下，正统儒学在汉代意识形态领域已经取得了完全的统治地位。班氏父子倾尽心力的《汉书》就是在正统儒学的指导下完成的，全书打上了正统儒学的深刻烙印。《汉书》以正统儒学作为指导思想，首先是由班固之父班彪所确定的。班彪是两汉之际一位正统观念极深的儒学大师，他主张"唯圣人之道然后尽心焉"，致力于儒家经典的研究与贯彻，要求以儒学作为思想与行动的指导原则。在新莽末年开始出现的社会大动乱中，他就是以儒家思想来观察形势、作出决策的。他曾写下《天命论》一文，劝说割据陇右的隗嚣归附刘秀，认为在当时称雄一方的各路诸侯中，只有刘氏才是"真龙天子"，天下最终仍会归于刘氏。后来，班彪又劝说割据河西的窦融归附刘秀并获得成功。班彪晚年专心于历史研究，致力于《史记后传》的撰写；他明确强调史学应该为刘氏政权服务，为东汉王朝的现实政治服务，曾专门写下一篇题为《略论》的文章，以评论《史记》的形式阐明其撰史宗旨。他指出：

> 迁之所记，从汉元至武以绝，则其功也。至于采经撮传，分散百家之事，甚多疏略，不如其本，务欲以多闻广载为功，论议浅而不笃。其论术学，则崇黄老而薄《五经》；序货殖，则轻仁义而羞贫穷；道游侠，则贱守节而贵俗功。此其大敝伤道，所以遇极刑之咎也。然善述序事理，辩而不华，质而不野，文质相称，盖良史之才也。诚令迁依《五经》之法言，同圣人之

是非，意亦庶几矣。(《后汉书·班彪传》)

在班彪看来，司马迁尽管"善述序事理"，是"良史之才"，但由于太史公的思想理念存在重大缺陷，因而导致《史记》出现三大思想弊端，即"论术学，则崇黄老而薄《五经》；序货殖，则轻仁义而羞贫穷；道游侠，则贱守节而贵俗功"。这三点归结为一点就是司马迁严重违背了以《五经》为代表的儒家思想。他指出这就是司马迁会获罪下狱而遭"宫刑"惩罚的原因所在，认为司马迁如果能够遵循《五经》的纲常理念来撰写《史记》，能够"依《五经》之法言，同圣人之是非"，就不会出现思想上的偏颇了。

班彪的这种思想直接影响了班固。东汉建初四年（79），在汉章帝的亲自主持下，当时一批重要的学者，如李育、魏应、杨终、贾逵、丁鸿、班固等，齐聚白虎观，围绕当时思想领域的一些重大问题展开讨论。会议的结果，由班固整理成《白虎通德论》（又称《白虎通》或《白虎通义》）。此乃东汉思想史上一部体现国家意志的儒学著作，作为该书的整理者、撰写者，班固显然也为东汉正统儒学的发展起了重要作用。他编纂《汉书》，不仅全面继承了班彪的正统观念，提出了"纬六经，缀道纲"的撰史主张，而且还旗帜鲜明地提出了以《汉书》"宣汉"的撰史宗旨。所谓"宣汉"，就是宣扬大汉王朝的盛世功德，歌颂西汉统治者的丰功伟绩。班固曾遭人诬告而入狱，幸赖汉明帝大恩而得以摆托罪名，且"诏诣校书郎，除兰台令史"（《后汉书·班固传》），这一因祸得福的遭遇亦当坚定他的"宣汉"意识，使他"成了一位全身心奉仕汉室的学术官员，成了一名有才华的御用文人"[①]。

《史》《汉》撰史宗旨的差异至此清晰可见。司马迁主张"究天人之际，通古今之变，成一家之言"，而班氏父子却强调"依《五经》之法言，同圣人之是非"，强调"纬六经，缀道纲"，强调"宣汉"。这必然导致司马迁与班氏父子人格内涵与境界的差异。由他们对儒学大师董仲舒的不同叙述，这种差异便能凸显一二。

董仲舒是汉武帝"尊儒"舞台上的一位风云人物。对于汉代思想史上的这位重要人物，无论是《史记》还是《汉书》，显然都不能回避对他的评述。董仲舒与公孙弘、兒宽一流不同，他是一位学问

---

① 〔日〕冈村繁著，陆晓光译：《冈村繁全集》第1卷《周汉文学史考》，上海古籍出版社2002年版，第211页。

精深的思想家，而不是投机取巧的政客。他的《天人三策》与《春秋繁露》是汉代思想史上的重要成果。对于董仲舒这位名副其实的大儒，司马迁在《史记·儒林列传》中，却只是将董仲舒与一般儒生并列，仅以简短文字叙述其生平梗概而已。但是到了班固的笔下，董仲舒的历史待遇却出现了明显的变化。班固不但为董仲舒立专传，还对董仲舒的思想贡献与学术地位做出了如下极高的评价：

> 仲舒遭汉承秦灭学之后，《六经》离析，下帷发愤，潜心大业，令后学者有所统壹，为群儒首。（《汉书·董仲舒传》）

与班固的高调颂扬相比，司马迁的"冷淡"处理，显得愈加醒目，显得愈加耐人寻味。"冷淡"源自于分歧，司马迁与董仲舒是有诸多思想分歧的。根据司马迁在《儒林列传》中的描述，他对董仲舒的人品是基本肯定的：

> （董仲舒）为人廉直……进退容止，非礼不行，学士皆师尊之。（《儒林列传》）

在对董仲舒有所褒扬的同时，司马迁也暴露了董仲舒面对强权时的软弱无力。董仲舒撰有《灾异之记》，汉武帝认定其中"有刺讥"——

> 于是下董仲舒吏，当死，诏赦之。董仲舒竟不敢复言灾异。（同上）

"不敢"二字，写出了董仲舒在强权挤压下的软弱无力。人格建设理论，是先秦儒学的思想精华之一，孔、孟在这方面有许多经典表述，大力标举人格独立与人格尊严，如"志士仁人，无求生以害仁，有杀身以成仁"（《论语·里仁》），"富贵不能淫，贫贱不能移，威武不能屈，此之谓大丈夫"（《孟子·滕文公下》）。但在大一统专制政治的格局之下，"大丈夫"人格非但不会得到当权者欣赏与提倡，反而还会遭到迫害与剿杀。在这种背景下，为汉武帝专制政治提供思想武器的董仲舒，便对儒士的社会角色给予了重新定位，赋予了儒士双重职能：一是进入政治权力的系统，成为大汉帝国政策法令的执行者；二是充当社会良心的维护者，在社会政治生活中，倡导并实践儒家的德政。这种定位看起来很完满，但是实践起来却是困难重重。因为，董仲舒又赋予君主的专制权力以一种神圣崇高的地位，他强调"君权天授"，并声称：

> 唯天子受命于天，天下受命于天子。(《春秋繁露·为人者天》)

在君臣关系上，董仲舒认为包括儒士在内的臣子，必须无条件地接受天子的统治，否则便是大逆不道，所谓：

> 臣不奉君命，虽善以叛，……则绝。(《春秋繁露·顺命》)

先秦士阶层在面对道统与政统的冲突时，把"道统"看得高于一切，而董仲舒则把皇权看得高于一切。因而董仲舒所规定的儒士的双重角色，从一开始便存在着冲突与紧张。二者一旦剑拔弩张，由于君权在人间的无上权威，败下阵来的必定是后者。周学军先生对董仲舒思想曾发表过一段很好的分析："董仲舒在理论上成功地解决了坚持儒家理想和维护君主专制的双重任务，而且实现了自儒学诞生以来梦寐以求的儒学独尊，儒士进入仕途获取政治权力的愿望，从而也就开创了古代中国的皇权—士大夫政治。但理论上的圆通带来了实践上的困难，因此儒士在实际的立身处世中陷入了难以解脱的双重角色冲突，从而也就极大地削弱了其充当社会良心的知识分子色彩。"[①] 董仲舒既想让自己的理论为现实政治服务，又想延续儒家的仁义思想，使包括自己在内的儒生成为社会的良心。然而这两者之间是有矛盾冲突的。董仲舒在不幸遭遇了牢狱之灾后，便"不敢复言灾异"，其人格内涵已经与孔孟所倡导的理想人格颇有差距；更启人深思的是，董氏学说固然大获汉武帝垂青，但为人"廉直"的他却难以在官场上立足。据司马迁记载：

> (董仲舒)恐久获罪，疾免居家。至卒，终不治产业，以修学著书为事。(《史记·儒林列传》)

可见在专制权力下发迹得势、官运亨通的，是像公孙弘那样的圆滑世故的儒者。董仲舒的人生遭遇，充分说明了汉武帝对儒家政治实践与思想人格的无情钳制，说明了专制刀锋下的知识分子生存环境的恶劣。横遭"李陵之祸"的司马迁对此有着痛彻肺腑的体悟，所以才能揭示出董仲舒的软弱；又因为他深受孔孟人格理论的浸染，所以才不会像后世儒者那样对董仲舒产生出热切的崇敬。

反观班固，情形则大不相同。班固延续了董仲舒的矛盾。一方

---

[①] 周学军：《董仲舒儒学：儒士群体自我意识的调整》，《社会科学》1991 年第 10 期。

面，同董仲舒一样，班固认为"道统"是高于"政统"的。他所整理的《白虎通义》全面继承了董仲舒"君权天授"的思想。该书一开篇就说：

> 王者父天母地，为天之子也。（《白虎通义·爵》）
> 帝王之德有优劣，所以俱称天子者何？以其俱受命于天。（同上）

神化君权，使政权神圣化，其目的是加强政权的统治。此外，《白虎通义》还解释了强化封建宗法统治的重要明目——"三纲"。所谓"三纲"即"君为臣纲，父为子纲，夫为妻纲"。在"三纲"中，君权与父权相结合构成所谓"君父大义"，成为封建社会最神圣不可侵犯的教义。这种教义在白虎观会议上经过皇帝的钦定，从此成为封建臣民必须遵循的最高法典。显然，了解了"三纲"教义在当时社会的神圣不可侵犯，了解了这种教义的整理者、表述者就是班固，就应明了《汉书》何以会如此推崇董仲舒，明了一旦"道统"与"政统"在班固那里一旦发生对立，那么他毫无疑问维护的是"政统"。日本学者冈村繁曾尖锐批评班固道：

> 为了对汉室的厚待表示感恩，也为了避免再度受妒遭谗，他需要尽可能颂扬汉王朝，由此他才亲自对汉书的编制进行重大改革。而且，他还可以借这一新的编史态度最适切地表明自己对当时以汉室为中心的国家主义的衷心拥戴……当他开始实际编述《汉书》时，竟敢冒大幅度重复《史记》之嫌，一括列叙前汉十有二世的所有《本纪》，并废除《史记》中的'世家'部分，而把臣下的传记全部归入'列传'中，甚至连《史记》中的《项羽本纪》都一举降格纳入'列传'，元后的传记也以他曾维护王莽而与《王莽传》一同被贬至卷末。如此意图显豁的编纂，也使我们有理由认为他是在对汉王朝献媚。[①]

《汉书》中屡见不鲜的对汉王朝的献媚，是符合班固思想逻辑的。然而，仅看到班固对汉王朝维护与献媚的一面是不够的，还要看到班固思想人格的另外一个层面。毕竟，他对儒学很有研究，希望儒学所描述的政治蓝图能变成现实，所以在叙述西汉史的时候，

---

① 〔日〕冈村繁著，陆晓光译：《冈村繁全集》第 1 卷《周汉文学史考》，上海古籍出版社 2002 年版，第 212 页。

在没有政治压力和风险的前提下，他也能依据儒家思想，揭露西汉政治的种种弊端，诸如土地兼并，贫富悬殊，阶级矛盾，以及统治者的权力斗争、骄奢淫逸、人格猥琐等等[①]。于是，班固的思想与人格便呈现出复杂的景观，其中交织着"实录"与"宣汉"、"道统"与"政统"等诸多矛盾，而这直接影响了班固的战争观及其笔下战争叙述的风貌。

## 二

班固生活的时期，汉王朝最大的外患仍是匈奴。当时匈奴已分裂为南匈奴和北匈奴。南匈奴在建武二十四年（48）投降东汉王朝，被安置在云中、西河一带。北匈奴则仍居住在漠北。对于当时的东汉朝廷来说，最大的外患，主要是北匈奴。该如何处理汉匈关系？是采取隐忍避让的和亲政策？还是采取主动出击的策略？与班固同时的大将耿秉指出：

> 中国虚费，边陲不宁，其患专在匈奴。以战去战，盛王之道。（《后汉书·耿秉传》）

耿秉主张"以战去战"，主动出击，剿灭匈奴，这反映了当时人们渴望一劳永逸地解决匈奴问题的迫切愿望。明帝、章帝、和帝时期，东汉帝国凭借强盛的国力，也凭借匈奴内部分裂、日渐衰弱的时机，采取了主动进攻的策略，并在和帝永元元年（89）六月，发动了对北匈奴的关键一战。当时恰逢窦宪因遣刺客刺杀都乡侯刘畅而获罪被囚，请求出击北匈奴以赎死罪，获得朝廷准许。汉军在窦宪与耿秉领导下，出塞三千余里，联合南匈奴打败北匈奴，穷追敌寇至燕然山。北匈奴从此一蹶不振，江河日下。永元三年（91），窦

---

[①] 比如班固评价西汉政坛的"儒相"群体说："自孝武兴学，公孙弘以儒相，其后蔡义、韦贤、玄成、匡衡、张禹、翟方进、孔光、平当、马宫及当子晏咸以儒宗居宰相位，服儒衣冠，传先王语，其酝藉可也，然皆持禄保位，被阿谀之讥。彼以古人之迹见绳，乌能胜其任乎！"（《汉书·匡张马孔传》）施丁对班固的记述大加肯定道："这里指出，公孙弘等'以儒宗居宰相位'者11人，特点是衣冠整齐，言谈正经，举止文雅；但都持禄保位，有阿谀之嫌。若以古人直道而行的标准衡量，差距甚大。他们为人为政的特点，主要是：1. 好学，'明经'，享有声誉。故君主擢其为相，以为辅佐或摆设。2. 为政多无建树，而有阿顺君主、畏惧权贵之嫌。故大多尸位素餐。3. 贪图利禄有术，而兴国安民少方。班固所论并不失实，也不偏颇。"（载瞿林东主编：《汉书研究》，中国大百科全书出版社2009年版，第185页。）

宪命耿夔率师远征，在金微山再次袭破北匈奴。此后北匈奴的一部分人众逐渐西迁，一直迁到遥远的欧洲。从汉初开始的长达三个世纪的汉匈战争，至此终于画上了一个休止符。

和帝时期打败北匈奴的关键人物是窦宪。窦宪是窦融的曾孙。当年班彪劝说割据河西的窦融归附光武帝刘秀，窦融听从了班彪的建议，两家从此结为世交，关系十分密切。窦融后来被光武帝倚重，是著名的灵台二十八将之一。到了章帝时期，窦融的曾孙女被立为皇后，原本就是权贵之家的窦氏家族，至此更是炙热绝伦。章帝死后，和帝即位，年仅十岁。窦太后临朝执政，太后的哥哥窦宪以母舅的身份担任辅政大臣，成为东汉政权的实际掌控者。

窦宪与班固的关系十分亲密，交情很深。窦宪出征的时候，命班固为中护军，参与军中谋议。汉军大破匈奴，窦宪登上燕然山，豪情万丈，踌躇满志，刻石记功而还。北宋范仲淹的《渔家傲》一词，下阕有句曰："浊酒一杯家万里，燕然未勒归无计。羌管悠悠霜满地，人不寐，将军白发征夫泪。""燕然未勒归无计"，用的就是窦宪大破北匈奴的典故，可见窦宪打败北匈奴的史实被后人所追慕不已的情形。而当年在燕然山为窦宪刻石记功、撰写铭文的就是班固。这篇铭文热情称颂了窦宪的功绩，高度肯定了此次胜利的重大意义。铭文收录于《后汉书·窦宪传》，其中有这样的赞颂之辞：

> 惟永元元年秋七月，有汉元舅曰车骑将军窦宪，寅亮圣明，登翼王室，纳于大麓，惟清缉熙。……上以摅高、文之宿愤，光祖宗之玄灵，下以安固后嗣，恢拓境宇，振大汉之天声。兹可谓一劳而久逸，暂费而永宁也。……（《封燕然山铭》）

这篇铭文在对窦宪极尽歌功颂德之能事的同时，也对打败匈奴所起到的消除边患、张大国威的重大意义，作了充分的阐发。"振大汉之天声""一劳而久逸，暂费而永宁"等表述，均显示了班固对出兵匈奴的态度是坚决支持、热情肯定。然而，这种态度与班固平时对匈奴问题的认识是有矛盾的，而这种情形，恰好折射出了班固战争观的矛盾与复杂。

对于匈奴问题，班固在《汉书·匈奴传赞》中有一段详细的论述。他通过对几百年来汉匈关系的研究，认为汉兴以来对匈奴的政策，不外以下两种，即：

> 故自汉兴，忠言嘉谋之臣曷尝不运筹策相与争于庙堂之上

乎?……人持所见,各有同异,然总其要,归两科而已。缙绅之儒则守和亲,介胄之士则言征伐,皆偏见一时之利害,而未究匈奴之终始也。(《汉书·匈奴传赞》)

指出汉兴以来对匈奴的政策主要有"和亲"与"征伐"两种,且"缙绅之儒则守和亲,介胄之士则言征伐"。主张和亲的一般是儒生;主张征伐的一般是军人。班固认为这两种策略各有偏失,均未能从根本上解决匈奴问题。一方面,他反对屈辱和亲。从刘邦、吕后开始,汉人与匈奴"约结和亲",结果匈奴非但寇盗不止,反而愈加傲慢,单于甚至还敢公然写信侮辱吕后;到了文帝时期,继续遵循和亲政策,结果怎么样呢?班固写道:

逮至孝文,与通关市,妻以汉女,增厚其赂,岁以千金,而匈奴数背约束,边境屡被其害。……此则和亲无益,已然之明效也。(同上)

班固在这里明确陈述了他反对和亲的思想;那么,反对和亲,是否就意味着班固支持征伐呢?非也。班固也不赞成对匈奴的战争。汉武帝不是跟包括匈奴在内的异族打了将近半个世纪吗?结果因为战争耗时过长,人力物力投入太大,几乎把国库都打空了。对汉武帝发动的讨伐匈奴的战争,班固是反对的。他说:

当孝武时,虽征伐克获,而士兵物故亦略相当。(同上)

战争耗费太大,人员伤亡太高,给百姓和国家带来了深重的灾难。既然和亲不行,征伐也不行,那么对匈奴应该采取一种什么样的政策呢?班固提出了一种解决方案:

来则惩而御之,去则备而守之。其慕义而贡献,则接之以礼让。(同上)

认为对付匈奴最好的办法就是:他们来入侵,我们就严阵以待惩罚他们、抵御他们;他们一旦离去,我们就加强防务,守好边疆;如果他们羡慕中原的礼乐文化而向我们投诚,向我们进贡,我们就礼尚往来,好好对待他们。笔者认同这一看法,即这是"班固对汉匈关系乃至汉与其他少数民族关系上的主要原则和观点"[①]。该如何评价班固的这种战争观?安作璋指出:

---

① 蒋蓉:《班固之"汉匈"关系观点考》,《文献》1996年第4期。

班固的这种主张，初看来似乎有些道理，而实际上只是一种被动应付的消极防御办法。历史证明，汉朝对待匈奴奴隶主，仅仅靠消极防御，是不可能解除边患的，更不可能使其'慕义贡献'，只有采取积极的防御战争，才能彻底解决匈奴的问题。①

指出班固的这种主张其实是一种对匈奴的消极防御。这决定了他即使在评价某些"主动出击"的战争人物时，采用的仍然是"消极防御"的思维。比如名将陈汤与甘延寿未请示朝廷，矫诏率军袭杀匈奴郅支单于，并喊出了"犯强汉者，虽远必诛"的提神振气的口号，力扬大汉国威，勇立千载之功。朝廷事后论功评议时，石显认为陈汤与甘延寿"兴师矫制"，若奖赏这种行为，就会引发"后奉使者争欲乘威徼幸，生事于蛮夷"。而刘向则持相反态度，认为陈、甘"言威武勤劳则大于方叔、吉甫，列功覆过则优于齐桓、贰师"，理应论功封侯。《汉书·陈汤传》虽对这两种意见均未遮蔽，客观呈现，但由于陈汤等人的行为不符合"来则惩而御之，去则备而守之"的军事战略原则，因而班固在记述时基本隐匿了他的立场，未对他们的战功做出态度明确的肯定与歌颂。

当然，班固提出的消极防御主张，并非一无是处，毫无价值。实际上，班固是从儒家的"反战"意识与"仁政"思想出发，看到了战争这种不祥之器，会给国家和百姓造成严重灾难。在《汉书·夏侯胜传》中，他借汉宣帝时期的大儒夏侯胜之口，对汉武帝连年征伐所造成的巨大灾难作了痛切的揭露：

> 武帝虽有攘四夷广土斥境之功，然多杀士众，竭民财力，奢泰无度，天下虚耗，百姓流离，物故者半。蝗虫大起，赤地数千里，或人民相食，蓄积至今未复。亡德泽于民，不宜为立庙乐。（《汉书·夏侯胜传》）

既然班固持消极防御观，且看到了汉武帝对匈战争所造成的巨大灾难，为什么他还会在现实生活中支持朝廷的讨匈决策，并在战后对窦宪歌功颂德，大力揄扬对匈作战的功绩呢？实际上，关于当时是否应该对北匈奴开战，朝廷内部展开了一场大讨论。以司徒袁安为首的一批朝臣依据儒家思想，强烈反对出兵匈奴：

> （袁安等）以为匈奴不犯边塞，而无故劳师远涉，损费国

---

① 安作璋：《班固评传》，广西教育出版社1996年版，第45页。

用，徼功万里，非社稷之计。(《后汉书·袁张韩周列传》)

按照班固提出的"来则惩而御之，去则备而守之"军事战略原则，他应该是站在袁安这一边的。但实际情况却恰恰相反，在当权者的想法与他所秉持的思想原则发生冲突的时候，他先择了前者，选择了权贵窦宪，他的军事思想显然也随之摇摆到当时的主战派耿秉所提出的"以战去战，盛王之道"的立场上，并在战争胜利后写下了《封燕然山铭》等歌颂窦宪战功的文字。孤立来看，《封燕然山铭》以颂扬讨匈胜利为题旨，似乎并无思想上的不妥；但若联系班固提出的"来则惩而御之，去则备而守之"，以及他对战争危害的描述，就可以从中看出班固思想的动摇、世故与庸俗了。班固依附窦宪，后来也为此付出了惨重的代价。永元四年（92），窦宪被和帝免官，被迫自杀。窦宪败死后，班固失去了靠山，很快遭人乘机报复，被罗织入狱，不久死于狱中。

白寿彝指出班固的《汉书》具有"博洽"的特征，并认为这种"博洽"并不能"解救它在历史思想上的贫困性，也掩盖不了这种贫困。正相反，这种博洽却助长了它的驳杂，成为折衷主义的工具"。他进而指出班固在解释秦楚之亡和汉之兴的问题上，所表现出来的折衷主义——"它在《高帝纪》，采用了刘向的五德相生说，把汉之建国归之于'协于火德'。在《陈胜项籍传》赞，用了贾谊的《过秦论》，把秦之亡归之于'仁义不施而攻守之势异'；又用了司马迁的说法，把楚之亡归之于项羽战略上的错误。在《诸侯王表》序，又用封建论者的说法把秦亡归之于'内亡骨肉本根之辅，外亡尺土藩翼之卫'。像这样地采用众说，博洽是博洽了，但这四个说法之间却无一不矛盾。单独地就一个说法来看，却都还不失为一种说法。但合起来看，就什么问题也都不能说明了。"[①] 其实，班固的这种"博洽"，还是能说明一个问题的，那就是班固对权力中心的维护与歌颂，只要不忤逆于权力中心的意志，他能做到博采众长，整合诸多观点，然而一旦在某个具体问题上发现与权力中心的意志不一致，他会坚定地舍弃其他学说，自觉在思想上与权力中心保持步调一致。班固战争观矛盾的根源亦在于此。从儒家思想出发，他反对穷兵黩武，持消极防御法；从现实政治出发，他又依附窦宪，成为主战派中的一员，从而在战略思想上大体表现出"消极防御"与"主动出

---

[①] 白寿彝：《〈汉书〉的博洽》，《北京师范大学学报》1963 年第 4 期。

击"的二重性。这种矛盾作为班固思想人格的一种反映，自然也会体现在对《汉书》战争的叙述上。

## 三

汉武帝之后的战争现象与战争人物，当为班固不依赖《史记》而独立撰写的，这些内容应为我们考察《史记》战争叙述的重点。汉武帝去世之后，直至王莽篡汉、西汉覆亡，这一期间汉廷与外族主要发生了哪些战争呢？依据《中国历代战争年表》[①]，主要有以下这些：

前86年，汉吕破胡击破益州夷民之战。
前83年，汉田广明击破益州夷民之战。
前80年，马适建、韩增、田广明镇压武都氐人叛乱。
前79年，汉、匈瓯脱之战。（汉军主帅不详。）
前78年，汉、匈张掖之战。（汉军主帅不详。）
同上年，汉范明友攻辽东乌桓之战。
前75年，汉范明友击退乌桓。
前71年，汉田广明、范明友、韩增、赵充国、田顺等五将援乌孙击匈奴之战。
同上年，汉常惠攻龟兹之战。
前67年，汉郑吉联合西域攻车师。
前65年，汉冯奉世攻莎车之战。
前64年，汉郑吉、常惠救援车师。
前61年，汉赵充国平定西羌之战。
前60年，汉赵充国屯边防匈奴之战。
前53年，郑吉发诸国兵攻乌孙以救援汉使。
前42年，汉冯奉世、任千秋镇压陕西羌人反叛。
前36年，汉陈汤击匈奴康居之战。
前29年，乌孙围攻汉都护段会宗。
前27年，汉陈立攻夜郎之战。

上述战争的汉军主帅主要有：

吕破胡、田广明、马适建、韩增、范明友、赵充国、田顺、

---

[①] 参见《中国历代战争年表》有关西汉历史部分，解放军出版社2003年版。

常惠、冯奉世、任千秋、陈汤、陈立。

他们当中的哪些人幸运地成为《汉书》的传主呢？有以下七人：

  赵充国、常惠、郑吉、陈汤、段会宗、田广明、冯奉世。

这些人的传记哪些堪称是《汉书》的名篇呢？仅有一篇《赵充国传》，为多家《汉书》选本收录①。选家之所以选录《赵充国传》，主要是着眼于该篇的思想价值，而从文学角度考量这篇传记，就难以尽如人意。在两汉文学作品的选本中，人们几乎看不到这篇传记；一般的文学史教材在谈到《汉书》的文学价值时，也几乎没有提到这篇传记。其他军事人物的篇章，更是缺乏文学史家的关注。当然，从刻画人物形象的角度来看，班固对于赵充国在战场上的出生入死、英勇顽强是有描述的，如：

  武帝时，（赵充国）以假司马从贰师将军击匈奴，大为虏所围。汉军乏食数日，死伤甚多，充国乃与壮士百余人溃围陷阵，贰师引兵随之，遂得解。身被二十余创，贰师奏状，诏徵充国诣行在所。武帝亲见视其创，嗟叹之，拜为中郎，迁车骑将军长史。（《汉书·赵充国传》）

这段文字简明、清晰，让读者知道赵充国在战场上是一员冲锋陷阵、不惧死亡的虎将。但读者若想进一步了解赵充国是怎么冲锋陷阵的，他是怎么说的，怎么做的，战场上的具体情境如何等等，那就无从满足了。在《赵充国传》中，班固把主要的笔墨花在了赵充国晚年安定西羌的军事谋略上。羌人发动叛乱，赵充国不顾七十多岁年老体衰，主动请缨，安羌平乱。他强调不要一味迷信武力，在给汉宣帝的信中这样写道：

  臣闻帝王之兵，以全取胜，是以贵谋而贱战。战而百胜，非善之善者也。（《汉书·赵充国传》）

赵充国的使命是安羌弥乱。他不追求眼前的军事胜利，而是着眼于长远的边境安宁，争取汉羌民族的和睦相处。当时与赵充国的战略方针截然不同的是朝廷的主剿方针。汉宣帝调遣了七万大军到前线，计划用压倒性的优势兵力速战速决来解决羌祸。赵充国反对

---

① 如李孔怀、沈重编译：《汉书纪传选译》，上海古籍出版社1994年版；冉昭德、陈直编注：《汉书选》，中华书局2009年版。

这种做法，主张用非军事手段解决问题。汉宣帝一开始不理解赵充国的思想，后来赵充国向朝廷上疏反复陈述自己的主张，最终说服了汉宣帝。在"全师保胜安边"的战略思想指导下，赵充国以"不战而屈人之兵"的方式，成功地解决了羌祸的问题。

　　班固为什么把《赵充国传》的笔墨主要放在赵充国晚年的安羌谋略上，而不是放在战场上他如何冲锋陷阵上，就在于在对待战争的问题上，班固的本心是持消极防御论的，不到万不得已最好不要动用武力，而赵充国的谋略正是强调不要迷信武力，强调用兵的最高境界是"不战而屈人之兵"，这最为班固所激赏，于是自然会把叙述的重点放置于此。然而班固战争叙述的遗憾亦随之而来。他只是将历史人物的战争履历叙述清楚即可，至于战场上传主的英雄精神以及战争过程的惊心动魄，该如何绘声绘色、激情洋溢地记述下来，则是他不感兴趣的，是他不愿也不想去传达的。在消极防御论的支配下，《汉书》的战争叙述几乎完全放弃了对战争英雄的审美观照。

　　此外，《汉书》战争叙述的另外一个特点是强调战争人物的道德品质。仍以《赵充国传》为例，班固写赵充国反对汉宣帝用武力镇压羌人的策略，一开始汉宣帝很不理解，下旨申斥赵充国畏战，并向他正式下达了作战命令。赵充国顶着巨大的压力，从大局出发，不顾安危，再次向汉宣帝上疏陈述自己的战略主张，并剖白自己的耿耿忠心道：

　　　　臣得蒙天子厚恩，父子俱为显列。臣位至上卿，爵为显侯，犬马之齿七十六，为明诏填沟壑，死骨不朽，亡所顾念……（《汉书·赵充国传》）

　　以其赤胆忠心，赵充国最终打动了汉宣帝，使其接受了自己的主张。班固十分注意挖掘传主身上的这种"忠君"思想。在他看来，忠于君主，是臣子做人的最高准则，是他一旦从传主身上发现就要大力表现的。这就是为什么《汉书》最有名的篇章是歌颂"忠君"思想的《苏武传》；反之，传主身上如果有诸多与封建道德准则不合拍的行为，那么即使他战功显赫，也会因他的人品问题而难以成为《汉书》歌颂的对象。如对名将陈汤除掉郅支单于的历史贡献，《汉书》即肯定不够[①]，过多纠缠"陈汤傥荡，不自收敛"（《陈汤传》）的道德缺憾。但庆幸

---

①　当代史家指出："郅支西迁及其一系列重大活动，堪称是件大事，如果郅支不为陈汤所灭，中亚的历史或将改写，一些中亚国家如大宛、康居、月氏甚至安息都会受到影响。"（见王柏灵：《匈奴史话》，陕西人民出版社 2004 年版，第 102 页。）

的是，在《陈汤传》中班固毕竟没有遮蔽他的军功，并通过大段转录刘向、谷永为陈汤请功、辩护的奏疏，含蓄地表达了对陈汤历史贡献的某种肯定，显示了班固战争理念的矛盾与驳杂。

总之，班固虽然在《汉书》中并未遮蔽陈汤等名将的军事贡献，但却放弃了对战争英雄的审美观照，并在战争记述中格外强调传主的道德品质。应该说，这种倾向在《史记·卫将军骠骑列传》中就已开始出现，但司马迁毕竟是偶一为之[①]；到了班固的《汉书》那里，它却遗憾地成为其战争叙述的普遍景观。更遗憾的是，汉末建安以来，随着"文"的自觉，随着"文"与"史"的逐渐分家，在史学家的心目中，《汉书》的理念与写法更合乎史学的规范，因而成为历代史家效仿的样板。在谈到《汉书》与《史记》不同的写作风貌时，施丁先生指出："司马迁是用画家的彩笔写历史"，"班固是用工细的墨笔写历史"；"……在司马迁笔下，历史的长河在流动，史篇是活生生的历史"，"……在班固笔下，历史的帐单较为清楚，然少彩色，有格式化的倾向。"[②] 然而《汉书》这种"少彩色""格式化"的写作倾向，以及对官方正统思想的大力弘扬，却令人遗憾地成为其后我国史传文学战争叙述的主流。

---

[①] 参见笔者拙作：《倚剑对风尘 慨然思卫霍——〈史记·卫将军骠骑列传〉探微》，《名作欣赏》2009年第1期。

[②] 施丁：《马班异同三论》，转引自北京师范大学史学研究所编：《司马迁研究新论》，河南人民出版社1982年版，第362页。

# 《史记》的史实考订：
# 以出土文献为依据

\* 本文作者吴淑玲，河北大学文学院教授，博士生导师

在与《史记》相关的文献研究中，史实考订是相当重要的内容，但是，我们有关的史记文献学的著述，很少提及这一板块。《史记》作为中国第一部通史，记录了我国自五帝以来到汉武帝时期的历史，充分证明了至今已五千年的中华文明历史的存在。但对于中国的文明历史，有不少西方学者持怀疑态度，甚至因此对《史记》持怀疑态度。尤其是对中国的上古史，由于史籍记录不完善，司马迁也有很多说不清楚的地方，中国又没有像埃及金字塔那样的实物即金字塔考古资料的证明，以致西方对中国远古文明的怀疑几乎就是要否定中国古代文明，所以，利用出土文献及其研究成果进行《史记》记录的中国古代文明进程的解说就是一项非常重要的工作。

## 一、以甲骨文为基础的考索

1899年，河南安阳小屯村甲骨文的出土，让西方的怀疑商代文明存在的观点不攻自破。1954年以后出土的材料，也给中国史学界的文明考古透出了一片崭新的天地。

甲骨文的出土，对《史记》的研究有极大价值。从古代甲骨文占卜的方法看（杀龟以后经过对龟甲的锯、削、刮、磨等手续后待用，有事时取出占卜），可以断定，甲骨文是古代的历史档案。从目前发现的甲骨文情况看，它记载着商周时期的历史，利用甲骨文的研究资料，可以考证商周时期的历史，补充、丰富、订正司马迁相关的记载，比如那一时期的王朝世系、史事情况、王者名字、贵族家谱、诸侯国分封等。

对殷商甲骨考古有重要贡献的董作宾先生，把甲骨按坑分期，

分成"五丁";"祖庚""祖甲";"廪辛""康丁";"武乙""文丁";"帝乙""帝辛"五坑五个时期,这实际就是对甲骨文的年代断代。在这些断代资料里,就有一些可以用来与《史记》互为资证。

甲骨文中的一些文字,可以给后人提供那个时代的重要人物的信息,比如甲骨卜辞中有"王亥(始祖契)""上甲微""天乙(商汤)"等人名,以铁的证据说明我们古代文献中所说的商汤时代并非虚无。1910 年,罗振玉提出,甲骨文中的 17 个名号,即是《殷本纪》中的王名,这引发了人们探讨甲骨文涉及的殷王朝王名的考释。罗振玉所提出的线索,正是出土文献与史实考订很好的结合点。郭沫若的《卜辞通纂》和董作宾的《断代例》,对殷王朝的世系断代有了更清楚的认识,从中可见甲骨文对解读《史记》史实的价值。其后,甲骨文考古学者陈梦家的甲骨断代著名论文《商代庙号考》,则对殷王朝的庙号进行了系统的排列。陈梦家先生认为,甲骨卜辞中出现的这些"武丁""父甲""父癸""祖丙""祖戊""甲庚""辛乙"等庙号,无关生卒日,也无非追名,而是祭祀的秩序,所以,可以根据祭祀的次序和祭祀的称谓等,确定人物之间的关系。如确定了武丁的年代后,根据卜辞内容和祭祀谱,断定祖庚(且庚)、祖甲(且甲)为武丁的两个儿子,武丁传位于祖庚,祖庚按兄终弟及制度传位于祖甲,故甲骨卜辞中有"兄庚"。而《史记·三代世表》则有:"帝太庚,沃丁弟","帝小甲,太庚弟"①。这样,甲骨文的资料就可证《殷本纪》所记载的"小甲,太庚子"之误,这恰说明司马迁材料来源有两种说法,而司马迁两存,甲骨文的文字,则证明了《三代世表》中"沃丁弟"当为"沃丁子",而帝甲确为帝庚之弟,这就澄清了《史记》记载的一些人物之间的关系。

甲骨文中的一些文字,给后人提供那个时代的重要事件,比如甲骨卜辞中有如下卜辞:

  1. 己酉卜,贞:雀往征犬,弗其[上"凶"下"十"]口。十月。(卜通 543,铁 181.3)

  2. 缶不其火犬。十月。(卜通 544,前 3.3.34)

  3. 己卯卜,允,贞:令多子侯罪[中间只一竖笔]犬侯寇周,叶王事。(续 5.2.2)

据刘桓考察,这几条材料皆为武丁时期的卜辞,第一条大意是:

---

① 《史记·三代世表》。

己酉占卜贞问，殷将领"雀"征讨犬方，没有收获吧？第二条大意是：（贞问）缶人是否会获得犬方的人。第三条大意是：殷王命令多子侯与犬侯攻打周方。这一类的材料，丰富了武丁统治时期的史事，对补充《史记·殷本纪》关于武丁的记载有重要价值，而武丁征伐四方，命令多子侯、犬侯的情况，也在一定程度上印证了司马迁所言"殷道复兴"的情况。

商朝的甲骨卜辞还反映了周武王灭商的时间。按照司马迁在《周本纪》中的记载，周武王十一年十二月戊午，周武王遍约诸侯，对商纣王用武。这一年的时间如果确定，则周文王去世的时间、周武王第一次牧野大会的时间均可确定。古人用兵一般都要进行祭祀，更何况这样大的军事行动。《竹书纪年》对周武王的卜辞进行了记录："冬十有二月，周师有事于上帝。"但这个卜辞在下文所述周人卜辞中没有发现，而商朝的卜辞却有相关的材料可以用来说明问题。殷纣王五十二年纣王用的卜辞：

    癸巳，彝文武帝乙宗贞：王其邵寻唐□，御，服二女；其彝：血□三，豚三，卤（斯）又（有）正。（《岐山甲文》$H_{11:1}$）

据吴晋生、黄历鸿《"武王伐纣"的三片甲骨卜辞之实证》一文的研究结果，癸巳日，是殷纣王五十二年十二月二十八日，殷纣王占卜，问成汤，西伯进犯，抵御是吉是凶。这个时间是根据《尚书》《竹书纪年》等确定出来的。

    癸丑卜，争贞：自今至于丁巳我□□？王□曰：丁巳我弗其□，于来甲子□。旬□一日癸亥，车弗□，之夕□。甲子允□（《殷墟文字乙编》第7795片）

据吴晋生、黄历鸿《"武王伐纣"的三片甲骨卜辞之实证》一文的研究结果，此片卜辞结合其他文献传达的是这样一些情况：周军自1月10日起兵丰都，经过21天的艰苦行军，1月30日到达孟津，与八国诸侯联军会师；1月30日到2月3日，西伯发与八国诸侯联军首领召开了5天的军事联盟会议（史书无载）；2月3日到2月10日，联军渡过黄河向朝歌进军。根据一些史料，吴晋生、黄历鸿推断的情况，一些文献材料有载，如《尚书·泰誓上第一》："一月戊午，师渡孟津，作《泰誓》三篇。"《尚书·泰誓中第二》："惟戊午，王次于河朔，群后以师毕会。"《周书·武成》："既戊午，师逾孟津。癸亥，陈于商郊，俟天休命。甲子昧爽，受率其旅若林，会于牧野。

罔有敌于我师，前途倒戈，攻于后以北，血流漂杵。一戎衣，天下大定。"结合甲骨文和《竹书纪年》《尚书》的记载，吴晋生、黄历鸿推断武王牧野会战的时间就可以确定在殷纣王五十三年一月三十日，周武王十二年二月三十日，公历公元前 1050 年 2 月 10 日（淑玲按：这个时间和夏商周断代工程的最终结论相差 4 年，应是没有考虑"岁星"的问题所致。见下文《利簋铭》说明）。

甲骨文中的一些文字，也给后人提供那个时代的不同民族的情况，比如上举《卜辞通纂》543 和 544 卜辞中所涉及的犬戎的情况。

周朝甲骨从 1951 年才开始续有发现，并将人们研究甲骨的目光引向了殷商故都以外。1977 年春，凤雏村南西周甲组宫殿遗址西厢 2 号房窖穴内的 $H_{11}$、$H_{31}$ 内，发现甲骨 17000 余片，80 年代逐渐公布，研究工作也已经有很多成果。周公庙甲骨 2004 年"浩善坑"的发掘使周公庙考古梅开二度，共清理出卜甲 700 多片，有刻辞者 83 片，初步辨析出的文字 400 余个；2010 年周公庙又出土大量甲骨，到 2011 年挖掘结束，出土甲骨 10000 余片，可辨识文字 2600 多个，甲骨上发现了"王季""文王"等称谓，还有"毕公""叔郑""周公""召公""周方伯"等字样。其中"王季"是首次发现，这是周文王的父亲季历被周武王追封的名号，是司马迁《史记·周本纪》中记录的，可证《史记》记录来源有自。这对描述周王历代承袭很重要。在周公庙出土的甲骨中，还有很多非常重要的信息，如周公东征平叛调动军队的甲骨卜辞，周朝营建洛邑占卜用的甲骨。这些，对我们理清《史记》线索，丰富《史记》记载，都有非常重要的帮助。

当历史学家把用甲骨文的研究成果和《史记》进行对照研究时，人们发现：《史记·殷本纪》所记述的商代世系竟和甲骨文中所反映的商代世系基本相符，《史记·周本纪》所记的武王灭商事迹，包括二度会师孟津，初会未打，二会所约八国诸侯、打的具体时间等，都能在甲骨文中找到印证。可见司马迁写史态度谨慎、一丝不苟，也可见《史记》的可靠性。

## 二、以青铜器为基础的考索

青铜器考古和甲骨文考古有相类的性质，因为青铜器最早也出现在殷商时期。但青铜器毕竟是更高级的形态，而且，因为是铸造而成，不受甲骨大小的限制，可以根据反映内容的多少在大小不等的青铜器上铸字，其所反映的各方面情况也比甲骨文更详细更清楚，故对殷周考古有非常重要的价值，当然也对《史记》研究有更多的价值，比如补充《史记》记载的不足、推测《史记》中的史事、考订《史记》的年代，纠正《史记》中的错讹等。

青铜器中，用于祭祀和随葬的器具最有价值。国之重在祀与戎，与祭祀、征伐有关的青铜器，往往反映时代大事。

十九世纪七十年代妇好墓的挖掘，出土468件青铜器，因铭文中有许多"妇好"字样，被专家命名为"妇好墓"。据现在所知的甲骨卜辞中，有200多条卜辞与妇好相关，这批甲骨基本都在被确定为武丁时期的卜甲坑中发现，可见武丁与妇好关系之紧密。考古专家们又根据卜辞中内容多与征伐有关、也与生育有关，确定妇好应是武丁的配偶，而且本领很大，经常带兵四处征伐。这些，经过研究获得比较一致的结论后，可以充分补充《史记·殷本纪》关于武丁时期史事记载简略的情况。

十九世纪七十年代陕西临潼县零口镇出土的一件著名青铜器利簋，不仅印证了周武王甲子克商的历史，还丰富了周武王克商以后的一些安抚人心的活动。《利簋铭》原文：

□王征商，佳甲子朝，岁鼎，克昏夙有商。辛未，王在阑师，赐有事利金，用乍旜公宝尊彝。

这是商周断代无可替代的实物证据。甲子日、岁星在天，这两个必须的条件，加上《国语·周语》记载的天象情况等，经碳十四确定大致年代后，天文学家再根据上述条件确定了周武王克商的绝对年代：公元前1046年1月20日。而武王克商以后，并不是只顾着自己高兴，他注意安抚民心，赐给"利"金，"利"就用这些金做了"利簋"，用来祭祀"旜公"（学者推测，此人是"利"的父亲，其父"旜公"应是武王伐商队伍中的旗手，在战争中牺牲，所以，周武王赐给其子"金"制作利簋以进行祭祀，这是极大的荣耀，故"利"将这件事情记录下来）。

十九世纪七十年代，西周庙考古，白庄一号窖藏中出土青铜器103件，其中的兽面纹"墙盘"至为珍贵。"墙盘铭"原文长达284字，有专家对"墙盘铭"破解的大意是：武王克商以后，墙的烈祖因某种原因获罪，他负枷跪行，来到武王面前谢罪，希望免其一死。墙盘铭中还有一个"微"字，就是墙的烈祖，为商之旧臣。而据

《史记·殷本纪》记载，武王灭商以后，"封商纣子禄父殷之馀民。武王为殷初定未集，乃使其弟管叔鲜、蔡叔度相禄父治殷。已而命召公释箕子之囚。……命闳夭封比干之墓。"《史记·宋微子世家》："于是武王乃封箕子于朝鲜而不臣也。""墙盘铭"中的这个"微"字，是不是就是《宋微子世家》中的那个"微子"呢，应该也是一个很有意思的问题。

十九世纪九十年代，在山西曲沃和翼城之间的天马——曲村遗址出土的一系列有关晋侯的青铜器，可以为《史记·晋世家》的解说更接近历史的真实提供许多有价值的资料，比如有学者根据史料判定《发掘》19页图二四之一的一段文字"晋侯鮴作宝尊鼎，其万年永宝用"中所提到的"鮴"，就是晋献侯苏，由此推断其他晋侯墓的墓主，还可以就考古结果纠正司马迁记载中的一些错误。

再比如河北满城陵山中山靖王刘胜墓出土的大量的金银铜器上面的铭文，为解读西汉历史提供了很多实证。《史记》记载，刘胜为汉景帝之子，汉景帝前元三年（前154）被封为中山王。中山靖王刘胜的所作所为，与赵王完全不同：

> 中山靖王胜，以孝景前三年用皇子为中山王。十四年，孝景帝崩。胜为人乐酒好内，有子枝属百二十馀人。常与兄赵王相非，曰："兄为王，专代吏治事。王者当日听音乐声色。"赵王亦非之，曰："中山王徒日淫，不佐天子拊循百姓，何以称为藩臣！立四十二年卒，子哀王昌立。"①

《史记》所记载的中山靖王刘胜骄奢淫逸的生活，在中山靖王墓的考古中得到了极好的印证。中山靖王墓中出土了金、银、铜、铁、玉、石、陶、漆器具和丝织品等共计一万余件，其中包括金缕玉衣、长信宫灯、错金博山炉等著名考古文物，其中，长信宫灯和错金博山炉上面都有铭文，记载着该文物的铸造、形制、分量、用途等，这些铸造的文字并没有透露太多的历史事件，但其存在本身就是非常有力的证据，它不仅证明了中山靖王刘胜确实拥有奢华的生活，也告诉人们当时的诸侯王确实具有非凡的力量，可以自己打造各种金、银、铜、铁、玉、石等器具，还能自己制造度量衡用具（如有一件铜钫，上面的铭文是："中山内府铜钫一，容四斗，重十五斤八两，第一，卅四年，中郎柳氏洛阳。"）、拥有自己的独立王国（上例

---

① 《史记·五宗世家》。

"中山内府"字样可证)。刘胜属于那种会做藩王者,他不招帝王诸子忌讳,尽情享乐生活,在中山靖王位四十二年,死后仍享受尊荣无限,中山靖王墓的各种金属器具及其上面之铭文,证明了司马迁所记录的高度概括和精确。

近些年大量青铜器的出土和研究成果,引起学术界一次次惊奇赞叹。这些青铜器的大量存在和出土,为商周文化提供了真实可信的物质实证,随着科学技术的发达和辨识古文字水平的逐渐提升,会有很多考古结果给我们带来更多惊喜,也一定会对《史记》研究带来很多震惊。

## 三、以简帛文献为基础的考索

"简"指竹简,"帛"指帛书。2003年,仝冠军先生提出简牍不晚于甲骨说,其说或许很有道理,但就目前出土的简牍文献和帛书文献的时代来看,大体比较接近,我们还是把简帛文献放在一起谈论。

简牍材料的来源要容易和丰富得多,帛书文献的材料虽然不易获得,但因为可以书写更方便,也就获得了高层统治者和贵族的青睐。因为书写容易,简帛文献反映的内容较之于青铜器就更加丰富多彩。就现在已知出土的简帛文献情况看,简帛文献所反映的文化层次更高,已经不仅仅停留在记事、祭祀上,而是有很多反映了其所在时代文化名人的活动、文学作品的汇集等,这些,对《史记》的研究也是极有帮助的材料,比如郭店楚简、上博楚简、睡虎地秦墓竹简、长沙马王堆汉墓帛书等。

郭店楚简,即郭店楚墓竹简,是1993年10月中国湖北省荆门市沙洋县纪山镇郭店一号楚墓内出土的竹简,被称为目前为止世界上最早的原装书。郭店楚简共804枚,其中有字的竹简有726枚,字数有13000余个,全部为先秦时期的儒家和道家典籍,共18篇。儒家典籍有《缁衣》《鲁穆公问子思》《穷达以时》《五行》《唐虞之道》《忠信之道》《成之闻之》《尊德义》《性自命出》《六德》《语丛》(四篇);道家著作有《老子》(甲、乙、丙)三篇和《太一生水》。郭店楚简的价值:郭店楚简根据埋藏时间大致可以确定在公元前四世纪到三世纪之间,也就是在秦始皇焚书坑儒之前,因此,郭店楚简保存了大量先秦古籍,是非常难得的先秦原始资料。郭店楚简的重要学术研究价值甚至被誉为"改写中国思想史的典籍"。郭店楚简上记有道家文献2篇,儒家文献14篇,其中以道家文献《老子》最为有名。郭店楚简的《老子》文献,可以让我们理一理先秦老子思想的发展演变,对比《史记》的《老庄申韩列传》中的老子传部分,我们可以研究先秦道家思想和司马迁所理解的道家思想的同异。郭店楚简的儒学著作,搭起了儒学思想家孔子和孟子的桥梁。过去一直搞不清楚,从孔子到孟子这二百年间究竟怎么回事,郭店楚简中首次面世的这14篇儒学著作,弥补了孔、孟儒学思想衔接的空档。作为《史记》的研究学者,可以考察一下这些材料与《史记》的关系。这些,是司马迁肯定没有见到的材料,但我们可以通过这些材料研究儒家传承情况,为《史记》注释学增加材料;还可以透过这些材料研究司马迁对儒家弟子思想传承的解读。

马王堆汉墓帛书的出土对《史记》文献学研究也有很多帮助。1973年在湖南省长沙市东郊浏阳河旁的马王堆乡,发现了三座墓葬,因传为楚王马殷的墓地,故名马王堆。其实是长沙国丞相利苍及其家属的墓葬。三座墓葬中出土了大量文物,其中马王堆三号汉墓出土的帛书多为已经失传了两千多年的古逸书,就是有传本传世的,也与今本有所不同。这些帛书对古代文化的研究极有价值,就《史记》文献学研究来讲,马王堆出土的哲学著作、历史著作,对我们考察《史记》的记载颇有帮助。三号墓葬墓主利苍之子埋葬时间大约是西汉文帝前元十二年(前168),故此,司马迁肯定没有见到过这批帛书。但这批帛书未必没有其他抄本,也就是说,司马迁是否见到这批帛书的其他抄本尚需仔细研究。比如这批帛书中的《战国纵横家书》。司马迁未曾得见这批帛书,但他肯定见过相关的材料,《史记》中的苏秦、张仪、蔡泽、范雎等策士的列传,司马迁究竟依据什么材料记述,之前的其他史书是没有记载的。所以,我们可以对比《战国纵横家书》所记载的策士们的活动和《史记》所记载的策士们的活动轨迹,寻找司马迁的材料来源,有些甚至可能订正《史记》之误。比如这批帛书中出土最多的是星占材料,这是那个时代人们生活所需的真实情况的反映,这似乎为我们提供了司马迁写作《天官书》《龟策列传》等篇章的时代文化基础。马王堆帛书的《五星占》还为《史记》列陈涉入《世家》提供了当时时代的依据,因为在土星行度纪年表中,秦始皇三十七年后,相当于秦二世时期,年号里公然标有"张楚",《刑德》里也标有"张楚"年号,这就说明,"张楚"是汉代承认的一个历史时期,《史记》记载汉高祖还为陈胜置守冢,至司马迁写作时代仍"血食",也就是祭祀不辍,当然应该入《世家》。这批帛书还出土了一些《地形图》《驻军图》《城邑图》等,我们可以根据这些图籍校勘《史记》有关长沙附近地理记载的相关情况。这些都是极其有价值的。

## 四、以新出土纸质文献为基础的考索

新出土的纸质文献,主要是指敦煌、吐鲁番等地出土的大量纸质文献,尤其是敦煌遗书。敦煌遗书包括5～11世纪间六、七百年的古代文献。其中有纪年者近千件,最早的为西凉建初二年(406),最晚的为宋咸平五年(1002)。大部分汉文写本写于中唐至宋初。汉文遗书除95%以上为佛典和其他宗教文献外,其余为经、史、子、集、官私档案、医药天文、诗词俗讲等。敦煌纸质文献有大量的官私档案文书,是研究中古历史、社会生活、风习民俗、寺院经济等的第一手资料,但对研究《史记》没有多少帮助。只有其中的《史记》敦煌写本,对我们研究《史记》在唐宋时期的写本状况有重要关系。

现存敦煌《史记》写卷只有三个:(1)《史记集解·燕召公世家》(残卷);(2)《史记集解·管蔡世家》(残卷);(3)《史记集解·伯夷列传》(残卷)。此三卷皆被法国人伯希和盗去,现存法国巴黎国家图书馆,国家图书馆法藏敦煌文献有照片。三卷非一人书写,根据"渊"字缺笔情况断定,皆唐高祖武德年间写本,所以,此三卷基本能够反映初唐时期《史记》传抄的面貌。根据这三个本子,我们可以为《史记》所作的工作主要有:考订敦煌写本与中华书局本文字异同;考订敦煌写本《史记》与早期《史记集解》刻本之间的关系等;说明初唐时期《史记》传本的基本面貌。

吐鲁番出土的大量纸质文献,笔者尚未触及,检索吐鲁番新出土文献,或者也会发现与《史记》相关的材料。

由上可知,出土文献,无论就史实考订、思想传承、文字异同等方面,对《史记》研究都有很多极有价值的帮助,但目前"史记文献学"方面的出土文献利用,还很不乐观,还有很多值得开拓的领域。提出这一问题,希望引起《史记》研究学者对出土文献的利用。

# 《史记》人物研讨

## 《史记》价值评价体系与用人制度的关系

\* 本文作者刘丽文，中国传媒大学教授、博士生导师。

西方历史学家文德尔班和李凯尔特等人认为，在历史学中有不可离弃的价值体系，历史学家对历史事件的知识是由价值判断组成的。[①] 这个说法很有道理。价值体系是历史学家思想知识才具的凝聚和体现，它不仅直接决定选录人物的原则和评断标准，同时也对人物的塑造发挥一定作用。本文认为，《史记》的人物价值评价体系是一个复杂的有机体，兼有非官方性和非正统性，体现了多种价值取向交叉、道德评价与历史评价兼顾的特点。这一特点的根本成因，与西汉前期的用人制度有密切关系。

### 一、《史记》的价值评价体系及特点

毫无疑问，司马迁是将"立德"作为士人最高的价值追求的。

---

① 李秋零：《德国哲人视野中的历史》，中国人民大学出版社1994年版，第19页。

他认为儒家先圣孔子的价值原则和道德情操是"德"之至者,将并无什么事功的孔子列为"世家",崇敬地说:"《诗》有之:'高山仰止,景行行止。'虽不能至,然心乡往之。余读孔氏书,想见其为人。适鲁,观仲尼庙堂车服礼器,诸生以时习礼其家,余祗回留之不能去云。天下君王至于贤人众矣,当时则荣,没则已焉。孔子布衣,传十余世,学者宗之。自天子王侯,中国言《六艺》者折中于夫子,可谓至圣矣!"[1]将孔子看成巍峨的、令人仰视而不可企及的高山,称孔子为"至圣",充满了无限的敬仰之情。除《孔子世家》外,司马迁在《史记》的其他地方也多次提到孔子,多次引用孔子的言论,认为孔子是值得万世景仰的道德榜样。此外,没有事功而被司马迁作为道德典范歌颂的还有伯夷。在《太史公自序》中歌颂说:"末世争利,维彼奔义;让国饿死,天下称之。"显然"奔义"、"让国"是司马迁倾心的崇高道德之一。

司马迁同样认为"立功"是士人重要的价值选择,《史记·太史公自序》说:"扶义俶傥,不令已失时,立功名于天下,作七十列传。"即他认为,士人应当抓住机遇,及时建功立业。但与他之后的史官文化不同,《史记》的"功"充溢着较为浓重的战国士文化色彩,其主要表现是:

1."功"的内涵复杂多样,兼有非官方性和非正统性

所谓兼有非官方性和非正统性,就是说在价值取向上不完全以封建帝国的利益和为统治阶级认可的思想行为为标准。

考察司马迁对人物的价值取舍,一个很便当的方法是看他的《太史公自序》。《太史公自序》阐说了立传的依据,不少议论都表现了他对人物的价值取向。现选录几条如下:

A类:

末世争利,维彼奔义;让国饿死,天下称之。作《伯夷列传》第一。

能以富贵下贫贱,贤能诎于不肖,唯信陵君为能行之。作《魏公子列传》第十七。

能信义强秦,而屈体廉子,用徇其君,俱重于诸侯。作《廉颇蔺相如列传》第二十一。

---

[1] 韩兆琦:《史记笺证》,江西人民出版社2004年版。

B类：

结言通使，约怀诸侯；诸侯咸亲，归汉为藩辅。作《郦生陆贾列传》第三十七。

鞅去卫适秦，能明其术，强霸孝公，后世遵其法。作《商君列传》第八。

湣王既失临淄而奔莒，唯田单用即墨破走骑劫，遂存齐社稷。作《田单列传》第二十二。

楚人迫我京索，而信拔魏赵、定燕齐，使汉三分天下有其二，以灭项籍。作《淮阴侯列传》第三十二。

C类：

救人于厄，振人不赡，仁者有乎；不既信，不倍言，义者有取焉。作《游侠列传》第六十四。

不流世俗，不争势利，上下无所凝滞，人莫之害，以道之用。作《滑稽列传》第六十六。

布衣匹夫之人，不害于政，不妨百姓，取与以时而息财富，智者有采焉，作《货殖列传》第六十九。

其中 A 类和 B 类，分别以正统主流文化认可的人品道德和政治功业为价值取向；而 C 类，则以与正统主流文化相悖的行为为价值取向。

C 类中的所说的游侠，是被汉代最高统治者严厉打击的对象，汉武帝曾明令诛杀之。但司马迁认为："其行虽不轨于正义，然其言必信，其行必果，已诺必诚，不爱其躯，赴士之厄困，既已存亡死生矣，而不矜其能，羞伐其德，盖亦有足多者焉。"（《史记·游侠列传》）故而为其作传。商人是被统治者抑制的群体，但司马迁认为，他们头脑灵活，善于经营，在政策允许的范围内发财致富，是智慧的表现。更何况"商不出则三宝绝"（《史记·货殖列传》），商人的活动客观上流通了物资，应当予以肯定，因此为他们作传。《滑稽列传》的俳优，是正统士人所不齿者。司马迁说："天道恢恢，岂不大哉！谈言微中，亦可以解纷。""淳于髡仰天大笑，齐威王横行；优孟摇头而歌，负薪者以封；优旃临槛疾呼，陛楯得以半更。岂不伟哉！"（《史记·滑稽列传》）要之，也是从"功业"角度的评价，但显然已经突破了等级地位界限。这些都表现了价值取向的非官方性和非正统性。

班固曾批评司马迁"是非颇谬于圣人，论大道则先黄老而后六经，序游侠则退处士而进奸雄，述货殖则崇势利而羞贫贱"。(《汉书·司马迁传》) 这充分表明了两人所遵循价值标准的不同。班固不能容忍司马迁对于对专制国家秩序有破坏作用的游侠的行为的推崇，他说：贵族游侠战国四公子导致了"背公死党之议成，守职奉上之义废"；布衣游侠"……郭解之伦，以匹夫之细，窃杀生之权，其罪已不容于诛矣。"(《汉书·游侠传》) 班固不能容忍司马迁对不入品流的低级士人及操末业的商人的"业绩"的肯定。他说："四民食力，罔有兼业。大不淫侈，细不匮乏，盖均无贫，遵王之法。靡法靡度，民肆其诈，偪上并下，荒殖其货。侯服玉食，败俗伤化。"(《汉书·叙传》) 要之，班固是以维护专制帝国秩序所需要的道德为主要标准的，他认为，"古者天子建国，诸侯立家，自卿大夫以至于庶人各有等差，是以民服事其上，而下无觊觎"。而"布衣游侠剧孟、郭解之徒驰骛于闾阎，权行州域，力折公侯。众庶荣其名迹，觊而慕之。虽其陷于刑辟，自与杀身成名，若季路、仇牧，死而不悔也。"(《汉书·游侠传》) 即游侠破坏了固有等级、破坏了社会秩序，蔑视国家法令，擅行生杀之权，触犯了法律，是对大一统国家权威的挑战。商人呢，作为被统治者四民之一，应该安于其位，在物资生活上，遵从他所在等级的规范，因为"自天子公侯卿大夫士至于皂隶抱关击柝者，其爵禄奉养宫室车服棺椁祭祀死生之制各有差品，小不得僭大，贱不得逾贵"，这样，才会"上下序而民志定"(《汉书·货殖传》)，封建等级制度才能保持稳定，封建君权才能够稳固。而通过经商致富是一种运用诈力之举，更何况他们富厚之后，锦衣玉食，与王侯差不多，破坏了固有的等级关系，简直是伤风败俗！

司马迁则兼顾事功和道德两方面，其道德具有朴素的人民性，事功具有强烈的个性化色彩。司马迁之所以歌颂游侠，是因为："且缓急，人之所时有也。……昔者虞舜窘于井廪，伊尹负于鼎俎，傅说匿于傅险，……此皆学士所谓有道仁人也，犹然遭此灾，况以中材而涉乱世之末流乎？其遇害何可胜道哉！"(《史记·游侠列传》) 即社会上不公平的事情太多了，人们常陷于厄运而告诉无门，指望法律伸张正义吗？法律往往是统治阶级任意杀人的工具，治狱官常是专看皇帝脸色行事。如杜周办案原则是"上所欲挤者，因而陷之；上所欲释者，久系待问而微见其冤状"。有人指责他为什么不按照法律办事，他理直气壮地说："三尺安出哉？前主所是著为律，后主所是疏为令，当时为是，何古之法乎！"(《史记·酷吏列传》) 哪有什么成法，皇帝认为对就是法律！而游侠急人之难，能在法律之外暗中私行公道，惩恶除奸，"故士穷窘而得委命"（《史记·游侠列传》），受害者告诉无门时能够从他们那里获得帮助，所以"要以功见言信，侠客之义又曷可少哉！"（《史记·游侠列传》）至于商人，司马迁肯定他们的治生谋利活动，认为普通老百姓，在法律许可的范围内，通过善于经营而致富，是一种智慧之举，值得肯定。因为"富者，人之情性，所不学而俱欲者也"；"'仓廪实而知礼节，衣食足而知荣辱。'礼生于有而废于无"；"夫千乘之王，万家之侯，百室之君，尚犹患贫，而况匹夫编户之民乎"。（《史记·货殖列传》）追求物质利益，追求财富，乃是人与生俱来的本性，人只有吃饱了穿暖了才能去讲究礼节；那些王侯贵族尚且害怕贫困，何况小门小户的普通百姓呢！"无岩处奇士之行，而长贫贱，好语仁义，亦足羞也。"（《史记·货殖列传》）一些人既无什么高尚奇异的品行，又不去寻求谋生之道，长久地处于贫贱之中，却张口闭口地大谈仁义，是应引为耻辱的！

司马迁在价值评价体系方面与班固的不同表明，班固正统，以最高统治者的利益为价值取舍；司马迁的人物评价体系则具有很强的非官方色彩。

总之，司马迁的功名观是没有名位限制和不拘一格的，涵盖的范围极广，可以说，他认为，这样生活都是有价值的：士为知己者死（如刺客）；慷慨任侠，扶危济困（如游侠）；忍辱复仇，弃小义，雪大耻（如伍子胥）；依靠才智，经商致富（如货殖）；隐遁避世，谦让奔义（如伯夷）；以及"纳忠报信，有奇策材力之誉，自结明主"；"拾遗补阙，招贤进能，显岩穴之士"；"备行伍，攻城野战，有斩将搴旗之功"；"累日积劳，取尊官厚禄，以为宗族交游光宠"（《汉书·司马迁传》引《报任安书》）。等等，难以尽述。

2. 多种价值取向的交叉，道德评价与历史评价兼顾

在具体人物的评价上，司马迁往往是以一、两种价值取向为主的多种价值取向的交叉，不因为某些人道德上的缺陷否定他功业上的成就。

以《酷吏列传》为例。酷吏执法严苛、残酷，司马迁很不喜欢他们。在《酷吏列传》的一开头，司马迁就说："孔子曰：'导之以政，齐之以刑，民免而无耻；导之以德，齐之以礼，有耻且格。'老氏称：'上德不德，是以有德；下德不失德，是以无德。法令滋章，

盗贼多有。'太史公曰：信哉是言也。法令者，治之具也，而非制治清浊之源也。"表现了对酷吏严刑苛法的批判。但司马迁同时还认为，酷吏虽酷，在历史上也是有其合理性和必然性的，因为酷吏所打击的虽有被逼无路的贫苦人民，但主要还是骄横跋扈的贵族，图谋造反的割据势力，为非作歹的恶霸等。《太史公自序》说："民倍本多巧，奸轨弄法，善人不能化，唯一切严削为能齐之。作《酷吏列传》第六十二。"由此可见，司马迁是以酷吏在历史上的积极作用为价值取向而为之立传的。如他说的酷吏宁成就"使长安左右宗室多暴犯法"的"宗室豪杰人人惴恐"。酷吏郅都"行法不避贵戚，列侯宗室见都侧目而视，号曰'苍鹰'。""济南瞯氏宗人三百余家，豪滑，二千石莫能治，于是景帝乃拜（郅）都为济南太守，至则族灭瞯氏首恶，余皆股栗。居岁余，郡中不拾遗。"（《史记·酷吏列传》）即司马迁是把酷吏放到历史体系中考察而给予一定程度肯定的。但同时，也对他们作了道德评价，对他们过分杀戮的草菅人命行为十分愤慨，对王温舒杀人"至血流十余里"，"会春，温舒顿足而叹曰：'嗟乎！令冬月益展一月，足吾事矣！'"的行为愤怒地说："其好杀伐行威不爱人如此！"（《史记·酷吏列传》）抨击看皇帝眼色行事的杜周"善侯伺，上所欲挤者，因而陷之；上所欲释者，久系待问而微见其冤状"。（《史记·酷吏列传》）他歌颂公正廉明、克己奉公的酷吏郅都"敢直谏"，为人"公廉，问遗无所受，请寄无所听。常自称曰：'已倍亲而仕，身固当奉职死节官下，终不顾妻子矣。'"（《史记·酷吏列传》）也就是说，《酷吏列传》的价值取向主要有二：历史作用和政治品格。在对酷吏的残酷嗜杀、执法严酷予以非贬的同时，指出了某些酷吏具有不畏权势、居官廉洁的好的品质。

对游侠也是如此，司马迁既有从正统道德层面的衡量，认为游侠某些行为"不轨于正义"（《游侠列传》）；也有从普适性道德角度的推崇："其私义廉絜退让"，说朱家"振人不赡，先从贫贱始"，"专趋人之急，甚己之私"，自己则"家无余财，衣不完采，食不重味，乘不过軥牛"（《游侠列传》）；而最终给予游侠历史地位的，是世俗的道德标准和世俗的事功"其言必信，其行必果，已诺必诚，不爱其躯"，"存亡死生"，"不矜其能，羞伐其德"（《游侠列传》）；锄强扶弱，"济王法之穷"和"去人心之憾"。（李景星《史记评议》）

这种对历史人物多角度的评价，在吴起、商鞅、李斯、晁错、叔孙通、公孙弘等人身上也都十分明显。

价值取向的复杂与人物形象复杂的关系是：多种价值取向交叉，不仅使《史记》收录的历史人物不拘一格，没有等级地位的限制；同时也使人物的性格丰满、复杂。因为价值取向的复杂，说明了价值标准的复杂，价值标准的复杂，使作者有可能最大范围地采选所写历史人物性格的最有特色部分，它使人物富有血肉生气。而人的同一行动常常呈现出多种价值形态的交叉，道德系统的"善"与政治系统的"是"未必一致；历史系统的"进步"在道德上未必为人首肯。不同价值判断的矛盾，所折射出的人性的复杂矛盾，正是人物形象魅力之所在。这一点，前人在总结《史记》为何能把人物写得如此血肉丰满时多所忽略。

## 二、《史记》价值评价体系与用人制度的关系

人物的价值取向是作者思想体系中的一个重要部分。以往谈《史记》思想的非正统性，多与司马迁的个人经历尤其是李陵之祸相联系。这当然不错。但笔者认为，从根本上说，《史记》价值评价体系与汉初至武帝时期的用人制度密切相关。因为用人制度直接关系到士人的利禄前途，对规范士人乃至全社会价值取向具有重要导向作用。

战国时期，士没有固定的仕进程序或制度。春秋乃世袭社会，春秋后期世袭社会逐渐解体，产生了不以血统而依才具德能论人的新型价值观"三不朽"之说。战国时期，"士"阶层正式诞生。当时七雄并立，天下纷争。结束多元政治，走向统一，几乎成为当时有识之士的共识。而统一就意味着一国对其他各国的吞灭，因此人才成了面临生存竞争进而统一天下的七雄的要务，"得士者强，失士者亡"，"贤人在而天下服，一人用而天下从"[①]（《战国策·秦策》），"得地千里，不若得一圣人"[②]（《吕氏春秋·智能》），"万乘之君，得罪一士，社稷其危"（《战国策·楚策》），士人地位空前提高。当此之时，士无定主，人格独立，各国君主对士无不尊崇之，或尊为师，或待为友，或委之政，或尊养之。士对君主，尽可批评讽刺，合则留，不合则去，君臣关系不十分固定，士人具有非常自由的选择空间。"士"有的以游说、干谒、推荐等多种方式进入政权机构，施展

---

[①] 何建章注：《战国策注释》，中华书局1990年版。
[②] 张双棣等译注：《吕氏春秋》，中华书局2007年版。

抱负；有的以轻富贵、傲王侯的高尚节操被舆论赞许；有的以慷慨任侠、舍身报恩、重义轻生的方式博得巨大名声；有的则注重理论探索，"处士横议"，在激烈的辩驳中创建安定天下的方略。当然，更有对富贵利禄的赤裸裸的追求、甚至是不择手段的纵横之士。总之，个性色彩浓重，价值实现方式不一。

从灭秦到汉代的高祖、惠帝、高后、文帝、景帝，整个社会都没有一套完整的用人制度体系。曾经为秦王朝统一天下建树巨大功勋的士，进入这个大一统帝国后就与专制制度发生了严重冲突，以至于酿成了焚书坑儒的大案。秦代士人表现出了抗直刚正的气质品格，但也由此遭到了专制皇帝的血腥屠戮。原本在战国时代意气昂扬的士人及其价值观念受到了广泛的嵌制，"诽谤者族，偶语者弃市"[1]。（《史记·高祖本纪》）大批士人远遁避祸："五经之儒，抱经隐匿；伏生之徒，窜藏山中。"[2]（《论衡·佚文》）少数被接纳进政权机构的士人，也要小心翼翼，以避免随时都可能遭到的严刑峻法的裁制。因此，在陈胜揭竿而起时，天下之士云合雾集，纷纷响应。以至于"鲁诸儒持孔氏礼器往归之，于是孔甲为涉博士，卒与俱死"。（《汉书·儒林传》）——孔子的后代后学都参与到反秦的队伍之中，甚至献出了生命。总之，秦文化政策投下的阴影及历史影响，在将秦始皇钉在历史的耻辱柱上的同时，也警醒后来的统治者：士对一个政权是十分重要的。

在反秦活动中，一度中断了的战国时期精神自由、士人活跃的情况重又再现，当然此时文韬武略、拔城掣旗之士成为主体，与战国七强势均力敌之时士的活动方式有所变化。相当多的士人如项羽、张良、韩信、萧何、曹参、樊哙、随何、季布等等，都脱颖而出，借助时代提供的机遇，创立了名标青史的业绩。刘邦更是从一个小小亭长，成就了皇帝的伟业。

汉代从开国直到景帝的几十年，统治者尚未来得及制定一套规范的选士制度，朝廷重要官员一直主要是汉高祖时留下的功臣及其子孙。到汉武帝时"元功宿将略尽"。（《汉书·外戚恩泽侯表》）虽然其间皇帝曾下过求贤诏书，但毕竟未成制度。如刘邦在去世的前一年，其时海内初平，曾下求贤诏于天下："盖闻王者莫高于周文，伯者莫高于齐桓，皆待贤人而成名。今天下贤者智能岂特古之人乎？

---

[1] 韩兆琦：《史记笺证》，江西人民出版社2004年版。
[2] 黄晖：《论衡校释》，中华书局1990年版。

患在人主不交故也，士奚由进！……贤士大夫有肯从我游者，吾能尊显之。布告天下，使明知朕意。御史大夫昌下相国，相国酇侯下诸侯王，御史中执法下郡守，其有意称明德者，必身劝，为之驾，遣诣相国府，署行、义、年。有而弗言，觉，免；年老癃病，勿遣。"(《汉书·高帝纪》) 从诏书内容看，乃是一般的一次性的求贤诏，取士标准也不明确。惠帝、高后时推举孝悌力田，但有研究者认为"其意并不在选拔士人出来担任国家官吏，不过是以免除其徭役负担、给予赏赐的待遇，劝励民众循行、务本罢了"①。文帝时曾下诏求贤，真诚希望才智之士为他拾遗补阙，但并不是常制，并且被征选来的有限的士人，往往只被派做侍卫近臣，并没有在政治上真正重用。如司马相如曾在景帝宫中为郎，后辞官游梁。即"察举制虽然在文帝时已经产生，但作为仕进制度主体的地位并没有确立，而且它本身也还不够完备。这主要反映在此途还不是仕进常制（如文帝在位的二十三年之中，仅仅下过两次察举的诏令），以及所举之人基本未超出现任官吏的范围（如晁错原为秩八百石的太子家令）等方面"②。也就是说，制度化的用人机制，在武帝之前尚未形成。

而西汉前期，诸侯王掌握藩国的政治经济和用人大权，"皆自治民聘贤"（《汉书·贾邹枚路传》），"遍置私人"（《汉书·贾谊传》引《治安策》）。秉战国遗风，一些诸侯公卿大量养士。"淮南、衡山修文学，招四方之游士，山东儒墨咸聚于江淮之间。"（《盐铁论·晁错》）梁孝王"招延四方豪杰，自山东游士莫不至。"（《汉书·梁孝王传》）寻求出路的士便纷纷投向这些王侯贵族。他们游走四方，选择与自己相合者，依附并服务于诸侯，为之奉献才智，诸侯则宠之以禄位，资之以财用。景帝时枚乘、司马相如、邹阳等都曾为梁孝王门客。当时的士，虽不似战国时期雄国并立共争天下时候地位那么"不可一世"，但具有自由的思想与行动空间，士与诸侯王之间是双向选择的，对于选定的诸侯王，士的来去也是自由的。主父偃曾先后游齐、燕、赵、中山等；枚乘、严忌、邹阳等都曾先仕吴王，后去吴至梁；司马相如在汉景帝宫中做郎官，感到诸侯藩国更具有吸引力，遂托病辞职做了梁孝王的门客；吴王刘濞谋反，枚乘上书劝谏，知名于时，景帝拜他为弘农都尉，他"久为大国上宾，与英俊并游，得其所好，不乐郡吏，以病去官"。（《汉书·枚乘传》）在

---

① 于迎春：《秦汉士史》，北京大学出版社2000年版，第87页。
② 黄留珠：《秦汉仕进制度》，西北大学出版社1985年版，第85页。

士与诸侯王的关系上，诸侯王往往都肯于礼贤下士，士成为他们的师友、宾客、臣僚后，则常常感恩知遇，对诸侯王出谋划策，排忧解难，一秉忠心。如汉景帝之弟梁孝王，因求为太子不果，怒而使人暗杀从中阻挠的大臣，事情败露，邹阳为之奔走天下，寻找谋士，终于使其免遭罪责。(《汉书·邹阳传》) 直到武帝时，王侯养士仍然存在，武帝前期时丞相田蚡自行任命大量官员，武帝曾愤愤然地问他："君除吏尽未？吾亦欲除吏！"(《史记·魏其武安侯列传》)

总之，汉初至武帝之前没有形成固定的用人机制，整个社会也没有形成一个服务于大一统帝国的、强有力的主流价值评价体系。不能被中央政权有效吸纳的士人必然寻求其他出路，而汉初诸侯和公卿权贵恰好提供了填补的空间，从而形成了在某种程度上与战国"形似"的政治格局。大量寻求出入的士人可以仍然秉持战国遗风，游走各诸侯或公卿权贵之门；而一些诸侯权贵，或出于政治目的，或出于兴趣爱好，也往往能任用士人之所长，给予他们机遇，实现他们自身的价值诉求。所以，整个说来，西汉前期社会总体价值观念应该说是多元的，是较为个性化的，官方色彩较为淡薄的，即是向战国时期的不拘一格的价值观回归的。

汉武帝时代情况有了变化。随着削藩的成功，武帝将用人大权逐渐收回中央，并在元光元年（前134）"初令郡国举孝廉"，岁举孝廉一科从此开始成为选官常制。不过，以政治经济实力为准的任子、算赀的选官之法，仍占有相当比重。同时，制度的实行也需要一个过程。元朔元年（前128），汉武帝就曾颁诏切责公卿大夫举荐不利，并钦命大臣讨论，最终形成"令二千石举孝廉"，"不举孝，不奉诏，当以不敬论。不察廉，不胜任也，当免"的"法律文件"。(《汉书·武帝纪》) 这说明制定了几年的用人制度实行得很不利。而且，雄才大略、生气勃勃的年轻皇帝刘彻，同时还采用了多种方法招揽人才，不少士人是以战国时期一言以动天子的方式进入仕途的。史书对此记述颇多。《汉书·公孙弘卜式倪宽传赞》说："是时，汉兴六十余载，海内艾安，府库充实，而四夷未宾，制度多阙、上方欲用文武，求之如弗及，始以蒲轮迎枚生，见主父而叹息。群士慕向，异人并出。"《汉书·东方朔传》说："武帝初即位，征天下举方正贤良文学材力之士，待以不次之位。四方之士多上书言得失，自炫鬻者以千数。"《汉书·梅福传》云："孝武皇帝好忠谏，说至言，出爵不待廉茂，庆赐不须显功，是以天下布衣各厉志竭精以赴阙廷自衒鬻者不可胜数。"由是，士之不拘一格被荐拔者甚多。主父偃早年游历于诸侯之间，不被所用，"客甚困"，后"乃上书阙下，朝奏，暮召入见"，天子对他和同被召见者云："公皆安在？何相见之晚也！""于是俱拜为郎中"（《汉书·严朱吾丘主父徐严终王贾传》）；东方朔以滑稽多智得亲近；公孙弘以布衣为丞相。总之，如武帝元封五年（前106）的诏书所说："盖有非常之功，必待非常之人，故马或奔踶而致千里，士或有负俗之累而立功名。夫泛驾之马，跅弛之士，亦在御之而已。"（《汉书·武帝纪》）由此可见，武帝本人在常制之外荐拔人才时，也带有很浓的战国式的浪漫作风。

综上所述，汉武帝之前的大汉帝国自身尚且没有形成通过选士方式来引导、建构主流价值体系的自觉意识，因此也就没有一个将士人纳入到以大一统封建帝国利益为核心的较为统一的价值标准。武帝即位几年后开始罢黜百家独尊儒术，对意识形态进行了统一，确立了儒学为士人晋身的主流思想，有了选官常制，但制度本身的完善及施行都需要一个过程；何况年轻的汉武帝本人也还没有完全摒却战国式的浪漫；更别说思想意识本来就具有惰性，业已形成的价值观是很难一朝消除的。因此汉武帝时期，一些被排除在正统主流文化之外的价值选项，在下层士人、民间甚至社会上层中仍然作为正面道德而受尊崇。如游侠，无论统治者如何打击终究未能消除其巨大的影响力，被汉武帝亲自处死的游侠郭解，大将军卫青曾亲自出面替他向汉武帝说情免迁茂陵；他后来举家迁徙时，"诸公"自愿为他出赞助费达"千余万"；"天下无贤与不肖，知与不知，皆慕其声，言侠者皆引以为名"[1]。（《史记·游侠列传》）

也就是说，由于用人体制上的原因，西汉前期，战国时期蔚为壮观的、带有传奇色彩的、价值取向不拘一格的士文化，中经秦王朝的短暂消歇，又曾一度重现（虽然它没有达到昔日那样的辉煌），直到汉武帝时代仍然挥洒着强劲的流风余韵。司马迁的价值评价体系，正是这种世风与他个人资质遭际结合的结果。

---

[1] 韩兆琦：《史记笺证》，江西人民出版社2004年版。

# 关于《史记》外戚宗亲世家的思考[①]

*本文作者杨燕起，北京师范大学历史学院教授。

## 一、生理与政事的关联

司马迁撰写《史记》，当涉及汉初后妃问题时，他企图从社会总的发展趋势中，来寻找其与之相关的内在法则。通过他的研究，这种"法则"至少可以得出三方面的结论。第一，从世家体裁拱辰共毂的角度，强调后妃对于帝王的施政，尤其是在历史的重要时刻即国家或朝廷兴亡的关节点上，具有非常重要的作用，这是已经被夏、商、周的发展变化进程充分证实了的，借鉴的意义十分明显，无庸置疑。第二，从人自身生理需要的角度观察，帝王与后妃的关系，首先是一种男和女的结合所形成的自然的社会现象，亦即摆脱不了最普通的"夫妇""婚姻""阴阳之变""妃匹之爱"的基本功能，而这种功能所产生的结局，只能由人类自身的生理条件的内在因素来决定，其他任何外在的企图或愿望都无法左右，都是无能为力的。在这里，司马迁对帝王婚姻这一非常神圣而严肃高尚的议题，给予还原于人类生殖的基本概念，使之平民化、世俗化，说明他认识历史时所抱持的朴素唯物主义的理论精神，和敢于突破传统思辨的撰述勇气。第三，在战乱劫余的影响和封建礼教还非严格的条件下，帝王与后来可成为后妃者的"欢合"具有极度的混杂性与偶然性，而"能成子姓"，则是获取皇权继承人亲属的必备条件；即使如此，至于能否"要其终"，则是由诸多社会政治因素决定的，这其中甚至包括后妃个人的处事性格。对于帝王而言，通过欢合生子寻找合适

---

[①] 《史记》的外戚宗亲世家共有七篇，分别是：《外戚世家》、《楚元王世家》、《荆燕世家》、《齐悼惠王世家》、《梁孝王世家》、《五宗世家》、《三王世家》。本文使用中华书局点校本《史记》1959年版。

的继承人，他有权力进行多方面的选择；而对于后妃而言，欢合生子并使其成为皇位继承人，常是一个要去努力追逐争夺的目标，而能"要其终"者，最初可能登上权欲的顶峰，但最后也可能要以付出个人的性命为代价，是福抑或是祸？在自然和社会事物各自或相互结合的发展过程中，其必然性与偶然性常有许多不为人知的巧妙契合点，而人在参与事物活动的作为时，如能获得这一契合点的关照，他就容易获得成功，而这样的一种成功与失败，常常决定着人的命运。"命"①，很多情况下将它解释为天命，究其实，司马迁在文中说的还是指一个人的命运。

《外戚世家》是汉初关于后妃状况的真实记录。叙述表明某些妇女之能成为皇室后妃，并非由一种特殊的礼制模式的规定所制约，而具有其相对的混杂性与偶发性。吕后和刘邦在婚配之初还都是平民，其婚姻本身也没有太多特别深刻的社会背景。汉文帝之母薄太后，她父亲薄氏在秦朝时而曾经是"魏王宗室女"的魏媪私通而生下了她，诸侯叛秦时，她母亲魏媪将她纳入魏豹的王宫，楚汉相争中，魏豹被刘邦的韩信、曹参大军击虏而破灭，薄姬输入汉王织室。刘邦进入织室，看见薄姬长得漂亮，将她纳进后宫，但"岁余不得幸"，后来还是听到管夫人和赵子儿两位美人谈笑与薄姬先前有过"先贵无相忘"的约定，出于怜惜"召而幸之"，"一幸生男"就是后来的文帝。从这以后，薄姬也很少见到高祖。高祖死后，汉室在经历了吕氏叛乱之后，薄氏的为人"仁善"，也成为能帮助文帝之继位为皇帝的一个重要条件。在这里"命"，无论是从大的时代和个人的际会上说，都是指的一种机遇，是人生命运好坏的重要标帜。景帝母窦太后，最初是以"良家子入宫"侍奉吕太后。吕太后要将各五位宫人出赐诸王，窦姬包括在出赐宫人中。她请求负责遣送的宦者吏将她放在去赵王的队伍中，以便离家近。但宦者忘事将她派送去了代王的行列中。出于勉强到了代地，"代王独幸窦姬，生女嫖，后生两男"。代王立其为帝后，而窦姬的"长男最长，立为太子"。这位太子，就是后来的景帝。窦姬之能成为窦太后，亦甚具偶然性。

武帝母王太后，其母臧儿，是原来燕王臧荼的孙辈，可以称得上是已经破败了的王室后裔。臧儿先嫁给王仲为妻，生了位男儿王信和两位女儿。王仲死了，臧儿改嫁给姓田的，又生了两个男孩田

---

① 《史记·外戚世家》。

蚡、田胜,而田蚡就是那位在武帝时与窦婴争宠的跋扈人物,窦婴则是窦太后同姓子侄,故二人上演的正是朝廷内外戚权势消长的活剧。臧女与王仲所生长女先是嫁给了叫金王孙的,已经生了一个女孩。臧儿通过卜筮说她的两个女儿都将贵重,就想从金王孙处把女儿夺过来,纳进太子(即后来的景帝)宫。太子非常喜欢这位女人,二人之"欢合"生下了三女。文帝驾崩,景帝于是即位为帝,这之后王夫人又生下了男孩,这位男孩就是后来的武帝。

从薄太后、窦太后、王太后的活动看,汉初皇帝的主体婚姻关系还未显现出后来那样的贵族之间政治联姻的性质,和极其严格的封建礼制约束状态,皇帝自身性爱关系的天然结局却起着重要的支配作用,由于处于长期的历史动乱之后,社会变动中一些原有的积淀因素还在发酵,以至于魏豹与臧荼的政治活动痕迹还有其残留并发生着一定的作用。所以汉初皇室的婚姻状况(其中包括强调"幸爱",不摒弃再婚之类),带有极其强烈的时代性和社会特点,因而使司马迁在序文中发出了"无如命何","恶能识乎性命哉"的蕴含幽明变化的无穷感叹,实是具有深邃的历史思考与韵味和对人性本质属性魅力的充分肯定。

其次,皇室后宫的争斗是存在的。这种争斗主要不是表现在对皇帝施政的话语权的影响上(这方面除吕氏集团的干政外还有窦太后的黄老思想),而是着力于创造条件获得太子继承地位的生育与控制权上,因为掌握了太子生育权就可以获得未来皇帝的最高权力。文中叙述:"吕后长女为宣平侯张敖妻,敖女为孝惠皇后。吕太后以重亲故,欲其生子万方,终无子,诈取后宫人子为子。及孝惠帝崩,天下初定未久,继嗣不明。于是贵外家,王诸吕以为辅,而以吕禄女为少帝后,欲连固根本牢甚,然无益也。高后崩……禄、产等俱诛,谋作乱。大臣征之,天诱其统,卒灭吕氏……迎立代王,是为孝文帝,奉汉宗庙。"这里最典型地说明了三方面的问题:第一,后宫争夺的主要焦点是集中在要求掌握继承人的生育权;第二,对于人类自身的生育能力,只有依顺自然,其它任何违背生理规律的措施都是没有效力的,在这点上,最为强有力的政治权力都无济于事,这就是"命"中注定;第三,血缘关系的纯洁性是维系皇族统治的重要纽带,决不可旁落、丧失,正是它,体现出能保持整个社会达致天人合一状态以稳定人心归附而所形成的事势发展之所归宿的正统,这正是潜意识中一代封建皇朝生命线之所在,它的要义就是

"根本"。

他如景帝之栗姬，其所生子荣本已立为太子，而因栗姬与景帝姊长公主（欲将其女立为太子之妃，栗姬不许）之间的"怨怒"，加之景帝王夫人的挑拨、鼓动，这一矛盾终于导致荣的太子地位被废而失去继承权。栗姬没有成为栗皇后，王夫人却成了王皇后，而王夫人之子则由"太子袭号"而成为后来的武皇帝。

又如武帝为太子时，娶景帝姊长公主之女为妃。立为帝，妃立为皇后，妃姓陈，但是没有生子。为了求子，陈皇后花了医钱凡九千万，没有任何效果，从现代医学来说，娶亲姑之女为妻是绝不可能生子的。陈皇后尽管骄贵，恚怒，挟持妇人媚道，都没有作用，终被武帝废皇后，而立卫子夫为皇后。卫皇后之子就是戾太子。后妃与皇帝"欢合"而生子，子被立为太子，才有可能成为皇后。长公主嫖企图以政治联姻为手段，索求回报，保持住陈皇后的皇后地位，因为无子，在当时即使最强势也是毫无用处的。

以血缘关系的纯正为基础，在发挥帝王自身正常生理功能的条件下，坚决排除任何政治外力的干扰，是汉初自高祖至汉武时代皇位继承人顺利接位的最朴素原始的社会生活状况。武帝晚年，斩杀生下昭帝的钩弋夫人（见褚少孙之补作），已经预示出汉家后期将可能出现的外戚干政的局面。

## 二、反叛与平叛的共生

从司马迁的认识上看，刘邦平定天下以后，之所以要大肆分封同姓诸侯，一个重要的原因是"激秦之无尺土封"[①]。秦代为了避免天下再分裂的局面，废封建行郡县，结果却导致地方政权缺乏对中央的支持辅佐力量，即一旦发生大规模的农民起义，只要推翻了中央政权，就相当于夺取了全国性的胜利，再无须乎去一一平定地方上的拱卫朝廷的势力，因此秦朝——一个非常强大的朝廷政权倒塌速度之快，完全出乎人们的想象。鉴于这样的历史教训，为了汉家朝廷能长久不衰，刘邦决定重新施行分封制度，以便安排自家的子弟去地方当诸侯王，来共同支撑起这个新生的帝国大厦。但是刘邦出身只是一个地方小官，不是什么望族，也不具备三房六妾拥有众多

---

① 《史记·齐悼惠王世家》。

子孙，故此《荆燕世家》记载说："当是时也，高祖子幼，昆弟少，又不贤，欲王同姓以镇天下。"自家的儿子年纪小，亲兄弟又不多，还都没有什么特殊才干，怎么办，只有从家族的远房亲属中去寻找合适的人物，这就产生了"诸刘"、"远属"的刘贾、刘泽被封为诸侯王。

于是，汉六年春，封刘贾为荆王，封刘邦的弟弟为楚王，封庶出的大儿子刘肥为齐王。荆王都吴，楚王都彭城，齐王都临淄。高祖十二年，因刘贾在十一年被反叛的黥布所杀，就封刘邦二哥刘喜的儿子刘濞为吴王，王故荆地。还有吕后时封刘泽为琅邪王，文帝即位后，徙泽为燕王；诛诸吕后，还封高祖中子刘友的儿子刘遂为赵王，都邯郸；文帝二年，又封刘遂弟弟刘辟彊为河间王，等等。从高祖六年到文帝二年这个封王的布局看，刘家王朝是将自己的亲属安排在从吴，至齐，至燕，至赵，以至代（文帝即位前是代王），这一自东南连结至西北的弧形地带上，这一地带正是远离京城的边境范围，其捍卫王朝安全，保卫边远地区并防止外敌入侵的意图十分明显，在安定和平的环境下，诸侯王的存在，其"拱辰共毂"的意义是不言自明的。

如果以《齐悼惠王世家》的叙述为主线，串连起楚元王、荆燕以至于梁孝王诸世家，可以看出，汉家所封诸侯王在处理朝廷内部叛乱问题上，仍是起到了"拱辰共毂"的作用。

高祖建国至景帝初年，汉家朝廷内部发生了两件大事，第一是吕后篡权而导致诸吕为乱，第二是吴楚七国反叛。而平定这两大叛乱，除朝廷主要大臣的作为外，诸侯王的行动支援也是功不可没的。

齐悼惠王刘肥是刘邦的"长庶男"，所以得到特别关照，在诸侯王的分封中，他的封地面积是最大的，"食七十城，诸民能齐言者皆予齐王"[①]。到吕后时，刘肥已去世，其子刘襄继位为齐哀王，刘襄的两个弟弟，刘章被吕后封为朱虚侯，刘兴居被封为东牟侯，均供职"宿卫长安"，因都忿怨吕氏，为朝廷大臣所倚靠。《悼惠王世家》记："高后崩，赵王吕禄为上将军，吕王产为相国，皆居长安中，聚兵以威大臣，欲为乱。朱虚侯以吕禄女为妇，知其谋，乃使人阴出告其兄齐王，欲令发兵西，朱虚侯、东牟侯为内应，以诛诸吕，因立齐王为帝。"这一想法没能实现，但齐哀王同时挟持琅邪国刘泽之

---

① 《史记·齐悼惠王世家》。

兵陈兵齐之西界，与灌婴留屯在荥阳拟同齐王及诸侯"与连和"的朝廷大军相呼应，有利于刘章与太尉周勃、丞相陈平共同在京城尽诛诸吕，而平息了吕氏叛乱。此时琅邪王刘泽还"跳驱"① 至京城，在平叛后"大臣议欲立齐王"时，与其他大臣以"代王母家薄氏，君子长者；且代王又亲高帝子，于今见在，且最为长。以子则顺，以善人则大臣安"② 的宏阔议论，形成为大臣们的共识而谋迎立代王，文帝由此登上了皇位，使汉家回复到一个正统的具备崭新形象的重要时代。在这个过程中，齐哀王虽然在出发点上有些问题，但完成平诸吕、立文帝的政治大事上，是有不可忽视的作用的。这次的"拱辰共毂"，齐国收回了在吕后时被割去的城阳、琅邪、济南三郡，刘泽亦被徙为燕王。次年，齐哀王之太子刘则继位为齐文王。刘章被封为城阳王，刘兴居也被奉为济北王（其后济北王反被汉诛杀）。齐文王立十四年去世无子国除后一年，文帝并以齐地分别封悼惠王的其他儿子为王：刘将闾为齐孝王、刘志为济北王、刘辟光为济南王、刘贤为菑川王、刘印为胶西王、刘雄渠为胶东王，加上城阳王，齐地总共有七王。文帝的此一分封，是对齐哀王拥戴中央朝廷的肯定与嘉奖。

　　经过十一年，至汉景帝初，吴王刘濞，楚王刘戊以诛晁错为名发兵反叛，响应的有胶西、胶东、菑川、济南四国，还有赵王刘遂在北边与之合谋，朝廷派周亚夫率大军去平叛。在发生这一重大变故时，诸侯王中承担起保卫朝廷的是梁孝王刘武。刘武是汉文帝的次子，汉景帝的同母弟。《梁孝王世家》记："其春，吴楚齐赵七国反。吴楚先击梁棘壁，杀数万人。梁孝王城守睢阳，而使韩安国、张羽等为大将军，以距吴楚。吴楚以梁为限，不敢过而西，与太尉亚夫等相距三月。吴楚破，而梁所破杀虏略与汉中分。"这里所叙以梁先拒吴楚，正是周亚夫平叛的策略，以至最后取得的平叛成果中，梁与汉廷相当于各占一半，可见梁当时地位的重要和付出的重大代价，梁是最大程度地尽到了它"拱辰共毂"的责任的，亦可见当时诸侯国的存在，对保卫中央朝廷的价值。齐孝王当时的态度有些"狐疑"，在胶西、菑川、济南三国兵被汉将栾布、平阳侯击破后，他因害怕而自杀。城阳王前此已去世，只有济北王刘志保持中立，平叛后徙王菑川。刘遂反叛中还与匈奴勾结，汉先派郦寄击之，七

---

① 《史记·荆燕世家》。
② 《史记·齐悼惠王世家》。

月后栾布引水灌赵城而使之降破。

司马迁在《齐悼惠王世家》的论赞中评论说："诸侯大国无过齐悼惠王……及后分裂，固其理也。"分裂，有两层意思：一是将大国分封为多个小国，化大为小，防止尾大不掉，形成为对抗中央的势力；一是诸多小国，有的对待中央朝廷忠诚，有的则反叛。忠诚者努力出面平定反叛，在当时这是很自然的事，是事势发展中必然存在的法则。而汉家政权也正是在这样的积极碰撞中变得更为坚强。

## 三、骄奢干政与地位变化

平定吴楚七国叛乱，是巩固汉初中央集权的有力措施，梁孝王当时以中央藩属的身份，在平定事件中发挥了极其重要的作用，按理说司马迁应该在他的论议中给予一定的评价肯定。但《梁孝王世家》论赞的注意力并不在这方面，相反却对于梁孝王的骄奢越轨行为进行了谴责，说："梁孝王虽以亲爱之故，王膏腴之地，然会汉家隆盛，百姓殷富，故能植其财货，广宫室，车服拟于天子。然亦僭矣。"而这种谴责亦是极其有力地揭示出封侯建国过程中，很容易出现的诸侯淫逸放纵的社会现象。世家文说"梁最亲，有功，又为大国，居天下膏腴地"，这是它自身存在的有利于发展的前提条件，但是更令它获益的是文景时期宽松的政治氛围与已经恢复并活跃起来的国家的强大经济实力。在这样的社会状态下，促使诸侯国形成两种趋势，一种是自恃强大，利令智昏而企图反叛中央，吴王刘濞是典型；另一种是虽然富足却与朝廷异常亲近，行为上超越局限以满足私欲，梁王刘武则是典型。相对而言，诸侯僭越也是朝廷放纵所形成的恶果，梁孝王处在转折时期的颠峰上。对此，《史记》以其习用的且叙且议的记事手法，极为突出地从宫苑、出从、延客、作器、珠宝等多方面的"拟于天子""多于京师"的奢靡僭越的状况进行了深入的表述，其所超越诸侯王应有的行为规范，正可见窦太后溺爱梁孝王遗留的后果，恰足以陷梁孝王于不义而成为长远祸患。至武帝元光中，梁孝王之孙梁平王刘襄在位时，其祖母李太后与其任王后关于罍樽的争执，显现出王室极度贪于财货，罔顾礼仪的衰败迹象，令人惋惜。

汉家朝廷建立之初，就已出现过吕氏集团的篡乱事件，故朝廷大臣们特别关注后妃之家道德形象的建设，所以文帝能登上帝位，与其母薄太后之家的仁善有极大的关系，故文帝一朝，均未显现薄太后及其家属干政的迹象。景帝即位，这种情况却有所改变，窦太后之企图以己意加于朝廷，则显现有后妃干政的端倪。

首先是景帝立太子之事。本来嫡长子继承制是封建王朝的根本规定，窦太后应该是知道的，但由于偏爱梁孝王，窦太后非常希望景帝将皇位传给梁孝王。《史记》叙，梁孝王之"二十五年，复入朝。是时上未置太子也。上与梁王燕饮，尝从容言曰：'千秋万岁后传于王。'王辞谢。虽知非至言，然心内喜。太后亦然"。这是景帝三年的事，到了景帝七年，"上废栗太子，窦太后心欲以孝王为后嗣"，窦太后这个意念，遭到了朝廷中袁盎等大臣的反对，"窦太后义格"，虽然以后表面上不再提以梁王为嗣的事，但她心中的芥蒂始终没有消失，竟酿成了此后诸多政治谋杀的事。

其次，谋求太子之位未能如愿，梁孝王逞其骄横恣肆的恶劣行迳，乃与其宾客羊胜、公孙诡谋划，阴中派人赴京城刺杀"袁盎及他议臣十余人"，景帝意想到是梁王干的，未追查，经覆按要逮捕公孙诡、羊胜，而梁孝王将罪犯藏匿于他的后宫，后出于不得已让二人自杀后才交出来。景帝对梁孝王很不满意，而梁孝王却通过他们的姐姐长公主"谢罪太后，然后得释"。窦太后因溺爱而纵容梁孝王触犯法律而不予追究，不能不说长公主参与其中将国事当家事处理，这都是一种枉法的干政行为。

第三，羊胜、公孙诡自杀事件之后，梁孝王上书请朝，违背入关礼仪的规定，私自乘布车带两从骑进京，藏匿在长公主家，景帝派使者去迎接，梁王的车骑尽在关外，但不知梁王在什么地方，窦太后知道后就哭着说是"帝杀吾子"。景帝十三年，梁孝王最后一次来朝，上疏想留在朝廷，景帝没有允许，梁孝王回国后就郁郁不乐，在一次出猎后因热病而去世。这本是一种正常的死亡，但窦太后听说后"哭极哀，不食"，又说"帝果杀吾子"，吓得景帝"哀惧，不知所为"，经过和长公主商讨，景帝分梁为五国，封孝王的五个儿子为王，五个女儿都各赐给汤沐邑，奏报给太后，太后这才表示喜悦。窦太后两次关于帝杀吾子的说法，是一种不顾朝廷礼仪，偏私亲爱，以个人嗜好直接影响朝廷分封的干政行为。这都记于《梁孝王世家》。

第四，窦太后在汉武时代的影响还是存在的。《外戚世家》

记,"窦太后好黄帝、老子言,帝及太子诸窦不得不读《黄帝》、《老子》,尊其术",这是一个汉初社会发展的时代烙印所造成的,没有表现为具体的政策措施的强行干预,已经就是一种积极的事态表现了。

在汉代以孝为先的政治思想的诱导下,在位帝王很难做出具体的事来违抗母后的意旨,所以有梁孝王骄贵这样的现象出现。当朝廷的继承与理政秩序开始步入正轨,加以吕氏叛乱的教训在先,朝廷政治尤其警惕后族的娇贵与干政在所难免,而争斗会以不同的形式或轻或重地潜在着发展。

还有,从现实的社会政治的事态中,我们看到了汉代诸侯王性质的变化及其势力的衰败。刘邦最初分封诸侯王,是企图借助它们以巩固中央朝廷的统治,由于国家刚建立,亲属又少,所以封给同姓的国土面积都大,有的包括数郡,像齐悼惠王竟拥有七十城,且凡是会齐地方言的人群都划归给他管辖,诸侯王势力的显赫是人所共知的。但时间延续,亲属关系逐渐疏远,而诸侯王又有不满足既有利益,骄奢放纵,图谋不轨,以致发生有吴楚七国的叛乱,直到武帝时淮南、衡山王均有企图谋反的行迹,朝廷对它们的警觉自是增强了,此时中央朝廷对地方的统治能力大为加强,国力雄厚,可以直接出动大军在多个方向抗御外侮,诸侯王在这方面所能发挥的作用明显削弱了。从《五宗世家》的记述可以看到,景帝将他的十三个儿子先后分封为王,其中只有江都易王刘非,在吴楚反叛时,"上书愿击吴。景帝赐非将军印,击吴",后来在汉武元光五年,"匈奴大入汉为贼,非上书愿击匈奴"。刘非的表现是十三王中仅有的一例,而其他人所喜好的是儒学、治宫室苑囿狗马、设诈究变、持诡辩以中人等,甚至有人乐酒好内,竟使"有子枝属"达到百二十余人,以至遭到了其他诸侯王的非议,说:"中山王徒日淫,不佐天子拊循百姓,何以称为藩臣!"其实,"不佐天子拊循百姓",已经是这个时候的普遍现象,是诸侯王性质的重要变化,又何止是中山靖王刘胜一个人呢?而且在司马迁看来,这种变化的出现,责任不完全在诸侯王自身方面,更主要是出于朝廷的"侵削诸侯"。针对本篇论赞,清人李桢在《畹兰斋文集》卷一涉读本篇时有其精湛之评议,说:"汉初立诸侯王过古制,其权重,奢淫虐謷,僭拟天子,甚者谋为逆由,尊宠逾制,有以启之也。朝廷不为置贤傅相,以导养其德性,及惩七国之乱,削夺过甚,致诸侯王贫,无以自奉,二者交失。

迁灼见本朝封建之弊，未宜斥言，故推本高祖时，下洎五宗王世以后，著其大要，其为失得，使人领于意言之外，其所慨者远矣。"①

## 四、《三王世家》的文献价值

依传统的看法，《三王世家》是属于《史记》之"十篇缺，有录无书"中之一篇，今之所见，当为后人之所补。如何看待《史记》的缺补问题，我曾听一位对《史记》深有研究的老者说过，《史记》的缺补，经过长时间流传的历史积淀，它已经形成为《史记》整体的一部分而不可分割，权当以《史记》之历史文献视之，亦未为不可。我体会老者所要说是，在诸多考订难为定谳的情况下，这样处理可以省却学术上的麻烦，而不影响所要思考的问题。刘咸炘亦说过："十篇无书，今无以质言，唯不信其明非原本，而且信其似原本者而已。"② 大体上也就是这个意思。

《三王世家》是讲汉武帝分封他三个儿子为王的过程，如果不去考订它是不是司马迁的原作的话，单就现有的文本观察，它本身就具有很好的文献与思想价值。

第一，可以从中窥测出汉代定封王侯的处理模式。武帝时封王，先由朝廷大臣上疏奏未央宫，接着是皇帝下交御史让大臣们讨论，讨论的结果是再"昧死请立"，皇帝再从礼制教化上提出问题表示不予同意，大臣们又一次从礼制教化上加以申述，然后又上奏未央宫，皇帝又从上奏中深入提出质疑，大臣再一次讨论后有很强的理论发挥而奏于未央宫，皇帝将它留在宫中，这是在等待大臣们"昧死"上疏，强调分封皇子为诸侯王的意义、作用，这以后皇帝才同意大臣们的奏议而封诸子为王。接着大臣们奏请未央宫选定吉日，按地图确定国名，并说礼仪程序已另行准备，这样，皇帝才决定哪位儿子为哪方之王。然后，大臣们奏告未央宫，御史大夫将皇帝的决定层层下达到相关的职能部门，将皇帝的决定当作"律令"加以切实的贯彻执行。最后，才是皇帝令御史大夫在祖庙宣读诏书立皇子为诸侯王。到此整个策封的程序才告结束。可以看出，这个程序的主要环节是最初阶段的君臣对策，其上下反复是加强了这封王的权威

---

① 转引自杨燕起等编：《历代名家评史记》，北京师范大学出版社 1986 年版，第 528 页。

② 刘咸炘：《太史公书知意·序论》，鼎文出版社 1981 年版。

性、严肃性以及宣扬礼教的功能，有益于增强皇室的权威和与朝廷君臣间的相互信任。

第二，阐明礼仪以宣扬国体。为什么分封一位仅能胜衣趋拜的小儿，能引起在对策中这么大的争论呢？这当中特出强调的是两方面：一是"古者裂地立国，并建诸侯以承天子，所以尊宗庙重社稷也"，这与汉高祖刘邦当初分封同姓王时所主张的立意，在概念上有些差别，但其根本宗旨是一致的，分封制就是要突出宗庙社稷的尊重统一；二是"家皇子为列侯，则尊卑相逾，列位失序，不可以垂统于万世"，诸侯王的子弟可以封为列侯，那皇子就应该列位于诸侯王，以保持统治者内部的等级差别，把尊卑次序搞乱了，是不可以维护国家政权体系的。

第三，追溯了分封史以阐明礼仪。说"昔五帝异制，周爵五等，春秋三等（公、侯、伯），皆因时而序尊卑。高皇帝拨乱世反诸正，昭至德，定海内，封建诸侯，爵位二等（王、列侯），皇子或在襁褓而立为诸侯王，奉承天子，为万世法则，不可易"。从历史经验的角度，特别举出"周封八百，姬姓并列，奉成天子"所能达到的"百官奉宪，各遵其职，而国统备矣"的目的。也指出年龄不是能否分封的问题，指明"康叔（周武王弟）亲属有十，武王继体，周公辅成王，其八人皆以祖考之尊建为大国"，康叔当时年幼，周公子伯禽未至成人，但"康叔后捍禄父之难，伯禽殄淮夷之乱"，都做出了伟大事业，保证了国家政权的稳定。也说"高皇帝建天下，为汉太祖，王子孙，广支辅。先帝法则弗改，所以宣至尊也"，认为应该遵循高皇帝开创的法则准绳行事，才是正确的选择。

第四，表彰汉武功德。如说"诚见陛下忧劳天下，哀怜百姓以自忘，亏膳贬乐，损郎员"，"陛下奉承天统，明开圣绪，尊贤显功，兴灭继绝"，"陛下躬亲仁义，体行圣德，表里文武。显慈孝之行，广贤能之路。内褒有德，外讨强暴。极临北海，西溱月氏，匈奴、西域，举国奉师。舆械之费，不赋于民。虚御府之藏以赏元戎，开禁仓以振贫穷，减戍卒之半。百蛮之君，靡不乡风，承流称意。远方殊俗，重译而朝，泽及方外。故珍兽至，嘉谷兴，无应甚彰"。这些言词，载于臣子对君主的上疏中，自不免谀颂声作，有溢美过誉之嫌，然考察汉武的实际作为，其实效性也是不容否定的。

《三王世家》载录了对齐王闳、燕王旦、广陵王胥的三份封策书。三书除开头说"维稽古建尔国家，封于东（或北、或南）土，世为汉藩辅",及末尾教导"于戏,保国艾民,可不敬与!王其戒之"的言词相同外,基于所封方位特点的不同,而有针对性地提出了对诸王理政的明确要求,以及他所应该特别注意克服的弱点,言语间寄托着无限的希望。

将存录于《三王世家》中的封策文献,置于三十世家之最后,从总体的文篇安排上加以观察,仔细分析,它似有对世家分封理论进行小结的意味,文献价值不容忽视。

# 孟尝君名高天下，谤亦随之

\*本文作者李伟泰，台湾大学中国文学系教授。

## 一、引言

孟尝君（以下各条引文或称孟尝、薛公、文子、田文）生前即已享有盛名，他明智而通达事理，他驳斥其父不举五月子的迷信；劝其父不要厚积财富，遗留给那不知是何人的后代，而应该为公家广纳贤士。仅凭这两段精辟的言论，就足以使他不朽了。然而"高明之家，鬼瞰其室"（扬雄《解嘲》），在享有盛名的同时，两千余年来，孟尝君也深受三件流言之累：（一）逃出秦关后，经赵返齐，因被讥为"眇小丈夫"，竟致灭赵一县之人以去。（二）致书秦相魏冄，促其劝秦昭王伐齐。（三）参与燕、赵等五国破齐之役。由于上述流言的影响，孟尝君遭到不少负面的批评。可注意的是，司马迁虽然记载了上述三件事，但只在赞文中批评孟尝君招致任侠，奸人入薛中六万余家，致使薛邑闾里多暴桀子弟，与邹、鲁不同。但未就（二）、（三）两件事作任何评论，这是很可玩味的现象。下文拟先探究这三件事的真实性，再就因此派生的若干代表性说法略作澄清。

## 二、孟尝君是否因过赵遭讥，灭赵一县之人以去

《孟尝君列传》载孟尝君赖鸡鸣狗盗之力，得以逃离秦国，过赵，有赵平原君客之，及赵人笑其身材矮小，孟尝君怒，其客遂击杀数百人，灭赵一县之人以去之说：

> 孟尝君过赵，赵平原君客之。赵人闻孟尝君贤，出观之，皆笑曰："始以薛公为魁然也，今视之，乃眇小丈夫耳。"孟尝君闻之，怒。客与俱者下，斫击杀数百人，遂灭一县以去。

此一记载若为事实，自然大损孟尝君之形象。徐中行（约1517—1578）相信此说，遂谓孟尝君绝嗣无后，不是没有原因的：

> 晏婴长不满六尺，而身相齐国，名扬诸侯，则"眇小"奚足以丑薛公？而薛公奚以怒"眇小丈夫"之诮也？一言之失，即灭一县之人，民何惨哉！其后齐、魏灭薛，而孟尝绝嗣无后，有以也。①

邵泰衢（生卒年不详，雍正初年任钦天监左监副）则以为其事疑点甚多：

> 孟尝声闻诸侯，倾天下士，"眇小"一语，……何至杀人灭县乎？即曰客也，文独不禁之乎？即曰言者之有罪也，岂一县之老幼尽哗然言乎？且以齐尝而遽灭赵县乎？诚未喻也。②

按：孟尝君逃离秦国，事在秦昭王八年（周赧王十七年，前298），当时平原君尚幼，不可能有"客孟尝君"之事；又离秦之后，不经韩、魏直接返齐，绕道过赵，也不近情理，故杨宽（1914－2005）辨此事不可信：

> 考平原君为赵惠文王同母弟，同为惠后所生。惠后纳于赵武灵王十六年（前310），至此才十一年（前298），平原君必尚稚幼，何能客孟尝君？孟尝君出函谷关以后，不经韩、魏回齐而绕道"过赵"，随同孟尝君逃出函谷关之宾客不能甚多，何能在赵"斫击杀数百人，遂灭一县而去"？未可信。③

按：杨说合理，故此事当为恶孟尝君者造作之谤语。

## 三、孟尝君是否曾致书秦相魏冉，促其劝秦昭王伐齐

本传载秦亡将吕礼相齐，嫉害孟尝君，孟尝君乃遗秦相魏冉书，促其劝秦昭王伐齐。秦果伐齐，而吕礼亡：

> 孟尝君……归老于薛。湣王许之。其后，秦亡将吕礼相齐，……而吕礼嫉害于孟尝君。孟尝君惧，乃遗秦相穰侯魏冉

---

① 《补标史记评林》卷七十五。
② 《史记疑问》卷下。
③ 杨宽：《战国史料编年辑证·周赧王十七年》卷十三。

书曰:"吾闻秦欲以吕礼收齐,齐,天下之强国也,子必轻矣。齐、秦相取以临三晋,吕礼必并相矣,是子通齐以重吕礼也。若齐免于天下之兵,其雠子必深矣。子不如劝秦王伐齐。齐破,吾请以所得封子。齐破,秦畏晋之强,秦必重子以取晋。晋国敝于齐而畏秦,晋必重子以取秦。是子破齐以为功,挟晋以为重;是子破齐定封,秦、晋交重子。若齐不破,吕礼复用,子必大穷。"于是穰侯言于秦昭王伐齐,而吕礼亡。

按:此书的真实性虽然疑点重重,但却是在"非常合理"的状况下出现,是秦人惯用的"流言战术"[①] 之一。兹分数点分析如下:(一)所谓"秦昭王伐齐,而吕礼亡"与事实不合。秦昭王伐齐的时间,据《秦本纪》,在昭王二十二年(齐湣王十六年,前285)。吕礼出亡及归秦,分别在昭王十三年(齐湣王七年,前294)及十九年(齐湣王十三年,前288),《秦本纪》载:昭王十三年,"五大夫礼出亡奔魏";《穰侯列传》则说:"(魏冄)欲诛吕礼,礼出奔齐。"大概是经魏至齐,齐湣王一度以为相。至秦昭王十九年,《秦本纪》载:"吕礼来自归。"故吕礼归秦在秦伐齐之前,可见《史》言"于是穰侯言于秦昭王伐齐,而吕礼亡"。与事实全然不合。然则吕礼在秦、齐之间究竟扮演何种角色?杨宽说吕礼实为秦派遣入齐,企图拉拢齐国之重臣,秦、齐合而复分,则吕礼不得不自齐归来:

> 吕礼于是年(齐湣王七年,前294)由秦来齐,后曾一度为齐相,使秦、齐相合。……吕礼并非由秦出奔之亡臣,乃秦派遣入齐企图拉拢齐国之重臣。所谓吕礼出亡奔魏、奔齐,乃吕礼入齐时假托之辞。……《秦本纪》载昭王十九年"王为西帝,齐为东帝,皆复去之。吕礼来自归"。《穰侯列传》亦谓"昭王十九年秦称西帝,齐称东帝,月余,吕礼来,而齐、秦各复归帝为王"。盖是时齐与秦合而又分裂,即将爆发大战,作为秦、齐联合之大臣吕礼不得不自齐归来。[②]

(二)齐湣王即位后,与权臣孟尝君产生尖锐的矛盾,湣王必欲

---

① 本文所称"流言战术",系由我方或收买敌方人员,从反面制造或散布不利于某人之流言,使其为敌方所黜黜,典型的例子如秦王求晋鄙客,散布魏公子欲取代安釐王为魏王之流言,事见《魏公子列传》。或反过来从正面散布有利于某人之流言,使其为敌方所重用,典型的例子如秦人散布流言,其所畏者独赵王重用赵括为将耳,事见《白起王翦列传》、《廉颇蔺相如列传》。

② 杨宽:《战国史料编年辑证·周赧王二十一年》。

废弃孟尝君而后快。史料所见，孟尝君数度徘徊齐、秦、魏之间，最后入魏为相。兹将相关史料列举如下：

《战国策·齐策四·齐人有冯谖者章》：

> 齐王谓孟尝君曰："寡人不敢以先王之臣为臣！"孟尝君就国于薛。

下文接叙冯谖说梁王聘孟尝君为相，齐王惧而复孟尝君之相位。本传载：

> 齐王惑于秦、楚之毁，以为孟尝君名高其主而擅齐国之权，遂废孟尝君。

下文接叙冯驩说秦王迎孟尝君为相，齐王使人至境候秦使，秦果遣使来迎孟尝君，齐王乃召孟尝君而复其相位。钱穆（1895—1990）以为其事当在宣王卒后，湣王之元年（前300）。次年，孟尝君入相秦：

> （秦）昭王慕孟尝君，欲招之入秦，使泾阳君来质于齐，孟尝以宾客谏，不果行。而是年（齐）宣王卒，湣王初立，《史记》谓"齐王惑于秦、楚之毁，以为孟尝君名高其主，而擅齐国之权，遂废孟尝君"。《齐策》亦谓"齐王谓孟尝君曰：寡人不敢以先王之臣为臣，而孟尝君就国于薛"者，正其时矣。孟尝既见废而之薛，于是乃有冯驩之历说。《史》谓其至秦，《策》谓其至魏。今据《水经注》引《纪年》，魏襄王十九年，釜邱之会，适当湣王元年，孟尝本为魏相，则其见逐于齐湣，使驩先容，而与魏为会，情事恰符。明年，秦昭王八年，即齐湣王二年，泾阳君复归秦，而田文亦入相秦。则谓冯驩入说秦王，亦非尽无因也。①

本传载孟尝君入相秦，秦昭王信谗，囚孟尝君，谋欲杀之：

> 齐湣王二十五年（按：应作"齐湣王二年"，即秦昭王八年，前299），复卒使孟尝君入秦，昭王即以孟尝君为秦相。人或说秦昭王曰："孟尝君贤，而又齐族也，今相秦，必先齐而后秦，秦其危矣。"于是秦昭王乃止。囚孟尝君，谋欲杀之。

下文接叙孟尝君赖鸡鸣狗盗之力得以逃出秦关。"齐湣王不自得，以

---

① 钱穆：《先秦诸子系年考辨》卷四。

其遣孟尝君。孟尝君至，则以为齐相。"《六国年表》于秦昭王八年，齐湣王二十五年（应作"齐湣王二年"，前299）载："薛文入相秦。"于次年载："孟尝君归相齐。"

《六国年表》于周赧王二十一年，齐湣王三十年（实为湣王七年，前294）载："（齐）田甲劫王，相薛文走。"本传载：

> 及田甲劫湣王，湣王意疑孟尝君，孟尝君乃奔。魏子所与粟贤者闻之，乃上书言孟尝君不作乱，请以身为盟，遂自刭官门以明孟尝君。湣王乃惊，而踪迹验问，孟尝君果无反谋，乃复召孟尝君。孟尝君因谢病，归老于薛。湣王许之。……后齐湣王灭宋（事在周赧王二十九年，齐湣王十五年，前286年），益骄，欲去孟尝君。孟尝君恐，乃如魏。魏昭王以为相。

杨宽谓："《孟尝君列传》所述魏子故事，谓孟尝君得复召之后，'因谢病归老于薛'，亦不足信。""此谓湣王灭宋后，再次'欲去孟尝君'，孟尝君因而'如魏'。其实齐灭宋以前，孟尝君早已入魏为相。"[①] 缪文远则于湣王七年并取"孟尝君乃奔""因谢病归老于薛""乃如魏"三事说：

> 孟尝君田文在齐专政，他指使田甲用暴力劫持齐湣王。政变失败后，他逃回封地薛，不久奔魏，任魏相。《孟尝君列传》云："田甲劫湣王，湣王意疑孟尝君，孟尝君乃奔……因谢病归老于薛，……乃如魏。"[②]

按：田甲劫王，是否为孟尝君所支使？此事已难查证。可以确知的是齐湣王与孟尝君之间的矛盾因此加剧，彼此间已无互信，孟尝君归老于薛，不久乃入魏为相。此后不久，应该就是秦人散布孟尝君《遗秦相魏冉书》的适当时间，借此中伤孟尝君，这和孟尝君参与五国攻齐之役的谣言，同样都是为了杜绝孟尝君为齐国效劳而设计的流言。

（三）孟尝君《遗秦相魏冉书》的真实性问题，学者的看法不一。信者如史珥（1709－1775）说孟尝君因为做了这件事，不配称为"战国四公子"之一：

> 争宠而召敌仇，伐其父母之邦，此平原、信陵之罪人，世

---

① 杨宽：《战国史料编年辑证·周赧王二十一年》。
② 缪文远：《战国史系年辑证》。

犹以四君并称，何哉？①

梁玉绳（乾隆贡生，生卒年不详，乾隆四十八年（1783）著成《史记志疑》）则以为此事不合情理，"乃《国策》之妄，史公误信之耳"：

> 《秦策》作"薛公为魏谓魏冉"，则非嫉吕礼而遗书也。但孟尝号贤公子，岂有召虎狼之秦，返兵内向，屠灭宗邦哉？此必因孟尝有奔魏事，遂拘为此言，乃《国策》之妄，史公误信之耳。

按：孟尝君不至于召秦攻齐，不只是身为"贤公子"的道义问题，也在于单凭此举未见得能为他带来什么重大利益，而当代及后世的骂名却必然如影随形而至。不贤不智，且复后患无穷，稍具政治头脑的人都不会做这种事，很难设想明智通达如孟尝君（参见驳其父不举五月子及劝其父勿厚积财富以遗不知为何人之子孙之卓识伟论），徒为稍泄私人恩怨，即做出这等蠢事。司马迁在本传的《自序》和《赞》中全未对所谓孟尝君《遗秦相魏冉书》和参与五国破齐之役有所谴责，可见他虽然收录了这些史料，却未必然确信其为事实。②

（四）《遗秦相魏冉书》既非孟尝君所为，然则为者当是何人？从秦人惯用"流言战术"的手段来看，这封信恐怕正是魏冉所自导自演造作出来的。关于秦人习用的"流言战术"，兹列举学者所习知者数事：

1. 秦王以重金求晋鄙客，令其散布魏公子将取代安厘王之位的流言。魏王不能不信，后果使人取代公子上将军之职。③

2. 长平之战前，应侯范雎使人在赵散布流言，秦人所畏者独赵王重用赵括为将耳。赵王中计，果然起用赵括，撤换稳扎稳打的廉颇，致遭长平之败。④

---

① 《四史剿说》卷四。
② 《留侯世家》对"圯上老父"夜半授书，"商山四皓"羽翼太子，司马迁虽然记载，也不表示他确信其为事实。刘咸炘（1896—1932）即说："夫圯上黄石，正箦火狐鸣，遇龙斩蛇之类也。……后世不察，乃信假说以为实，谓命世之凤成，史公当失笑耳。"见《太史公书知意》。四皓羽翼太子之事，司马光（1019—1086）即以为并非事实，见《资治通鉴考异》，卷一。
③ 《史记·魏公子列传》。
④ 《史记·白起王翦列传》。

3. 秦多与赵王宠臣郭开金，言李牧、司马尚欲反。赵王乃使他将代李牧。李牧不受命，赵王使人微捕得李牧，斩之。不久而赵遂灭亡。①

4. 秦将诈称二世使人遗赵将李良书，召降李良，不封。使其疑惧此信之内容外泄，"李良与秦勾结，欲反"之流言或将因此流传，不久李良遂反。②

为人君上者为巩固权位，常恐他人取而代之，故"流言战术"往往具有奇效，征诸历代史籍，可谓"史不绝书"。秦国为摧毁敌国人才，动辄散布流言中伤不利于己之人，使敌国之人自相残杀，可说势所必然。不仅六国之人为其所愚，即使后代学者有时也难免为其所蒙蔽。

## 四、孟尝君是否参与五国破齐之役

本传载：

> 后齐湣王灭宋，益骄，欲去孟尝君。孟尝君恐，乃如魏。魏昭王以为相，西合于秦、赵，与燕共伐破齐。齐湣王亡在莒，遂死焉。齐襄王立，而孟尝君中立于诸侯，无所属。齐襄王新立，畏孟尝君，与连和，复亲薛公。文卒，谥为孟尝君。

孟尝君是否曾为魏相，参与合纵破齐之事？学者的看法不一，梁玉绳为孟尝君辩护甚力，以为孟尝君未尝为魏相；至齐之破，乃燕昭王复仇，与孟尝君无关：

> 孟尝奔魏有之，故《魏策》载孟尝为魏借燕、赵兵退秦师一章。若相魏，是妄也。知者，《年表》、《世家》皆不书其事；即《国策》亦无明文。而《魏世家》取《国策》太子自相一节，则薛公之不相魏明甚。盖魏有田文，即《吕览·执一篇》之商文，为武侯相，见《吴起传》，在孟尝前。又有魏文子相襄王，见《魏策》，并孟尝时。《策》、《史》误以文子为孟尝，遂谓其相魏耳。至齐之破，乃燕昭复仇，与孟尝何涉？如《传》所说，竟似孟尝为之，岂不冤哉！《荀子·王霸篇》言齐闵、薛公，权谋日行，国不免危亡；《臣道篇》言孟尝篡臣，殆当时恶孟尝

---

① 《史记·廉颇蔺相如列传》。
② 《史记·张耳陈馀列传》。

者，造为斯语而传之欤？六国破齐，此不及韩、楚，亦非。

施之勉则据《韩非子·外储说右上》及《战国策·赵策》证明孟尝君确曾相魏，并引五国之兵伐齐，而斥其为"卖国之贼"：

> 梁说非也。《韩非子·外储说右上》云："薛公之相魏昭侯也"（《外储说左上》作魏昭王），有阳胡潘，其于王甚重，而不为薛公。"下又云："薛公曰：'曩者闻季之不为文也，故欲杀之。今诚为文也，岂忘季哉？'"此薛公名文，是孟尝君也，确为魏相矣。《战国策·赵策》："谓齐王曰：'臣闻足下谓魏王曰：今王又挟故薛公以为相。'"鲍彪曰："魏王，昭王。"是孟尝相魏，见于《赵策》，何谓《国策》无明文也？《东周策》："薛公故主，轻忘其薛，不顾其先君之丘墓。"吴师道曰："此田文相魏时也，故劝秦伐齐。'故主'上，恐缺一字。"《荀子·臣道篇》："齐之孟尝，可谓篡臣也。"《王霸篇》："权谋日行，而国不免危削，綦之而亡，齐闵、薛公是也。"杨倞曰："薛公，孟尝君田文，齐闵王之相也。齐闵王为五国所伐，皆薛公使然，故同言之也。"《范雎传》："诸侯见齐之罢弊，君臣之不和也，兴兵而伐齐，大破之，士辱兵顿，皆咎其王曰：'谁为此计者乎？'王曰：'文子为之。'"《索隐》："文子，谓田文，即孟尝君也。"是五国伐齐，湣王亦谓孟尝君为之矣。孟尝不顾其先君之丘墓，为魏合五国之师以伐破齐，卖国之贼，谓之篡臣，不亦宜乎！①

王叔岷（1914—2008）说：

> 《韩非子》、《赵策》并载孟尝为魏相事，诚梁氏所忽。②

杨宽谓齐灭宋以前，孟尝君已为魏昭王之相。在证明孟尝君曾任魏昭王之相一事，杨宽取证与施之勉大致相同，两人也认为孟尝君为魏相而参与合纵破齐之事。值得注意的是，杨宽引用新出土的《战国纵横家书》第十四章记苏秦自梁致齐王书，苏秦以为欲发动五国攻秦，必须仰赖薛公才能联合三晋，因而必须争取薛公，故建议齐王承诺事后以平陵作为薛公封邑：

> 王尚（尝）与臣言，甘薛公以就事，臣甚善之。今爽也，

---

① 施之勉：《史记会注考证订补》。
② 王叔岷：《史记斠证》。

> 强得也，皆言王之不信薛公，薛公甚惧，此不便于事，非薛公之信，莫能合三晋以功（攻）秦，愿王之甘之□也。臣负齐、燕以司（伺）薛公，薛公必不敢反王。薛公有变，臣必绝之。……是故臣以王令（命）甘薛公，骄（矫）敬（擎）三晋，劝之为一，以疾功（攻）秦，必破之。……臣欲王以平陵与薛公。①

五国攻秦无功而退，此一许诺自然作罢。杨宽又引同上书第七章苏秦自梁献燕王书，指出赵将韩徐为，燕王使者赵弘、田贤皆拉拢薛公合谋攻齐：

> 薛公未得所欲于晋国，欲齐之先变以谋晋国也（晋国指魏国）。……薛公、徐为（即韩徐为）有辞，言劝晋国变矣。齐先鬻勺（赵）以取秦，后卖秦以取勺（赵）而功（攻）宋，今有（又）鬻天下以取秦，如是薛公、徐为不能以天下为其欲，则天下故（固）不能谋齐矣。愿王之使勺（赵）弘急守徐为，令田贤急（守）薛公，非是毋有使于薛公、徐之所（徐即徐为），它人将非之以败臣。②

杨宽据此作出孟尝君参与五国攻齐之役的论断：

> 据此可见，是时薛公与赵将韩徐为正合谋攻齐，燕王使者赵弘与田贤正在赵、魏，与薛公、韩徐为合谋攻齐。……魏相孟尝君、赵将韩徐为主合纵攻齐，结果……五国攻齐取得胜利。③

按：杨宽的论断未免是对文献过度解读，全未考虑到其后续效应。下文试对上引两章《战国纵横家书》作如下之理解：孟尝君既具国际声望，故欲合纵攻秦者认为必须仰赖孟尝君联合三晋等国以攻秦，乃是合理且必然之事。同理，孟尝君既曾为齐相，熟知"齐国之情，人事之诚"（本传载冯驩语），且与齐湣王有私怨，自然也是欲攻齐者理想且必然拉拢的对象，故赵将韩徐为，燕王使者赵弘、田贤等人想和孟尝君"合谋攻齐"。游说孟尝君合谋的同时，必然许诺事成之后酬以重利，这应当不外乎权位和土地。杨宽的结论以为"魏相孟尝君、赵将韩徐为主合纵攻齐"，"结果五国攻齐取得胜利"。杨宽

---

① 马王堆汉墓帛书整理小组编：《战国纵横家书》，引文依杨宽释文。
② 马王堆汉墓帛书整理小组编：《战国纵横家书》。
③ 杨宽：《战国史料编年辑证·周赧王二十四年》。

此一论断是将韩徐为等人拉拢孟尝君加入攻齐的行列等同于孟尝君参与攻齐之役,其实这是没有必然性的。当日的情形应是:攻秦或攻齐的主谋者皆极力拉拢孟尝君,并且都应许事成之后酬以重利。然则我们如何知悉孟尝君并未成为攻齐成员之一?这可以从有无两件后续事实来判断:其一,破齐之后,孟尝君是否获得政治上的名位或封邑?其二,襄王即位,田单复国之后,如果孟尝君曾经参与攻齐之役,襄王和田单必当声讨孟尝君的卖国行为。既然这两件事情均未发生,襄王反而"复亲薛公"!据此,所谓孟尝君参与五国攻齐之说,可断定只是流言而非事实。

至于散播这种流言的人,极可能就是韩徐为、赵弘、田贤等人,他们既未能成功拉拢孟尝君,就反过来散布孟尝君与其结盟的流言,使本来就对孟尝君怀有心结的齐湣王更不可能再度起用孟尝君。

## 五、对若干以讹传讹之说的辨正

上文既已辨明孟尝君《遗秦相魏冄书》当出自秦人伪造,乃秦国惯用的"流言战术"之一;所谓孟尝君参与五国攻齐之役同样并非事实。然而当时及后世之人惑于此等流言,遂有若干以讹传讹之说。此类说法皆属派生的谣言,而后世学者不明就里,反多据此证明孟尝君"卖国"。为究明史实,下文不可不稍作澄清。

(一)《范雎列传》载其说秦昭王之说词:

> 诸侯见齐之罢弊,君臣之不和也,兴兵而伐齐,大破之。士辱兵顿,皆咎其王,曰:"谁为此计者乎?"王曰:"文子为之。"

《索隐》:文子,"谓田文,即孟尝君也"。施之勉说:"是五国伐齐,湣王亦谓孟尝君为之矣。"① 按:此事仅能说明"流言"之可怖,湣王至此尚未悟其为流言所误及苏秦所卖②,但知咎人而未能自省,岂能据此昏君之言以证明孟尝君卖国!再则,如湣王所言为真,则田单复国之后,襄王、田单岂能不清算孟尝君的卖国行为?襄王反而"与连和,复亲薛公"!

(二)《战国策·东周策·谓周最曰魏王以国与先生章》载有人

---

① 施之勉:《史记会注考证订补》。
② 燕昭王派苏秦入齐误导湣王之政策,事详《战国纵横家书》。

谓周最说：

> 薛公（背）故主，轻忘其薛，不顾其先君之丘墓。

杨宽说："此谓孟尝君为魏相后，尝主谋合纵攻齐而不顾其封邑薛以及先君之丘墓。"① 按：湣王七年，田甲劫王，王疑其为孟尝君所支使，故孟尝君不得不出奔薛，稍后入魏为相。《战国纵横家书》第八章载（苏秦）谓齐王曰：

> 王弃薛公，身断事，立帝，帝立。伐秦，秦伐。谋取赵，得。攻宋，宋残。是则王之明也。②

"王弃薛公，身断事"二句，与前引《战国策·齐策四·齐人有冯谖者章》"齐王谓孟尝君曰：'寡人不敢以先王之臣为臣！'"及本传载"（齐王）以为孟尝君名高其主而擅齐国之权，遂废孟尝君"吻合，皆指骄悍之湣王久欲独擅权柄，孟尝君在齐之政坛已无发展之空间，既不愿默而引退，则离薛入魏，另谋发展，乃形势使然。所谓"轻忘其薛，不顾其先君之丘墓"，实属苛责之辞，与"主谋合纵攻齐"亦无必然之关连性。

（三）《荀子·臣道篇》谓孟尝君为"篡臣"，即威权过甚，威胁君权之权臣：

> 上不忠乎君，下善取誉乎民，不恤公道通义，朋党比周，以环主图私为务，是篡臣者也。……韩之张去疾，赵之奉阳，齐之孟尝，可谓篡臣也。

杨倞注：

> 《史记》曰："齐湣王既灭宋，益骄，欲尽灭孟尝，孟尝君恐，乃如魏，魏昭王以为相，西合于秦、赵与燕共伐破齐。后齐襄王立，孟尝中立为诸侯，无所属，襄王新立，畏孟尝而与连和，是篡臣也。"

按："篡臣"之说，是站在齐湣王的角度立论，其实但凡元老重臣，在新君眼中看来，恐怕很少不是"篡臣"。杨注误援孟尝君参与五国伐齐之说，不足深怪，唯其行文竟似孟尝君为主谋者，视报强齐侵燕之仇为毕生志业之燕昭王为附从者，则主从易位，讹误尤甚！

---

① 杨宽：《战国史料编年辑证·周赧王二十一年》。
② 马王堆汉墓帛书整理小组编：《战国纵横家书》。

（四）《荀子·王霸篇》叙述齐灭宋事，及齐湣王败亡诸事时，皆误将齐湣、薛公连文：

> 权谋日行，而国不免危削，綦之而亡，齐湣、薛公是也。……故强南足以破楚，西足以诎秦，北足以败燕，中足以举宋。及以燕、赵起而攻之，若振槁然。

杨倞注：

> 薛公，孟尝君田文，齐湣王之相也。齐湣王为五国所伐，皆薛公使然，故同言之也。

按：杨注误将五国伐齐视为孟尝君所主谋，辨已见前。至于荀子以为齐湣王灭宋时，孟尝君犹在齐，则是古人行文不够分明之处。钱穆已有明文辨正：

> 荀子亲与湣王、孟尝同时，其言不应有误。盖破楚诎秦，孟尝皆在齐。燕事无考，或亦孟尝在齐时。故行文牵连而下，遂若举宋时孟尝犹在齐。此乃古人为文未分析处，当分别善观也。①

其实湣王七年田甲劫王事件之后，孟尝君在齐国政坛已无立足之地，说已见前；至于齐败燕事，更早在宣王之时，钱氏另有《齐伐燕乃宣王六年非湣王十年辨》一文详辨此事。②

## 六、结论

所谓"匹夫无罪，怀璧其罪"。孟尝君身受各种流言之累，首先是由于他是元老权臣，又复广纳宾客，在齐国形成威逼君权的庞大势力，为骄悍的新君湣王所忌惮，必欲去之而后快，故毁谤孟尝君之流言易入其耳。灭赵一县之人的谤说，目的在形塑其为凶残之人。致书秦相魏冄、召秦伐齐的流言，乃秦人惯用的"流言战术"。秦人利用此种战术，何以屡见奇效？症结在于各国君王往往怀有惧人篡夺其位的心理，故对存有心结的六国君臣而言，秦人的流言战术几乎无往不利。参与五国伐齐之役的流言，究其实际，乃是赵、燕使者游说孟尝君参与攻齐之谋不成，即反过来散布孟尝君与其结盟之

---

① 钱穆：《先秦诸子系年考辨》卷四。
② 同上。

流言。政坛上此种反复之诈术本不稀奇，世之明君未必坠入此术中。只因湣王对孟尝君之心结颇深，故至国破之际犹未醒悟。

本文由《战国纵横家书》第七章燕、赵使者拉拢孟尝君合谋攻齐之记载，与后续事件之发展全不相应之现象合观之，足以证明燕、赵使者邀孟尝君结盟之事未成，成为本文论证之突破点。由此可见新出土文物对于研究古代历史与文化虽然具有弥足珍贵之价值，但如何对其含义作出正确的解读实属不易。故本文与杨宽引用同一资料，但由于理解不同，以致由此所得之结论完全相反。此一结论得以为孟尝君洗刷千古冤屈，固然是一件快慰之事，然犹不敢自必，故略述本文论证之过程，用求正于高明。

# 生不逢时的贾谊

＊本文作者丁波，商务印书馆编审。

"贾谊不遇"是历代失意文人热衷探讨的话题，他们从中汲取自我安慰的力量，进而低吟哀叹，以此排解失意的苦痛：优秀如贾谊，遇汉文帝这样的圣君，况且不得重用，郁郁而终，我辈何求？"贾谊不遇"是真命题吗？

## 一、贾谊之"不遇"与贾谊之"未为不遇也"

司马迁将"轻死生，同去就"的屈原、贾谊合传，通篇以"贾生"相称，赞其年少博学，悲其为权臣谗陷，郁郁而终。太史公不惜笔墨，引《吊屈原赋》《鵩鸟赋》入传，渲染了贾生之"悲"：少年得志，初露锋芒，旋即被贬，如过山车般的人生，在这两篇堪称经典的大赋中充分宣泄。屈原怀才不遇，所遇是昏聩的楚怀王、顷襄王，而贾谊生在汉文帝之朝，文帝乃是司马迁以"仁"盛赞的千古明君，"仁"即"圣"，逢圣君而不遇，贾谊之"不遇"成为郁郁不得志文人所热衷探讨的话题。

贾谊确实怀才不遇吗？晚于司马迁的刘向，认为贾谊怀才不遇："贾谊言三代与秦治乱之意，其论甚美，通达国体，虽古之伊、管未能远过也。使时见用，功化必盛。为庸臣所害，甚可悼痛。"而晚于刘向的班固，对此并不赞同："谊亦天年早终，虽不至公卿，未为不遇也。"[①] 如司马迁极力渲染贾谊之"悲"，班固《汉书·贾谊传》就是论证贾谊之"遇"。班固是汉赋大家，他也喜欢感染力极强的《吊屈原赋》《鵩鸟赋》，《贾谊列传》中全文照收。但这不是重点，班固更看重贾谊的《治安策》《陈政事疏》等治国要论，他认为切中时弊、见解深刻的言论以大段篇幅系统呈现，并用点睛之笔指出：

---

① 《汉书·贾谊传》。

"追观孝文元默躬行以移风俗,谊之所陈略施行矣。"① 这是笼统地论证汉文帝躬行贾谊之策,为了加强说服力,班固又列举了两条汉文帝采纳贾谊建议的实例:一、用贾谊建议,"养臣下有节"。"是时,丞相绛侯周勃免就国,人有告勃谋反,逮系长安狱治,卒亡事,复爵邑,故贾谊以此讥上。上深纳其言,养臣下有节。是后大臣有罪,皆自杀,不受刑。"②二、建设屏藩,以强守围,扩梁王、淮南王之封地,以镇诸侯,"文帝于是从谊计,乃徙淮阳王武为梁王,北界泰山,西至高阳,得大县四十余城;徙城阳王喜为淮南王,抚其民。"吴楚七国之乱,"西乡京师,梁王扞之,卒破七国","吴楚合从,赖谊之虑"。依班固所述,贾谊确实"未为不遇也"。③

司马迁和班固笔下的贾谊,叙述侧重不同,塑造的人物形象自然不同,而司马迁与班固对同一材料的不同处理方式,直接彰显了二人对贾谊"遇"与"不遇"的态度。司马迁和班固都提到了"汉文帝封淮南厉王四子皆为列侯"一事,班固叙述相对详细,"时又封淮南厉王四子皆为列侯。谊知上必将复王之也,上疏谏曰:'窃恐陛下接王淮南诸子,曾不与如臣者孰计之也。……虽割而为四,四子一心也。予之众,积之财,此非有子胥、白公报于广都之中,即疑有剽诸、荆轲起于两柱之间,所谓假贼兵为虎翼者也。愿陛下少留计!'"④相比班固,司马迁说得相对简单:"文帝复封淮南厉王子四人皆为列侯。贾生谏,以为患之兴自此起矣。贾生数上谏,言诸侯或连数郡,非古之制,可稍削之。文帝不听。"⑤对于贾谊谏复封诸侯王子一事,司马迁直下断语:"文帝不听。"班固只陈述贾谊疏谏之内容,并未直接提及文帝态度,而在《贾谊传》文末又补充:"后四岁,齐文王薨,亡子。文帝思贾生之言,乃分齐为六国,尽立悼惠王子六人为王;又迁淮南王喜于城阳,而分淮南为三国,尽立厉王三子以王之。"文帝思贾生之言,强调汉文帝最终接受了贾谊"众建诸侯而少其力"建议,突出的仍然是汉文帝用贾谊。

司马迁、刘向、班固之后,贾谊的"遇"与"不遇"不再受到关注,班固的"未为不遇也"被后世所忽略,贾谊何以"不遇"成

---

① 《汉书·贾谊传》。
② 同上。
③ 同上。
④ 同上。
⑤ 《史记·屈原贾生列传》。

为后世文人热衷探讨的话题。贾谊何以"不遇",或归罪于汉文帝,影响较大的如李商隐《贾生》:"宣室求贤访逐臣,贾生才调更无伦。可怜夜半虚前席,不问苍生问鬼神。"或在贾谊身上找原因,以苏轼的《贾谊论》为代表,"若贾生者,非汉文之不能用生,生之不能用汉文也。"贾生为什么不能用汉文帝?"贾生志大而量小,才有余而识不足也。"将贾谊"不遇"或归罪于汉文帝,或认为贾谊"志大而量小",而抛开其所处的时代不论,则两者都失之于片面。让贾谊回归其生活的时代,生活其中的贾谊、汉文帝,他们面临的形势,综合考虑这些因素,贾谊之"不遇"与贾谊之"未为不遇也",都能找到答案。

## 二、汉文帝知遇贾谊,贾谊不容于时

贾谊18岁得吴公赏识,收为门下宾客。汉文帝元年[①],年仅22岁的贾谊,得吴公举荐,被文帝召为博士。贾谊弱冠入朝,才华横溢,深得汉文帝青睐,从年俸六百石的博士,一年之中"超迁"年俸一千石的太中大夫,汉文帝二年,文帝又"议以贾谊任公卿之位",文帝对贾谊的知遇之恩,提拔的速度,在君臣关系史上极为罕见。文帝拟任贾谊为公卿,遭到权臣周勃、灌婴等的抵制,他们诋毁贾谊:"洛阳之人,年少初学,专欲擅权,纷乱诸事。"因权臣的阻挠,"于是天子后亦疏之,不用其议,以谊为长沙王太傅"。贾谊被谗放逐,被外放长沙王太傅,"超迁"之路突然中断。有学者指出:"贾谊在朝堂之上锋芒毕露,犯众怒,你说汉文帝怎么维护他?于是,派贾谊去当长沙王太傅,极有可能是让他去那里避避风,兼自我反省。"[②] 汉文帝六年,贾谊外放长沙王太傅四年之后,"文帝思谊",征贾谊入朝,"宣室求贤访逐臣"。宣室夜谈后,文帝感慨:"吾久不见贾生,自以为过之,今不及也。"旋即,汉文帝任命贾谊为梁怀王太傅,梁怀王是文帝宠爱的少子,文帝以贾谊为梁怀王太傅,足见对贾谊的重视。调任梁怀王太傅之后,贾谊的政治热情重新得到释放,文帝"数问以得失",贾谊"数上疏陈政事,多所欲匡建","孝文元默躬行以移风俗,谊之所陈略实行矣"。可惜的是,汉文帝十一年,梁怀王坠马卒,贾谊"伤为傅无状",哀伤毁身。汉文

---

① 以下纪年皆根据汪中《贾太傅年表》推导。
② 白化文:《退士闲谈:屈原与贾谊》,《文史知识》2009年第8期。

帝十二年，贾谊英年早逝，年仅33岁。

贾谊弱冠入朝，一年中由博士"超迁"太中大夫，第二年又拟被列入公卿，由于权臣阻挠，外放诸侯王傅，四年后，又达圣听，多所匡谏，然终因未尽傅职，英年早逝，文帝于贾谊，确实"未为不遇也"。

汉文帝"知遇"贾谊，何以拟列贾谊入公卿之列，因周勃、灌婴之谗，非但未提拔，反而被外放诸侯王傅？贾谊得文帝之知遇，然不容于时，终被时势所裹挟，跟跄前行。

贾谊不容于时，有两个方面。一是贾谊不容于掌权的权贵之臣，一是贾谊不容于汉初百废待兴之势。

贾谊不容于权贵之臣。这要从周勃、灌婴进谗言说起。周勃、灌婴有进谗言的传统。汉高祖刘邦打天下之时，陈平弃项羽来投靠，刘邦以陈平为都尉，"使为参乘，典护军"，刘邦旧将不服，周勃、灌婴进谗言，说陈平盗嫂受金，不堪重用。刘邦狐疑，召陈平质问，陈平一番应对，打消了刘邦的顾忌，反而提拔陈平为护军中尉，"尽护诸将"。刘邦何以能力压周勃、灌婴之议，而文帝则只能屈从周勃、灌婴之谗？时不同也。于汉高祖刘邦，周勃、灌婴就是一起打天下的部下，于汉文帝，周勃、灌婴等是平诸吕之乱拥立其登基手握重权的权臣勋贵。文帝登基之初，周勃上朝，文帝都"目送周勃"①。文帝即位之初，权臣把持政局，"特文帝以代王入主中朝，诸王在外者，非其长兄，则其叔伯父。廷臣皆高祖时功臣，封侯为相，世袭相承。文帝即由廷臣所立，强弱之势，难于骤变。其时汉中朝之政令，既不能行于王国，而汉帝之威权，亦不能大伸于中朝功臣之上。"② 在权贵之臣把持朝政的格局之下，文帝在周勃、灌婴等一致反对之下，外放贾谊为诸侯王傅，对贾谊来说，已是最好的结果了，"贾谊之于文帝，不察其未能而易之，且又言之太过，故大臣绛灌之属得以短之。"③

贾谊不容于汉初百废待兴之势。文帝三年，文帝以"列侯就国"，免周勃丞相，以太尉灌婴为丞相，废太尉之职；文帝四年，灌婴卒，张苍为丞相，当年反对重用贾谊的权臣相继去职之后，汉文帝六年，文帝征召贾谊宣室夜谈。之后，贾谊多次建言改革，然最

---

① 《史记·袁盎晁错列传》。
② 钱穆：《秦汉史》，三联书店2012年版，第71页。
③ 《玉堂丛话》卷七。

终也是"元默躬行",并未如贾谊所建言,展开大刀阔斧地改革。汉初,承秦之弊,百废待兴,外有匈奴之扰,内有王侯之患,汉文帝需要"一个和平安定的局面和一个政宽刑简、与民休息方针。正是在这一思想指导下,文帝外和匈奴,内安王侯,不追求任何足以引起搅扰的变革,也不采纳一切足以导致动荡的建议,而只一味务实地赦天下、除肉刑、减租税、倡俭约,并亲耕为天下范",①在这种形势下,贾谊"改正朔,易服色制度,定官名,兴礼乐"等变革主张,文帝自然就"谦让未皇也"。

汉文帝长贾谊三岁,他对贾谊是识才,爱才。汉文帝的政治经验远比贾谊丰富,能审时度势,把控全局。贾谊削藩之主张,也是文帝的需求,但文帝并未雷厉风行推行削藩,而根据形势,适时而发,避免一刀切,全面激化矛盾。他既能扩大诸侯王领地,如扩封梁王、淮南王之封地,又能众建诸侯而少其力,分齐为六国、分淮南为三国,这样既维护了国内政治的稳定,又润物细无声般地蚕食着诸侯国的力量。班固用"元默躬行"来形容文帝推行贾谊的政治主张,传神地勾勒了文帝、贾谊这对政治组合的默契。贾谊有幸遇到了汉文帝这样一位千古圣主,但造化弄人,他遇到了正确的人,却生活在一个碾压他才华的时代。贾谊"未为不遇也",他生不逢时。

---

① 顾文栋:《汉文帝为何不用贾谊》,《贵州文史丛刊》1988年第2期。

# 《史记》中吕后、戚姬、
## 薄姬成败原因之我见

＊本文作者徐建芳，重庆工商大学文学与新闻学院副教授，文学博士，研究方向为唐宋文学。

《史记》中吕后、戚姬、薄姬三人为自己儿子争夺皇位之战可说是历史上最惨烈的，然而争得最激烈的双方最后两败俱伤，而看似不争的一方最后却母子俱全、取得大位。这其中的原因着实值得后人思考、推究、引以为鉴。本文拟就此问题进行一管之窥。

## 一、吕后失败原因——不明因果

吕后在为儿子争夺皇位的斗争中开始看似成功了，但最终却失败了。其失败的原因可说是他不明因果报应的必然性、杀人太多所致。

汉高祖刘邦驾崩之后，吕后之子刘盈已经稳坐江山，戚姬等其他夫人的儿子已经构不成任何威胁了；然而，因为之前为保自己儿子的太子之位所受的痛苦折磨让吕后耿耿于怀，所以一旦大权在握，就倒行逆施、肆无忌惮地发泄自己长期以来积压的怨恨之情。不仅千方百计地把戚姬的儿子赵王如意除去而后快，而且丧尽天良、惨绝人寰地把戚姬摧残成猪狗不如的"人彘"，以致使自己的亲生儿子都不忍目睹，惊恐致病，最后郁郁而终。机关算尽争了一辈子，最后却因自己令人发指的狠毒手段把自己唯一的儿子吓死。这真是自作自受！如《史记》载：

> 吕后最怨戚夫人及其子赵王，乃令永巷囚戚夫人，而召赵王。使者三反，赵相建平侯周昌谓使者曰："高帝属臣赵王，赵王年少。窃闻太后怨戚夫人，欲召赵王并诛之，臣不敢遣王。王且亦病，不能奉诏。"吕后大怒，乃使人召赵相。赵相徵至长安，乃使人复召赵王。王来，未到。孝惠帝慈仁，知太后怒，

自迎赵王霸上，与入宫，自挟与赵王起居饮食。太后欲杀之，不得间。孝惠元年十二月，帝晨出射。赵王少，不能早起。太后闻其独居，使人持酖饮之。犁明，孝惠还，赵王已死。于是乃徙淮阳王友为赵王。夏，诏赐郦侯父追谥为令武侯。太后遂断戚夫人手足，去眼，熏耳，饮瘖药，使居厕中，命曰"人彘"。居数日，乃召孝惠帝观人彘。孝惠见，问，乃知其戚夫人，乃大哭，因病，岁馀不能起。使人请太后曰："此非人所为。臣为太后子，终不能治天下。"孝惠以此日饮为淫乐，不听政，故有病也。①

"太上曰：祸福无门，惟人自召。善恶之报，如影随形。……昆虫草木，犹不可伤；……苟或非义而动，背理而行；以恶为能，忍作残害；……轻蔑天民，扰乱国政；赏及非义，刑及无辜；……危人自安，减人自益；……损子堕胎，多行隐僻；……如是等罪，司命随其轻重，夺其纪算，算尽则死。死有馀责，乃殃及子孙。……又枉杀人者，是易刀兵而相杀也。"②吕后若稍微有点见识，明白"善恶之报，如影随形"，枉杀别人的孩子，就是"易刀兵而相杀"；善待别人就是善待自己，若能宽容善待戚姬母子，她们母子也一定能够稳坐江山。然而，她却目光短浅、丧心病狂地迫害、毒杀戚姬母子；结果自己的儿子也因此丧命。真是天网恢恢，疏而不漏！

其实，这种经验教训在史书中多有记载，如《汉书》：

臣闻存人所以自立也，壅人所以自塞也。善恶之报，各如其事。昔者秦灭二周，夷六国，隐士不显，逸民不举，绝三统，灭天道，是以身危子杀，厥孙不嗣，所谓壅人以自塞者也。故武王克殷，未下车，存五帝之后，封殷于宋，绍夏于杞，明著三统，示不独有也。是以姬姓半天下，迁庙之主，流出于户，所谓存人以自立者也。今成汤不祀，殷人亡后，陛下继嗣久微，殆为此也。③

《旧唐书》：

……且善恶之报，若影随形，此是儒书之言，岂徒佛经所

---

① 《史记·吕太后本纪》。
② 《太上感应篇》。
③ 《汉书·梅福传》。

说。是为人君父，当须仁慈；为人臣子，宜尽忠孝。仁慈忠孝，则福祚攸永；如或反此，则殃祸斯及。①

"存人所以自立也，壅人所以自塞也。善恶之报，各如其事"，这不仅是佛教的观念，其实古今中外、世界各地的原始经典里面都曾表达过这个千古不破的宇宙真理！

另外，若把吕后与历史上的贤后进行一番比较，我们就可以更加清楚地看出，吕后的行为尽管有其情有可原之处，但作为一国之母的吕后的胸襟、气量、识见确实太过狭隘了。如《列女传》载：

> 樊姬，楚庄王之夫人也。……对曰："妾执巾栉十一年，遣人之郑卫，求美人进于王。今贤于妾者二人，同列者七人。妾岂不欲擅王之爱宠哉！妾闻'堂上兼女，所以观人能也。'妾不能以私蔽公，欲王多见知人能也。"……楚史书曰："庄王之霸，樊姬之力也。"……
> 
> 颂曰：樊姬谦让，靡有嫉妒，荐进美人，与己同处。非刺虞丘，蔽贤之路，楚庄用焉，功业遂伯。②

樊姬处处从国家的发展、君王的千秋大业出发考虑问题，而丝毫不顾及一己的得失恩宠；一个国家拥有这样睿智明达的贤后，其国家岂能不称霸于世？吕后若具备樊姬一半的远见卓识，她的儿子就不至于落到那种地步。实在令人惋惜，一个"为人仁孝，恭敬爱士，天下莫不延颈欲为太子死者"③的未来明君就这样葬送在一个心胸狭隘、目光如豆的母亲手里！

## 二、戚姬惨败原因——非分妄求

戚姬的悲剧可说是她不明事理、恃宠而骄、非分妄求造成的。

吕后是"高祖微时妃"，是糟糠之妻；在刘邦平定天下的过程中曾经患难与共、出过不少力，"吕后为人刚毅，佐高祖定天下，所诛大臣多吕后力"④。何况，吕后还为刘邦"生孝惠帝、女鲁元太后"。不管从哪个角度说，吕后都应该是理所当然、名正言顺的皇后，吕

---

① 《旧唐书·张士衡传》。
② 《列女传·楚庄樊姬》。
③ 《史记·吕太后本纪》。
④ 同上。

后的儿子都应该被立为太子。而不明事理的戚姬却仗着高祖对她的宠幸，不仅不将心比心地对年老色衰、备受疏远的吕后抱以同情之心，①还利用自己的优势步步催逼高祖废长立幼，"戚姬幸，常从上之关东，日夜啼泣，欲立其子代太子"，全是小女人的自私自利之心！就不感同身受地想想，同为女人、同为母亲，何必为了自己的儿子而去损人利己、伤害他人呢？结果不但没有抓到自己想要的，反而连母子的性命也搭上了；真是偷鸡不成蚀把米！

从历史记载可见，身为嫔妃的戚姬不但不恪守自己的分位，谦让、尊敬身居正宫的吕后；反而依恃高祖的宠爱而从不把吕后当做自己的主母；

> 四人为寿已毕，趋去。上目送之，召戚夫人指示四人者曰："我欲易之，彼四人辅之，羽翼已成，难动矣。吕后真而主矣。"戚夫人泣，上曰："为我楚舞，吾为若楚歌。"歌曰："鸿鹄高飞，一举千里。羽翮已就，横绝四海。横绝四海，当可奈何！虽有矰缴，尚安所施！"歌数阕，戚夫人嘘唏流涕，上起去，罢酒。竟不易太子者，留侯本招此四人之力也。②

由高祖的话可以推知，戚姬平日是没把吕后当做自己的主母的，甚至可以说她一直在挑衅、窥伺这个主母的权威，踌躇满志地要把主母的位置给夺过来的。这岂不让吕后怀恨在心，伺机报复？

戚姬不仅没有认识到吕后的能力，而且对朝中大臣们的向背也视若无睹、置若罔闻，她手中唯一的王牌就是汉高祖，而吕后手中却掌握了整个朝廷势力，可以说戚姬没有任何群众力量支持，大臣们全都站在吕后这一边。如《史记》载："上欲废太子，立戚夫人子赵王如意。大臣多谏争，未能得坚决者也。"③"及帝欲废太子，而立戚姬子如意为太子，大臣固争之，莫能得；上以留侯策即止。而周昌廷争之彊，上问其说，昌为人吃，又盛怒，曰：'臣口不能言，然臣期期知其不可。陛下虽欲废太子，臣期期不奉诏。'上欣然而笑。既罢，吕后侧耳于东箱听，见周昌，为跪谢曰：'微君，太子几废。'"④"汉十二年，上从击破布军归，疾益甚，愈欲易太子。留侯

---

① 《史记·吕太后本纪》云："吕后年长，常留守，希见上，益疏。"
② 《史记·留侯世家》。
③ 同上。
④ 《史记·张丞相列传》。

谏，不听，因疾不视事。叔孙太傅称说引古今，以死争太子。上详许之，犹欲易之。"① 等。从这几则记载可见，一，各级大臣们都一致坚决反对废长立幼；二，大臣们的反对是发自内心的，并非是受了吕后的威胁利诱去做的。既然大臣们都一致拥护太子，汉高祖即使执意改立赵王如意为太子，将来自己驾崩之后，如意的皇位也是不保的；这一点汉高祖是看得很清楚的。因此，他也不敢冒天下之大不韪，公然违逆众人之意的。

而且，正是因为戚姬的这种非分妄求，增添了高祖不少烦恼，使高祖长期为赵王的未来忧心忡忡、寝食不乐。如《史记》载：

> 是后戚姬子如意为赵王，年十岁，高祖忧即万岁之后不全也。赵尧年少，为符玺御史。……居顷之，赵尧侍高祖。高祖独心不乐，悲歌，群臣不知上之所以然。赵尧进请问曰："陛下所为不乐，非为赵王年少而戚夫人与吕后有郤邪？备万岁之后而赵王不能自全乎？"高祖曰："然。吾私忧之，不知所出。"尧曰："陛下独宜为赵王置贵彊相，及吕后、太子、群臣素所敬惮乃可。"高祖曰："然。吾念之欲如是，而群臣谁可者？"尧曰："御史大夫周昌，其人坚忍质直，且自吕后、太子及大臣皆素敬惮之。独昌可。"高祖曰："善。"于是乃召周昌，谓曰："吾欲固烦公，公彊为我相赵王。"周昌泣曰："臣初起从陛下，陛下独奈何中道而弃之于诸侯乎？"高祖曰："吾极知其左迁，然吾私忧赵王，念非公无可者。公不得已彊行！"于是徙御史大夫周昌为赵相。②

于此可见，戚姬的非分妄求给高祖带来了多么大的心理压力。若是一个像楚庄王的樊姬那样贤德明理的嫔妃岂会为了自己的私心而加重深爱自己的国君的心理负担？

我们若把戚姬与班婕妤作一比较，就可以更加鲜明地看出戚姬的人生悲剧的确源自她的无知无识。

> 孝成班婕妤。……成帝游于后庭，尝欲与婕妤同辇载，婕妤辞曰："观古图画，贤圣之君皆有名臣在侧，三代末主乃有嬖女，今欲同辇，得无近似之乎？"上善其言而止。太后闻之，喜曰："古有樊姬，今有班婕妤。"……每进见上疏，依则古礼。……其

---

① 《史记·留侯世家》。
② 《史记·张丞相列传》。

后，赵飞燕姊弟亦从自微贱兴,踰越礼制,浸盛于前。班婕妤及许皇后皆失宠,……赵氏姊弟骄妒,婕妤恐久见危,求共养太后长信宫,上许焉。……至成帝崩,婕妤充奉园陵,薨,因葬园中。①

从这段记载可以看出班婕妤有戚姬所不及的如下处世智慧：一，知书达理、恪守本分。绝不贪恋非分恩荣、绝不做越礼之事。二，见微知著，洞察时势。明白自己若继续留在后宫极有可能招来杀身之祸，就当机立断，及早抽身而退，为自己妥善安排后路。相比之下，戚姬的缺陷就显而易见了：她既没远见卓识，不知道安守本分，只知道一味愚昧执着地贪恋那个本不该属于自己的权位；又没政治头脑，不能审时度势，不知道在惨烈的宫闱斗争中如何全身而退；她们母子的悲剧可说几乎是由她的无知造成的。

我们再把戚姬的贪恋权位和《庄子》中那些弃天下如敝屣、避之唯恐不及的人作一比较，就可以更加清晰地看出戚姬的悲剧源自她的愚痴。如《庄子·让王》曰：

尧以天下让许由，许由不受。又让于子州支父，子州支父曰："以我为天子，犹之可也。虽然，我适有幽忧之病，方且治之，未暇治天下也。"夫天下至重也，而不以害其生，又况他物乎！……

舜让天下于子州支伯。子州支伯曰："予适有幽忧之病，方且治之，未暇治天下也。"故天下大器也，而不以易生，此有道者之异乎俗者也。②

在俗人眼中，天下是最贵重的"大器"；但在许由、子州支父等"有道者"心中，则天下远不及自己的生命重要，因而不愿以天下"害其生"，"不以易生"。

大王亶父居邠，狄人攻之；事之以皮帛而不受，事之以犬马而不受，事之以珠玉而不受，狄人之所求者土地也。大王亶父曰："与人之兄居而杀其弟，与人之父居而杀其子，吾不忍也。子皆勉居矣！为吾臣与为狄人臣奚以异！且吾闻之，不以所用养害所养。"因杖筴而去之。民相连而从之，遂成国于岐山

---

① 《汉书·外戚传》。
② 陈鼓应注译：《庄子今注今译》，中华书局2001年版，第744页。

之下。夫大王亶父，可谓能尊生矣。能尊生者，虽贵富不以养伤身，虽贫贱不以利累形。今世之人居高官尊爵者，皆重失之，见利轻亡其身，岂不惑哉！①

大王亶父宁可失去国君之位也不愿让人民为了保护自己的国土而丧生，真可谓"能尊生"者。只有这些深悉"不以所用养害所养"的"能尊生者"，才能做到"不以养伤身"、"不以利累形"。而那些没有远见卓识的戚姬之属却不知"轻重"、"见利轻亡其身"、"危身弃生以殉物"，岂不惑哉！②

越人三世弑其君，王子搜患之，逃乎丹穴。而越国无君，求王子搜不得，从之丹穴。王子搜不肯出，越人薰之以艾。乘以王舆。王子搜援绥登车，仰天而呼曰："君乎君乎！独不可以舍我乎！"王子搜非恶为君也，恶为君之患也。若王子搜者，可谓不以国伤生矣，此固越人之所欲得为君也。③

王子搜洞观历史，知道"为君之患"，所以及早逃避，不愿"以国伤生"。而戚姬却愚昧无知，根本不了解争夺皇位将面临着多么大的危险！

楚昭王失国，屠羊说走而从昭王。昭王反国，将赏从者，及屠羊说。屠羊说曰："大王失国，说失屠羊；大王反国，说亦反屠羊。臣之爵禄已复矣，又何赏之有！"王曰："强之！"屠羊说曰："大王失国，非臣之罪，故不敢伏其诛；大王反国，非臣之功，故不敢当其赏。"王曰："见之！"屠羊说曰："楚国之法，必有重赏大功而后得见，今臣之知不足以存国而勇不足以死寇。吴军入郢，说畏难而避寇，非故随大王也。今大王欲废法毁约而见说，此非臣之所以闻于天下也。"王谓司马之綦曰："屠羊说处卑贱而陈义甚高，子綦为我延之以三旌之位。"屠羊说曰："夫三旌之位，吾知其贵于屠羊之肆也；万钟之禄，吾知其富于屠羊之利也；然岂可以贪爵禄而使吾君有妄施之名乎！说不敢当，愿复反吾屠羊之肆。"遂不受也。④

---

① 陈鼓应注译：《庄子今注今译》，中华书局2001年版，第747页。
② 同上书，第751页。
③ 同上书，第748页。
④ 同上书，第755页。

作为一介屠夫的屠羊说尚且能识大体、顾大局；安守本分，不贪功冒赏；恪守礼法，不越礼违制，以免致国君于不义之地。而身为君王宠妃的戚姬却连这点见识都没有，只顾自己，非分妄求，违礼越制，置国家法度于不顾，置高祖于为难之境。真可谓自取灭亡！

## 三、薄姬成功原因——智慧明达

一个人如果年少时就明确知道自己将来的前途命运，就会方向明确、意志坚定地朝着目标努力；遭遇挫折时能耐心等待命运的安排，而不会惊慌失措、进退失据。① 薄姬在皇位之争的角逐中之所以能够始终保持淡定从容的超然态度，可以说与她从小就知道自己将来的命运有直接关系。据《史记》载：

> 始姬少时，与管夫人、赵子儿相爱，约曰："先贵无相忘。"②
> 及诸侯畔秦，魏豹立为魏王，而魏媪内其女于魏宫。媪之许负所相，相薄姬，云当生天子。是时项羽方与汉王相距荥阳，天下未有所定。豹初与汉击楚，及闻许负言，心独喜，因背汉而畔，中立，更与楚连和。③

由这两段记载可知，薄姬自少时就坚信：自己将来必当富贵，自己将来的儿子必当为天子。这一点绝不是无稽之谈，是许负、魏媪、薄姬、魏豹等人都坚信不疑的；否则，魏豹也不可能做出"心独喜，因背汉而畔，中立，更与楚连和"这样的错误之举。

正因有以上信念，所以当时机未到时，薄姬能够耐心等待，不去妄自追求；当时机到来时，则及时抓住机会，为自己迈向成功奠定基础。如《史记》载：

> 汉使曹参等击虏魏王豹，以其国为郡，而薄姬输织室。豹

---

① 武则天就是一个最典型的例子："（武）则天初在襁褓，天纲来至第中，谓其母曰：'唯夫人骨法，必生贵子。'乃召诸子，令天纲相之。见元庆、元爽曰：'此二子皆保家之主，官可至三品。'见韩国夫人曰：'此女亦大贵，然不利其夫。'乳母时抱则天，衣男子之服，天纲曰：'此郎君神色爽彻，不可易知，试予行看。'于是步于床前，仍令举目，天纲大惊曰：'此郎君子龙睛凤颈，贵人之极也。'更转侧视之，又惊曰：'必若是女，实不可窥测，后当为天下之主矣！'"（《旧唐书·袁天纲传》）

② 《史记·外戚世家》。

③ 同上。

已死，汉王入织室，见薄姬有色，诏内后宫，岁余不得幸。① 始姬少时，与管夫人、赵子儿相爱，约曰："先贵无相忘。"已而管夫人、赵子儿先幸汉王。汉王坐河南宫成皋台，此两美人相与笑薄姬初时约。汉王闻之，问其故，两人具以实告汉王。汉王心惨然，怜薄姬，是日召而幸之。薄姬曰："昨暮夜妾梦苍龙据吾腹。"高帝曰："此贵徵也，吾为女遂成之。"一幸生男，是为代王。其后薄姬希见高祖。②

由上可证，一，薄姬是有远见卓识的。她之所以在"岁余不得幸"的情况下，被汉王召幸；可说正得益于她少时与女友们"先贵无相忘"的誓约。二，薄姬很善于把握时机。当汉王召幸时，就抓住难得的机会，暗示自己未来的身份"昨暮夜妾梦苍龙据吾腹"，使高祖有意促成她的心愿。三，薄姬很懂得进退之道。自己的初步愿望达成后，绝不冒然行动，把自己置于众矢之的之中；而是含藏内敛、安分守己、甘处疏远之位，耐心等待自己儿子平安长大，等待上天的安排。她大概相当清楚："天下之事都有定时。"③

可以说，正是因为薄姬洞察幽微，善于审时度势，善于自处祸福；所以才在吕后与戚姬的激烈斗争中保护了自己及儿子的性命。如《史记》载：

> 汉兴，吕娥姁为高祖正后，男为太子。及晚节色衰爱弛，而戚夫人有宠，其子如意几代太子者数矣。及高祖崩，吕后夷戚氏，诛赵王，而高祖后宫唯独无宠疏远者得无恙。④
> ……
> 高祖崩，诸御幸姬戚夫人之属，吕太后怒，皆幽之，不得出宫。而薄姬以希见故，得出，从子之代，为代王太后。⑤

若不是薄姬有先见之明，自甘疏远，恐怕也难逃吕后之劫吧！

在薄姬的精心培养、调教之下，其子代王顺理成章地成长为一个智慧明达、善于自处的王子。这一点从如下记载即可推想而知：

---

① 《史记·外戚世家》。
② 同上。
③ 〔日〕渡边和子著，烨伊译：《就在你所在的地方生根开花》，中信出版社2013年版，第69页。
④ 《史记·外戚世家》。
⑤ 同上。

"太后使使告代王，欲徙王赵。代王谢，愿守代边。"① 代地属于荒寒贫瘠之地，大多数诸侯王都避之唯恐不及。如今终于有了内迁的机会，若是一般人可能欣喜若狂、求之不得；但洞悉吕后心理的薄姬母子则极其清楚吕后对赵王这个位置的痛恨之情；因此宁愿继续驻守在偏远荒瘠之地，也不愿内迁于富庶之所。前后几任赵王的不得善终都一一证明了薄姬母子的决定是多么明智！②

而且，由史书可知，代王之所以最终被大臣们选定为皇位继承人，起决定作用的可以说就是其母亲薄姬的"仁善"：

> 代王立十七年，高后崩。大臣议立后，疾外家吕氏彊，皆称薄氏仁善，故迎代王，立为孝文皇帝，而太后改号曰皇太后，弟薄昭封为轵侯。③

> 诸大臣相与阴谋曰："少帝及梁、淮阳、常山王，皆非真孝惠子也。吕后以计诈名他人子，杀其母，养后宫，令孝惠子之，立以为后，及诸王，以彊吕氏。今皆已夷灭诸吕，而置所立，即长用事，吾属无类矣。不如视诸王最贤者立之。"或言"齐悼惠王高帝长子，今其適子为齐王，推本言之，高帝適长孙，可立也"。大臣皆曰："吕氏以外家恶而几危宗庙，乱功臣。今齐王母家驷，驷钧，恶人也。即立齐王，则复为吕氏。"欲立淮南王，以为少，母家又恶。乃曰："代王方今高帝见子，最长，仁孝宽厚。太后家薄氏谨良。且立长故顺，以仁孝闻於天下，便。"乃相与共阴使人召代王。代王使人辞谢。再反，然后乘六乘传。后九月晦日己酉，至长安，舍代邸。大臣皆往谒，奉天子玺上代王，共尊立为天子。代王数让，群臣固请，然后听。④

由此可见，代王之所以被大臣们选定为皇位继承人，除了代王本身"仁孝宽厚"，是"诸王最贤者"之外，最关键的因素就是其母亲薄姬"仁善"、"谨良"。而其他诸王之所以被排除于考虑范围，主要原因就是"母家恶"。可以说，代王的成功其实就是其母亲薄姬人生的成功！而薄姬的成功可以说早在她少时就已经决定了。"此岂非天

---

① 《史记·吕太后本纪》。
② 如《史记·吕太后本纪》载："齐王乃遗诸侯王书曰：'高帝平定天下，王诸子弟，悼惠王王齐。惠王薨，孝惠帝使留侯良立臣为齐王。孝惠崩，高后用事，春秋高，听诸吕，擅废帝更立，又比杀三赵王，灭梁、赵、燕以王诸吕，分齐为四……'"
③ 《史记·外戚世家》。
④ 《史记·吕太后本纪》。

邪？非天命孰能当之？"①

综上可见，吕后、戚姬、薄姬三位不同见识的母亲导致了自己及儿子不同的命运，孩子一生的吉凶祸福可以说主要决定在母亲手里！那些目光短浅、没有见识的母亲自认为是在帮孩子，其实极有可能正在愚蠢地把儿子一步步推向绝路；只有那些具备远见卓识的母亲才能高瞻远瞩地化不利条件为有利，才能为自己的孩子创造一个美好光明的前途！天下做母亲的可不鉴与？

---

① 《史记·外戚世家》。

# 《史记》中三种典型用人模式解析

\* 本文作者杨波,中国劳动关系学院副教授。

中国的春秋战国时期,是各诸侯国自立门户,互相博弈的混乱时期。为了图存,各诸侯国使出浑身解数,谱写了一段色彩纷呈的别样历史。其中,在举贤任能、励精图治方面,更是可圈可点,现举出《史记》中的齐桓公、楚庄王、燕昭王的用人事例,作为典型模式,加以解析。

## 一、齐桓公"化敌为友"的用人模式

齐桓公是春秋时齐国的国君,公元前685年至前643年在位,他"九合诸侯,一匡天下",成为春秋时第一个霸主。他之所以能成就霸业,是与杰出的政治家管仲的辅佐分不开。但是先前管仲曾是齐桓公的政敌,差一点致齐桓公于死地。管仲曾是齐桓公的竞争对手公子纠的心腹,在一次偷袭中,他射中了齐桓公的腰带,险些要了齐桓公的命。齐桓公即位以后,要封鲍叔牙为相,鲍叔牙却向齐桓公极力推荐管仲,他对齐桓公说:"君将治齐,即高傒与叔牙足也。君且欲霸王,非管夷吾不可。夷吾所居国国重,不可失也。"[①]齐桓公也知道管仲是旷世奇才,又见鲍叔牙竭诚推荐,于是决定捐弃前嫌,重用管仲。为了能让管仲回国,齐桓公派人对鲁国国君说,杀掉公子纠,缚送管仲回国,以报一箭之仇。若不应允,即兴兵伐鲁。鲁国弱小,只得照办,杀了公子纠,把管仲捆绑起来,装入囚车,送回齐国。管仲自以为必死无疑,便早已置生死于度外,大义凛然,泰然处之。哪知当他被押进宫廷时,齐桓公快步走下座位,亲自为他松绑,当即拜他为宰相。齐桓公的这一举动使管仲深受感动,从此他尽心辅佐齐桓公,大刀阔斧地进行改革,结果齐国大治,

---

[①] 《史记·齐太公世家》。

国力大增。管仲又建议齐桓公打出"尊王攘夷"的旗号,存邢救卫,九合诸侯,最后终于称霸天下,成为春秋时期五霸之首。

"化敌为友"的用人模式,在许多朝代都出现过。特别是唐太宗发挥得淋漓尽致。唐太宗的著名文臣魏征来自竞争对手,著名武将尉迟恭来自敌方阵营,但是唐太宗非常信任他们,倚为左膀右臂,终于开创"贞观之治"的盛世。

## 二、楚庄王"惩恶扬善"的用人模式

楚庄王,春秋时期楚国的国君,公元前613至前591年在位,春秋五霸之一。楚庄王之前,楚国一直被排除在中原文化之外。楚庄王称霸中原,不仅使楚国强大,威名远扬,也为华夏的统一,民族精神的形成发挥了一定的作用。楚庄王初即位,大权旁落,为了自保,以待时机,他佯装沉迷酒色,同时暗中观察,对人才之善恶贤愚,了然于胸。《史记·楚世家》记载:"庄王即位三年,不出号令,日夜为乐,令国中曰:'有敢谏者死无赦!'伍举入谏。庄王左抱郑姬,右抱越女,坐钟鼓之间。伍举曰:'愿有进。隐曰:有鸟在于阜,三年不蜚不鸣,是何鸟也?'庄王曰:'三年不蜚,蜚将冲天;三年不鸣,鸣将惊人。举退矣,吾知之矣。'居数月,淫益甚。大夫苏从乃入谏。王曰:'若不闻令乎?'对曰:'杀身以明君,臣之愿也。'于是乃罢淫乐,听政,所诛者数百人,所进者数百人,任伍举、苏从以政,国人大悦。"① 楚庄王听政伊始,便能杀数百恶人,进数百善人,显示了他对善恶贤愚的明察和励精图治、大展宏图的魄力。

"惩恶扬善"的用人模式,更多的出现在朝代更替的时候。新的政权为了稳住政局,巩固新生政权,大多要对前一朝进行清算,特别是对那些民愤大、臭名昭著的贪官污吏进行清理,以树立新政权的威信。与此同时,也进升一些民望好、品行端正的清正之士担任官职,以充实新生政权的干部队伍。

## 三、燕昭王"引进人才"的用人模式

燕昭王,战国时燕国的国君,公元前311年至前279年在位,

---

① 《史记·楚世家》。

共32年。燕国在战国七雄中领土最小，屡次败于齐国。燕昭王即位之初，便发誓报仇，"卑身厚币以招贤者"。燕昭王对他的手下郭隗说："齐国趁着我的国家动乱袭击攻破燕国，我深知燕国国小力少，不足以报复齐国。但如果能得到贤能的人才一同治理国家，洗雪先王的耻辱，这是我的心愿。先生见到这样的人才，我愿意亲身侍奉他。"郭隗说："大王如果一定要招揽人才，就先从我开始吧。那些比我贤能的人，一定会不远千里来投奔您的。"《史记·燕召公世家》记载："于是昭王为隗改筑宫而师事之。乐毅自魏往，邹衍自齐往，剧辛自赵往，士争趋燕。燕王吊死问孤，与百姓同甘苦。二十八年，燕国殷富，士卒乐轶轻战，于是遂以乐毅为上将军，与秦、楚、三晋合谋以伐齐。齐兵败，湣王出亡于外。燕兵独追北，入至临淄，尽取齐宝，烧其宫室宗庙。齐城之不下者，独唯聊、莒、即墨，其余皆属燕，六岁。"[1] 燕昭王招揽各国才俊，在短短28年时间，便由弱变强，大败齐军，陷齐国七十余城，足见"引进人才"的威力。

"引进人才"的用人模式，在当代得到很好的应用。美国是最成功的案例。美国作为移民国家，充分地招揽各国人才，在短短的几十年间便成为世界第一强国。如此开放包容地吸纳各国人才，人尽其才，物尽其用，为一个国家源源不断地输入新鲜血液，才使一个国家可以长期保持优势。

治国之要，用人为本。用人的模式也有许多，但是要想国家强盛，关键是不拘一格用人才。西汉刘向《说苑·谈丛》有言："十步之泽，必有香草；十室之邑，必有忠士。"东汉王符《潜夫论·实贡》也说过类似的话："夫十步之间，必有茂草；十室之邑，必有俊士。"天下人才可谓多矣，关键是能不能用。只有不求全责备、论资排辈，真正地欣赏人才，尊重人才，善待人才，天下忠士才能如锥处囊中，脱颖而出。按照历史学的知识，三十年为一世。经历一世，便可发生翻天覆地的变化。齐桓公、楚庄王和燕昭王都是如此，后代强盛之世也概莫能外，这仿佛已成为历史的规律。只要领袖英明，唯才是举，通过三十年埋头苦干、发奋图强，便可以改天换地，达到强盛。《史记·天官书》有言："夫天运，三十岁一小变，百年中变，五百载大变；三大变一纪，三纪而大备：此其大数也。为国者

---

[1] 《史记·燕召公世家》。

必贵三五。"[1] 指明了古今之变的大致轮廓。"为国者必贵三五",特别强调了三十年和五百年的重要性。顺应历史大势,天下俊士应时而动,群策群力,三十年一小步,一百年一中步,五百年一大步,迈向中华民族新一轮的辉煌!

---

[1] 《史记·天官书》。

# 司马迁思想研讨

## 别开生面,成就卓著
——2001年以来司马迁经济思想开拓性研究评说

\* 本文作者朱枝富。

2001年,是21世纪的起始之年,人类进入了新的千年,社会进入了新的发展阶段,将开创新的历史辉煌;也还是2001年,中国《史记》研究会在江苏省无锡市的江南大学宣告成立,这在司马迁与《史记》的研究史上,乃至中国历史学、政治学、经济学、文化学的研究史上,都将是划时代的一件大事。中国《史记》研究会的成立与各项活动的开展,对于司马迁与《史记》的研究,起到了极大的推动和促进作用,使其研究出现了量的提升和质的飞跃,具有重大的历史和现实意义。2001年以来的司马迁经济思想研究,进入了一个新的阶段,可以说是别开生面,成就卓著,具有开拓性意义。因此,本文开展司马迁经济思想研究的评说,就从2001年开始,着重进行开拓性研究的评估和论说。

司马迁经济思想的研究,是司马迁与《史记》研究中的重头戏,自1981年以来,取得了突飞猛进的进展,出现了方兴未艾的趋势。就研究的论文篇数来说,目前能够检索到的,为608篇,平均每年约17篇。其中1981年—1990年,是兴起期,发表研究论文148篇,平均每年约15篇；1991年—2000年，是丰收期，发表论文190篇，平均每年约19篇；2001年—2014年，是深化期，或者说是开拓期，发表论文270篇，平均每年约19篇。

2001以前的司马迁经济思想研究，笔者曾有《建国以来司马迁经济思想研究综述》的研究思考，发表在《渭南师院学报》2000年第4期上。本文承前启后，重点围绕2001年以来司马迁经济思想的开拓性研究进行评说，以就教于各位专家学者。

要开展好司马迁经济思想研究的评说，首先是查找资料，尽可能全部收集其研究论文，研究起来才能不留死角，不留遗憾。目前，笔者已将2001年以来的270篇研究论文全部收集起来。其次是广泛阅览，防止以偏概全。笔者对所收集的研究论文悉数阅读，把握其全部内容。第三是梳理总结，思考研究中取得的成就和存在的不足。总的感到，2001年以来的司马迁经济思想研究，在中国《史记》研究会的号召、影响和推动下，无论是在研究人员的成长和进步上，还是在研究内容的广度和深度上，都取得了十分可喜的成绩，具有开拓性的意义。其主要特征，具体是：

**一是研究队伍不断扩大。** 2001年以来，约有260人开展了司马迁经济思想的研究，这其中约有30人是教授级的专家学者，发挥了中坚作用；约有50人是具有中级职称以及副教授职称的中年研究人员，发挥了骨干作用；约有120人是年轻的研究人员，其中研究生成为研究的主体力量；约有50人是在读博士研究生、硕士研究生，还有12名硕士研究生的学位论文就是以司马迁经济思想的研究为主题，发挥了生力军作用。尤其可喜的是，女性开展研究的人员逐步增多，大约占到研究人员的1/3以上，逐渐成为研究的一支重要力量。

**二是研究领域不断拓宽。** 2001年以来，从宏观上来说，司马迁经济思想的总体研究，司马迁的富国之学、治生之学、司马迁与中外思想家、史学家的比较研究都取得突破性进展；从微观上来说，司马迁经济思想的研究更加精细化、专题化，有不少的研究内容是前人没有注意到或者是没有得到应有重视的，取得了不少新的进展和新的研究成果。例如，对司马迁消费经济思想的研究、水利经济思想的研究、经济伦理思想的研究、生态习俗思想的研究、现代经济思想的研究等。

**三是研究质量不断提高。** 从总体上来说，2001年以来司马迁经济思想研究的水平在不断进步,在前人研究的基础上,有所前进,有所超越,出现了不少具有开拓性意义的精品力作。笔者在逐篇阅读的基础上,按照一定的标准和品位进行挑选,遴选出20篇研究精品,无论是研究内容、研究角度、表现方法,都堪称完美,是"上乘"的精品力作,读后,给人以收获,给人以惊喜;还筛选出80篇重点研究文章,都有可圈可点之处。这两者合计,是100篇,占到研究总数的1/3以上。

**四是研究方法不断出新。**2001年以来,在司马迁经济思想研究中出现了不少新的研究方法。例如,系统研究的方法、比较研究的方法、实证研究的方法、个案研究方法、文献研究的方法、解剖研究的方法、定性定量分析相结合的方法、宏观微观分析相结合的方法、历史现实分析相结合的方法等,都得到了充分的运用,论辩有力,说服力强,增强了文章的研究深度和感染力,给人耳目一新的感觉。

以下就2001年以来司马迁经济思想的开拓性研究的主要内容进行比较深入细化的评说。

## 一、更加注重司马迁经济思想渊源研究

司马迁具有伟大的进步的经济思想,这是人所共知的。那么,是如何产生的?有哪些历史的渊源?历来的学者都进行了认真的研究和思考,几乎在每一篇的研究论文中,都零零星星地涉及到这一问题,但给人的感觉是零碎而不够系统,涉猎而浅尝辄止,没有将其研究引向深入。2001年以来,这种状况有所改观,一些学者从不同的角度对这一问题进行比较深入的专题研究思考,出现了不少精品力作。

马涛发表了题为《论司马迁的自由经济思想及对儒道的态度》【2001】的论文,认为司马迁的经济思想主要来源于对先秦孔子、孟子自由主义经济思想的继承,并进行了具体的分析:一是孔子提出"因民之所利而利之","惠而不费",让人民自由地去从事自认为有利的经济活动,并从中谋取好处,管理者不加干预,也不需要付出什么成本,何乐而不为呢?二是孟子倡导法乎自然,重视个人利益的维护与竞争,反对市场垄断;三是孔子、孟子对商业和商人都表示出相当的尊重,孔子赞成在不违犯法律禁令的前提下,对商人开

展商业经营给予一定的自由和便利，呼吁关市不征、山梁无禁；孟子主张国家应实行保商惠商政策，竭力宣传减轻商税、开通商道，以让商人周流天下，发展商业。司马迁对儒家思想十分尊重和推崇，把儒学创始人孔子誉为"至圣"，尊奉孔子为学术文化的宗师，表达了他的景仰之诚，他的经济思想无疑受孔子儒家思想的影响最深。

刘蕴之在《略论司马迁的经济思想及其渊源》【2004】一文中则认为，司马迁的经济思想与儒、道、法三家都有渊源，然而较多地吸取了管子、老子与荀子的学说，把孟子和韩非的思想当作反面的参照系。管仲经济思想的核心是"自利论"，主张因民心而利导之，富上而足下，最与司马迁的经济思想相通，是其主要来源；以老子为代表的道家，主张"无为"，司马迁关于经济政策的主张，其根源即本于此；荀子认为"人生而有欲"，司马迁的"欲望论"最接近荀子。而孟子经济思想的核心是"仁义"二字，甚至摒绝富利，司马迁不予赞同；韩非的经济思想是只求富国，不求富民，把"商工之民"列为"五蠹"，成为司马迁"上则富国，下则富家"经济思想的另一个反面参照系。

于艳秋发表了题为《试析管仲、〈管子〉对司马迁的思想影响》【2006】的文章，认为司马迁与管仲都是行大义不羞小节之人，司马迁继承了管仲的以富为荣、以利为重的经济思想，吸收、借鉴了其重民、爱民的经济思想，而"平准"在经济学上的意义也源自于《管子》。可见司马迁的经济思想主要是继承和发展了管仲以及《管子》的经济思想。

彭昊发表了题为《司马迁对先秦儒家义利观的继承与创新》【2006】的文章，认为司马迁的义利思想一方面继承了先秦儒家思想中合理的部分，另一方面又扬弃了其空疏之处，从而构建起独具卓识的义利理论。司马迁继承先秦儒家"义以生利"、"好利恶害"的思想，稽察社会发展规律，有所创新，形成崭新的认识，即求利求富的人性是推动社会发展的动力；鲜明地提出"人富而仁义附"的观点，从道德的根源和前提上强调义依赖于利，大胆地为富利正名，在一定程度上修正了孟子提出的"为富不仁"的偏见；据此又引申出顺其自然，让人们的求利活动自由发展的"贫富之道，莫之予夺"的观点，强调国家不能强行干预人们的经济活动，反对官营工商。这是司马迁经济思想的创新之处。

金会庆在《司马迁经济思想的道家渊源及其发展》【2011】一文

中，认为司马迁是道家经济思想的集大成者，其经济思想在实质上是本于道家之旨。道家思想的核心是"道"，"道"在经济上体现为"无为"，"无为"才能使经济活动合乎"道"。司马迁将道家经济思想发扬光大，其中关于发展经济的思想以及善因论理论，体现出道家的渊源以及对道家经济思想的扬弃和发展，具有极高的时代价值和意义。而司马迁对道家经济思想的改造创新，主要表现在：一是反对先秦道家的无欲论、寡欲论，认为人的欲望是天生的，要求尽量满足欲望是不可遏制的自然趋势；二是反对将"无为"、"任其自然"理解为把人类的一切追求进步、改善生活和发展经济文化的要求都说成是背离自然的，而把人类的原始蒙昧状态看成是自然；三是反对先秦道家在经济方面赞扬停滞、倒退的态度，要求全面发展农虞工商各业，提倡富国富民；四是反对先秦道家赞美闭塞、隔绝，鼓吹"老死不相往来"的思想，反对将人们的经济生活拉回到古代经济生活的所谓黄金时代的道路上去；五是反对先秦道家认为经济越落后，社会越安定的观点，认为人民富裕是社会安定的基础和前提，国家越富越治，越安定。总之，司马迁的经济思想充分体现了以黄老之学为主兼容各家的倾向。这是一篇研究司马迁经济思想历史渊源的精品，对司马迁对先秦道家经济思想的继承和创新条分缕析，脉络清晰，具有很强的感染力。

侍冰冰在《论司马迁经济思想的儒家渊源》【2013】一文中，认为司马迁经济思想主要来自于儒家对经济的中庸平和思想。儒家经典中的道德规范，对社会经济的制约与调节作用以及其社会人格的形成，深刻影响着司马迁及其经济思想；孔子及先秦儒学大师孟子、荀子等人重农而不轻工商的思想，是司马迁主张农工商虞并重，同为"衣食之源"思想的重要理论渊源。

孙希国则进一步专精化，发表了题为《司马迁对孔子经济思想的继承和发展》【2013】的论文，认为司马迁经济思想是对汉代以前经济思想领域的一次大总结，对前人的经济思想尤其是孔子的经济思想进行了精审的扬弃。司马迁十分敬佩孔子的学识和为人，其经济思想不可避免地受到孔子的影响，具有非常强的前瞻性。当然，司马迁对孔子经济思想的继承也是有所选择的，主要是：一是肯定人们追求财富的权力；二是重视人民的生产与生活，认为得民心者得天下；三是实行适当的经济政策；四是反对政府对经济的过多干预。

以上列举了数例，应当说，司马迁经济思想具有深厚的历史渊源，他们的研究，都是比较精深透彻的，但也存在着参差不齐的现象。所谓仁者见仁，智者见智，众说纷纭，不衷一是，有的说司马迁的经济思想主要吸收了儒家的有益成分，有的说主要是吸取了道家的思想成分，这当然是有益的事情，学术无止境，研究无禁区，不同的思想火花互相碰撞，才能结出尽可能符合真理的果实。而笔者所要说的是，研究中别出心裁、各持一端，固然不是坏事，那么，司马迁经济思想的形成，究竟是吸收了什么样的历史渊源，究竟是儒家，还是道家，亦或是其他方面的？这需要继续进行认真而深入的研究，比较甄别，才能得出公允的结论，才是题中应有之义。

## 二、更加注重司马迁经济思想比较研究

要认识一种事物，常常要借助于与其它事物的比较来实现。因为只有比较，才有鉴别；只有鉴别，才能认识。比较，是认识事物本质的最基本的也是最重要的研究方法。同样，要深刻认识司马迁的经济思想，就要通过比较的方法，从中看出其先进性和进步性。

2001年以前，对于司马迁经济思想的比较研究，开展得比较普遍的，是将司马迁与同时代的"轻重论"代表桑弘羊的经济思想比较，与东汉史学家班固的经济思想比较，历来的学者对此发表了各数十篇研究论文，有不少的研究成果很具影响力，这里不再分析。

而这里要说的，是2001年以来，司马迁经济思想比较研究开拓了新的领域，表现在不少学者用世界的眼光来研究分析，将其与亚当·斯密的经济思想进行比较，提出了一些独特的见解。

首先开展这方面比较研究的是李爱军、于淳善，发表了题为《司马迁的经济思想与亚当·斯密的经济自由主义》的论文【2002】，认为司马迁的经济史传是阐述中国最早的自由经济思想的宏文，可与1800多年后的亚当·斯密的《国富论》相媲美。并从经济政策、社会观、社会分工问题、价格问题、社会影响等方面进行比较研究，结论是：司马迁具有丰富深邃的经济思想，既有整套的政策主张，又有多方面的理论论证，并具有宏观的"富国之学"、"善因论"与微观的"治生之学"熔于一炉的学说体系，在当时世界上是无以伦比的。

接着，储丽琴开展了这方面的比较研究，发表了题为《司马迁与亚当·斯密经济思想比较研究》的文章【2005】，认为司马迁的经

济思想与亚当·斯密有许多相似之处，但两人处于两种性质截然不同的社会经济关系中，决定了他们的经济思想存在着质的不同。并从人性假设、社会分工、经济政策、货币理论、价格理论、资本理论等方面进行比较分析其异同。该文与上文也有较多的相似之处。

景春梅将此比较研究作为硕士研究生的学位论文，题为《司马迁与亚当·斯密经济思想比较研究》【2006】，并以此为基础，发表了《论"太史公"与"经济学之父"的不谋而合——司马迁与亚当·斯密经济思想的相似性及其原因探析》【2008】以及《司马迁与亚当·斯密若干经济思想之比较——兼谈对中国经济学的启示》【2008】两篇论文，研究得比较系统和深入。她从七个方面比较了司马迁与亚当·斯密经济思想的相似之处。第一，两人都肯定人的物质欲望，分别形成他们经济思想的基本出发点：财富观与"经济人"假设，都肯定"利己"，并认为这是社会经济发展的内在驱动力，其思想见解闪烁着唯物主义的光芒。第二，两人对宏观经济调节机制表现为"善因论"与系统的自由主义主张，都反对政府对经济的过度干预，主张经济自由化，但都不是极端的无政府主义者，而是主张在市场失灵的情况下政府应当有所作为。第三，两人的分工思想表现为"农工商虞说"与"社会分工说"，都强调分工是自然发生的，分工的深化与拓展有助于增进社会财富。第四，两人的价格思想分别表现为"自然之验论"与"看不见的手"，都认识到供求关系规律、价值规律的作用。第五，两人对资本积累的认识有共性，都强调资本积累对企业生存发展及财富增长有积极促进作用，重视节俭对资本积累的重要意义。第六，两人都主张节俭财政开支，秉持"轻税论"思想。第七，两人都认为货币起源于商品流通需要，提出了贵金属宜于充当流通媒介的观念。作者还探讨了两者经济思想相似的原因，是具有相似的经济哲学基础、经济伦理学基础，并指出，我们应当积极探寻古代经济思想与现代经济思想的契合点，充分吸收和继承古今中外经济思想的精华，深深扎根于中国经济的现实土壤，大胆创新，努力构建中国特色的经济学理论体系。

严清华、何芳也对此开展了比较研究，在《亚当·斯密的"两个人"假设与司马迁的"两者"描述》【2007】一文中认为，根据亚当·斯密的理论假设，市场经济中最值得关注的是"两个人"：一个是市场活动的主体，其本质特征是理性"经济人"；另一个是管制市场的政府，其角色定位有如"守夜人"。无独有偶，我国古代著名思想家司马迁也将社会上活动的人描述为"两者":一是社会经济的活动者,他们都是忙碌奔波的"利者";一是社会经济活动的管理者即政府,其理想角色是充当一个顺应社会经济自发发展的"善者"。亚当·斯密的"两个人"假设与司马迁的"两者"描述,既有同工异曲之妙,又有交相辉映之趣。

董平均发表了题为《司马迁天下"皆为利"思想简论——兼与亚当·斯密"经济人"假设比较》【2011】的文章,认为亚当·斯密"经济人"与"看不见的手"的假设强调尊重个人的求利行为与市场经济运行规律。司马迁与亚当·斯密研究人们的求富、逐利行为,尽管皆以人的"利己"本性为前提条件,但因所处的时代不同,研究的社会经济现象及视角各异,二者经济思想的性质完全不同。前者代表了庶民地主和工商业地主的利益和要求,而非为替资本主义辩护,后者则是上升时期工业资产阶级反对重商主义和国家干预政策,要求自由发展资本主义的经济理论。

以上列举了五位学者对司马迁与亚当·斯密经济思想的比较研究,也基本上代表了现实的研究水平。从以上分析中看出,司马迁与亚当·斯密经济思想的比较研究,是越来越深入,不仅比较了两人经济思想的相似性,还发掘了相似性的理论基础,探讨了开展比较研究的现实意义。这是应当值得充分肯定的。

2001年以来,还值得一说的是程美秀以《货殖列传》和《聊斋志异》为基本史料,探讨司马迁与蒲松龄的商业思想,发表了《蒲松龄与司马迁的商业思想比较研究》【2002】一文,发现两人分处于中国封建社会早期和晚期,相距约1800年,但他们却提出了许多相同或相似的商业思想:一是"四业"并重,不贱商贾;二是求利求富是人性之所在,是人们从商目的之所在;三是富可分类,奸富最下;四是反对官府打击商人,与民争利。这些思想在我国两千年"重农抑商"思想占统治地位的封建社会中不失为一种积极进步的、符合社会发展的、体现民生需要的进步的经济思想,在发展社会主义市场经济的今天,也不失为具有真知灼见,散发着熠熠光芒的经济思想。

## 三、更加注重司马迁经济思想应用研究

古为今用,吸收古代优秀的文化遗产,以使现代更加发展和进

步,这是开展历史研究的原则和总旨。孔子作《春秋》而乱臣贼子惧,其实就是"古为今用"的经典榜样。司马迁作《史记》,也是"述往事,思来者",把历史作为"当今"以至后世"来者"的借鉴。我们研究司马迁的经济思想,也应当本着这样的原则和精神,与时俱进,从中吸取有益的成分,为当今的社会主义市场经济发展和建设具有中国特色的社会主义发挥引导和借鉴作用,使发展之路更加通达、顺畅。

应当说,绝大部分学者在司马迁经济思想研究中都是秉持这一原则和精神的,在其文章中都有"从中吸取借鉴"一类的言论和观点。但这还远远不够,有些隔靴搔痒的感觉。可喜的是,2001年以来,司马迁经济思想的应用研究得到重视和强化,出现了不少理论联系实际、历史为现实服务的专题研究。

冯华发表了题为《司马迁的市场经济思想及其现代意义》【2003】的论文,阐发司马迁市场经济思想的现代意义,认为司马迁具有重要的市场经济思想,肯定人的好利本性和市场机制对经济活动的调节作用,是其逻辑起点;农工商并重,保护和发展工商各业,是其重点内容;经济自由主义,实行放任管理,是其必然结论,具有深刻的社会基础、理论渊源及其现代意义。我们大力发展社会主义市场经济,研究司马迁的市场经济思想具有特别重要的意义,以更好地创造物质文明和精神文明,促进社会全面协调和健康发展。

刘光岭发表了题为《司马迁的义利观对"三个文明"协调发展的启示》【2004】的文章,认为司马迁的义利观对"三个文明"协调发展具有重要的启示。他阐述司马迁的义利观,一是认为利是义的物质基础,强调物质利益活动的社会基础地位;二是认为对于统治阶级而言,"利诚乱之始",应轻徭薄赋,清明廉政;三是认为致富要走正道,富者应当多行仁义;四是鼓励并赞赏不计贫富、舍身为国、行侠仗义的爱国行为。司马迁主张义与利的辩证统一,对我国当前提倡物质文明、政治文明、精神文明建设协调发展具有重要的借鉴意义。

还有,雷豪的《从〈货殖列传〉看现代人力资源管理》【2005】,徐红的《司马迁义利思想浅析及其对市场经济建设的借鉴》【2005】,李大敏的《司马迁经济观的现代启示》【2006】,曹佛宝的《论司马迁经济思想对西部大开发的启示》【2008】,芦艳琴的《〈货殖列传〉

中创业思想的启示》【2009】,张继宏的《〈货殖列传〉与全民创业文化的塑造》,陈永庆的《论司马迁"善因论"思想及现实启示》【2012】,汪锦的《〈货殖列传〉中区域优势资源开发的现代意义》【2014】,刘春英的《最好是顺应,最坏是争利——从〈货殖列传〉看税收治理》【2014】等研究文章,都注意到将司马迁的进步的经济思想运用到现代经济建设中来,都做了有意的尝试和探讨,具有相当积极的意义。当然,这种应用研究应当建立在科学的基础之上,切忌简单比对,牵强附会。

## 四、更加注重司马迁习俗生态思想研究

司马迁经济史传的涵盖面非常广泛,凡涉及到经济的方面,甚至是与经济有关的方面,都包含其中。而我们的研究,则难免有疏漏的地方。2001年以来,不少学者注意到对司马迁习俗生态思想的研究,就是填补了以往这方面的空白。

风俗,是一种重要的文化现象,不同的风俗习惯是不同地区民族的政治、经济、文化生活的反映,也是体现民族生活方式、历史传统和文化心态的重要因素。张文华对此进行了研究,在《〈货殖列传〉与风俗史》【2006】一文中认为,司马迁对全国各地的社会风俗予以理论性总结,初步构建起社会风俗史体系,这是他的伟大贡献。在风俗理念上,对社会风俗的含义、特点、内在联系、发展变化及其规律的认识有着独到的见解;在取材上,主要来源于传世文献和实地调查;在谋篇布局上,将宏观考察和微观分析结合起来,从不同层面和视角对全国各地社会风俗进行深入剖析;在描写社会风俗上,十分注重作贯通古今式的考察,重在揭示各地风俗的历史变迁。司马迁在经济史传中第一次较为全面系统地记载社会风俗,具有筚路蓝缕之功,奠定了后之史书撰写社会风俗的基本格局,拉开了风俗史写作的序幕,启发和推动了后世对风俗的关注和对风俗历史的研究。

段闪闪、李鹏江,对司马迁的地域文化观进行研究,在题为《〈货殖列传〉中的地域文化观》【2013】一文中认为,司马迁用历史发展的眼光看待社会经济问题,指出社会的变迁、地理环境与物质资源对地域文化的重大影响。司马迁溯源历史,阐述地异人殊的地域文化观;着眼经济,追寻地域文化差异的原因;察其流变,论述

不同时期不同地域的文化特色；辨其同异，考察历史变迁对民风民俗的改变，还指出了当时人们的物质追求规律，其独特的眼光与见解对当今社会依然具有指导作用。

因俗变迁，就是了解各地的不同习俗，协调人们之间的利益关系，根据习俗变迁的趋势制定国家政策，以降低移风易俗的阻力，有助于社会经济制度的演变。张俊对此进行专题研究，发表了《论司马迁的因俗变迁经济观及现代价值》【2008】的论文，认为司马迁具有因俗变迁的经济思想，其理论基础是对道家思想的认同，并实现理性转换，摒弃了消极的内容，融入了自己新的思考。其实质是"与时迁移，立俗施事"，因俗简政，移风易俗。当前，我们正处于经济冲突的多发期，因为经济制度转型不可避免地改变原先的利益分配，必然产生制度变迁的成本，这需要我们从制度创新的边际——习俗出发，减少改革的阻力和难度。而习俗的存在，自发地维持市场运行的社会秩序。应当尊重民众的经济选择，激励和引导个人创新，减少经济主体的寻租行为，才是政府的义务和责任。这就是司马迁因俗变迁经济观给予今人的启示。

司马迁生态经济思想的研究，更是一个空白点。王子今对此作了研究，并与班固的生态观进行比较，题为《司马迁、班固生态观试比较》【2003】。就司马迁的生态观而言，他认为，作为史学大家的司马迁，具有积极的生态意识，体现了顺应自然的原则，体现出与自然相亲相和的倾向；对灾异的记录相当重视，《史记》包涵生态史记录具有特殊的历史文献价值；对于历史遗存的灾异现象，是采取审慎态度的，但也不是完全排斥灾异之说；比较注重生态和经济的关系，比较肯定生态条件在经济发展中的作用；阐发了对于维护生态条件的深刻认识，并且关注人的生命保护。其阐述以《史记》中大量记载的事实为依据，具有较高的可信度。

## 五、更加注重司马迁水利农业思想研究

司马迁撰著经济史传，分别反映了不同的经济思想，《货殖列传》反映了司马迁的货殖思想，也就是其微观经济思想以及管理思想；《平准书》反映了司马迁的平准思想，也就是其宏观经济管理思想以及政策思想；《河渠书》反映了司马迁的河渠思想，也就是其水利经济思想。在2001年以前的研究中，司马迁的水利经济思想与前

两者相比,研究得很不充分,或者说没有引起学者的足够重视。2001年以来,越来越多的学者重视司马迁的水利经济思想研究,这是十分可喜的现象。

首先是董力三发表了题为《〈河渠书〉中司马迁的水利思想》【2001】的论文,认为司马迁把兴修水利与国家富强、经济发展联系在一起,赋予水利的社会意义与经济意义,使"水利"一词的含义更深刻、更广泛。在司马迁以前的各种古籍中"水利"的含义,仅指水本身存在的利益,即"水中之利",司马迁第一次明确赋予"水利"以治水、防洪、灌溉、输运、改良土壤等内容,"水利"成了具有特定含义专用名词,也成为一门科学;司马迁把水利与国家的兴旺、国力的强盛和经济的发展联系在一起,认为兴修水利增强了各个诸侯国的国力,促进了交通状况大为改观,刺激了商品经济的发展,保证了京师漕运的畅通和稳定的粮食供应渠道。总之,水利是促进国运昌盛、政通人和的国家大事。

接着,陈陆作《司马迁悲〈瓠子歌〉作〈河渠书〉》【2009】一文,认为司马迁以超前的经济意识,从社会发展的角度,深刻地论述了水既可为利又可为害,秉笔直书,尽载治水之事,其笔下的大禹、西门豹等治水英雄,一个个光彩照人;司马迁还热情讴歌了组织规模宏大、成就卓著的黄河瓠子堵决工程的汉武帝、凿离堆修建都江堰的李冰、兴修郑国渠的郑国、兴修晋南水利的番系、开凿褒斜运河的张汤等一批致力于治水的"奇伟"之人,其治水工程获得巨大成功、福泽百姓、后世。

而后,赵艺蓬发表了《从〈河渠书〉看战国秦汉水利工程及其效用》的论文【2010】,认为司马迁有感于水之利害关系巨大,首创《河渠书》,以记载战国至汉武帝时期全国水利建设,是中国水利史上第一部通史,开创了正史中叙述江河水利的先河,成为后世历代正史中撰述河渠水利专篇的典范。《河渠书》所提及的重要水利工程有些成为万世之利,使我们比较全面地了解到汉武帝时期及其之前两千年间的重大水事活动,使古代的治水技术和方法得以延续,真正达到避水之害、得水之利;为后世水利建设提供了很大的指导和借鉴作用,告诫我们水利的兴修一定要综合考虑当地的土壤、地形等自然因素、一系列自然及人为因素变迁的影响以及建成后实际所能发挥的效益,这样才能使水利工程建设达到预期效果,起到泽被后世的积极作用。

再就是梁中效发表了《司马迁与中国水文化》【2011】的文章，认为司马迁是世界东方的大河文明之子，是以江河为视域梳理中华文明的文化巨匠。其"中国山川东北流，其维首在陇蜀"，阐明了山川地理大势与文明多元一体格局的关系；"河灾衍溢，害中国尤甚，唯是为务"，治河即治国，故《河渠书》以河为中心；"世隆则封禅"，"祭名山大川"，故《封禅书》折射出大河文明背景下人们的山水文化心理。总之，中国壮美的山水文化孕育了司马迁，使他成为中国水文化的奠基者。

还有，钟雯霞发表了《司马迁重视治水略论》【2011】的文章，认为司马迁具有丰富的治水思想，一是顺水之性，以疏为主；二是破除迷信，科学治水；三是联系实际，综合治水。这充分体现了治国先治水的政治谋略，对于解决我国洪涝灾害、干旱缺水、水环境恶化等重大问题，具有现实的借鉴意义。

从以上所举数例足够看出，2001年以来对司马迁水利经济思想的研究得到应有的重视，所取得的研究成果也具有划时代意义，应当在司马迁与《史记》的研究史上重重地写上一笔。

关于司马迁的农业经济思想的研究，以前没有得到应有的重视，几乎处于空白状态。到了2001年左右，惠富平开展了比较深入的研究，出版了《〈史记〉与中国农业》的专著。毋俊芝、安建平发表了《试论司马迁的"善因论"对我国农业产业化的借鉴意义》【2001】的文章，认为司马迁"善因论"的理论体系，包含了开展多种经营致富的理论：一是"富无经业"论，是农业产业化的基础；二是农工商虞多业并重的产业结构论，是农业产业化内涵；三是"自然之验"论，是农业产业化的发展规律；四是"因势利导"论，是农业产业化的宏观调控手段。这对我国的农业产业化发展，具有重要的借鉴意义。

而后，惠富平还发表了《试论司马迁的农业经济思想》【2002】的论文，认为司马迁具有农商并重思想，在记叙国家治乱、述传人物春秋中，全面涉及到当时的农业问题，强调农业在国计民生中的重要作用，总结经营农工商增殖财富的经验，在农业政策、农业经营管理、农田水利建设和农业区划等方面均有独到见解，其农业经济思想的独创性和系统性，是无与伦比的，对我国当今的农业生产发展具有重要的借鉴作用。作者研究司马迁的农业经济思想，几乎到了无以复加的境地。

## 六、更加注重司马迁治生致富之道研究

司马迁的《货殖列传》，是一篇阐述治生之学的叙论型史传，记载了数十位通过从事农虞工商而致富的"贤人"的事迹，充分体现了他们的治生致富经验，阐明了司马迁对治生求富的思想观点，是一个治生之学的采掘无尽的"百宝库藏"。历来的学者对其进行研究和探讨，不断地深化和开拓，取得了令人瞩目的成就。在2001年以前，以总体上的研究居多，对其进行概括和总结，是一种"垦荒"之举；2001年以来，则对治生之学的核心内容进行专题研究，在深透和专精上下功夫，是一种"掘井"之举。这主要体现在以下6个方面：

一是对"与时俯仰"的研究。司马迁总结致富"贤人"的治生经验，有一句很经典的话，就是"与时俯仰，获其赢利"。对此，丁光勋进行了专题研究，发表了题为《司马迁的"与时俯仰"经济观》【2005】的论文，认为"与时俯仰"是司马迁经济思想的重要组成部分，其基本内涵，第一，"乐观时变"，及时观察商业行情，充分估计自然灾害对农业的影响，准确预测市场供求关系；第二，"随时逐利"，及时掌握商品经营行情，利用价值规律的杠杆作用，根据市场行情不断改进经营策略；第三，"逐时居货"，根据行情选择经营的地点、货物的品种和出售的时机；第四，"开关弛禁"，开拓全国性市场，创造商人"周流天下"的快捷便利的交通，建设商人聚会场所和商品集散都市。司马迁的这种经济观具有很强的现实针对性，表现出司马迁初步认识了价值规律，以现实主义的态度对待商品经济，是对西汉时期所实施的国家干预政策提出的批评，具有进步的意义。

二是对"用本守之"的研究。"以末致财，用本守之"，也是司马迁治生之学的重要观点。米咏梅对此进行了重点研究，在《司马迁的经济思想》【2005】的学位论文中，认为司马迁主张将经商所得的资本转向农业，购买土地，因为商人靠经商致富，致富比较快；致富后购买土地，守富比较牢。她进而分析说：封建社会以自然经济为基础，地主靠地租剥削取得财富，没有从事商品经营所具有的经济风险；同时，这种剥削关系是封建经济下的本质关系，受到封建政权的重点保护，因而更少政治风险。这一"守财之道"的提出，

显示着商人治生之学向地主治生之学转化的历史条件已渐趋成熟。

三是对"贫富莫夺"的研究。司马迁说:"贫富之道,莫之夺予。"意思是说,天下各阶层、各阶级的人们,总是有贫有富,这贫富之间的差异和变化有一定的规律可循,但不能凭借强权和法律去夺富济贫。韦苇对此进行了深入研究,发表了《〈货殖列传〉中的"贫富莫夺"论及其对后代学者反抑兼并思想的影响》【2005】的论文,认为司马迁从对人的个体性差异的尊重去说明"贫富莫夺"的合理性。司马迁描述那些通过各种方式致富的人,非常强调他们的个体差异性,最终用"巧者有余,拙者不足"和"能者辐凑,不肖者瓦解"来概括贫富与个体智力、能力以及其他的内在差异有关。司马迁在为富人偏护的同时,又思考解决社会贫困问题的可能性。他强调求富没有一定之规,也没有常业可守,因此每个人始终应该对追求财富、改变自己的社会地位抱有充分的信心;同时总结"用贫求富"之道,认为是"农不如工,工不如商,刺绣文不如倚市门",引导人们从事商业致富。在某种程度上表达出司马迁的社会理想,认为只要用"奇胜",又能"诚一",人人都有希望成为"与王者同乐"的"素封"者。

四是对"富无经业"的研究。"富无经业,货无常主",是司马迁重要的治生经营思想。黄新华对此进行了创新性研究,在《从"富无经业,货无常主"看创新经营思想》【2002】一文中认为,司马迁经营思想的精华集中在"富无经业,货无常主,能者辐凑,不肖者瓦解"上,贫富无定,经营有道者方能聚财敛富,经营无方者则财产荡尽。而"富无经业,货无常主"的基本含义,一是致富没有固定不变的行业,任何行业都可以致富,经营者一旦做出选择,就要坚持不懈,积累经验,找到致富的诀窍;二是致富没有恒久不变的行业,不能死守一业,墨守成规,否则不能获得永恒的赢利,只有不断创新,才能求富。如何创新、求富?司马迁总结各行各业的致富经验,认为,无论在哪一个经营领域,只要始终一贯,务实专精,集中资源和精力,达到一定的经营规模,从各个方面去满足人们的消费需要,就能从中找到致富源泉,获得丰厚的利润;只要注意开发别人未曾觉察到的经营领域,发展新的服务项目,才能独享其利;还要以奇求胜,具备敏锐的洞察力、灵活的思维、准确的判断、适应行情变化的应变能力、深层次的创新意识,不断刷新经营理念,创新经营手段,创造性地把握各种商机,才能立于不败之地，不断创造新的辉煌业绩。

五是对"出奇制胜"的研究。司马迁说：勤俭节约，肯花力气，才是治生正道，但要真正发家致富，则"必用奇胜"，要有超出常人的才能和智慧。朱宗宙在《商道中"势"的认知、"术"的运用和"责"的归宿》【2008】一文中，对这方面有所论述。他认为，所谓"奇胜"，就是奇谋，要看准商机，屡出奇招，所谓"趋时若鸷鸟猛兽之发"；要根据天时的轮回变迁，预作应时，所谓"旱则资舟，水则资车"；要讲究商品质量，所谓"务完物，无息币"；要看准时机，适时出手，所谓"贵出如粪土，贱取如珠玉"；要重视市场调研，善于掌握和预测行情，把握市场的动态信息；还要具有长远的眼光，不能拘泥于一时一地的得失。

六是对"智勇仁强"的研究。这是司马迁借白圭之口，表达了成功的商人应当具备的基本素质。对此，张兴福进行了研究，在《智勇仁强，择人任时——从〈货殖列传〉看商业领袖的素养》【2014】一文中认为，智勇仁强是商业领袖的必备素养。智，就是观察市场，灵活应变。要把握好变与不变的区间。不变不行，但也不能乱变。在企业管理中，企业家的目的不能随便变，但管理手段可以变；做人不能随便变，但做事的方法可以变。勇，就是果敢决断，付诸行动。古人说："三思而后行。"正确的理解应当是想得差不多就可以行动了，如果想得很多，优柔寡断，而不敢付诸行动，就是思而无果，无勇无行。仁，就是平衡取舍，有所不为。企业家要在付出与获得之间获得平衡，付出的时候不要指望有回报，但要理解为有回报，这样资源才能共享，合作才能持续。在别人需要的时候予以帮助，才能彼此愉悦，关系持久。强，就是守业立财，有所坚守。在遇到困难和遭受挫折的时候，要守住底线，不管局势如何变化不定，只有守定宗旨，处变不惊，才有转机，才会向好的方向发展，才能重新崛起。

## 七、更加注重司马迁经济伦理思想研究

经济伦理，不仅涉及到国家经济政策的宏观调控，涉及到企业生产、销售等各个环节在道德方面的认知与自我约束，而且还涉及到个人在生活方式、物质消费上的道德选择。司马迁是否具有经济伦理思想？回答是肯定的。而对于司马迁这一思想的研究，与研究

司马迁的经济思想相比，起步比较晚，在 2001 年以前的研究文章寥寥无几，只有曹桂华、李理的《司马迁经济伦理思想简论》【1995】以及丁祖豪的《略论司马迁的经济伦理思想》【1996】的两篇研究论文。2001 年以来，这一现象得到改观，发表了数篇研究文章。

温冠英、朱林，首先发表了《论司马迁的经济伦理思想》【2001】一文，认为社会历史是在主要由物质财富要素构成的"俗"的力量支配下不断变化发展的，具有自身的内在规律性；最好的社会经济政策就是顺应发展规律，做到"善者因之"。由于财富是社会道德的基础，致富符合人性需要，因而财富具有根本性的作用，礼仪应当符合人们追求财富的本性。作者还论述了职业伦理在经济生活中的地位，提出了各行各业为了获得财富，避免"瓦解"而必须身体力行的职业伦理规范，主要是应当理智、慎重地选择致富行业，善于懂得经济规律，掌握经营管理的正确方法，要有勤俭、敬业的精神，通过正当合法的职业去牟利致富。

接着，贺信民发表了《礼生于有而废于无——论〈货殖列传〉之伦理学价值》【2003】的文章，认为司马迁的《货殖列传》历来受到《史记》研究者的重视，却鲜有从伦理学角度来研究。今天来看，《货殖列传》有五个方面的伦理学价值：一是提倡"善因"，反对争利，是王者之德；二是导君以强，谋国以富，是辅臣之德；三是商而通之，货畅其流，是商人之德；四是择人任时，是白圭的治生之术与道德；五是礼生于有而废于无，是货殖之人的致富与道德。司马迁在那遥远的时代，竟能洞若观火地明察经济，特别是洞察商贾之业对于社会发展、文明进程的决定性影响作用，通过为商贾立言立名的庄严之举倡扬重商、敬商精神，寄托他期盼民殷国富、文明昌盛的深谋宏虑、社会理想。我们不能不承认司马迁"史识"卓异、"史见"高明，司马迁作《货殖列传》"远"符民心，"近"得人望，深合于"历史道德"。当然，笔者也觉，这篇研究论文思虑精深，事理精切，是一篇"置顶"好文。

而后，杨华星发表了《司马迁的经济伦理思想探析》【2003】的文章，认为司马迁经济思想的主要特点是旗帜鲜明地提出反传统。"礼生于有而废于无"，是司马迁反传统经济思想的重要内容，由此形成了独特的经济伦理思想。司马迁在统治阶级提倡利益必须制约人欲的时代，提出了不同凡响的观点，具有批判的精神；认为经济的、物质的方面决定人们的道德思想，但也没有否认教化的作用，不仅把"仓廪实"看成是维护礼义的先决条件，而且把对礼义廉耻的教化看成是治国的重要策略，只不过在实行中有先有后罢了。

再接着，唐凯麟、陈科华重点围绕"善者因之"来研究，发表了《"善者因之"——司马迁经济伦理思想研究》【2004】的论文，认为司马迁的经济伦理思想是以自然人性论为基础，社会经济的发展有赖于劳动者生产积极性的提高，而劳动者生产积极性的提高又有赖于对这种人性的充分"因之"，即"善者因之"。但这并不意味着人们为达到致富目的而可以不择手段，相反，只有靠勤劳、节俭和智慧去致富才具有伦理的正当性，这就是"本富为上"。司马迁所提出的"善者因之"思想，作为具有自由主义色彩的经济伦理思想，既有别于儒家的德性主义，又超越了道家的自然无为主义，具有"成一家之言"的特质。该文的分析十分专深和精到。

还有，张海英、朱美禄等人，也对此进行了研究，前者发表了《司马迁的经济伦理思想浅析》【2004】的论文，认为司马迁对人们趋利求富的本性是提倡的，直接赋予人们求利行为在道德上的合理性；肯定财富是社会稳定的道德基础，为合法的致富商人树碑立传；倡导"善者因之"的自由经济思想，商业性交换是人类文明发展的必由之路；强调市场伦理与财富伦理，丧失天良、以权谋私的黑道致富者不得善终，为富不义、为富不仁者而祸临其身，具有非常深刻的现实意义。后者发表了题为《〈史记〉经济伦理思想探析》【2010】的文章，认为司马迁具有丰富的经济伦理思想，主要表现在：从社会分工上为商人存在的合法性正名，从道义伦理上肯定商人谋取财富的正当性，对商人的致富过程主张善因利导，在商人富裕后又充分肯定他们的兼济情怀。这对当下的经济建设中具有重要的启发意义，既要反对安贫乐道、无所作为的保守思想，又要反对唯利是图、一切向钱看的极端功利主义，要注重培养具有伦理意识的现代公民。

## 八、更加注重司马迁消费经济思想研究

在2001年以前，很少有人注意到对司马迁消费经济思想开展研究。在研究论文的检索中，只有王麓怡、邹时荣对《货殖列传》与《红楼梦》中蕴涵的消费文化进行比较分析，发表了题为《消费文化与经典文学作品——谈〈货殖列传〉与〈红楼梦〉中蕴涵的消费文

化》【1998】的论文，可以说是"一花独放"。他们认为司马迁扬弃了先秦思想家们的消费思想，提出了具有开创意义的消费思想，具有独到的价值观念，是古代消费文化的奠基作品，并具体论述了司马迁的消费文化主张。可以说，这是一篇研究司马迁消费经济思想的奠基作品，具有开创性意义。而 2001 年以来，司马迁消费经济思想的研究，渐入佳境，逐步深入，出现了一些精品文章。

刘宏伟对司马迁的节用观进行探索和思考，发表了题为《〈史记〉中的"节用观"初探》【2004】的论文，认为，处在两千多年前的司马迁具有"节用"消费思想，具有批判侈靡、崇尚节俭的进步意识，是难能可贵的。其主要表现在：一是节用自然之物和民生之物；二是爱惜民力，反对劳民伤财；三是反对穷奢极欲、铺张浪费；四是对统治阶级寻欢作乐、大肆铺排的丑恶行径也有深刻的揭露和批判。这种"节用"消费思想包含着丰富的内涵，反映了司马迁以人为本的民本思想，体现了司马迁对人与自然和谐共处、天人合一的哲学思考，与货殖求富的思想也是不矛盾的，甚至在"节用"和"求富"上具有相当和谐的一致性，求富必须节用，节用也可以致富，对于在当今市场经济条件下走可持续发展之路，保护生态平衡，促进人与自然协调和谐发展，具有重要的现实意义和长远的战略意义。

而在这同一时期，对司马迁消费经济思想开展研究并提出独特见解的，是刘社建、李振明发表了题为《司马迁的消费思想及其启示》【2004】的论文，认为司马迁提倡"自由"消费思想。在他们看来，司马迁认为追求高消费是"人之常情"，追求争荣斗富是一种消费规律，靠人力是无法扭转的。这种奢侈、攀比的消费心理，受到当时生产力发展的影响。农虞工商都是消费资料的源泉，消费越发达，对生产的促进作用越大；生产发展了，又能进一步促进消费。其思想代表了当时工商阶层的经济利益，具有积极的意义。作者进而认为，司马迁提倡自由的消费思想，具有一定的合理性和必然性，也具有一定的超前性，其深刻的思想来源和哲学基础，是以儒家伦理观、人生观、历史观为出发点，重点吸收道家思想和黄老学说，在古代社会独树一帜。但是，这种自由消费思想没有得到提倡，既没有为当时的统治者采纳，也没有被以后的统治者重视，而是传统的黜奢崇俭思想占据主要地位。假如在明代中后期就实施这种自由消费思想，那么因消费扩张所要求的工商业的发展就会加快，资本主义的市场经济萌芽可能就会开花结果。

无独有偶，郭旸在他的论文《基于人性自利观的"因导"消费思想——司马迁消费思想考察》【2006】一文中，提出司马迁的消费经济思想是基于人性自利观的"因导"消费思想。这种消费思想具有独特的理论体系，与传统的贵义贱利、黜奢崇俭观点是格格不入的。在他看来，司马迁认为消费者一般都是具有奢侈和攀比心理的，而具备这种消费心理以及消费能力的人，是上层政治阶级和富有的商贾阶层，他们具有较高的消费标准，实行的是一种"等级消费"，而限制了一般商贾阶层的消费要求，也不适用于平民百姓，因而不利于社会经济发展。司马迁的这种超现实的消费思想是传统经济中的一种逆思潮，并没有得到统治阶级的重视和支持，但为后世商品经济发展做出了开创性贡献，提供了极具参考意义的理论来源，是我国经济思想长河中的一份珍贵遗产。

以上两种研究成果的观点具有非常的相似性，都认为司马迁突破了传统的黜奢崇俭的消费思想，提倡和鼓励自由消费和"因之"消费，在当时是独树一帜，或者说是"昙花一现"，没有得到统治者的推行和实施，"独孤千年"，但也略有不同，前者认为司马迁的自由消费思想具有广泛性和普遍性，在当时几乎人人都是如此；而后者认为，司马迁的"因之"消费思想只适应于上层政治阶级和富有的商贾阶层，不具有广泛性和普遍性。

稍后的陈海丽着重研究司马迁的私人消费问题，发表了《自我管理，自由消费——由〈货殖列传〉看私人的理财与消费》【2009】的论文，也认为司马迁是提倡自由的消费思想，追求自身欲望的最大满足是人类的天性，驱使人们追求体安驾乘、目好五色、口甘五味、情好珍善的消费美好生活，还具有"炫耀性消费"，存在攀比心理。这实际上也成了经济发展的一个动力。作者还认为历来的消费思想大致分为两类，即崇奢论和崇俭论，而后者处于主导地位。司马迁对西汉设立"少府"，将国家财政与皇帝"家政"从来源和用途上分开管理，限制皇室贵族过度奢侈的做法持赞许态度，反映了他节俭的消费理念。看来，作者认为司马迁具有二重消费思想，既有崇尚侈靡消费的一面，也有主张节俭消费的一面。

以上诸论者，对司马迁消费思想都发表了自己的见解，也可以说都是"一家之言"，占有同样的研究史料，却得出不同甚至是截然相反的结论，究竟孰是孰非？哪一种消费思想更能贴近司马迁的思想实际？看来，还需要继续开展深入的研究思考。

## 九、更加注重司马迁自由经济思想研究

最早提出并论证司马迁自由经济思想的，是台湾学者侯家驹，他在 1979 年就在台湾的杂志上发表了题为《司马迁的自由经济思想》的论文，认为司马迁是位自然主义者，表达在经济上，就是"自由经济"，是顺应人性发展的一种思想；司马迁的主导经济思想，就是自由经济思想。后来收入他的《中国经济思想史》研究专著的第 15 章。这一观点具有较大的影响，国内的学者逐渐加入研究的行列。2001 年以来，这方面的研究比较深入和透彻。

马涛在《论司马迁的自由经济思想及对儒道的态度》【2001】的论文中认为，司马迁的经济思想以自由主义的经济理论为主要特征，集中表现在"善者因之"的经济政策上。司马迁将"善者因之"的经济政策作为他全部经济学说的脊梁，成为中国历史上主张自由放任主义的典型。可以说，历来的研究者没有谁说得比马涛更彻底、更有力，在他的眼中，司马迁是一个彻头彻尾的自由经济思想家。

叶世昌一生致力于中国经济思想史研究，在 1978 年出版的《中国古代经济思想史》中，用专门章节研究司马迁的经济思想，10 多年后，他又发表了题为《司马迁经济思想新论》【2004】的文章，进一步认为，司马迁是中国古代最彻底的经济自由主义者，不赞成国家对经济进行干预。司马迁把各种人的活动都归结为对财利的追求，认为仁义道德是财富的派生物。司马迁知道对财利的不顾一切的追求会产生弊端，但因为可以带来经济的发展，故不主张对人们的求利活动进行限制。司马迁的自由经济思想，不但在当时是异军突起，到近代仍然受到很多主张发展资本主义的思想家的重视，在当今建立社会主义市场经济体制，仍然具有重大意义。看来，叶氏对司马迁的自由经济思想是深信不疑，是"用情至深"。

杜长征发表了题为《司马迁经济自由主义新诠：宏旨、结构及困境》【2007】的论文，认为司马迁的经济自由主义是以其国家主义的至治理想为宏旨。在至治理想指引下，司马迁主张在经济领域自由放任，在社会领域因俗简礼，以市场和风俗两种自发秩序共同调节经济的运行。面对不良风俗对市场的引导以及由此造成的社会混乱，他赞同移风易俗，渴望封建国家通过移风易俗保证市场的扩展

和社会的和谐，而没有看到其时国家与自由市场之间的结构性矛盾，从而陷入了理论上的困境。这从一个侧面反映了市场经济条件下"构建"和谐社会的必要性和难点。这种经济自由主义困境至今仍然值得人们追问和深思。杜氏的分析深入而独到，既看到司马迁自由经济思想的终极目的，又分析其现实可行性，不是一味地给其自由主义经济思想穿上漂亮的外衣，打扮得"风姿绰约"、"婀娜多情"，而是本着司马迁"不虚美"的求真务实精神来研究司马迁的经济思想，给人以启发和思考。

陈小赤在《略论司马迁经济思想的先进性》【2008】的文章中认为，司马迁的经济思想很有价值，代表着一种先进的经济发展方向，且有许多超越时代的先进思想，突出的是"善因论"的自由经济思想。司马迁在肯定人的自然本性、肯定人的物质和经济欲望的基础上，提出"善因论"的自由经济思想，清楚地表明了自己的思想和主张。也正是由于"善因论"的自由经济思想，所以许多人把司马迁和亚当·斯密的经济思想进行比较，因为他们的经济思想确实有许多相似之处，比如他们都从人类的本性和利己之心出发，主张自由放任。有人甚至认为亚当·斯密剽窃了司马迁的思想观点。亚当·斯密是西方古典政治经济学体系的创立者，是近代经济学的奠基人，而早在2000年前的司马迁能够与他的经济思想不谋而合，足见其经济思想的先进性。由此可见，司马迁的自由经济主张，是他在中国经济思想领域的突出贡献，奠定了中国经济思想在世界经济思想史上的历史地位。

高文杰发表了题为《司马迁自由经济思想及其当代价值》的文章【2014】，认为司马迁处于轴心期基本完成和历史大转型的年代，根据时代精神，对先秦各家思想进行改造，提出了自由主义的经济主张，主要包括：一是自由经济的人性观和财富观，是其自由经济思想的理论基础；二是自由经济的运行机制和原理，即市场运行秩序，没有政府干预，并且遵循供求法则，每个人尽量使自我利益最大化，看不见的手在起作用，协调所有人的经济活动；三是无为而治的"善因论"政策主张，不是自由主义的乌托邦，而是融合道家、儒家、法家等，自成一家之言，切实可行，具有现代自由主义色彩。总言之，司马迁的自由经济思想既有深厚的哲学基础，又有扎实的实践基础；既有多方面的理论论证，又有整套的政策主张；既有宏观的富国之学，又有微观的治生之学，在当时世界上无与伦比，在西方亚当·斯密《国富论》诞生之前，无人能够望其项背，与同时轻重论的国家干预主义双峰并峙，成为中国乃至世界经济思想史上永远的丰碑。司马迁的自由经济思想作为本土资源，对中国经济改革既具有符号价值，即它可以为现代价值观提供一种中国式的表述；又具有功能价值，即其熠熠生辉的自由经济思想能为中国发展社会主义市场经济提供参考和指导。几乎可以说，高文杰对司马迁自由经济思想的阐发和对其意义、作用的认识，简直到了无以复加的地步。

## 十、更加注重司马迁现代经济思想研究

司马迁有现代经济思想吗？在一般人看来，司马迁怎么会有现代经济思想吗？难道司马迁跑到现代来了吗？这不是滑天下之大稽？回答肯定是否定的。而在杨惠昶，回答则是肯定的。他认为司马迁不仅具有现代经济思想，而且具有西方现代经济思想。他出版了关于司马迁经济思想研究的专著，书名就叫《司马迁的西方现代经济思想》【2008】。我们来看看杨惠昶是怎么说的。所谓"现代"，在经济学中并不是"当今"的意思，如"现代企业制度"，并不是说"当今的经济制度"，而是指市场经济体制下的经济制度。"现代经济思想"，并不是"当今的经济思想"，而是指16世纪以来形成的，对靠追求金钱推动的资本主义社会内在运行原理进行解释的经济思想流派。主要包括重商主义、重农主义、斯密主义、马克思主义、凯恩斯主义以及当代西方经济学。而这些都不是西方人的首创，更不是西方人的独创，早在2000多年前的西汉时期，我们中国的司马迁就开创了现代经济思想的先河。接着，杨惠昶具体分析了司马迁在经济人思想、供求理论、重商主义、重农主义、经济自由理论、货币理论、资本理论、天赋人权理论等方面所开创的先河。全书将司马迁经济思想与西方现代经济思想逐一进行对比分析，主要是从性情为富与目的就是赚钱、穷困卑下与贫贱无价值、物欲关系与供求关系、商出三宝与贸易富国、经济如水与经济自由、通轻重之权与货币管理、货殖与资本、自然之验与天赋人权等八个方面开展。读之，让人眼前一亮，觉得司马迁不仅是中国的司马迁，也是世界的司马迁；司马迁的经济思想具有重大的创新和开拓精神，不仅是中国的经济思想，也是世界的经济思想；中国人的经济思想与世界的经

思想是相同的，而且司马迁的经济思想太超前了，西方经济学中出现的现代经济思想，司马迁在他的煌煌巨著《史记》中早就阐述过了，更具有历史的价值。读之，让人油然而生自豪感，觉得司马迁不愧是一个具有世界意义的伟大的经济学家、经济思想家！杨惠昶研究司马迁的西方现代经济思想，无疑具有重大的开拓性意义。

以上就 2001 年以来司马迁经济思想的开拓性研究归纳了 10 个方面予以评说，充分肯定研究中所取得的成就。当然，这不是对 2001 年以来司马迁经济思想研究的面面俱到的全面的分析和评价，而是围绕开拓性研究，对具有开拓性意义的研究文章进行归纳和评论。

那么，2001 年以来的司马迁经济思想研究还存在着哪些不足和问题呢？主要是四个方面：一是有的研究人员没有真正下功夫钻研，只是过来"打打酱油"而已，浅尝辄止，泛泛而谈；二是有的研究文章是依据前人的研究摘摘抄抄，没有什么新意，只是"炒炒冷饭"而已，是"新瓶装旧酒"，无论是文章的主题还是研究的内容，都有"似曾相识燕归来"之感；三是有的研究文章不得要领，所要表达的内容含混不清，缺少必要的提炼和提升，是"月朦胧、鸟朦胧"，让人"雾里看花，水中望月"，看了如同堕入云雾，味同嚼蜡，茫然无绪。四是在发表和编排上存在的问题，有的报刊杂志对研究文章的发表，安排的版面极为吝啬，字体小如蠓虫，密密麻麻，好像与读者的眼睛过不去，存心不让人阅读；还有的在文章的编排上"顶天立地"，塞满空间，给人一种窒息感；上转下接，校对马虎，错误百出，没有一点美感。在这方面《渭南师院学报》做得比较好，开辟了"司马迁与《史记》研究"专栏，所发表的文章每篇都编排得很精彩，既有阅读价值，又有欣赏价值，其编辑功夫好生了得！

如果我们将以上所说的研究与发表中的不足和问题与所取得的研究成就相比，则是无足轻重的，微不足道的，没有必要进行过多的苛责。

如何将司马迁经济思想研究继续引向深入，百尺竿头，更进一步？笔者觉得，应当在以下六个方面，也就是在"五开展一强化"上下功夫：

第一，开展专题研讨。建议组织全国的甚至是国际的司马迁与《史记》研究专业研究者、爱好者开展深入而广泛的研究，在条件成熟时，召开全国甚至是国际的司马迁经济思想专题研讨会（或以司马迁经济思想研究为重点），开展讨论交流，集思广益，出版研究成果论集。

第二，开展合作攻关。《史记》是一部百科全书，涉及到哲学、史学、文学等数十种学科，如果将司马迁经济思想进行细分研究，至少可以分为20个方面，也都涉及到各个学科的知识。因此，需要组织各个学科的有关专家学者分别形成研究小组，展开多视角、全方位、系统性的研究，着力开拓研究的深度和广度，形成具有权威性的研究成果，真正形成司马迁经济思想研究的"大成"。

第三，开展成果评选。对建国以来形成的600多篇司马迁经济思想研究论文以及500多名研究人员，组织有关专家进行评选，按照一定的比例，评选出优秀成果和优秀研究人员，比如按照10％的比例，评选出60篇精品论文、50名优秀研究人员，再在其中分成若干等级。在此基础上，召开司马迁经济思想研究优秀成果、优秀人才评优授奖大会，以资鼓励和激励，让优秀研究者得到尊荣，让优秀研究成果得到重视。

第四，开展成果汇编。组织专家学者将《史记》自问世以来的关于司马迁经济思想的研究成果进行整理、汇集，并进行评议，形成司马迁经济思想的研究集成。同时，组织力量编写司马迁经济思想研究史，本着"略古详今"的原则，探源溯流，理清脉络，供研究者借鉴和思考。笔者有志于开展这方面的研究工作，在完成"司马迁思想研究丛书（共三卷，分别为《司马迁思想大观》、《司马迁思想大论》、《司马迁思想大义》）的基础上，将历来的司马迁经济思想研究中的约300篇重点研究文章进行摘要和评议，形成"司马迁经济思想研究评说"；开展对2000年来的司马迁经济思想研究的评论，形成"司马迁经济思想研究史论"；充分利用专家学者的研究成果，对司马迁经济史传进行深度研究，形成"司马迁经济史传研究解读"，从而形成三卷本的"司马迁经济思想研究丛书"，力争用2年的时间完成。

第五，开展普及宣传。司马迁经济思想的研究，要走出书斋，走出"故纸堆"，运用现代传播媒介和宣传工具，进行广泛的宣传，让更多的人了解和研究司马迁的经济思想；同时组织编写司马迁经济思想的教学大纲和参考资料，高度重视学校教育，培养新一代的研究者，不断壮大和充实研究队伍。

第六，强化现实指导。司马迁经济思想具有强烈而炽热的时代精神，具有广泛而深远的现实意义，通过深化研究，将历史和现实融为一炉，经济与政治汇为一体，把握时代脉搏，借鉴古人智慧，结出丰厚硕果，为当今的改革开放、强国富民，为建设有中国特色的社会主义，提供历史借鉴，推动时代前进。

（说明：为了节省篇幅，文中所引的63篇论文的目录予以删减，只刊登正文以介绍其学术观点梗概；同时每篇论文保留作者、篇名和发表年份，以便读者查询。）

# 论《史记·天官书》对天地
## 人神异质同构思维的范式化

*本文作者刘丽文、张懿媛。刘丽文,中国传媒大学教授。张懿媛,中国传媒大学博士研究生。

在中国史学史上,司马迁的《史记》向以具有朴素的唯物主义思想著称,并且在一些篇章中表现了对神学天命观的怀疑。应该说,比起《汉书》等古代一些史著来,《史记》的天人感应思维确实是淡薄一些。但是,淡薄并不等于没有。要言之,《史记》的这种思维主要体现在两方面:一是集中体现在阐释作者天人观的《天官书》中;二是散见于人物传记的对历史人物和历史事件的神学解释中。前者是史官第一次将前此的天人同构思维成果以具有权威地位的史书作为载体[1],给予具体化、规律化的总结提炼;后者则主要通过对某些历史朝代的兴起、国运的长短、帝王的诞生、乃至于个人的荣辱遭际等的神学的、或者神学与道德结合的解释,阐释"神"与"人德"的异质同构。本文主要讨论前者。

要言之,《史记》对天地人神关系的阐释,不仅是对《左传》《国语》思维方式的延伸,更是将其初步范式化了。范式化的结果,是大大增强了轴心时代史官文化神秘思维的权威性和可操作性。

《天官书》是《史记》首创,之后基本为历代史书所沿袭(《汉书》之后常称《天文志》)。毫无疑问,历代《天文志》记述了古代的天文学说、天文知识,保留了历代天文观测以及日月星辰等天象变化的记录,在天文学研究上自有其重要的价值。但是,诚如有的学者所说:"中国古代的天文学并非纯粹的天文研究,早从秦汉时期,它已经成了忠实服务于封建政治的婢女。"[2] 而这种对政治的从属,很大程度上是通过对天文现象的神秘阐释完成的(欧阳修修之

---

[1] 《汉书·艺文志》录古代天文著作凡二十一家,多达四百五十卷。
[2] 王锦贵:《中国纪传体文献研究》,北京大学出版社1996年版,第143页。

《新唐书》《新五代史》则属例外）。

在进入论述之前，首先要引进一个概念"范式"。范式这个概念来自美国科学哲学家库恩（Thomas Kuhn）的关于科学革命结构的理论启示，后来被用于文艺学理论。

这里所说的"范式"，接近于荣格、弗莱等人的说的"原型中的共相"，是指在中国古代历史文化中经常出现的、具有稳定性的、神学意味很浓的象征、故事、意象等。它是从源于民族集体无意识的众多的、看似杂乱无章的同类事物中被有意识地提炼出来的，因此，它既是"一种典范的抽象框架"[①]，又是生动的、饱含意蕴的图式，其表象形态和内在观念都凝聚着中华民族特有的文化心理。

轴心时代的史官文化《左传》《国语》已经建构了一个明确的"天德合一"的亦即"天人同构"思维图式[②]，但是，其中神异意象与人间事物的具体对应关系是不确定的，随意性比较强。《史记·天官书》广泛吸收战国以来的成果，选择提炼，摄取精华，浓缩成篇，在中国历史上，第一次以正史形式完整表述了天人同构思维，使先秦时期的天人、神人对应关系更加简明化、具体化、规律化，亦即范式化了。

其具体表现是：它将天上星宿与人间社会结构相对应，与地上地理区域相对应；将五星同五行等相对应，建构了一幅操作性很强的占验图系。下面分而述之。

## 一、将天上星宿与人间社会结构相对应，星名与人间事物名称同格化，相对应者功能作用一致化

如恒星星官，《天官书》将天上的星宿划为五个部分，命名为中宫、东宫、西宫、北宫、南宫。各个宫的星官都是与人间社会的政治结构相对应的。如中宫，《天官书》说：

> 中宫天极星，其一明者，太一常居也；旁三星三公，或曰子属。后句四星，末大星正妃，余三星后宫之属也。环之匡卫十二星，藩臣。皆曰紫宫。

---

[①] 吕智敏主编、高长印副主编：《文艺学新概念辞典》，文化艺术出版社1990年版，第285页。

[②] 详请参看刘丽文：《春秋的回声——左传的文化研究》，燕山出版社2000年版。

意思是中宫中的天极星（即北极星，共五颗星）中最明亮的那颗是帝星，太一即天帝（又做"泰一"）通常居住在那里；旁边的三颗星，是三公，有人认为是天帝的儿子们。北极星之后有四颗成勾曲形状的星，其中尾巴上最大的那颗星，是天帝的正妃，其余三星是天帝后宫中的嫔妃。在北极星周围环绕护卫的十二颗星，是匡卫天帝的臣子。他们都叫紫宫。

前列直斗口三星，随北端兑，若见若不，曰阴德，或曰天一。紫宫左三星曰天枪，右五星曰天棓，后六星绝汉抵营室，曰阁道。

意思是正对着北斗斗口之前排列着三颗星，顺着北斗斗魁北端看，若隐若现的，这三颗星名叫阴德，或叫做天一。在紫宫左右垣外侧各有一个星群，左边三颗星，叫做天枪，右边五颗星，叫天棓。在紫宫后面有六颗星横穿银河，伸向营室星宿，名叫阁道。

斗魁戴匡六星，曰文昌宫：一曰上将，二曰次将，三曰贵相，四曰司命，五曰司中，六曰司禄。在斗魁中，贵人之牢。魁下六星，两两相比者，名曰三能。三能色齐，君臣和；不齐，为乖戾。辅星明近，辅臣亲强；斥小，疏弱。

意思是，北斗斗魁（魁：北斗七星的斗身四星）之上呈弯曲形状的六颗星，叫文昌宫。文昌宫六颗星的名字第一个叫上将，第二个叫次将，第三个叫贵相，第四个叫司命，第五个叫司中，第六个叫司禄。在斗魁中，又有四星，名叫天理，是关押贵人的牢狱。在斗魁之下，有六星，两两相近的，叫做三能（又做三台），三台六星如果相互之间光色相同，就表示君臣和睦齐心，如果光色不同，有明有暗，就表示君臣关系乖戾不和。辅星（在北斗七星中的开阳一星旁边）若明亮，看起来距离开阳较近时，表示帝王的辅弼大臣与帝王亲近而且势力较强；如果辅星距离开阳较远并且不太明亮，看起来似乎变小时，表示帝王与辅弼大臣疏远，而且辅臣势力较弱。

杓端有两星：一内为矛，招摇；一外为盾，天锋。有句圜十五星，属杓，曰贱人之牢。其牢中星实则囚多，虚则开出。

天一、枪、棓、矛、盾动摇，角大，兵起。

意思是，北斗星斗杓末端有颗两星：距离斗杓近的一颗是矛，叫做招摇星；距离斗杓远的一颗是盾，叫做天锋星。有弯曲成环形的十五颗星,与斗杓的引伸线相连,是贱人之牢(即贯索星)。牢中的星如明亮可见,表示人间的囚犯多;其星隐没不见,则表示牢狱大开,囚犯尽出。天一星(即阴德)、天枪星、天棓星、矛(招摇星)、盾(天锋星)如果星体光辉摇动,星的光芒上射有如头上长角的话,将要发生战事。

从上述引文可见:

1. 天上星宿与人间社会结构是相对应的,所谓紫宫就是人间社会的帝王所居区域在天上的投影。中宫的中心部分紫微垣内就是天界的紫禁城,其中居住着天帝和他的后宫嫔妃、子孙;三公大臣辅佐帝王治理国家环卫在帝王的周围。紫禁城的外围有护卫帝王及其嫔妃子臣们安全的禁军,他们手执"枪"、"棓(棒)"之类武器;此外,还有阁道——天子神秘其踪的连接各个宫殿之间的建筑。紫宫之外的文昌六星、贵人之牢、三能等星,也是地上的政治机构在天上的反映。

2. 星名与人间事物名称同格化,相对应者在应遵循的原则以及功能作用等方面一致化。占卜、观测这些按照人间政治机构、社会关系来命名的星,就能够得知与其相对的地上的人事的存在状况、吉凶祸福。如贵人之牢是政治斗争中失败者的归宿;三能六星两两相对,表现了君臣的对立矛盾和相互依赖。北斗第六颗星旁边的一颗辅臣星,也表现了人间对君臣合适关系的看法:辅臣星不可太明太近,太明太近,则表示辅臣太强大,与皇帝过于亲近,会对皇权造成威胁;辅臣星也不能暗远,那就表示辅臣与皇帝过于疏远,得不到皇帝的信任,也表明辅臣太无能。看到天一星(即阴德)、天枪星、天棓星、矛(招摇星)、盾(天锋星)中的某个星星光摇动,光芒上射,就知道战事将起等等。

中宫之外,其余东宫、西宫、南宫、北宫诸星座设名亦大都如此。

## 二、《天官书》将天上星宿与地上地理区域相对应,将五星(金、木、水、火、土)同五行、五方、四季、纪日相对应,并用以判断吉凶

星宿分野如:

角、亢、氐,兖州。房、心,豫州。尾、箕,幽州。斗,江、湖。牵牛、婺女,杨州。虚、危,青州。营室至东壁,并州。奎、娄、胃,徐州。昂、毕,冀州。觜觿、参,益州。东

井、舆鬼，雍州。柳、七星、张，三河。翼、轸，荆州。

即二十八宿中的的角、亢、氐三宿，对应兖州。房、心二宿对应豫州。尾、箕二宿对应幽州。斗宿，对应长江下游地区及太湖流域一带。牛、女两宿对应杨州。虚、危二宿对应青州。营宿至壁宿对应并州。奎、娄、胃三宿对应徐州。昴宿毕宿对应冀州。觜宿、参宿对应益州。井、鬼二宿对应雍州。柳、星、张三宿对应河东、河内、河南三郡。翼、轸二宿对应荆州。分野思维认为，地上各州郡邦国与天上一定的区域对应，某天区天象有变异则兆示着与之对应的地区的吉凶。

五星同五行等对应如：

> 察日、月之行以揆岁星顺逆。曰东方木，主春，日甲乙。
> 察刚气以处荧惑。曰南方火，主夏，日丙、丁。
> 历斗之会以定填星之位。曰中央土，主季夏，日戊、己。
> 察日行以处位太白。曰西方，秋，日庚、辛，主杀。
> 察日辰之会，以治辰星之位。曰北方水，太阴之精，主冬，日壬、癸。

所谓"岁星"，就是木星；所谓"荧惑"，就是火星；所谓"填星"，就是土星；所谓"太白"，就是金星；所谓"辰星"，就是水星。《天官书》根据五行说，把五行与五方配合：东方木、南方火、西方金、北方水、中央土。把五行与四季配合，木主春、火主夏、金主秋、水主冬。土主季夏。把五行与纪日的十干配合，甲乙木、丙丁火、戊己土、庚辛金、壬癸水。

《天官书》用这些对应关系作为基础，总结出一套来推断人事的"基本理论"来。如：

> 察日、月之行以揆岁星顺逆。曰东方木，主春，日甲乙。义失者，罚出岁星。岁星赢缩，以其舍命国。所在国不可伐，可以罚人。其趋舍而前曰赢，退舍曰缩。赢，其国有兵不复；缩，其国有忧，将亡，国倾败。其所在，五星皆从而聚于一舍，其下之国可以义致天下。

意思是，观察日月的运行，可判断岁星顺行逆行的情况。岁星属东方，属五行中的木，属季节上的春季，属十干上的甲乙。对义的方面有缺失之人，上天的惩罚出自岁星。岁星运行有赢（快）有缩（慢），占星时看它所停留的星宿，再根据这一星宿的分野看所对应的国家或地区。岁星（正常运行）所在星宿对应的国家，别国不能进攻，而这个国家可以惩罚别国。岁星运行过快，超过了它所应停留的星宿叫做嬴；岁星运行过慢，落后于它所应停留的星宿叫做缩。岁星运行超前，其所在星宿对应之国将有兵事不得停息；岁星运行缩后，其所在星宿对应之国有忧患，将有倾覆败乱的亡国之事。岁星所在之处，其余四星都跟从它聚会在同一星宿中（即五大行星同时出现在一个星宿中），这一星宿所对应的国家可以义得到天下。

当然，上述"原理"被现代科学证明是没有根据的①，其中某些说法在古代就已被人质疑了。如关于"五星皆从而聚于一舍，其下之国可以义致天下"，《天官书》中司马迁还曾用"汉之兴，五星聚于东井"来加以证明；《汉书·高帝纪》则进一步明确了时间，说："汉元年冬十月，五星聚于东井。"对此早在北魏，高允和崔浩就指出记录有误。因为十月份太阳在尾、箕，离东井180度；如果五星聚井的话，水金两星不会离太阳那么远。因此有人认为，可能是后来的人改动了天象记录的时间，把五星联珠凑合到刘邦的政治事件以符合星占术的需要。②

## 三、《天官书》记录了日月、云气、妖星、风等的变化与人事吉凶关系的"基本规律"

如：

  A. 两军相当，日晕；晕等，力钧；厚长大，有胜；薄短小，无胜。重抱大破无。抱为和，背〔为〕不和，为分离相去。……白虹屈短，上下兑，有者下大流血。……

  B. 天狗，状如大奔星，有声，其下止地，类狗。所堕及，望之如火光炎炎冲天。其下圜如数顷田处，上兑者则有黄色，千里破军杀将。

  C. 蚩尤之旗，类彗而后曲，象旗。见则王者征伐四方。

---

① 现代科学研究表明，古代天文学上"所谓岁星应在何舍，只是古人根据行星运动是均匀的观点而推算出来的，这种假设并不符合行星的真实运动，因此岁星的视行与所推未必密合，故有嬴缩现象"。（韩兆琦：《史记笺证》，江西人民出版社2004年版，第1884页。）即它是一种自然现象，与吉凶祸福没有任何关系。

② 刘金沂：《历史上的五星联珠》，《自然杂志》1982年第7期。

A 条说，两军对阵时，太阳周围会出现有色气体即日晕。日晕在太阳周围的宽度和浓度相等时，对峙双方军队的军力均等；若日晕有一部分既厚又长又大时，则对峙双方有一方将获胜；若日晕有一部分显得单薄而且又短又小时，则对峙双方将有一方不胜。日晕光气重重环抱向日，军将大破。日旁气如半环形，向内弯曲环抱太阳，象征和好；日旁气向外弯曲，象征不和，及相互分离而去。……日旁出现白虹，弯曲短小，上下尖细，则与日对应的下方区域发生大规模流血事件。

B 条说，出现天狗大流星，有千里破军杀将之事发生。

C 条说，出现"蚩尤之旗"的天象，王者征伐四方。

## 四、《天官书》中的星宿、云气等天体往往具有自然与"神灵"双重属性，即"自然"与"神灵"同构

《天官书》中日月星辰等天体的属性到底是指的自然，还是神灵，是很模糊的，它们的自然属性和神灵属性常常是纠缠在一起的，所以往往是语带双关。如中宫部分说："斗为帝车，运于中央，临制四乡。分阴阳，建四时，均五行，移节度，定诸纪，皆系于斗。"——北斗七星是天帝的车子，它运行在天球的中央，监临、控制着四方。分别阴阳，建明四时，平均五行，控制众星移易的节度，确定十二辰纪的位置，全都系于北斗一身。这里将北斗与人间的帝王相对应，既是说帝王的无上权力，同时也是说自然界的北斗七星对定节气、纪年月等等方面的重大作用。其北斗，既是自然的，也是神灵的。再如：

辰星之色：春，青黄；夏，赤白；秋，青白，而岁熟；冬，黄而不明。即变其色，其时不昌。春不见，大风，秋则不实。夏不见，有六十日之旱，月蚀。秋不见，有兵，春则不生。冬不见，阴雨六十日，有流邑，夏则不长。

这段说辰星春夏秋冬四季的颜色不同，春季，青黄色；夏季，赤白色；秋季，青白色，如果它在各个季节的颜色正常，这年就会丰熟；反之，某季的颜色不正了，该季就会不顺昌。如果春季辰星不出现，有大风，秋天就作物不结实。夏季不出现，有六十天的旱灾，还会发生月蚀。秋季不出现，就会有战争，春天作物不萌芽。冬季不出现，就会有阴雨六十天，有流亡的城邑，夏天作物不生长。

显然说的不都是神秘的东西，星宿的隐现和色泽等与气候的变化相关，对农作物有影响，是古代人民长时间观察总结出来的，是物理现象，是自然的而非神灵的。即《天官书》中，星宿往往兼具神格与自然格，二者是同构的。

## 五、《天官书》以人为臆造的神秘的天地人神同构图为基础，占验吉凶祸福，并以历史上的兴亡成败比附——"证之以历史"

秦始皇之时，十五年彗星四见，久者八十日，长或竟天。其后秦遂以兵灭六王，并中国，外攘四夷，死人如乱麻，因以张楚并起，三十年之间，兵相骀藉，不可胜数。自蚩尤以来，未尝若斯也。

项羽救钜鹿，枉矢西流，山东遂合从诸侯，西坑秦人，诛屠咸阳。

汉之兴，五星聚于东井。平城之围，月晕参、毕七重。诸吕作乱，日蚀，昼晦。吴楚七国叛逆，彗星数丈，天狗过梁野；及兵起，遂伏尸流血其下。元光、元狩，蚩尤之旗再见，长则半天。其后京师师四出，诛夷狄者数十年，而伐胡尤甚。越之亡，荧惑守斗；朝鲜之拔，星茀于河戍；兵征大宛，星茀招摇：此其荦荦大者。若至委曲小变，不可胜道。由是观之，未有不先形见而应随之者也。①

此类例子，用司马迁说，他也是只举"其荦荦大者"而已。至于小的天象变异，那是说不过来的。总之，"未有不先形见而应随之者也"——没有一件事不是天象先显示出变异，然后跟着人世间就看到应验的。

## 六、认为天象的变化与人间政事相关，在"天"、"地"、"人""神"四者中，占主导地位的是"人"

天地人神四者异质同构，四者的关系怎样？《天官书》认为，天地发生变异，是神灵对人的警示，人要处理好了，就会转危为安。

---

① 《史记·天官书》。

怎么处理呢?"日变修德,月变省刑,星变结和"——太阳有变异应修养德行,月亮有变异应减少刑罚,星宿有变异则要以"和"处理内外关系。"太上修德,其次修政,其次修救,其次修禳,正下无之。"——如果发生天变,最好的办法是修德,其次是修明政策,再其次是挽救缺失,再其次是礼神祛灾,最下者是无动于衷,无视出现的问题。即只要人修德修政,积极应对,则天变不足畏。"天则有日月,地则有阴阳。天有五星,地有五行。天则有列宿,地则有州域。三光者,阴阳之精,气本在地,而圣人统理之。"天上有日和月,地上有阴和阳;天上有金木水火土五大行星,地上有金木水火土五行;天上众多星宿分布,地上有州域各与列宿相对。而日月星("三光")的精华,实则是地上之气的凝聚,圣人统理着这一切的运行规律。"圣人统理之"——一语破的!天地人神中,圣人为主导!黄履翁说:"书《天官》则初言春秋星陨而五伯代兴,次言汉初日蚀而诸吕作乱,又次言元光、元狩蚩尤旗见而兵师四出,正见警时君修德修政之心。"[①] 即归根结蒂,是为人所操控、为人间政治服务的。

综上,本文从六个方面展开了讨论。要之,《天官书》作为司马迁"究天人之际"的一个重要部分,中国史官文化的天地人神异质同构思维,到了司马迁这里,已经进一步具体化和规律化了,即范式化了,体系更加完整了,大大增强了实际运用中的可操作性。但是,司马迁在对天地人神异质同构思维范式化的过程中,并未进一步阐述四者所以异质同构的逻辑原理,这个问题,后来的《汉书》曾试图去完成。

应该补充说明的是:

1.《天官书》中的这一思维,是在"天人感应"之风大盛的时代思潮下产生的。与司马迁同时而年辈高于司马迁的董仲舒为了证明"天人同构",在《春秋繁露》中,甚至将人体的构造都与自然界一一比附:"人有三百六十节,偶天之数也;形体骨肉,偶地之厚也。上有耳目聪明,日月之象也;体有空穿进脉,川谷之象也。""是故人之身,首而员,象天容也;发,象星辰也;耳目戾戾,象日月也;鼻口呼吸,象风气也。""天以终岁之数,成人之身,故小节三百六十六,副日数也;大节十二分,副月数也;内有五藏,副五行数也;外有四肢,副四时数也;乍视乍瞑,副昼夜也;乍刚乍柔,

---

[①]《古今源流至记·别集》,转引自韩兆琦《史记笺证》,江西人民出版社 2005 年版,第 1928 页。

副冬夏也；乍哀乍乐，副阴阳也……"即《天官书》中的天地人神异质同构思维，是对先前相关思想资料整合"提纯"（司马迁在《天官书》中批评一些占星书"其占验凌杂米盐"）基础上产生的。经过司马迁的整合后，这一思维范式化了，后来正史之《天文志》几乎都踵其步武，而班固之《五行志》本质上也是对这一思维的"发扬光大"。至于古代历史小说、历史剧中的一些神异情节，究其思维方式，也莫不在于此。

2. 以上所述并不是《史记》思想的全部。作为一个具有深邃思想的历史学家，司马迁对"天道无亲，常与善人"的传统说法是存有怀疑的；同时，他还认为，权谋和时势在某些时候也起决定作用。虽然这些不是《史记》思维方式的主流，但同样具有"范式"作用。所有这些，都作为《史记》思想体系的重要内容，传诸后代，对中国古代的史学和文学发生重要影响。

# 从"继《春秋》"到"成一家之言"
## ——试论《史记》的子书性质

\* 本文作者叶文举,安徽师范大学文学院教授。

当我们认真考察《史记》的文本,再结合着司马迁"究天人之际,通古今之变,成一家之言"的修史宗旨时,不难发现,太史公实际上是要通过史料的记载来传达自己独特的思想,《史记》某种程度上带有子书的性质,后人称司马迁为"司马子"是有一定道理的。如果考察《史记》与《春秋》的关系,《史记》子书的性质毫无疑问与《春秋》笔法的沿袭有着内在的联系,而且在此基础上还有所发展。

## 一、《史记》对于"春秋笔法"的继承与发展

关于《春秋》"一字寓褒贬"的特点,司马迁在《史记》的文本中有多次的揭橥。《秦始皇本纪》曾写道:"俗传秦始皇起罪恶,胡亥极,得其理矣。复责小子,云秦地可全,所谓不通时变者矣!纪季以酅,《春秋》不名,吾读《秦纪》,至于子婴车裂赵高,未尝不健其决,怜其志,婴死生之义备矣!"[①] 在《晋世家》中又如此记载晋文公会盟的事情:"冬,晋侯会诸侯于温,欲率之朝周。力未能,恐其有畔者,乃使人言周襄王狩于河阳。壬申,遂率诸侯朝王于践土。孔子读史记至文公,曰:'诸侯无召王。''王狩河阳'者,《春秋》讳之也。"[②]《赵世家》又载:"孔子闻赵简子不请晋君而执邯郸午,保晋阳,故书《春秋》曰:'赵鞅以晋阳畔。'"[③]《田敬仲完世家》又载:"厉公既立,娶蔡女。蔡女淫于蔡人,数归,厉公亦数如

---

① 《史记·秦始皇本纪》。
② 《史记·晋世家》。
③ 《史记·赵世家》。

蔡。桓公之少子林怨厉公杀其父与兄,乃令蔡人诱厉公而杀之。林自立,是为庄公。故陈完不得立,为陈大夫。厉公之杀,以淫出国,故《春秋》曰:'蔡人杀陈佗',罪之也。"① 孔子在编撰《春秋》时正是通过避讳、用字之差异等方式来表明自己的思想立场与情感态度,其所包含的意蕴是非常丰富的。其所达到的效果据《孔子世家》的记载可以说是非常巨大的,《孔子世家》载:"子曰:'弗乎弗乎,君子病没世而名不称焉。吾道不行矣,吾何以自见于后世哉?'乃因史记作《春秋》,上至隐公,下讫哀公十四年,十二公。据鲁,亲周,故殷,运之三代。约其文辞而指博。故吴楚之君自称王,而《春秋》贬之曰'子';践土之会实召周天子,而《春秋》讳之曰'天王狩于河阳';推此类以绳当世。贬损之义,后有王者举而开之。《春秋》之义行,则天下乱臣贼子惧焉。"②"春秋笔法"警戒了许多的从政者,一言以蔽之,"春秋笔法"的运用最终还是为了达到经世致用的政教效果。

　　从时代来看,也许可以说,司马迁是对"春秋笔法"的特点及其功用进行全面解说的第一人。其实"春秋笔法"是在守护"礼"的原则下的运用,它可以避讳,也可以无所避讳,直书其事,《晋世家》载:"盾遂奔,未出晋境。乙丑,盾昆弟将军赵穿袭杀灵公于桃园而迎赵盾。……晋太史董狐书曰'赵盾弑其君',以视于朝。盾曰:'弑者赵穿,我无罪。'太史曰:'子为正卿,而亡不出境,反不诛国乱,非子而谁?'孔子闻之,曰:'董狐,古之良史也,书法不隐。宣子,良大夫也,为法受恶。惜也,出疆乃免。'"③ 晋灵公"不君"的行为固然应当受到惩罚,但赵盾身在晋国却没有很好地平定国乱,可以说也是不守礼的表现④。孔子称赞"董狐笔法",也足以说明孔子并不是一味主张避讳的。

　　《史记》多次引用了孔子关于史事的评论,实际上是对"春秋笔法"的肯定。《史记》研究史上有诸多学者谈到了司马迁《史记》对孔子"春秋"笔法的继承。如清人汤谐在谈到司马迁修撰《秦始皇本纪》时说道:"其叙事虽极综核,而作意森,于兴作征戍两端,最

---

① 《史记·田敬仲完世家》。
② 《史记·孔子世家》。
③ 《史记·晋世家》。
④ 《史记·韩世家》载:"晋景公之三年,晋司寇屠岸贾将作乱,诛灵公之贼赵盾。"(《史记·韩世家》)这里用了"贼"这样的字眼,说明司马迁对赵盾还是保留了孔子曾经对赵盾所持有的批评之意。

为详悉。盖尤恶其残民以逞，自取灭亡也。秦以智力并兼天下，志得意满，自谓功高前代，把持万世而有余。于是蔑古乱常，淫昏贪戾之政，杂然并作。许多罪过本只一个病根，然就事论之，则民为邦本，而残民尤速亡之道，此史公所以特加详写而深切著明此理，为千秋炯戒也。《春秋》重民力，兴作必书，而传文曰：'辞之烦，言之复，其中必有大善恶焉。'史公绍述《春秋》之意，于此见之矣。"① 汤氏之言意在说明史公是通过繁复的叙事手段来表现自己对历史的褒贬态度，是对孔子"春秋笔法"的继承与发展。再如关于《项羽本纪》的体例与写法，冯景认为："或谓项羽虽将五诸侯灭秦，而《羽本纪》仍书汉之元年，是天下大统，史迁不与楚而与汉也，是固然。然《春秋》之法，有名与而实不与者。是放其人躬行弑逆而为君，则直书其弑君，而仍不设其为君之号，于是史迁作《项羽本纪》之权衡起矣。羽既灭秦而暴兴也，则登之本纪而不设其为君之文，羽惟放弑义帝而自立也。则以汉纪元，文与而实不与，所以彰其弑君之罪，是固《春秋》之遗法，而史迁用之，义并行而不悖也。"② 冯氏则是从编年的体例考察了史迁修撰《项羽本纪》的意味，认为太史公还是继承了《春秋》"一字寓褒贬"笔法的用意，用"汉之元年"来纪年，是对项羽"放弑"义帝的批评。

显然，司马迁在评判的方法上首先是承继了孔子作《春秋》时"微言大义"的评判方式。明代陈子龙说："（然）其（笔者按："其"指司马迁）卓识远见，微言晦志，不拘牵于世俗之论，而自抒发其意，亦有得《春秋》之一端者。……盖君子之为史也，非独以纪其事，将以善善而恶恶也。夫善之已形，恶之已着，人皆能言之，惟其事在拟疑之间，幽隐之际，非君子不能知之。而不为明之，则难遵而易畔，是故《春秋》之所褒贬，或言近而指远，或文与而是非，或彼此异辞，或前后异旨，所谓别嫌疑明是非定犹豫也。"③ 如同《春秋》称"楚王"为"楚子"一样，司马迁在称谓上也表现了自己的思想指向。清人钱大昕说："史公著书，上继《春秋》，予夺称谓之间，具有深意，读者可于言外得之。即举《月表》一篇，寻其微旨，厥有三端：一曰抑秦，二曰尊汉，三曰纪实。何谓抑秦？秦之

---

① 《史记半解》卷一。
② 《解春集文钞》卷七《书〈项羽本纪〉后二》。
③ 陈子龙：《史记测议·序》，《历代名家评史记》，北京师范大学出版社1986年版，第23—24页。

无道，史公所深恶也。秦虽并天下，附书于《六国表》之后，不以秦承周也。及陈涉起事，秦犹未亡也，而即侪诸楚、齐、燕、赵之列，则犹六国视之也。虽称皇帝者再世，与楚之称霸王等耳。《表》曰"秦楚"，言秦之与楚匹也。何谓尊汉？史公以汉继三代，不以汉继秦，若系汉于秦之下，是尊秦而贬汉也。《十二诸侯年表》不题周而周尊，《秦楚之际月表》不题汉而汉尊。秦、楚皆亡国之余，以汉承之，失立言之体矣。陆贾《楚汉春秋》，其命名不如《史》《表》之正也。何谓纪实？楚虽先亡，覆秦之社稷者楚也。汉高初兴，亲北面义帝，汉王之国，又项羽封之，秦亡之后，主天下命者，非楚而何？本纪既述其事，而《表》又以'秦楚之际'目之，言天下之大权在楚也，此亦实之不可没者也。"① 钱氏所论就是从《表》的设置与叙述方式来探究其中的微言大义，所言甚是。《史记》在很多篇章的编修上可以说继承了《春秋》"微言大义"的叙述方式。

司马迁有时还通过不同叙事的比重来表达自己对事件的看法，如《律书》，按照篇体来说，《史记》记载的主体应当是关于音律设置的事宜，但传文开端记载更多的是关于战争的事况。清人尚镕曾评论道："六律为万事根本，其于兵械尤所重。迁盖本易之师出以律，作此书以讽武帝之佳兵也。故言诛伐虽不可偃于天下，然如秦二世之结怨匈奴（二世当作始皇），继祸于越，势非寡也。及威尽势穷，闾巷之人为敌国，咎生于穷武不知足，甘得之心不息也。未遂极称文帝之弭兵以为和乐，而律事仅附著于篇。"② 清人汪之昌亦云："梁玉绳《史记志疑》以《律书》上述历代用兵，而不详其制，又不及汉景武两朝，不知其溯黄帝、颛顼、成汤之用兵，则以讨强暴平乱世，见纪律之师，不及孝文以后事，盖用兵不以律，无足言也，然则此篇书不以兵名而以律名，史公之意微已。"③《律书》前文书写更多的是关于军事上的史事，潜在之意是对当世君王汉武帝的穷兵黩武提出了讽刺。

司马迁有时还通过人物传记的正文与论赞中差异性来表现自己对历史的看法，这也是对《春秋》"微言大义"方式的发展。如《孝景本纪》，正文主要记载景帝执政期间的天象灾异事情与平定"七国之乱"事件，而在本传论赞中对汉景帝的功勋仅仅写道"汉兴，孝

---

① 《潜研堂文集》卷三四《与梁耀北论史记书》。
② 《史记辨证》卷三《律书》。
③ 《青学斋集》卷一三《〈史记·律书〉即〈兵书〉论》。

文施大德，天下怀安。至孝景，不复忧异姓"，更多的是讨论了晁错人生行迹及其反思，"（而）晁错刻削诸侯，遂使七国俱起，合从而西乡。"① 显然与正文不完全对称。这无疑也是一种笔法，潜在地对汉景帝是有讽刺之意的。清人王治皞说："孔子作《春秋》，定哀之间则微。太史公岂能直道于当世之君乎？观《景帝本纪》，略载日月，只详七国反事，其余杂见于各传，岂非隐约畏咎故耶？"② 面对当代史，这是司马迁评判历史人物尤其是君王的一个很重要的方法。

## 二、从对"君子曰"等形式的沿袭到"太史公曰"形式的发展

因为深受了孔子作《春秋》的影响，司马迁在形式上也继承了《春秋》以及《左传》其他评判方法的影响，如对"君子曰""君子是以谓"等方式的沿袭，包括引用孔子的言论加以评价。这样的形式在《史记》正文中经常出现。如对季文子的评价，《鲁周公世家》载："五年，季文子卒。家无衣帛之妾，厩无食粟之马，府无金玉，以相三君。君子曰：'季文子廉忠矣！'"③ 就是通过君子评判的口吻来表现对季文子德性的颂扬。实际状况是季文子忠廉的德性在他以后的人生命运中起到了很好的作用。《鲁周公世家》载："十六年，宣伯告晋，欲诛季文子。文子有义，晋人弗许。"④ 若非德性，季文子很可能被杀。《宋微子世家》写到宋宣公让位给其弟和，是为穆公。而后来卫穆公病中也将自己的君位传回了宣公之子与夷，而不是交给自己的孩子公子冯，穆公曰："毋立冯，吾不可以负宣公。"对此，司马迁记载道："君子闻之，曰：'宋宣公可谓知人矣，立其弟以成义，然卒其子复享之。'"⑤ 这里固然是延续了《左传》的记载，但是司马迁之所以沿袭这样的形式，也说明了太史公对"君子曰"评价方式的认可。再如："九年，宋水，鲁使臧文仲往吊水。潜公自罪曰：'寡人以不能事鬼神，政不修，故水。'臧文仲善此言。此言乃公子子鱼教潜公也。"⑥ 这是通过臧文仲的评价来表现自己的

---

① 《史记·孝景本纪》。
② 《史汉权参》卷之上《景帝》。
③ 《史记·鲁周公世家》。
④ 同上。
⑤ 《史记·宋微子世家》。
⑥ 同上。

看法。又《陈杞世家》记载夏征舒为了家丑杀了陈灵公,并自立为陈侯,这样大舜后裔之国的陈国实际上就灭亡了,而楚庄王派兵诛灭了夏征舒,而又恢复了陈国,并且听取了申叔时的意见,"灵公太子午于晋而立之,复君陈如故,是为成公。"对此,司马迁没有直接加以评论,而引用了孔子的言行潜在地表达了自己的意见。《陈杞世家》载曰:"孔子读史记至楚复陈,曰:'贤哉楚庄王!轻千乘之国而重一言。'"① 这显然也是对《春秋》、《左传》"微言大义"评论方式的继承。又如《楚世家》载:"二十七年春,吴伐陈,楚昭王救之,军城父。十月,昭王病于军中,有赤云如鸟,夹日而蜚。昭王问周太史,太史曰:'是害于楚王,然可移于将相。'将相闻是言,乃请自以身祷于神。昭王曰:'将相,孤之股肱也,今移祸,庸去是身乎!'弗听。卜而河为祟,大夫请祷河。昭王曰:'自吾先王受封,望不过江、汉,而河非所获罪也。'止不许。孔子在陈,闻是言,曰:'楚昭王通大道矣。其不失国,宜哉!'"② 太史公实际上是通过孔子的言语来颂扬了楚昭王的德性。再如"声公五年,郑相子产卒,郑人皆哭泣,悲之如亡亲戚。子产者,郑成公少子也。为人仁爱人,事君忠厚。孔子尝过郑,与子产如兄弟云。及闻子产死,孔子为泣曰:'古之遗爱也!'"③ 同样是通过孔子的评论对子产的"仁爱"品质提出了赞美之意。

除正文之外,太史公在传记的论赞中也时而引用孔子之言加以评判,如《鲁世家》论赞写道:"太史公曰:余闻孔子称曰'甚矣鲁道之衰也!洙泗之间龂龂如也'。观庆父及叔牙、闵公之际,何其乱也?隐桓之事;襄仲杀適立庶;三家北面为臣,亲攻昭公,昭公以奔。至其揖让之礼则从矣,而行事何其戾也?"④《田叔列传》论赞又写道:"太史公曰:孔子称曰'居是国必闻其政',田叔之谓乎?义不忘贤明主之美以救过,仁与余善余故并论之。"⑤ 都是潜在地继承了《春秋》、《左传》褒贬人物的方式。

尤其值得注意的是,《史记》传文不仅仅是通过"君子曰"、"孔子曰"等这样圣人的话语加以评论,司马迁本人偶尔也会走出来加

---

① 《史记·陈杞世家》。
② 《史记·楚世家》。
③ 《史记·郑世家》。
④ 《史记·鲁周公世家》。
⑤ 《史记·田叔列传》。

以评述。如《魏世家》写道："（韩）懿侯说，乃与赵成侯合军并兵以伐魏，战于浊泽，魏氏大败，魏君围。赵谓韩曰：'除魏君，立公中缓，割地而退，我且利。'韩曰：'不可。杀魏君，人必曰暴；割地而退，人必曰贪。不如两分之。魏分为两，不强于宋、卫，则我终无魏之患矣。'赵不听。韩不说，以其少卒夜去。惠王之所以身不死，国不分者，二家谋不和也。若从一家之谋，则魏必分矣。故曰：'君终无适子，其国可破也。'"[1] 后文明显是司马迁用第三人称全知全能的叙述方式对韩、魏两国进行了评价，实际上是表明自己的立场态度！

更为重要的是，《史记》继承了《春秋》、《左传》"君子曰"评判的形式，将其发展为"太史公曰"。一是在形式上将其由文中基本统一放在文末；二更为重要的发展是将《春秋》、《左传》"君子曰"的功能加以了扩大。诚如上文所说，《春秋》《左传》的"君子曰"仅有表现褒贬这样一种功能，而《史记》的"太史公曰"则推陈出新，除了褒贬之外[2]，还有补缺事，言去取，述经历等多种叙事作用。唐人司马贞对"太史公曰"论赞功能颇有微词，认为它们较为偏颇，故而另作《述赞》以补之。对此，清人牛运震说："太史公论赞，或隐括全篇，或偏举一事，或考诸涉历所亲见，或证诸典记所参合，或于类传之中摘一人以例其余，或于正传之外摭轶事以补其漏，皆有深意远神，诚为千古绝笔。司马贞《索隐》讥其颇取偏引，以为首末不具，褒贬未称，别作一百三十篇述赞，缀于简末。其不知史法与文体殊甚，真所谓爝火于日月，浸灌于时雨者也。"[3] 其实《史记》的论赞并不完全是用来概括正文的思想内容，有时也熔铸了史迁深刻的情感倾向或传达出自己的思想意旨。如"太史公曰"有时会表现出对传记正文某些评判的修正。《宋微子世家》载："太史公曰：……《春秋》讥宋之乱自宣公废太子而立弟，国以不宁者十世。襄公之时，修行仁义，欲为盟主。其大夫正考父美之，故追道契、汤、高宗，殷所以兴，作《商颂》。襄公既败于泓，而君子或以为多，伤中国阙礼义，褒之也，宋襄之有礼让也。"这里就有对传记

---

[1] 《史记·魏世家》。
[2] 就褒贬功能而言，宋人郑樵说："凡《左氏》之有'君子曰'者，皆经之新意；《史记》之有'太史公曰'者，皆史之外事，不为褒贬也。间有及褒贬者，褚先生之徒杂之耳。"（郑樵：《通志·总序》，中华书局1987年版，第1页）关于"太史公曰"的褒贬功能，上文我们多有引述。郑氏的判断显然有所偏误。
[3] 《史记评注》卷一。

正文两次记载进行了修正，一个是正文对宋宣公是在赞美的，这里却是讽刺的，主要是因为宋宣公将自己的君位传给了自己的弟弟，这是对宗法继承制度的破坏；二是正文对宋襄公秉持批判的态度，"冬十一月，襄公与楚成王战于泓。楚人未济，目夷曰：'彼众我寡，及其未济击之。'公不听。已济未陈，又曰：'可击。'公曰：'待其已陈。'陈成，宋人击之。宋师大败，襄公伤股。国人皆怨公。公曰：'君子不困人于厄，不鼓不成列。'子鱼曰：'兵以胜为功，何常言与！必如公言，即奴事之耳，又何战为？'"① 子鱼的言语之中是有批判意味的。但在"太史公曰"论赞的语言中，司马迁却放在礼让精神匮乏的时代背景下对宋襄公重新进行了评判。将宋襄公礼让的精神置于攻城略地为主要目的的战争背景下固然有点迂腐，但是如果能够付诸日常生活的行为之中，对于功利的过度追求无疑会起到一定的疗救作用，从这样的角度上来说，"礼让"精神却也是非常难能可贵的！

## 三、《史记》传中人物的安排带有子书所表现的思想因素

《史记》中的人物究竟应当置于何种体例中去书写？司马迁会根据人物的行迹与品性作出自己的判断，人物传记体例的安排本身就总体上表现了自己对人物及其行事的看法。明人柯维骐说："按《太史公自序》，于梁王云'七国叛逆，惟梁为扞'，于五宗云'五宗既王，亲属洽和'，他如楚元王云'为汉宗藩'，荆燕云'为汉藩辅'，齐悼惠王云'实镇东土'，此诸王有功于汉，不论亲疏，不论享国修短，俱得名世家。乃若吴王、淮南、衡山之属，既无藩辅之功，而其子孙又首倡叛逆，或犯奸恶，自取灭亡，故降为列传，不得与诸王比也。萧、曹、平、勃、张良列之世家，而彭、韩、黥、樊诸人，只列为传，意亦如此。若乃陈涉，亦名世家，天下亡秦，由涉首事，其功足多也。班彪讥其进黜失经，而固纂父书，通列为传，失之矣。"② 柯氏所举人物入传体例的成因是比较契合《史记》文本实际状况的。

司马迁在人物传记的排列上注意前后次第上的逻辑关系，也借

---

① 《史记·宋微子世家》。
② 《史记考要》卷七。

此表明了自己对历史的认识,如《苏秦列传》、《张仪列传》、《樗里甘茂列传》等排列主要是围绕策士为中心,连贯在一起又整体上表现了司马迁对策士的看法,《苏秦列传》论赞曰:"苏秦兄弟三人,皆游说诸侯以显名,其术长于权变。"①《张仪列传》论赞曰:"三晋多权变之士,夫言从衡强秦者大抵皆三晋之人也。"②《樗里子甘茂列传》论赞写道:"茂起下蔡闾阎,显名诸侯,重强齐楚。甘罗年少,然出一奇计,声称后世。虽非笃行之君子,然亦战国之策士也。方秦之强时,天下尤趋谋诈哉。"③可见策士的出现是时代发展的需要,对诸侯国的兴衰存亡发挥了非常重要的作用。

再如司马迁在《鲁仲连邹阳列传》论赞中谈到为何要将鲁邹选入到传记中时说道:"鲁连其指意虽不合大义,然余多其在布衣之位,荡然肆志,不诎于诸侯,谈说于当世,折卿相之权。邹阳辞虽不逊,然其比物连类,有足悲者,亦可谓抗直不桡矣。吾是以附之列传焉。"④太史公从亢言直辩精神的角度提出要对人物进行揄扬,从而为鲁仲连、邹阳立传,目的当然是为了颂美他们独立桀骜的人格。明代茅坤评论道:"邹阳本不足立传,太史公特爱其书之文词颇足观览,故采入为传。然予首尾按之,并只言断简,而其旨多呜咽,故爱之者易也。"⑤显然没有真切体味到太史公的真正用意,史迁之意当然不仅仅是以同情的笔调来书写的。

又如班固对司马迁"先黄老而后六经"的批评,其实在孔、老入传的方式上,就已经表明了司马迁的批判立场,并非班固所批评的那样尊老而黜孔。明人陈仁锡说:"史迁可谓知圣人之道矣,班氏谓其'先黄老而后六经',非也。观其作《史记》,于孔子则立《世家》,于老氏则立《传》。至论孔子,则曰'可谓至圣',论老氏,但曰'隐君子'。非知足以知圣人而能若是乎?或谓迁非知孔子之至者,必述其道德精微,然后谓之至,噫,道德精微,虽夫子亦自难言也,而欲责迁言之欤?"⑥陈氏所论甚是。其实孔子入世家本身就表现了司马迁对儒家的尊崇。而在《孟子荀卿列传》中又通过叙述性的语言表现了对道家是有所批评的,其云:"荀卿嫉浊世之政,亡

---

① 《史记·苏秦列传》。
② 《史记·张仪列传》。
③ 《史记·樗里子甘茂列传》。
④ 《史记·鲁仲连邹阳列传》。
⑤ 《史记钞》卷四九。
⑥ 《陈评史记》卷四七。

国乱君相属，不遂大道而营于巫祝，信禨祥，鄙儒小拘，如庄周等又猾稽乱俗，于是推儒、墨、道德之行事兴坏，序列著数万言而卒。因葬兰陵。"① 在对庄子评论的文字中读者不难看出司马迁对道家有批判之意的。

又如司马迁强调人才在国家社会生活中的重要作用，在传主的安排上有时也能体现出太史公的这一观念。如《廉颇蔺相如列传》尽管是廉蔺二人的合传，但实际上了写到了廉颇、蔺相如、赵奢、李牧等四个关键人物，为何如此？明人钟惺所论可以说一语中的，其云："以廉颇、蔺相如主名，中间赵奢、李牧周旋穿插，断续无痕，而赵之兴亡，节目全在于此。数人共一传，只如一人。贤才关系国家，从文字章法中错综写出，此史之识也。"可见四人在赵国历史进程中的重要性。清人汤谐的总结更为精彩，他说："赵事为经，四人为纬。盖四人用舍，关赵国存亡，而其君闇而听谗，终至不振。史公深慨叹之，故作法如此变化。其结撰之微密，摹画之精彩，更令人游赏不尽也。"② 可见人才在国家政治生活中的关键性作用。

又如司马迁有意突出人才应当对国家忠诚无二，在人物事件的安排上同样能够得到表现。如《田单列传》本来传主就是写田单一人，但其中却用了不少笔墨刻画了王蠋这个人物："燕之初入齐，闻画邑人王蠋贤，令军中曰'环画邑三十里无入'，以王蠋之故。已而使人谓蠋曰：'齐人多高子之义，吾以子为将，封之万家。'蠋固谢。燕人曰：'子不听，吾引三军而屠画邑。'王蠋曰：'忠臣不事二君，贞女不更二夫。齐王不听吾谏，故退而耕于野。国既破亡，吾不能存。今又劫之以兵为君将，是助桀为暴也。与其生而无义，固不如烹！'遂经其颈于树枝，自奋绝脰而死。齐亡大夫闻之曰：'王蠋布衣也，义不北面于燕，况在位食禄者乎！'"③ 所记文字目的就是为了突出王蠋的忠诚之意，表达出司马迁忠君爱国的观念。有人认为田单最终的复国也与王蠋的爱国有关系。宋人唐仲友认为："太史公之书，善乎其推本也。太史公书蠋事累数十百言，不失一辞，正使为蠋立传，能加一字乎？传不传，于蠋无加损，据事迹直录，附之单传，则知蠋深矣！太史公传韩非于老子之后，而书蠋于单传之末，则知刑

---

① 《史记·孟子荀卿列传》。
② 汤谐：《史记半解》卷二，第188页。
③ 《史记·田单列传》。

名之学老子为之，复齐之功蠋实倡之也。皆推见至隐之意欤！"① 而明代董份则认为："观听叙王蠋事，则是以齐存亡系一布衣，其推蠋至矣，孰谓太史公退节义耶！"② 司马迁对王蠋人生行事的记载彰显了太史公对节义的重视，班固后来批评司马迁"崇势利而羞贱贫"的观点显然是错误的。

## 四、《史记》篇目的设置一定程度上也能体现出其思想的内涵

司马迁在《史记》人物传记具体题名的使用上有时也能够彰显太史公本人的思想内涵，也可以说是"春秋笔法"所谓"微言大义"在《史记》中的另一表现。如周武王的弟弟管叔因谋反被杀，并且无后，按照体例是不能单列世家的，但司马迁在世家第五却安排了《管蔡世家》，对此，清人恽敬认为："（且）管叔蔡叔均罪，而管叔无后，不得有世家，太史公不书曰《蔡世家》，而曰《管蔡世家》，盖圣人之处兄弟也，尽乎当然之仁义而已。使管叔有后如蔡仲，周公必言于成王如蔡仲之封，岂有异哉？太史公之智，足以知圣如此，故曰'绍明世，正《易传》，继《春秋》，本《诗》、《书》、《礼》《乐》之际也'。"③ 恽氏从题目论司马迁设置这篇世家的潜在主旨主要是表现周公仁义思想的，这是有一定道理的。

又如《史记》中为何没有《惠帝本纪》？清人何焯认为："作《吕太后本纪》者，著其实。赞，以孝惠皇帝冠之，书法在其中矣。"④ 何氏为何持这种观点？因为《吕太后本纪》论赞这样写道："孝惠皇帝、高后之时，黎民得离战国之苦，君臣俱欲休息乎无为，故惠帝垂拱，高后女主称制，政不出房户，天下晏然。刑罚罕用，罪人是希。民务稼穑，衣食滋殖。"⑤ 太史公论赞文字将孝惠帝放在开首，并用了"惠帝垂拱"这样的话语，何氏认为是有深意的，是表彰孝惠帝"休息无为"政策的。《史记》缺少《孝惠本纪》，也许

---

① 《悦斋文钞》卷九。
② 《史记评林》（第五册）卷八二。
③ 《大云山房文稿初集》卷二《读管蔡世家》。
④ 《义门读书记》卷一三《〈史记〉上・〈吕后本纪〉》。
⑤ 《史记・吕太后本纪》。

是从史家尊崇史书记载体例的客观性而为之①。但同时，史家有自己对历史批判的主观性。笔者认为《吕太后本纪》论赞起首用"孝惠皇帝"字样，主要是表现了司马迁对孝惠帝作为君主的权力实际被剥夺的同情。

从司马迁"绍明世，正《易传》，继《春秋》"②的修史目的来看，《史记》的精神主要是受到了儒家思想的影响。某种意义上而言，《史记》是一部特殊形态的思想著作，它接受了先秦学术传统的濡染，以历史为外在的形式，辅之以带有文学因素的表现手段，传达了太史公本人对历史兴亡、天人关系、人生沉浮等诸多方面的思考，司马迁不仅仅是一位杰出的史学家，而且是一位深邃的思想家。

---

① 宋人郑樵说："汉吕唐武之后立纪，议者纷纭不已，殊不知纪者，编年之书也。若吕后之纪不立，则八年正朔所系何朝？武后之纪不立，则二十年行事所著何君？不察实义，徒事虚言，史家之大患也。"（《通志》卷五上《前汉纪五上》）郑氏的观点即是我们通常所认识的，按照编年体的体制，如果不记载吕后主政的这一段历史，则历史的史事就可能出现断裂，处于不便记载的状态。事实上，孝惠帝在经过吕后一系列的压制与恐吓（尤其是观察了"人彘"之后），"孝惠以此日饮为淫乐，不听政。"（《史记·吕太后本纪》）政事已完全为吕氏所专擅。司马迁的记载也是对历史的尊重。故而清代郭嵩焘也认为："案此《本纪》中明言'孝惠日饮，为饮乐，不听政'，是惠帝初立后，吕后专杀自恣，政由己出，固不久矣。史公不为惠帝立纪，以纪实也。"（《史汉札记》卷一《吕后本纪》）

② 《史记·太史公自序》。

# 司马迁《史记》对贾谊通变观的继承

\* 本文作者宋馥香，闽江学院历史学系教授。

"通古今之变"既是司马迁撰述《史记》的旨趣之一，也是其史学思想的重要组成部分。以往研究者对司马迁通变思想之渊源的探讨，多认为其近承汉初思想家或董仲舒的"三统"说，远承《周易》或邹衍的"五德"之论[1]。但翻阅贾谊的《新书》，其中有不少关于通变的历史见解与司马迁完全吻合。从司马迁《史记》为贾谊设置合传，并在《史记》中多处征引其文字阐述己见，以及前人关于"贾文高古最者，太史公裁之如《史记》"[2]的情况看，司马迁的"通古今之变"与贾谊认识历史的通变观之间也有继承关系，并成为其《史记》思想养料的一个重要来源。

## 一、以"通变"思维审视历史之变："原始察终 见盛观衰"

用"通变"思维认识历史、对待现实，是中国史学的一个优良传统，也是在继承《周易》变易思想的基础上发展起来的哲学观念。所谓的"变"就是指历史是变化的；"通"则是对古今历史的变化作贯通性考察，也就是通过研究历史，推断过去，观察未来[3]。"思维模式是一切文化的基础"[4]，同理，"通变"思维则是通变观形成的前提，它先之于贾谊的《新书》，后之于司马迁的《史记》中都有凸显。

贾谊的《新书》虽是探讨汉初社会的政论之作，但它并非就事

---

[1] 陈其泰：《史学与民族精神》，学苑出版社1999年版，第162页；瞿林东：《中国古代历史理论》（上），安徽人民出版社2011年版，第145页；汪高鑫：《司马迁历史变易思想的理论渊源》，《郑州大学学报》2012年第3期。
[2] 《新书·贾子序》。
[3] 瞿林东：《中国古代历史理论》（上），第145页。
[4] 季羡林：《东学西渐与"东化"》，《光明日报》2004年12月23日。

论事，而是站在时代高度回望历史，重在历史发展中讲明"变"的问题①。其无论是探求秦亡汉兴之理，还是讨论礼制变革之由，都是"观之上古，验之当世，参以人事，察盛衰之理，审权势之宜"②，意在"援古证今，左譬右喻，举前代之已然，明当代之必然"③，也就是要在"变"中看清历史发展、变化的趋势，在对历史的贯通考察中，达到"未治也知所以治，未乱也知所以乱，未安也知所以安，未危也知所以危"④ 之目的。因此，"通变"不仅是其历史观的核心，也是其借鉴历史、解决现实问题的思维方式。

司马迁在《报任安书》中的一段话，直接反映了他对贾谊通变思维方式的继承，他说："仆窃不逊，近自讬于无能之辞，网罗放矢旧闻，考之行事，稽其成败兴坏之理，凡百三十篇，亦欲以究天人之际，通古今之变，成一家之言。"⑤ 可见，"通古今之变"是司马迁撰写《史记》的任务之一。他用"通变"思维方式认识天人关系、历史变化、国家盛衰，以及当代社会问题，从而完成其"述往事，思来者"的任务⑥。

司马迁"通变"思维体现在方法上，就是运用"原始察终，见盛观衰"的方法著作《史记》、认识历史⑦。也就是要通过系统的历史考察，在盛世表象下洞见其衰败迹象，揭示其潜藏危机。具体地说，"原始察终"主要是对历史发展过程的考察，"见盛观衰"的注意力则主要集中在历史发展的转折点⑧。此方法一方面体现在《史记》的体裁、体例上；另一方面则反映在他对古今历史贯通性的分析中。对于前者，司马迁力避"儒者断其义，驰说者骋其词，不务综其终始"之弊⑨，"厥协六经异传，整齐百家杂语"⑩，"网罗天下放失旧闻，王迹所兴"⑪，"略协古今之变"⑫，通记上起黄帝，下讫

---

① 这里的"变"，既包括变更统治术，也包括在此基础上的历史之变。
② 《史记·秦始皇本纪》。
③ 《新书》附乔缙《贾生才子传序》。
④ 《新书·先醒》。
⑤ 《汉书·司马迁传》。
⑥ 同上。
⑦ 《史记·太史公自序》。
⑧ 瞿林东：《中国古代历史理论》（上），第150页。
⑨ 《史记·十二诸侯年表》。
⑩ 《史记·太史公自序》。
⑪ 同上。
⑫ 同上。

汉武帝太初年间近三千年历史，并对其作贯通和综合性考察，从历史编撰上反映了这种方法的运用。"本纪"揭示从黄帝到汉武帝时期朝代变迁和帝王相乘的大势①，并以"世家""列传"与此相互发明，揭示人的作为与历代兴亡的关系。八"书"从制度的角度反映历史之变，揭示"物盛而衰"之理。以"表"划分历史发展的不同阶段，揭示历史变化的法则，达到"居今之世，志古之道，所以自镜"之目②。具体地说，前四表：《三代世表》、《十二诸侯年表》、《六国年表》、《秦楚之际月表》，按照历史递变的顺序排列，且每一表都自名起讫。这实际上就是司马迁眼中从上古至汉朝建立之前历史发展的不同阶段，反映了他对历史发展具有整体性和阶段性特点的卓越见识。后六表：《汉兴以来诸侯王年表》、《高祖功臣侯者年表》、《惠景间侯者年表》、《建元以来侯者年表》、《建元已来王子侯者年表》、《汉兴以来将相名臣年表》，反映了西汉前期历史发展每一小阶段的特点。由此可见，十"表"与十二"本纪"相配合，起到划分历史阶段，综述天下大势的作用，揭示出自宗周晚年以来中国社会由分封制走向郡县制，由地方分权走向中央集权的发展轨迹和变化趋势。

对于后者，司马迁指出：

> 夏之政忠。忠之敝，小人以野，故殷人承之以敬。敬之敝，小人以鬼，故周人承之以文。文之敝，小人以僿，故救僿莫若以忠。三王之道若循环，终而复始。周秦之间，可谓文敝矣。秦政不改，反酷刑法，岂不缪乎？故汉兴，承敝易变，使人不倦，得天统矣。③

这是对夏以来直至其当代历史变化的一次总结。其中，虽然有历史循环论和天命论的影子，但从司马迁在《太史公自序》、《平准书》中对"承敝易变"的多次强调来看，他对社会变化法则的认识还是充满朴素的唯物色彩，并且凸显出"通变"的思维特点。

不仅如此，他对古今货币制度变迁的认识，也同样反映出其"通变"思维，及"原始察终，见盛观衰"的认识方法，他说：

> 农工商交易之路通，而龟贝金钱刀布之币兴焉。所从来久远，自高辛氏之前尚矣，靡得而记云。故书道唐虞之际，诗述

---

① 张大可：《论〈史记〉十表之结构与功能》，《青海社会科学》1985年第6期。
② 《史记·高祖功臣侯者年表》。
③ 《史记·高祖本纪》。

殷周之世，安宁则长庠序，先本绌末，以礼义防于利；事变多故而亦反是。是以物盛则衰，时极而转，一质一文，终始之变也。禹贡九州，各因其土地所宜，人民所多少而纳职焉。汤武承弊易变，使民不倦，各兢兢所以为治，而稍陵迟衰微。齐桓公用管仲之谋，通轻重之权，徼山海之业，以朝诸侯，用区区之齐显成霸名。魏用李克，尽地力，为强君。自是之后，天下争于战国，贵诈力而贱仁义，先富有而后推让。故庶人之富者或累巨万，而贫者或不厌糟糠；有国强者或并群小以臣诸侯，而弱国或绝祀而灭世。以至于秦，卒并海内。虞夏之币，金为三品，或黄，或白，或赤；或钱，或布，或刀，或龟贝。及至秦，中一国之币为等，黄金以溢名，为上币；铜钱识曰半两，重如其文，为下币。而珠玉、龟贝、银锡之属为器饰宝藏，不为币。然各随时而轻重无常。於是外攘夷狄，内兴功业，海内之士力耕不足粮饷，女子纺绩不足衣服。古者尝竭天下之资财以奉其上，犹自以为不足也。无异故云，事势之流，相激使然，曷足怪焉。①

这段话，是司马迁考察"农工商交易之路通，而龟贝金钱刀布之币兴"的进程，以历史事实为论据阐发其"通古今之变"思想，展现其通变思维比较典型的文字。他认为经济和商品交换的发展，推动货币的产生和货币制度的建立，但制度并非可以一成不变，而是一定要随着社会的变化而变易。汤武"承弊易变，使人不倦，各兢兢业业所以为治"，"齐桓公用管仲之谋，通轻重之权"，结果是"用区区之齐显成霸名"。魏国"用李克，尽地力，为强君"。推究此三者成功的原因，正是因其变易的路向顺应了社会发展要求，遵循了"承弊易变"规律。汉朝，由于统治者对财富的贪求，从文帝时期的"荚钱"、"四铢钱"，到汉武帝时期的"赤侧钱"，使币制变得"轻重无常"，以至于出现"商贾以币之变，多积货逐利"，"钱益多而轻，物益少而贵"的情况②，造成"海内之士力耕不足粮饷，女子纺绩不足衣服"的局面，使社会形成两极分化，由此对秩序也构成威胁。可见，司马迁在对货币制度的纵向考察中运用通变思维，一方面在通晓古今货币制度变化、发展的基础上，概括出事物本身存在"物

---

① 《史记·平准书》。
② 同上。

盛而衰，时极而转"的基本法则；另一方面又在观察历史变化的过程中提炼出社会发展理应遵循"承弊易变"的普遍规律。从理论上阐明社会发展规律和历史变易的原因。

## 二、以"通变"视角总结秦汉盛衰之理："承弊易变"

秦汉之际的历史转折给汉初思想家以极其深刻的印象，因此探讨秦亡汉兴的原因便成为汉初引人注目的时代课题。这一时期的思想家以中国士人特有的历史责任感和忧患意识担当起总结前代之失、为新兴的汉政权提供政治决策参考的重任，贾谊就是其中的一员。贾谊探讨"曩之为秦者，今转而为汉"之理时[1]，不仅在秦朝本身的历史中寻找原因，而且也从"通变"角度，以其对春秋战国之际形势的分析入手，认为秦朝之所以能以一戎狄小国吞并山东三十六郡，完成统一六国的任务，一方面是由于自秦缪公以来二十余世的不懈努力，并采取"安土息民，以待其弊"政策的结果[2]，使秦国力量逐渐增强。孝公时任用商鞅变法"内立法度，务耕织，修守战之备；外连衡而斗诸侯"[3]，使秦国更加强大。惠王、武王"蒙故业，因遗策，南兼汉中，西举巴、蜀，东割膏腴之地，收要害之郡"[4]，进一步扩大统治地区，使东方的诸侯国恐惧；文王、庄襄王时期"享国日浅，国家无事"[5]，到秦始皇时"续六世之余烈，振长策而御宇内，吞二周而亡诸侯，履至尊而制六合，执棰拊而鞭笞天下，威振四海"[6]，建立了中国历史上第一个大一统王朝。另一方面原因，则是由于春秋战国以来"诸侯力政，强侵弱，众暴寡，兵革不休，士民疲敝，今秦南面而王天下，是上有天子也。既元元之民冀得安其性命，莫不虚心而仰上"[7]。从"通"的角度，讲出了历史变化的原因和秦朝兴盛的"势"与"理"。

同样，对秦朝何以亡的问题，贾谊也从"通变"角度着眼。他认为秦始皇建立统一大帝国之后，不懂得根据"攻""守"形势不

---

[1] 《新书·时变》。
[2] 《史记·秦始皇本纪》。
[3] 同上。
[4] 同上。
[5] 同上。
[6] 同上。
[7] 同上。

同,适时改变统治策略,而是继续实行暴虐统治,"先诈力而后仁义,以暴虐为天下始"①。二世继立,不仅没能纠正先王过失,而且继续"繁刑严诛,吏治刻深,赏罚不当,赋敛无度"②。造成了"蒙罪者众,刑戮相望于道,而天下苦之"的局面③,进一步加重罪孽,而使"大贤起之,威振海内,德从天下"④。在贾谊看来,秦朝灭亡并非是一朝一夕造成的,正如他在《时变》中所说的"安者非一日而安也,危者非一日而危也,皆以积渐然"⑤。这是以历史事实证明:累世积善,使秦朝由弱变强;累世积恶,则使其由强盛走向灭亡的道理。贾谊对问题本质的这一认识,显然是其"观之上古,验之当世,参以人事,察盛衰之理"的结果⑥。

对于秦朝兴亡的看法,司马迁也是从通变视角观察之。他在《史记·秦始皇本纪》中勾勒秦国和秦朝历史时,指出:"秦之先伯翳,尝有勋于唐虞之际,受土赐姓。及殷夏之间微散,至周之衰,秦兴,邑于西垂。自缪公以来,稍蚕食诸侯,竟成始皇。始皇自以为功过五帝、地广三王,而羞与之侔。"⑦可见,司马迁既看到了秦朝"通"的历史,又能将秦国和秦朝的历史放在通史格局中加以考察,在历史之"通"中观察历史之"变"的趋势及原因。

楚汉战争是决定汉朝立国的关键阶段,也是由秦至汉历史链条上的重要一环,司马迁以通变观认识历史、著作通史,必然也要把目光投向这里。在他看来,项羽虽起于垄亩之中,且无尺土之地,却只用短短三年时间便自立为王,但却只过了五年,又被迫自刎于乌江,这是他"欲以力征经营天下"的结果⑧。与此相反,刘邦吸取秦亡教训,与关中百姓"约法三章",从而赢得了这场战争的最后胜利。

对于汉朝的历史,司马迁的认识是"汉兴,承弊通变,使人不倦,得天统矣"⑨。其中,虽然有些神秘色彩,但"承弊通变"所要

---

① 《史记·秦始皇本纪》。
② 同上。
③ 同上。
④ 《新书·时变》。
⑤ 同上。
⑥ 《史记·秦始皇本纪》。
⑦ 同上。
⑧ 《史记·项羽本纪》。
⑨ 《史记·高祖本纪》。

表达的核心内容却是汉朝改变了秦朝暴虐的统治政策，顺应了时势变化的需要，这是司马迁"通古今之变"的一项具体内容。这一认识结论同样是司马迁对秦朝历史"原始察终"的结果①。其中包含着一定的辩证原理。显然，"承弊易变"是司马迁在历史纵向发展过程中，通过对各时期具体史实的分析、研究而得出的规律性认识，表现出其非凡的通识眼光和敏锐的政治洞察力。他对政治成败原因的深入探讨和精透分析，引起了后世史家的重视，不仅使"稽其成败兴坏之理"成为中国史学永恒的主题②，而且也为后世继续探讨历史变化的规律提供了重要的认识路径。

## 三、运用"通变"之法规谏当代："强本干 弱枝叶"之势

西汉是贾谊和司马迁的当代史，贾谊辅政于文帝，司马迁为官于武帝时期，这是西汉历史发展的两个不同转折期。他们不仅用通变思维观察历史、总结秦亡的历史教训，也以此思考当代制度得失，意在稳固西汉中央集权。削弱封国势力和维护礼制则是达成这一目标的其中两项重要内容。

西汉经过近三十年的经营，到汉文帝时期，异姓势力基本得到控制，但因亲授封的同姓诸王"尾大不掉"的现实，又成为汉政权的一大隐患。时任梁怀王太傅的贾谊，面对诸侯王"虽名为臣，实皆有布衣昆弟之心，虑亡不帝制而天子自为者"的情况③，抱定辅佐当朝君王匡扶政治的意愿，毅然向汉文帝上了《陈政事疏》。他在疏中痛陈高祖以来分封制的积弊，认为当前形势危殆，淮南、济北已对中央构成威胁，如不采取适当措施，数年之后，"诸侯之王大抵皆冠，血气方刚，汉之傅相称病而赐罢，彼自丞尉以上遍置私人"④，政权将会再次面临危险。彼时，不仅刘姓骨肉会相互残杀，汉朝也会重蹈秦亡覆辙。贾谊之所以可以在同姓蕃王势力膨胀尚未完全暴露之时洞察到这场潜在危机，无疑是其运用"通变"之法"原始察终"，分析汉初以来因裂地封王而"十年之间，反者九起"的历史得

---

① 《史记·太史公自序》。
② 《汉书·司马迁传》。
③ 《汉书·贾谊传》。
④ 同上。

出的结论①,并据此提出了"疏者必危,亲者必乱"②,"强者先反"的看法③。不仅如此,为说服汉文帝采纳其谏言,他仍是运用"通变"之法总结上古以来分封制的历史,并据此阐明今日之弊,他说:

> 古者天子地方千里,中之而为都,输将繇使,其远者不在五百里而至;公侯地百里,中之而为都,输将繇使,远者不在五十里而至。输将者不苦其繇,繇使者不伤其费。故远方人安其居,士民皆有欢乐其土,此天下之所以长久也。
> 
> 及秦而不然,秦不能分尺寸之地,欲尽自有之耳。输将起海上而来,一钱之赋耳,十钱之费,弗轻能致也。上之所得者甚少,而民毒苦之甚深,故陈胜一动而天下振。④

这里所说的"古者",实际上是指西周的分封制,即天子地方千里,公侯地方百里,使其所辖土地各有限度,以保持王权的优势地位。秦朝因"不能分尺寸之地,欲尽自有之",而出现"上之所得者甚少,而民毒苦之甚深"的弊病。为此,贾谊力谏文帝采取折衷之法,割地定制,"众建诸侯而少其力"⑤,通过分割诸侯王封地削弱其封国势力,使"海内之势如身之使臂,臂之使指,莫不制从,诸侯之君不敢有异心"⑥。同时,也可使蕃王子孙领受皇帝之浩荡洪恩,收到一箭双雕之效。后来,贾谊根据形势变化,又提出"蕲去不义诸侯而虚其国"⑦,同时加强王子力量以制控大诸侯王的主张,力主收回触犯刑律的诸侯封地,将与两越相邻、路途较远的淮南分出部分给淮阳,将淮阳北部的部分土地给梁王立后,形成梁捍齐赵、淮阳禁吴楚的局面,使王子地处边地要害,防止诸侯王与周边少数民族联合,达到了夹控诸王,蕃卫中央之目的。他的这些主张虽然在当时没有被采纳,但武帝时期对蕃国的一些政策,多是贾谊当年提出却未能贯彻的。《史记·屈原贾生列传》中就有贾谊之谏在武帝时被采纳的记载:"诸律令所更定,及列侯悉就国,其说皆自贾生发之。"⑧ 这一方

---

① 《汉书·贾谊传》。
② 同上。
③ 同上。
④ 《新书·属远》。
⑤ 《汉书·贾谊传》。
⑥ 同上。
⑦ 同上。
⑧ 《史记·屈原贾生列传》。

面说明，贾谊的主张是分析、总结历史而得出的结论，因其具有预判性而被武帝采纳。另一方面，司马迁把它记录下来，说明贾谊所论也是司马迁关注的重大问题，是他思考当代蕃国问题的重要参考。

司马迁经历了贾谊没有看到的景帝、武帝两个时期，此时，中央与地方蕃国势力的斗争已基本结束，这使他能够站在当时的历史巅峰审视历史，在梳理西周以来，特别是汉初以来分封制历史发展的基础上总结规律。如他在对西周分封制与春秋政局变化关系的思考中，指出："政在私门，其可久乎？""末大于本而得民心，不乱何待。"① 分析高祖以来诸侯王势力消长的原因，得出"强本干，弱枝叶之势，尊卑明而万事各得其所"的结论②。"弱枝叶之势"，也就是贾谊所说的"削蕃"，"强本干"则是对贾谊"削蕃"思想隐微处的进一步发挥。显然，司马迁与贾谊相比，他看到了问题的两个方面，强调了"强"与"弱"的并重原则，加强了中央对地方控制的主动性和主体性。这些认识无疑也都是运用通变方法，从考察、分析古今历史中获得的。可见，司马迁是把总结中央与蕃国斗争的经验，加强中央集权作为他所处时代的重要课题来研究的，并把对这一问题的探讨贯穿于《史记》全书，使之成为其"通古今之变"思想的一项非常重要的内容。

与加强中央集权密切相关的另一个重要内容就是礼制建设问题。贾谊十分重视"礼"，认为"礼者，所以固国家，定社稷，使君无失于民也"③。"礼亡而政从之，政亡而国从之"④。为此，他在总结秦亡原因时，纵观殷商至秦朝的历史后，提出了一个问题："殷为天子三十余世而周受之，周为天子三十余世而秦受之，秦为天子二世而亡。人性非甚相远也，何殷周之君有道而长也，而秦无道之暴也？"⑤ 贾谊的《过秦论》已阐明秦因暴政而亡的事实，此处对秦朝为何施以暴政的问题，他《新书》的《礼》与《保傅》两篇中关于"礼"的论述，为我们提供了一些线索。他认为"道德仁义，非礼不成"，"失爱不仁"⑥，"礼者，自行之义，养民之道也"⑦。贾谊这里所论之

---

① 《史记·晋世家》。
② 《史记·汉兴以来诸侯王年表》。
③ 《新书·礼》。
④ 《新书·审微》。
⑤ 《新书·保傅》。
⑥ 《新书·礼》。
⑦ 同上。

"礼"的一些内涵无不击中秦朝软肋，并回答了上面提出的"人性非甚相远也，何殷周之君有道而长也，而秦无道之暴"的问题，他的答案就是："周之所以长久者，其辅翼太子有此具也"①。其中所说的"具"就是指"礼"，即周人能以"礼"教导太子，使之成为行仁守礼的君王。秦朝则与此相反，"其俗固非贵辞让也，所上者告讦也；固非贵礼让也，所上者刑罚也。使赵高傅胡亥而教之狱，所习者非斩劓人，则夷人之三族也。故今日即位，明日射人，忠谏者谓之诽谤，深为之计者谓之妖言，其视杀人若艾草菅然。岂胡亥之性恶哉？其所以集道之者非理故也"②。如果说行暴政是秦朝短祚而亡关键因素的话，那么，"非贵礼让"则是"所上者刑罚"的最根本原因。而赵高以治刑狱教导胡亥，则是秦"俗非贵辞让非贵礼让"的直接反映。所以其结论是"存亡之反，治乱之机，其要在是矣"③，这里的"是"，也就是"具"，即礼制也。

值得注意的是，贾谊探讨"礼"之含义与秦亡于失"礼"，并非是为了述古，而是要"验之往古，按之当今之务"④。所以他说："今或言礼谊之不如法令，教化之不如刑罚，人主胡不引殷、周、秦事以观之也？"⑤ 不仅主张从历史变迁中思考"礼"之变对社会的影响。而且在礼、法关系上，主张礼、法并重⑥。同时，建议通过"改正朔，易服色制度，定官名，兴礼乐"⑦，维护礼制，实现"礼"所要求的"主主臣臣"⑧"立君臣，等上下，使父子有礼，六亲有纪"之目的⑨。可见，其中不仅体现出贾谊对礼制问题的通变性观察与思考，而且也是其通变观之价值的具体体现。

贾谊对"礼"的认识无疑对司马迁是有启发的，只是他与贾谊相比，更重视"礼"在分别贵贱、区分等差方面的作用，这可能与武帝时期的形势有关。司马迁谈"礼"的内容主要集中在《史记》的《礼书》和《太史公自序》两篇中，他说：

---

① 《新书·保傅》。
② 同上。
③ 同上。
④ 《汉书·贾谊传》。
⑤ 同上。
⑥ 陈其泰：《史学与中国文化传统》，学苑出版社1999年版，第132页。
⑦ 《史记·屈原贾生列传》。
⑧ 《汉书·贾谊传》。
⑨ 同上。

> 洋洋美德乎！宰制万物，役使群众，岂人力也哉？余至大行礼官，观三代损益，乃知缘人情而制礼，依人性而作仪，其所由来尚矣。①
>
> 礼由人起。人生而有欲欲而不得则不能无忿，忿而无度量则争，争则乱。先王恶其乱，故制礼义而养人之欲。……故礼者养也。②
>
> 维三代之礼，所损益各殊务，然要以近性情，通王道，故礼因人质为之节文，略协古今之变。③

这三段文字主要谈"礼"的起源和价值问题。司马迁认为"礼由人起"，是三代先王依人情和人性而制定的一种规范，其价值在于"近性情，通王道"，"宰制万物，役使群众"，概括为一句话，就是"礼者养也"④。关于"养"的问题，贾谊既主张等级规范，但同时也重视君养民的问题，所以他解释"养"中的一层含义便是："礼者，自行之义，养民之道也。"⑤而司马迁强调的主要是节制人欲，而且特别强调"君子之养"，所以他说："君子既得其养，又好其辨也。所谓辨者，贵贱有等，长少有差，贫富轻重皆有称也。"⑥"治辨之极也，强固之本也，威行之道也。"⑦据此可知，司马迁对"礼"的认识与贾谊虽有继承关系，但司马迁更强调"礼"之"极"的状态，把分别贵贱、固本行威作为"礼"的核心内容。这一点，与其"以太初之元改正朔，易服色，封太山，定宗庙百官之仪，以为典常，垂之于后云"的主张，以及强干弱枝，加强中央集权的思想相契合，因而成为其"通古今之变"的重要内容。

综上，"礼"既是贾谊和司马迁"众建诸侯而少其力"的手段，同时也是其加强中央集权的历史和理论依据。无可否认的是，任何理论都有它的适用范围，以封建之"礼"为依据建立起来的中央集权制度，维护的也都是统治阶级的利益，其局限是十分明显的。但我们又不能不承认，这种礼制本身就是为解决那个时代所面临的社会问题而提出

---

① 《史记·礼书》。
② 同上。
③ 《史记·太史公自序》。
④ 《史记·礼书》。
⑤ 《新书·礼》。
⑥ 《史记·礼书》。
⑦ 同上。

的方案。从这个角度说，它在当时条件下对维护社会秩序的稳定和大一统政权的持续发展，对推动历史进步起到了积极作用。

## 结　语

　　贾谊和司马迁观察和处理现实问题的一个共同特点，就是运用"通变"思维。

　　"原始察终"地考察历史发展过程，从中寻找解决实问题的方案，由此也形成了他们所共有的通变观念。所不同的是，司马迁在吸收贾谊通变思想养料的同时，又注入了新的思想种子，提出了"通古今之变"的理论命题，并结合三千年历史演进的具体事实，从多方面阐述、论证了古今之间的"通"与"变"的关系：在通晓古今历史变化的过程中，寻找事物变化的普遍规律——"承弊易变"，并于其中揭示出"通变"的另一层含义——"变通"，即通过"变"的方式达到"通"的目标。由此，将"通变"思想推进到一个新的高峰[①]，并深刻影响着中国史学，使之成为中国史学的一个永恒主题和史家群体的一种内在精神。

---

[①] 瞿林东：《中国古代历史理论》（上），第155页。

# 《史记》散论

## 司马迁的凿空之记对于"一带一路"建设的启示

\* 本文作者王斌俊，中国青年出版总社编辑。

司马迁在《史记》中虽然没有列设"张骞列传"，但是，他却在《大宛列传》中以张骞出使西域为主线，完整而翔实地书写了张骞两次出使西域等事迹，对于张骞的记述和评价并不亚于单传张骞。将张骞的行状事迹摆在这么一篇视线瞄向域外，考察政外之境、治外之畛的《大宛列传》里来写，突出了事情的国际背景、向外求知的视角和开放包容的胸襟。这一点，再跟文末的"太史公曰"的求知广闻、厘清辨识性议论联系起来考量，其意蕴和识见就更加清楚了。

司马迁在《大宛列传》中详细记述了张骞出使西域及其产生的作用和意义。虽然没有多少直接评论的言辞，但其阐释和评价融入叙事之中，体现出"春秋笔法"微言大义的特色。

直接评论的语词，最突出的就是"凿空"，虽然也是随着纪传的进行，水到渠成、瓜熟蒂落般道出，却饱含深意，很值得玩味咀嚼。

在叙述完张骞一生——尤其突出两次出使西域——之后，司马迁自然而然说道："……然张骞凿空。"貌似平淡中却埋伏着情思的惊雷。张骞通西域,一举打破西域与汉朝之间隔绝状态,沟通了西域与中原的往来,开辟了被浓墨重彩载入史册的"丝绸之路",从此,汉朝与西域的经济文化交流日趋频繁,中国与外交往合作关系不断发展……张骞创破天荒之实;司马迁则"名以实定",首创"凿空"这一个新词,还有"张骞凿空"这一新评、确评。"张骞凿空"到底包含几多含义,如何释之最为原汁原味,最为准确完整?这还是要从读懂弄清《大宛列传》文本对于张骞凿空之行的记述和阐释出发。根据"然张骞凿空,其后使往者皆称博望侯"这句归结性的话,首先我们起码要将"张骞凿空"同众心往之的"博望侯"所包含的底蕴联系起来,加以理解。

"凿空"一词,高度概括和揭示了张骞出使西域,开辟东方民族跟西方民族交流了解的通道,肇始中国中原地区与外沟通交流的历史这一重大历史事件的地位、作用和意义,是一种准确的、科学的、有历史高度和思想深度的评价。这一点在提出"一带一路"新构想、新方略并积极付诸实施的今天看来,抚今追昔,居今知往,其意义和历史价值就能看得更加清楚了。

遍览中国古代史,恐怕张骞是唯一被封以"博望侯"的人;但历史的奇妙之处在于,张骞之后涌出许多自称"博望侯"的人——这也是中国古代史上极少有的现象。何以如此?"博望侯"的声誉、信用使然,"博望侯"之称好使、管用的价值使然,汉帝国的德威与声望(今语"国家形象"、"文化软实力"等)使然——尽管张骞后来因为犯了"罪过"而被罢免了爵位。用史者的眼光去看,毋宁说这是对张骞不辱外交使命、尽忠尽责的崇高风范的仿效,对其外交事业和思想精神的继承。实际上,作为伟大的史学家,司马迁在《大宛列传》的记事中,是融入了自己先进的史观和卓越的史见的。

通览《大宛列传》全文,细细品味个中三昧,可以看出张骞出使西域具有以下几个鲜明特点,也可以体会"张骞凿空""皆称博望"这些关键词背后的丰满内蕴的。

第一,是国家政权最高层的意志,是国家行为。张骞负命远涉、联络西域,完成凿空之旅,何尝不是汉武帝的凿空之举呢?!司马迁虽未直接置评于汉武帝,但他对于史实的直笔径书,说明了这是一种国家行为,是一项重大的国家层面的战略决策,是综合动用除军事手段外其他途径解决与匈奴这一民族矛盾的主要方面的积极举措。司马迁或许因为出于对汉武帝的"成见"而"述而不作",在文中只记述授命于张骞的事实，未对其置评一词，在说张骞凿空时，也是就事结而论定，随述而出地渗透着评论，透露出对于张骞首举的肯定和赞美，字面上似乎并未与汉武帝的最高决策挂联起来，但从这一段史实的整体叙述中，是可以看清汉武帝的凿空作用，他关于开辟西域的深谋远虑和宏图大略对于形成"武帝盛世"的历史功绩的。

汉武帝只是从匈奴降汉者那里间接地知道些西方月氏族的一些情况，就考虑正式派出国家使臣前往，这无疑属于顶层设计范畴，带有国家战略性质，体现汉朝战略意图，具有国际（民族）战略意义，是需要非凡的胆识和魄力的。故此，其历史作用和意义也就凸显出来。从汉武帝派张骞出使西域的时代背景、意图和目的，从张骞怀抱使命，恪守信念，执着地去完成这一整个过程来看，张骞两次出使都是在汉武帝深思熟虑之下做出的重大外交行动决策或者说更大规模的"远交近攻"方略，以解决汉帝国所面临的同匈奴的重大的迫在眉睫的矛盾冲突。它是和国家整体的政治、军事大政方针和经济生活需求相衔接和配合的，是在外交方面的一项重要的配套工程。由此层面可以推想，即使派的不是张骞，也会派别人；即使张骞未成，也终会成于他人。因为这是那时国家内政外交局势的客观要求所决定的，具有内在必然性。符合国家、民族根本利益，具备治国理政、发展前进内在要求的事情，只有成为国家意志、国家行为，提升到顶层设计，才能得以全力推行、得到全面保障，从而获取显著成效；这一历史经验和内政外交的道理，也被今天"一带一路"伟大构想和外交新常态的开创所汲取。

第二，张骞在打通西域的执行层面居功至伟，可歌可泣。张骞意志坚定，履命执着，实现凿空，不仅是开辟了一条地理上通往西域的路线，更是在汉帝国外交关系上联通了一条交流开放、包容互通，合作互惠的渠道。其间他被匈奴截留十余年，得机脱身后仍然直奔西域，继续履命，尽职尽责后方才回朝复命，比起北海牧羊的苏武有过之而无不及——在气节上丝毫不输苏武，而在业绩、成就上远远超出苏武，做出开拓性、历史性的巨大贡献，在中华民族前进道路上落上深深印痕，在中国历史上留下十分宝贵的精神财富，值得大书特书，讴歌传颂。尤其是他那种既讲精神气节、道德操守，又力求实际业绩和贡献，不辱使命、不负信用的担当、负责和奋斗精神，更值得拓展"一带一路"的我们继承光大。

第三，凿空西域之举产生巨大的社会影响力和深远的历史作用。

若是片段地、孤立地去看张骞通西域,还不能深刻领会其价值和意义。但若是从其出行使命的内容,所造成的后续效应——"丝绸之路"形成,东西方的经济文化交流,人员友好交往的历史事实,再回过头来看张骞受命出使,其凿空西域、开辟历史的作用和意义就显豁了。以至于我们今天的"一带一路"宏伟构想和创新设计,都要和两千多年前的凿空西域之旅相联而论。新的"一带一路"建设的实施和推进,无不处处显现出古代"丝绸之路"的历史余辉,鸣发出张骞凿空西域的精神回响。

第四,张骞通西域,所以能"通","凿"而能"空",关键是:其基础在于"交相利",其方式手段靠的是"诚信修睦"。张骞第一次出使月氏,直接的现实目的是想说通备受匈奴欺侮的月氏族群一起来对付共同的敌人匈奴,这一目的并未达到,但由此打开了东西方的沟通交流渠道,开辟了互利互惠之门,确是不争的史实。"骞为人强力,宽大信人,蛮夷爱之";张骞因功曾封"博望侯",凿空既成,"其后使往者皆称博望侯,以为质于外国,外国由此信之"。(《史记·大宛列传》)从这些记述文字中,可知张骞出使,靠的是诚信;而且其诚信之忱还为后继者所借重,所承续。而这也正是我们今天对外交往合作"亲诚惠容"原则所包含的重要内容。

第五,向外探寻、追求新知的精神。"博望侯"之名,取"广博瞻望"之义,对张骞来说,名副其实;对于施封者汉武帝来说,也透露出他对于获取广博知识、登高望远的心理追求和价值取向。这代表了一代泱泱大国汉帝国的国风时尚,气度和胸襟。在新的时代,新的国际背景、世界格局之下,这种精神仍然给予我们以鼓舞和鞭策。中国应当对于人类有较大的贡献;要能有较大贡献就必须继续发扬不断探索真知、真理,用全人类的精神文明成果武装自己头脑的精神。

第六,无论是身体力行、亲身前往的张骞,还是坐拥皇权、运筹帷幄、发号施令的汉武帝,抑或广采博闻、秉笔直书、事核论精的太史公,都比较关注西域人(以至所有当时能够接触到的外域族群)的性格、脾气、心理,服饰、装扮和日常生活方式等文化因素的特点。说明那时他们就已经很懂知人方能善任,知人方易结交的道理。了解、理解是沟通、包容和尊重的前提;尊重对方民族的文化传统和国家风物制度、规则习惯,又是合作互助的基础。在日益开放的现代,在世界已经渐变成"地球村"的今天,我们更需要不断地向外远望，不是觊觎别人的地盘和财物，而是珍视别的民族的优良历史传统和精神文明成果、思想文化的宝藏，学习别人长处为我所用，了解别的民族特点以更好地相处、更好地交往合作。

上述可见，"张骞凿空"就是开辟、开拓——东西方交通线路的开辟，民族/国家交通史上的辟榛开莽。这就好比大破天荒；甚至有学者将其同传说中盘古开天辟地相比拟。就是发见、洞见——对于未知区域族群有了认识和理解。就好比在闭绝的隔墙上开个孔洞，将认知的光线穿越了过去。再引申一步说，"张骞凿空"就是瞻望远处，广博见闻，填补知识空白，增长智识；就是厘清、探明、核实，获取真知，敲打出真理的燧石。这是"张骞凿空"更加深远的意义所在。这已被悠久的中国历史所证明，并将继续被如今对外交往合作新实践所证明。

汉朝那个时代，受限于活动范围和认识范围，人们还不知道境外的疆域到底有多大，"天下"的边缘在哪里。但是，越出自己所知道的范围，眼光向外，向远方去探索，谋求新知，谋求沟通了解和互通有无、互利互惠，是一种积极、主动、开拓进取、奋发有为的心胸和姿态，是非常具有胆识和魄略的伟大精神。正所谓："天行健，君子以自强不息；地势坤，君子以厚德载物。"在国家和民族的价值取向上，向外部探求，向远处守望，也是自强不息、厚德载物的体现；探索、远望的目的，就是扩大交往，联合同类，增添人类的福祉。难怪司马迁在《大宛列传》结尾时，似乎有些游离于该列传的主线，而另辟旨趣地议论起张骞看到了黄河真实的源头，"故言九州山川，《尚书》近之矣"云云。

今天的情况大不相同，对于世界的认识远非昔比。最起码，世界的范围有多大，疆界、边缘在哪里，是清楚了，国际视野、世界眼光、人类情怀的重点已经转移到了如何更好地交往相处，取长补短，在更深的程度上、更广阔的范围内合作互助，联手行动，谋求互利共赢的皆大欢喜局面。荣幸地生活在今生今世，就要更好地发扬中华民族悠久而又厚重的自强不息、厚德载物的伟大精神，以博大的胸襟、高迈的眼格、深沉的情怀去面向辽阔的世界，开辟新路径，创造新境界，恪尽负责任大国的职责，承载文明古国的担当，为人类的幸福和文明的进步做出新的贡献。

# 试论《史记》神异书写的
# 本质与历史解释目的

*本文作者庄亚琼，中国人民大学历史学院博士生。

《史记》中存在着一类特殊的内容：神话传说、鬼怪异象、梦兆方术……这些内容有的涉及王朝与族群的兴衰与变迁，有的关乎个人的命运与生活，它们共同组成了《史记》瑰丽的神异书写。关于神异书写的既往研究，或集中于其反映了当时人怎样的思想观念，或强调了神异书写对建立政权合法性及维护统治有效性的政教作用。本文拟在这些优秀的研究成果上，试从《史记》神异书写的整体出发，就神异书写的本质及其与《史记》历史解释目的之间的关系，提出一些浅显的看法。

## 一、《史记》神异书写的两种内在逻辑

异物、异象、异事、感生、梦兆、方术、见神等种种具体的神异内容组成了《史记》神异书写，而这些神异书写遵循了"内在/本质——外在/现象"与"启示——理解"两种内在逻辑。

"内在/本质——外在/现象"指的是，具备了某种条件或内涵，就会有相应的神异现象出现。祥瑞和灾异是这类神异内容的主要组成部分。以《史记》中最早记述也最为典型的异物类神异内容为例，《五帝本纪》中记载"于是禹乃兴《九招》之乐，致异物，凤皇来翔"[1]，其中的因果关系很明晰，使"凤皇来翔"的原因是禹"兴《九招》之乐"。而乐是什么呢？《礼记·乐记》中有言："大乐与天地同和，大礼与天地同节。和故百物不失，节故祀天祭地。明则有礼乐，幽则有鬼神，如此则四海之内合敬同爱矣。"又言："乐者，

---

[1] 《史记·五帝本纪》。

天地之和也；礼者，天地之序也。和故百物皆化，序故群物皆别。"[1]可见，通过"乐"可以使"百物皆化""群物皆别"，而具备了这种内在的条件后，就会出现"凤皇来翔"的现象。如此类推，无论是秦文公得黑龙、汉文帝时黄龙见成纪以及汉武帝时建章宫出现的"駼牙""芝生殿防"，还是后稷生后的种种异象、武王渡河时白鱼入舟以及秦献公时"雨金栎阳"，甚至是《殷本纪》武乙射天后被暴雷震死，皆是历史主体的行为展示了某种内涵，而这种内涵激发出某种外在的反映，即遵循了这样一种"内在/本质——外在/现象"的逻辑。

而另一种"启示——理解"的内在逻辑指的是，在某种神异经历的个人体验中，经历的主体或这种经历的历史书写者认为该经历是上天的某种启示，并在现实中寻找对应，试图达成对这种启示的理解。梦兆类神异内容是遵循这种内在逻辑的典型。如最早出现的《殷本纪》中武丁夜梦圣人得傅说："武丁夜梦得圣人，名曰说。以梦所见视群臣百吏，皆非也。于是乃使百工营求之野，得说于傅险中。"[2] 如若暂且搁置这则内容中武丁是否为故布疑阵的争议，不言而喻的是，这是一类指示性很强的、以梦为载体的启示。同理，再如汉文帝得邓通，以及《史记》中大量出现的与生育相关的梦兆神异内容，由于被启示的对象可以直接理解启示的含义，通常可以直接在现实中找到对应。但另一些情况下，被启示的对象对其得到的"启示"是难以理解的，这种情况下就需要借助某些特定的手段达成理解。如秦文公梦黄蛇后，需要问一个叫敦的史予以解释；始皇梦与海神战后，解释梦境的则是博士。

综上来看，无论是遵循了哪一种内在逻辑，《史记》神异书写都反映了人与神（或天）的沟通，而《史记》神异书写本质上即是对这种人神沟通的记录。

## 二、《史记》神异书写的本质

如何进行人神沟通是所有古文明在对其外部世界和自身发展进行解释时最重要的命题之一。巫术、祭祀、礼乐，某种程度上都有服务人神沟通的核心属性。除了《封禅书》对祭祀活动的集中记录，

---

[1] 潜苗金译注：《礼记译注》，浙江古籍出版社2007年版，第459—460页。
[2] 《史记·殷本纪》。

人神沟通在《史记》所记述的各个年代中还有三种常态的进行形式，即：灾异、天象与卜筮。

地震、河灾、旱灾、虫灾等对人类族群日常生活影响巨大的天灾是历史记载中重要的组成部分。随着历史书写规范的不断完善，最迟至春秋时期，对天灾的记载已是各国史书系年中占据相当篇幅的常驻内容。而随着对天灾记录的完善化与常规化，大部分天灾都还是被单纯地作为发生的现象记录在册。而所谓的灾异，指得则是在历史解释中将天灾与政治变动联系起来。这种联系，既有唯物论上的合理性（如天灾导致饥荒、饥荒导致政治动荡），亦有其明显的神异特点。

如《周本纪》中记载的商末与西周末的两则灾异内容：

"维天不飨殷，自发未生于今六十年，麋鹿在牧，蜚鸿满野。"[1]

"幽王二年，西周三川皆震……是岁也，三川竭，岐山崩。"[2]

将天灾与政治兴衰联系在一起，董仲舒将之凝练出天人感应，而天人感应遵循着"内在/本质——外在/表现"的逻辑内涵，即灾异是人主失德或政权将衰的一种外在反映。所谓"刳胎杀夭则麒麟不至郊，竭泽涸渔则蛟龙不合阴阳，覆巢毁卵则凤皇不翔"[3]，内在的本质通过行为外化，人违背了神意（天意）的行为被诱发而最终又作用于人，是一种极端的人神沟通手段。

第二种典型的人神沟通手段——天象，则相对温和而常规。

对于天象的观测活动，在世界各地的古文明中都普遍存在。其中一部分天象——诸如行星运转轨迹等——变化较为缓慢，另一部分天象——如彗星、日食——则具有突发性，而具有突发性的天象因其异于常态，往往被认为具有某种神秘含义。

《史记》中首创记述各代天文现象、执掌官员以及针对天象占测活动的《天官书》，与礼、乐、历、律等并置。"书"之类别以典制和专题为中心内容记述历史，可以说是《史记》对世俗世界运行起到最重要作用的八个方面的列举。而天象观测虽然可以与政治活动、个人命运相联系，但也是最具有科学潜力的一种神异活动。《太史公自序》中对《天官书》的总结为："星气之书，多杂禨祥，不经；推

---

[1] 《史记·周本纪》。
[2] 同上。
[3] 《史记·孔子世家》。

其文，考其应，不殊。比集论其行事，验于轨度以次，作天官书第五。"① 可见，从历史解释的角度，带有神异特点的天象内容虽然具有一定启示的逻辑内涵，但《史记》在考量其是否进入历史书写时尤其强调了其著作《五帝本纪》时提出的"雅驯"原则，即："幽厉以往，尚矣。所见天变，皆国殊窟穴，家占物怪，以合时应，其文图籍，讥祥不法。是以孔子论六经，纪异而说不书。至天道、命不传，传其人不待告，告非其人，虽言不著。"② 可见天象是一种神异色彩较弱的人神沟通手段。

卜筮作为第三种典型的人神沟通手段，不仅在《史记》中频繁出现，也是通常意义上最直白的一种人神沟通手段。

在《史记》所记述的各个年代里，面对重大问题的决策以卜筮手段寻求天意的指示是一种毋庸置疑的标准决策流程。所谓"考卜维王，宅是镐京。维龟正之，武王成之"③，可见大者如定都、巡狩、立嗣，小者如婚嫁、前程等等，都会利用卜筮来请示神意。《史记》书目中有《龟策列传》、《日者列传》，可惜已然亡佚。只在《太史公自序》中留有一个纲领性的概观：

"齐、楚、秦、赵为日者，各有俗所用。欲循观其大旨，作日者列传第六十七。"④

"三王不同龟，四夷各异卜，然各以决吉凶。略窥其要，作龟策列传第六十八。"⑤

《日者列传》侧重卜筮活动在不同地域的不同特点，也就是其对地方性民俗的反映。而《龟策列传》则侧重于卜筮在决策过程中具有怎样的预测性。可见卜筮同最后一类人神沟通手段——祭祀一样，并不是"非常化"而是"常态化"的人神沟通手段。

不同于常态化的人神沟通手段具有政治合法性且被社会民俗广泛认可，《史记》神异书写中大量存在其他具有非常态意义的内容。如《扁鹊仓公列传》中扁鹊得禁方后可视人五脏症结；《秦始皇本纪》中送璧人言"今年祖龙死"而始皇确死于同年；乃至诸多通过相面之法预测命运的记载，这些神异内容与上述常态化的神异书写

---

① 《史记·太史公自序》。
② 《史记·天官书》。
③ 周振甫：《诗经译注》，中华书局2002年版，第422页。
④ 《史记·太史公自序》。
⑤ 同上。

存在着主体与补充的内在关系。

而之所以需要进行这种补充,在于司马迁面对的历史条件。

自第一次具有宗教改革意义的"绝地通天"之后,常态的人神沟通已被政治统治者垄断。所谓"不王不禘",无论是祭祀上帝还是沟通上天,此时人神沟通中"人"的一方都不再是个体而是群体。虽然人神沟通的执行者以及所沟通的内容经常涉及个人,但这里的个人必然是处于政治权力核心地位的个人。如西周的天子被认为是半人半神、负责沟通人神的媒介,而非一个真正的个体人。可以说,只有常态的人神沟通形式支撑的历史解释体系,其解释效力并不真正覆盖个人。

在中国早期历史中,历史解释主要是经验性的。"如果我们超出经验的范围,那么我们肯定不会遭到经验的反驳。"① 随着经验的积累认识不断演进,但这种演进并不是机械相加的过程。换言之,经验的积累通过归纳法最后形成规律的总结,而经验有限的前提下,其总结出的规律必然适用性弱。当有新的经验不断涌入的时候,固有的规律及其组成的认知体系就会不断地遭受冲击,其有效性会不断地被质疑。如司马迁在《伯夷列传》中提到"天道无亲,常与善人",然而伯夷、叔齐、颜渊等品德高洁的好人不得好报,盗跖这类的恶人却可富贵长寿,让他不禁发出"余甚惑焉,倘所谓天道,是邪非邪"② 的疑问。就此,钱钟书对司马迁的这种疑惑有更为深刻的总结:"马迁唯不信'天道',故好言'天命';盖信有天命,即疑无天道,曰天命不可知者,乃谓天道无知尔。天道而有知,则报施不爽,人世之成亏荣悴,应各如其分,咸得所当,无复不平则鸣或饮恨吞声矣。顾事乃大谬不然,理遂大惑不解。"③ 可见,不论是对世界运转的基本认识,还是对个体人生经验的普遍总结,西周以来固有历史解释体系,已不足以解释春秋战国以来层出不穷的历史事实。

另一方面,随着政治文明的不断发展,不同身份、不同阶层、不同地位的人逐渐参与到政治生活中,这些越来越多的政治参与者构成了历史发展的具体过程,也必然会要求分享对其生活与命运意义的解读。司马迁所面对的问题即是如何扩大已有历史解释体系的范畴与效力,从而使《史记》的历史解释体系不仅可以用以解释国

---

① 康德著,邓晓芒译,杨祖陶校:《纯粹理性批判》,人民出版社2004年版,第6页。

② 《史记·伯夷列传》。

③ 钱锺书:《管锥编》(第一册),中华书局1979年版,第306——307页。

家政权变迁之类的大问题，也可以用以解释个人的命运。无论是张良得黄石公传授太公兵法遂成功名，还是邓通得文帝宠幸先极富贵而后贫饿死，这些带有神异色的历史书写无一不是对个人命运及其意义的解释。而《史记》通过书写并解释一系列的神异内容，扩大并加强了以天命观为核心的已有认知体系的历史解释效力。也只有通过这种扩大和加强，外部世界的运行与历史进程的发展才可能是有序、有规律可循并可以为人理解的。在这个层面上，对历史解释范畴的扩大既是司马迁的自觉，也是时代要求的必然。而这就是从历史解释角度来看，《史记》神异书写之所以会存在的根本原因。

## 三、历史书写者及其追求的意义

历史解释之所以重要，在其对"意义"进行了基础判定。

人对意义的追求根植于理性，也是人类历史不断发展的一个重要动因。哲学、宗教、文学、艺术，几乎所有人文学科探讨的本质都是人生的意义是否存在、如果存在是什么以及应该怎样达成。同样的，书写并解释历史，既是历史书写者对历史是怎样的一种描绘，亦是其对未来应是怎样的一种规劝。在这个过程中，文本的意义与书写者的意义，都得到了实现。

上文言及《史记》神异书写之于研究者的意义，但对于司马迁个人而言，著作《史记》并非为了后人去研究他的著作，而是希望通过《史记》实现他作为历史书写者自身的意义。这里所说的意义实现，不仅是其个人的"立名"，更是其历史认识的流传。

关于立名，司马迁在《报任安书》中自言受宫刑后之所以"隐忍苟活"的原因是"恨私心有所不尽，鄙陋没世，而文采不表于后也"[1]。而历史认识则以具体的历史书写为载体，所谓"成一家之言"，司马迁对于《史记》的期许和定位实际上是一种"布道"。从《史记》神异书写来看，某些情况下为了达成这种布道，甚至需要搁置或模糊处理某些单一历史事件是否真实的问题。

也就是说，司马迁没有纠结于《九招》之乐是不是真的招来了凤凰，并不代表司马迁相信凤凰存在，而是说明司马迁认为更有意义的问题是作为人神沟通手段的礼乐是否有效。恰如《刺客列传》中司马

---

[1] 司马迁：《报任少卿书》，引自萧统编：《文选》，上海古籍出版社1986年版，第1865页。

迁认为其他史书中记载"天雨粟，马生角"的神异内容①过分，更进一步将这些"过分的"神异内容排除出《史记》的历史书写，这都并非是从历史事实出发的考量。也就是说，只有那些支持了《史记》历史解释体系的成立与自洽的神异内容，才会作为素材被纳入历史书写。

起码在神异书写的问题上，司马迁追求意义的权重大于追求真实客观。《孔子世家》中引《论语》"君子病没世而名不称焉"，并补缀一句"吾道不行矣，吾何以自见于后世哉"②？其中"吾"和"道"相互绑定，可谓这两个方面意义实现的集中反映。

然而，怎样通过历史书写实现自身的意义呢？就《史记》而言，形式是通史，实质则是建立一套历史解释体系。

在司马迁所处的西汉年间，解释历史的并不是史学，而是经学。恰如中国古代历史上第一部史书《春秋》，即便具有史料价值、采用史书的体例并创立了一套历史书写规范，其最核心的属性仍是一部经书。梁启超于此总结十分精炼，即："从前史家作史，大率别有一'超史的'目的，而借史事为其手段，此在各国旧史皆然，而中国为尤甚也。孔子所作《春秋》，表面上像一部二百四十年的史，然其中实孕含无数'微言大义'，故后世学者不谓之史而谓之经。"③

然而以经学构建的历史解释体系存在先天的短板。这种短板在于经对历史的解释，过程上更类似于演绎法。以与神异书写关系最为密切的天命观为例，其逻辑形式如下：

大前提：得天命者有天下

小前提：周克商而有天下/汉代秦而有天下

结论：周得天命/汉得天命

而演绎法的正确与否取决于大前提的正确与否，如果大前提错，则结论必然错。然而，在以经进行历史解释时，大前提的正确性不容置疑、不容推翻。如此，除非扩大经的范围（实际是汉唐以来经的范围的确从五经增为九经、十二经，直至确立十三经），否则只能通过限制小前提的内容与范围（如删改某些历史事件），才能保证大前提的正确性。

---

① 《史记索隐》：据《燕丹子》曰："丹求归，秦王曰：'乌头白，马生角，乃许耳。'丹乃仰天长叹，乌头即白，马亦生角。"《风俗通》及《论衡》皆有此说，仍云"厩门乌生肉足"。(《史记·刺客列传》)。

② 《史记·孔子世家》。

③ 梁启超：《要籍解题及其读法》，《饮冰室合集·专集》（第七十二卷），中华书局1936年版，第18页。

相较而言，以史学进行历史解释的过程则更类似于一种归纳法。"通古今之变"某种程度上就是从大量、特殊的历史事实中得出具有普遍意义的历史认识。就方法论而言，从史出发的历史解释与从经出发的历史解释有着先天的不同。

当然，司马迁想要借由《史记》达成的意义，本身就深受以《春秋》为主的经学思想影响。但这种影响是在司马迁观念与学理的层面发挥作用，而非其历史书写的具体操作。班固指责《史记》"其是非颇缪于圣人"，刘勰认为《史记》"反经"，这里批评的其实是司马迁并没有采取此后约定俗成的、以限制小前提（即具体的历史事实和部分历史认识）来维护大前提的方法达成历史解释。

《史记》采取的方法是在维护经学核心观念（如天命观、王道观等）的同时，尽可能地扩大已有的历史解释体系范畴，从而可以容纳更多的具有小前提意义的历史事实。恰如《太史公自序》中对《春秋》"上明三王之道，下辨人事之纪，别嫌疑，明是非，定犹豫，善善恶恶，贤贤贱不肖，存亡国，继绝世，补敝起废，王道之大者也"[①] 的赞美，实则也是司马迁期许《史记》能够达到的效果。从这个层面上来看，司马迁虽然书写的是历史，但实际上想要达到的效果，却是经。可以说《史记》的历史书写，即以经为纲、以史为目。

在此反观历史书写者与其追求的意义这一问题。中国史学自其产生便有着强烈的现实主义传统，所谓"未知生焉知死"，对现实的关照某种程度上即是中国史学观念中历史书写的意义所在。然而，当谈及"关照现实"这个概念的时候，往往不单纯指向当下，而是隐含着如何通过影响当下来进一步影响未来。历史与当下、与未来都是相对的概念，从回顾历史到关注当下再到面向未来，历史发挥的作用在历史之外，而这种作用的达成需要历史解释的恰当运用。

之于《史记》神异书写，人神的互动是现实中政治与道德、伦理的互动。即便其内容并非全然现实，但构成的历史解释体系却对当下和未来产生着实质性的影响。而无论是政教宣化，还是命运解读，所谓"我欲载之空言，不如见之于行事之深切著明也"[②]，《史记》神异书写的意义，归根究底，在于其具有的历史解释目的。

---

① 《史记·太史公自序》。
② 司马迁：《报任少卿书》，引自萧统编：《文选》，上海：上海古籍出版社，1986年版，第1867页。

# 试论杜甫诗对于
# 《史记》的接受研究

＊本文作者苏宗元、康清莲。苏宗元，重庆工商大学文学与新闻学院古代文学硕士研究生。康清莲，重庆工商大学文学与新闻学院古代文学硕士生导师。

司马迁的《史记》作为一部伟大的文学和史学巨著，代表了古代历史散文的最高成就，被鲁迅称为"史家之绝唱，无韵之离骚"。同时它也开创了我国传记文学的先河，标志着史传文学的高峰。同时我们也不可忽略它对于后世诗歌的影响。而杜甫作为一个处在唐代由盛转衰的诗人，其独特的身份、气质、趣味、修养和"期待视野"，造就了他对于《史记》的接受不同于他人。他"诗史"般的诗歌在表现方法和表现形式上明显带有史笔的痕迹，而两者内在的联系正是本文所要探讨的。

## 一、杜甫接受《史记》的机缘

### 1. 史学在唐朝的传播和盛行

唐朝所处的时代背景利于史学的传播。唐朝没有重蹈魏晋南北朝时期的覆辙，让社会四分五裂，同时也终结了隋王朝的暴虐统治，救百姓于水火之中，可谓百废待兴。统治者在带领老百姓创造物质财富的同时也在寻找着精神支撑，而《史记》进入了统治者的视野。

由于史书的教化垂鉴功能，唐朝统治者十分重视对于史书的编纂和修订。在唐太宗和许多国家重臣如房玄龄、魏徵、长孙无忌、褚遂良等人的共同努力下，先后编写出列入"二十四史"的《梁书》、《陈书》、《北齐书》、《周书》、《隋书》、《南史》、《北史》、《晋书》等八部史书，堪称奇迹。这些史书的问世，引领了史学新时代的到来，为人们重视历史典籍、以史为鉴提供了有利的社会氛围。

唐代官修的八部正史，采用的都是司马迁的纪传体。在唐代，

《史记》是极为重要的学习书籍，是加强史学修养必备之书，如唐初赵弘智有机会参与《六代史》的预修，就是因为他早年便"学通《三礼》、《史记》、《汉书》"，史学功底深厚。《隋书·经籍志》列四部书目为经、史、子、集，首次设立史部，而史部又以纪传体《史记》为正史之首，也是首次官方正式承认《史记》的地位，从此历代正史皆以纪传体为正宗体例，各种艺文志和目录学著作多以此顺序排名，从而确立了《史记》在史学上的重要地位，足见唐人对《史记》价值的深刻接受与认可。除此之外，《史记》的地位因唐朝科举考试的完善而得到提高。在唐太宗时期，进士考试中开始提倡读史，并予以出身方面的奖励。《大唐六典》中有规定："进士有兼通一史，试策及口问各十条，通六已上，须加甄奖，所司录名奏闻。"睿宗即位之初的景云元年（710）十二月，开七科举人，其第二科即为"能综一史，知本末者。"直到长庆二年（822）"三史科"的设立标志着史科成为贡举中的常科。所以唐代科举制度中逐渐加大史学学习要求及录取机制，大大刺激了读书人学习《史记》的史学热情，促成唐代广大知识分子进入主动接受《史记》的过程。

2. 良好的家庭教育

杜甫出生于一个世代"奉儒守官"的家庭，其十三世祖杜预是西晋名将和著名学者，著有《春秋经传集解》，祖父杜审言是初唐著名的诗人，父亲杜闲也曾经做官，在这样的家学背景下杜甫可谓有着深厚的文学积累，正如他所说："读书破万卷，下笔如有神。"这为杜甫创作"诗史"储备了内因。以至于后来在所辑录的杜诗中我们会经常看到杜甫对于《史记》中典故的灵活运用。如《敝庐遣兴奉寄严公》中的"还思长者辙，恐避席如门"。一句引自《史记·陈丞相世家》："家乃负郭穷巷，以弊席为门，然门外多有长者车辙。"《送高三十五书记》中的"人实不易知，更须慎其仪"。引自《史记·范睢列传》："信陵君曰：'虞卿何如人也？'时侯嬴在旁，曰：'人固未易知，知人亦未易也。'"……这些词句的沿用只是一种表面的继承，关键在于我们要从中看出其内在的关联。美国学者约瑟夫·T·肖说："有意义的影响必须以内在的形式在文学作品中表现出来，它可以表现在文体、意象、人物形象、主题或独特的手法风格上，它也可以表现在具体作品所反映的内容、思想、意念或总的世界观上。"所以这些句子的引用与杜甫熟读史书，并将其融会贯通具有直接必然的联系，从中也可看出杜甫对于《史记》的接受也是深刻和全方位的。

以上两个条件促成了杜甫对于《史记》的接受,进而体现在其诗歌当中。

## 二、杜甫诗歌对于《史记》的接受

《东坡志林》有云:"昨日见毕仲游,问杜甫似何人?仲游曰:'似司马迁。'"毕仲游只说到这里,没有进一步指出杜甫哪里与司马迁相似。清代刘熙载解释道:"杜甫五七古叙事,节次波澜,离合断续,从《史记》中来,而苍莽雄直之气,亦逼近之。毕仲游但谓杜甫似司马迁而不系一辞,正欲使人自得耳。"刘熙载似乎道出了两人之间的某些相似之处,却并不全面。北宋唐庚《文录》说:"六经以后便有司马迁,三百五篇之后便有杜子美。六经不可学,亦不须学,故作文当学司马迁,作诗当学杜子美。二书亦须常读,所谓不可一日无此君也。"① 宋代叶梦得《石林诗话》卷上认为,写诗"长篇最难,晋魏以前,诗无过十韵者。盖常使人以意逆志,初不以序事倾尽为工。至老杜《述怀》、《北征》诸篇,穷极笔力,如太史公纪、传,此固古今绝唱"。但我们可以从中看出杜甫和司马迁的《史记》之间存在着某种联系,这种联系已经得到了古代文人的部分认同,并且这种联系是建立在杜甫对司马迁《史记》接受的基础上的。杜甫所处的时代背景正是唐朝由盛转衰的历史转变时期,诗人坎坷的仕途遭遇和丰富而又凄惨的生活经历为杜甫的诗歌创作提供了大量的真实素材,从小又受到了奉儒守素的家庭传统文化的影响,使杜甫成为衔接这一转变的伟大诗人,他的诗作开拓了新的艺术领域,并成为"诗史"。其诗歌的写实性、传记性一定程度是对司马迁《史记》的一种继承和延续。

1. 杜甫诗歌写实性对《史记》实录精神的继承

对于司马迁的《史记》,班固在其《汉书》中这样评价:"善序事理,辨而不华,质而不俚,其文直,其事核,不虚美,不隐恶,故谓之实录。"班固意在赞扬司马迁的秉笔直书的实录精神。《史记》中最为精彩的部分应该是司马迁为各个历史人物写的精彩传记。在为人物立传的过程中他并不会因为个人的喜好憎恶而影响他对于历

---

① 何文焕:《历代诗话》(上),中华书局1982年版,第443页。

史人物的评价，也不会因为受到外部环境的影响而改变他对于史实的客观记录和描述。他的整部著作都一直秉承着还原历史、客观公正的原则，既不夸大美化个人功绩和成就，也不刻意隐藏邪恶和丑蔽的事实，尽最大的努力去还原历史的真相。尤其是司马迁当时对于汉武帝时代黑暗政治的揭露，可谓是有着足够的勇气、胆识和现实批判精神才可以做到的。司马迁生活在汉武帝大一统的时代，起初国家处于政治稳定、国力强盛、经济繁荣、学术文化活跃的状态，但是到了后期由于汉武帝的刚愎专制、穷兵黩武、滥用民力、横征暴敛、严刑峻法，中央集权日益加强，社会矛盾激化，汉王朝由盛转衰，司马迁敏锐地观察到了这一切，也目睹了这一切。他并没有因为畏于权势而将当时的黑暗政治忽略或者美化，而是直言不讳地记录了下来，在《封禅书》、《酷吏列传》、《万石君列传》中集中讽刺了汉武帝本人及其腐败政治，所以"《史记》褒贬，突破了不及君亲德饰讳藩篱，'贬天子，退诸侯，讨大夫'，敢于揭露现存统治秩序下的种种黑暗，'不虚美、不隐恶'，创作了崭新的直笔境界，是一个划时代的进步"①。

而读过杜诗的人都会发现杜诗中赞美司马迁直笔良史的句子，如"直笔在史臣"（《八哀诗·故司徒李光弼》）、"美名光史臣，长策何壮观"（《舟中苦热遣怀奉呈阳中丞通简台省诸公》）、"波涛良史笔"（《八哀诗·故右仆射相国张公九龄》）、"祸首燧人氏，历阶董狐笔"（《写怀二首》）等，说明杜甫对于司马迁敢于秉笔直书，不为封建统治者的偏见所囿，反映历史真实的实录精神是持肯定和赞赏态度的，并将司马迁《史记》的实录精神直接反映在他的诗歌当中。

杜甫当时也处于唐王朝由盛转衰的历史时期，经历过安史之乱的战火摧残，整个国家的形势开始急转直下，政治腐败黑暗，人民生活困苦，杜甫面对这一切，内心的忠君爱国情思陡然增强，加上自己仕途屡屡受挫，难以在政治上施展抱负，内心压抑激愤，只能通过诗歌来抒发内心的情怀，反映历史事件，记录人间百态，反映民生的疾苦，所以他的诗被称为"诗史"，他的诗歌就是当时历史的再现和民生的全面反映，充满了写实性。而且同司马迁一样对于当时黑暗的政治进行了揭露和批判。"当皇帝荒淫无道时，杜甫就毫不掩饰地表示出不满、讥讽，虽然他不可能公然反对皇帝，但杜诗中

---

① 郝润华：《论杜诗的写实性与〈史记〉实录精神》，《西北大学学报》2010年第1期。

对黑暗朝政的批判却是入木三分的,而且这种批判常常不把皇帝排除在外。"① 就像司马迁之于汉武帝,他对唐玄宗政治上的昏庸也发出了警示和作出了批判。首先是玄宗的好大喜功,不断在西北边境用兵导致的连年战争,杜甫对此表示极为不满,他的不满直接反映在了诗歌上:"边庭流血成海水,武皇开边意未已。"(《兵车行》)"君已富土境,开边一何多!"(《前出塞九首》其一)"杀人亦有限,立国自有疆"(《前出塞九首》其六"古人重守边,今人重高勋。岂知英雄主,出师亘长云。"(《后出塞五首》其三)同时对玄宗沉缅酒色、骄纵外戚以致朝政昏乱也进行了讽刺和揭露。如"惜哉瑶池饮,日晏昆仑丘。"(《同诸公登慈恩寺塔》)"况闻内金盘,尽在卫霍室。"(《自京赴奉先县咏怀五百字》)"落日留王母,微风倚少儿。宫中行乐秘,少有外人知。"(《宿昔》)"朝野欢娱后,乾坤震荡中。"(《寄贺兰》)"忆昔南海使,奔腾献荔枝。百马死山谷,到今耆旧悲。"(《病橘》)和"云壑布衣鲐背死,劳人害马翠眉须。"(《解闷十二首》之十二)

当然不只是皇帝,对于那些私欲熏心、置国家利益于不顾、祸国殃民的官吏、军阀和贵族,他也一样愤慨,杜甫《《草堂》一诗中这样写道:"大将赴朝廷,群小起异图。中宵斩白马,盟歃气已粗。西取邛南兵,北断剑阁隅。布衣数十人,亦拥专城居。其势不两大,始闻蕃汉殊。西卒却倒戈,贼臣互相诛。焉知肘腋祸,自及枭獍徒。义士皆痛愤,纪纲乱相逾。一国实三公,万人欲为鱼。唱和作威福,孰肯辨无辜。眼前列枉械,背后吹笙竽。谈笑行杀戮,溅血满长衢。到今用钺地,风雨闻号呼。鬼妾与鬼马,色悲充尔娱。"这首诗叙述了宝应元年(762)夏,镇蜀大将严武应应诏赴京,严武应刚离开成都,剑南兵马使徐知道便谋反叛变,并勾结羌兵阻挡官军。后来叛军内部互相残杀,部下李忠厚杀死徐知道,肆无忌惮,残害黎民百姓,眼前摆满刑具,身后乐队吹奏,谈笑间鲜血四溅,真是触目惊心。这些荒诞的丑剧一一被诗人记录,填补了史书之空白,而纲纪的颓废和道德沦丧也值得后人深思和反省。《史记》中褒贬善恶的传统在杜甫笔下得到了充分的展现。

2. 杜甫诗歌的传记性对于《史记》人物传记写法的接受

司马迁的《史记》中最为出色的部分之一应该是为各个历史人

---

① 郝润华:《论杜诗的写实性与〈史记〉实录精神》,《西北大学学报》2010年第1期。

物立传。《史记》中的人物来自不同的阶层，上自帝王将相，下至市井细民，诸子百家，三教九流，应有尽有，涉及人物之多，覆盖面之广，前所未有。《史记》中的人物形象各具姿态，被司马迁刻画的栩栩如生，都有着自己的鲜明特征。司马迁在刻画人物时能够准确把握对方的基本特征，展示人物共性的同时把其个性加以突出。同时采用多维透视法和多种艺术表现手法来塑造不同的历史人物，显露出他们多方面的性格特征，有血有肉，生动丰满。项羽是司马迁着力最多的一位英雄人物，在他的传记中我们可以看出司马迁对于描写人物传记的深厚功底。在《项羽本纪》中，司马迁突出地描写了项羽的主要性格：作战勇猛果敢、为人豪爽直率等。"项籍少时，学书不成，去学剑，又不成，项梁怒之。籍曰'书足以记名姓而已。剑一人敌，不足学，学万人敌'。于是项梁乃教籍兵法，籍大喜，略知其意，又不肯竟学。"司马迁通过项羽学书、学剑、学兵法等细节，突出了项羽豪迈不羁的个性。"秦始皇帝游会稽，渡浙江，梁与籍俱观。籍曰：'彼可取而代之也。'梁掩其口，曰：'勿妄言，族矣！'"项羽"彼可取而代之也"的雄奇语言，掷地有声，一个胸怀大志的贵族后裔展现在我们眼前。在巨鹿之战中，面对"诸侯军救巨鹿下者十余壁，莫敢纵兵"的严峻形势，他率领楚兵，"皆沉船，破釜甑，烧庐舍，持三日粮，以示士卒必死，无一还心。"他率领士卒"九战，绝其甬道，杀苏角，虏王离"，一举消灭了秦军主力，完美展现了项羽智勇双全的大将风范。"项王见人恭敬慈爱，言语呕呕，人有疾病，涕泣分饮食。"这里他又是仁爱的。但是我们也看到了项羽的另一面，由于用人唯亲，贤才遭嫉，引得谋士范增发出这样的感慨："唉！竖子不足与谋。夺项王天下者，必沛公也，吾属今为之虏矣。"由于他"引兵西屠咸阳，杀秦降王子婴，烧秦宫室，火三月不灭"。残暴的统治使得他失去民心。在司马迁笔下这些对立的因素有机地集于项羽一身，使得人物形象具有丰富的内涵和深厚的底蕴，而且非常真实。司马迁通过简练的语言，精炼的用词，多样的艺术手法如对比，烘托，细节描写，肖像描写，个性化的语言等为人物立传，将这些历史人物得以跃然纸上，人物的精神风貌得以充分展现。

而杜甫"转益多师为吾师"，将《史记》的"人物传记式"写法融入以人物为对象的叙事诗中，改变了盛唐以"兴象"为主的艺术特征，在抒情的主流中发展出一部分史学叙事的美学特征。杜甫作为一位诗人，却如此集中频繁详细地为众人立传，上自皇亲国戚、文臣武将，下至村夫隐士、寡妻走卒，无不形神毕肖地出现在他的诗篇中。其中比较著名的应该是杜甫的《八哀诗》，诗人为自己所心折的人物立传，他们是王思礼、李光弼、严武、李进、苏源明、郑虔、张九龄，诗人在序中说："伤时盗贼未息，兴起王公、李公，叹旧怀贤，终于张相国。八公前后存殁。遂不诠次焉。"王嗣奭《杜臆》卷七云："王、李名将，因盗贼未息，兴起王公、李公，此为国家哀之者。继以严武、汝阳、李、苏、郑，皆素交，则旧叹。九龄名相，则怀贤。""伤盗贼未息"，遂由将帅—友人—贤相，一一进行缅怀，史笔如椽，历历汗青。首篇《赠司空王公思礼》中这样写道：

司空出东夷，童稚刷劲翮。追随燕蓟儿，颖锐物不隔。服事哥舒翰，意无流沙碛。未甚拔行间，犬戎大充斥。短小精悍姿，屹然强寇敌。贯穿百万众，出入由咫尺。马鞍悬将首，甲外控鸣镝。洗剑青海水，刻铭天山石。九曲非外蕃，其王转深壁。飞兔不近驾，鸷鸟资远击。晓达兵家流，饱闻春秋癖。胸襟日沈静，肃肃自有适。潼关初溃散，万乘犹辟易。偏裨无所施，元帅见手格。太子入朔方，至尊狩梁益。胡马缠伊洛，中原气甚逆。肃宗登宝位，塞望势敦迫。公时徒步至，请罪将厚责。际会清河公，间道传玉册。天王拜跪毕，说议果冰释。翠华卷飞雪，熊虎亘阡陌。屯兵凤凰山，帐殿泾渭辟。金城贼咽喉，诏镇雄所搤。禁暴清无双，爽气春淅沥。巷有从公歌，野多青青麦。及夫哭庙后，复领太原役。恐惧禄位高，怅望王土窄。不得见清时，呜呼就窀穸。永系五湖舟，悲甚田横客。千秋汾晋间，事与云水白。昔观文苑传，岂述廉蔺绩。嗟嗟邓大夫，士卒终倒戟。

总体上看杜甫是按时间顺序来叙述王思礼的一生：先写王思礼少年时代随父亲生活在军队中，英武过人，再写他青壮年时代入哥舒翰幕，勇敢善战，名闻边陲；接着写到潼关失守，哥舒翰降房，身为偏裨的王将军徒步请罪，唐肃宗本要问斩，恰巧房琯从西蜀回京，带来了太上皇的册命，谏议以为可观后效，所以赦免了他。然后写了他镇守咽喉要塞武功，军纪整肃，敌人不敢侵犯。肃宗还长安哭庙，王将军复镇太原，恐禄厚遭嫉，忧失地未收，卒死军中。诗人采取正面直写的类似徒手格斗的"白战"体方式，深得史笔之所长。同时将历史大事件与人物的平生经历的完美结合，将其中的原委一一道来，可谓历历分明又含蓄蕴藉，达到了微而显、真而晦、婉而成章、尽而不浮、黜恶扬善的史传最高境界。而且整首诗也并非完全平铺直叙，而是在关照故事完整性的同时借鉴了司马迁传写人物所用的回环曲折。若断若续又偶以点睛之笔传其神韵的笔法，如写王思礼的剪影为"短小精悍姿，屹然强寇敌""马鞍悬将首，甲外控鸣镝"，可谓精彩传神，给人以深刻印象。在写到王思礼智勇双全，战功赫赫而勒石铭功这一高潮处，再接着写他失守潼关之事，显得略有突兀，而杜甫用一句"胸襟日沈静，肃肃自有适"来过渡缓冲可谓妙极了。至于之后对于王思礼请罪的事加以细写，正是为了让人物的经历更加丰富立体，这也是深得太史公的传记笔法，如果只是大写凯歌高奏而遗落挫折尴尬，绝非良史之笔，正如太史公不忘插叙，叙述了韩信胯下之辱的事情，更加凸显韩信的人物特征了。同时在描写王思礼生死关头之时，对于房琯的及时出现和上谏，可谓安排巧妙，展现了房琯的威望和风采，以及他保护将才的远见卓识。因此那十六句不仅必要，而且一箭双雕。邓献璋《艺兰书屋精选杜诗评注自序》中说："世间最是一部《史记》奇，变化灭没，续处忽断，断处忽续。"沈德潜道："叙事未了，忽然顿断，插入旁议，忽然联续，转接无象，莫测端倪，此运《左》《史》法于韵语中，不以常格拘也。千古以来，且让少陵独步。"末尾写到王思礼死去，天地同悲，但是这首诗并没有因此而结束，反而接着写太原尹邓景山因为治军无方而丧身，看似多余，实际上是衬托了王思礼的军事才能，让人物的形象更加突出了。

杜甫诗歌中的人物众多，就不一一列举。杜甫能够抓住人物的主要特点来塑造人物形象，通过人物的主要事件、典型事件和琐碎事件来突出其鲜明的个性特征。在语言和艺术表现手法上则运用不同的方法和形式来突出不同人物的性格特征，可谓是深得司马迁的真传。

## 三、结论

杜甫作为唐代集大成的诗人，在他的诗里我们可以感受到与司马迁《史记》相似的史传精神，他诗歌的写实性里感受到司马迁的实录精神，在他诗歌人物传中感受到司马迁的史传情怀，虽然杜甫诗和《史记》属于完全不同的两种文学形式，但是在历史发展的历程中，杜甫接受了《史记》，并将其内在的东西在诗歌上得以传承和发展，这就是两者的渊源所自。

# 《史记》中下级对上级劝说行为的语用研究

\* 本文作者张汝莹,北京外国语大学英语学院英语语言学与应用语言学研究生。

## 一、引言

司马迁笔下的《史记》上起轩辕,下至西汉初年,是中国第一部纪传体通史,有"史家之绝唱,无韵之离骚"的美誉。史学家班固赞司马迁"有良史之材,善序事理,辨而不华,质而不俚",其所著《史记》"其文直,其事核,不虚美,不隐恶,故谓之实录"。

《史记》研究的现有文献主要从古汉语语言学、文学、历史学及文化学的角度对这一经典古籍进行了研讨,虽然成果卓著,但该书的语用价值却鲜有涉及。司马迁在塑造人物时直接引用了大量人物的对话,并对其言谈举止进行了详尽的描写。这些历史名人在特定场合下极具个性,表面上不合常理的"惊人"之语往往会收获意想不到的效果,由此足见中国古人高明的说话艺术。因此,本文从劝说这一具体的言语行为入手,通过分析其中采用的策略来研究中国古代说客的语用特点。

## 二、有关劝说行为的理论及本文的研究目的

对于何为劝说行为,学界可谓众说纷纭。Lakoff(1982)认为,通过劝说行为,"一方通过言语交际试图改变另一方行为、感受、意图及观念",是言语交际目的的一种。然而,这一定义只体现了学界达成的部分共识,加之该言语行为本身蕴含的复杂性,语用学家对于该行为的界定一直莫衷一是(Perloff, 1993)。Austin(1962)在其著名的言语行为理论(speech act theory)中区分了言语行为的三

个不同层面，即说话行为（locutionary act）、施事行为（illocutionary act）及取效行为（perlocutionary act）。在任何情况下，一种言语行为的实施意味着同时进行三种层次的行为：我们说话，不仅仅是造出一些合乎语法规则，有意义的句子而已（说话行为），而且是具有一定的目的性，希望我们说出的话能够达到特定的目的（施事行为）。而这些有意义，具有一定目的的话不是说说而已，我们还希望通过它们来实现预期的效果（取效行为）。Austin 将劝说行为归为取效行为，即劝说是交际达成的效果，而非交际本身。

基于 Austin 的理论，Searle（1976）将言语行为细分为五类：宣布（declaration）、描述（representative）、表达（expressive）、指令（directive）及受约（commissive）。宣布行为一经实施，就会给世界带来迅疾的变化，比如宣战、命名等；描述行为是指说话人描述他认为真实的情况，即某件事是或不是怎样，如断言或下结论；表达行为是传递说话人心中所感，如感谢、道歉等；指令行为时说话人指令另一方做事，如请求、命令等；而通过受约行为，说话人使自己受制于将来的某个行动，如承诺、拒绝等。Searle 也将劝说行为归为取效行为，即"通过争论，一方试图劝说另一方使其信服"，因为劝说行为是由若干基本言语行为组成的（Kurzon，1998）。

言语行为的另一种分类则是基于其话语结构与交际功能的关系。比如，陈述句用于陈述事实或作出判断，疑问句用来提出问题，而祈使句用来发布命令或提出请求（蓝纯，2007）。然而，这种关系并非一成不变，在不同的语境下相同的话语结构可能传达不同的交际目的，比如，从下文的分析中即可看出，虽然通常情况下一方提出疑问句的同时会希望另一方能够给予答复，但在一些情况下，疑问句的提出并不一定具有期盼答复的预期。

现有的有关劝说行为的语用研究主要集中在广告学、二语习得及辩论学领域。汉语语篇中的已有文献属《红楼梦》研究最为详尽（郜峰，2009）。而中国古人的劝说行为研究成果则只有周国柱（2006）对于张仪、苏秦说服艺术的研究。翟玲芝（2010）指出，汉语语境下的劝说策略主要包括情理兼备、类比、激将法、反语、赞美及比喻。

由此，本文采用 Austin 与 Searle 的理论，将劝说行为划作取效行为的一种，以 Searle 的言语行为划分为理论框架，对《史记》中的劝说行为进行分析，旨在解决以下研究问题：

1. 《史记》中的劝说行为由哪几种基本言语行为组成？
2. 《史记》中说客采用了哪些劝说策略？这些策略如何促成劝说行为的成功？

## 三、《史记》中下级对上级的劝说行为

本研究的语料选取《史记》十篇列传中的十六处下对上的成功劝说案例。由于说客可能因为上级国籍身份的不同而采用不同的策略，这些劝说行为又根据上级国籍的不同分为本国上级与异邦上级两类。其中，下级对本国上级情景共十二处（见表1），下级对异邦上级情景共四处（见表2）。

**表1　下级对本国上级**

| | 出处 | 原文 |
|---|---|---|
| a | 《孙子吴起列传》 | 武侯浮西河而下，中流，顾而谓吴起曰："美哉乎山河之固，此魏国之宝也！"起对曰："在德不在险。昔三苗氏左洞庭，右彭蠡，德义不修，禹灭之。夏桀之居，左河济，右泰华，伊阙在其南，羊肠在其北，修政不仁，汤放之。殷纣之国，左孟门，右太行，常山在其北，大河经其南，修政不德，武王杀之。由此观之，在德不在险。若君不修德，舟中之人尽为敌国也。"武侯曰："善。" |
| b | 《孙子吴起列传》 | 田忌欲引兵之赵，孙子曰："夫解杂乱纷纠者不控卷，救斗者不搏撠，批亢捣虚，形格势禁，则自为解耳。今梁、赵相攻，轻兵锐卒必竭于外，老弱罢于内。君不若引兵疾走大梁，据其街路，冲其方虚，彼必释赵而自救，是我一举解赵之围而收獘于魏也。"田忌从之。 |
| c | 《樗里子甘茂列传》 | 甘茂至，王问其故。对曰："宜阳，大县也，上党、南阳积之久矣。名曰县，其实郡也。今王倍数险，行千里攻之，难。昔曾参之处费，鲁人有与曾参同姓名者杀人。人告其母曰'曾参杀人'，其母织自若也。顷之，一人又告之曰'曾参杀人'，其母尚织自若也。顷又一人告之曰'曾参杀人'，其母投杼下机，逾墙而走。夫以曾参之贤与其母信之也，三人疑之，其母惧焉。今臣之贤不若曾参，王之信臣又不如曾参之母信曾参也，疑臣者非特三人，臣恐大王之投杼也。始张仪西并巴蜀之地，北开西河之外，南取上庸，天下不以多张子而以贤先王。魏文侯令乐羊将而攻中山，三年而拔之。乐羊返而论功，文侯示之谤书一箧。乐羊再拜稽首曰：'此非臣之功也，主君之力也。'今臣，羁旅之臣也，樗里子、公孙奭二人者挟韩而议之，王必听之，是王欺魏王而臣受公仲侈之怨也。"王曰："寡人不听也，请与子盟。" |

续表

| | 出处 | 原文 |
|---|---|---|
| d | 《滑稽列传》 | 淳于髡说之以隐曰:"国中有大鸟,止王之庭,三年不蜚又不鸣,不知此鸟何也?"王曰:"此鸟不飞则已,一飞冲天;不鸣则已,一鸣惊人。" |
| e | 《滑稽列传》 | 威王大说,置酒后宫,召髡赐之酒。问曰:"先生能饮几何而醉?"对曰:"臣饮一斗亦醉,一石亦醉。"威王曰:"先生饮一斗而醉,恶能饮一石哉!其说可得闻乎?"髡曰:"赐酒大王之前,执法在傍,御史在后,髡恐惧俯伏而饮,不过一斗径醉矣。若亲有严客,髡帣韝鞠䠤,侍酒于前,时赐余沥,奉觞上寿,数起,饮不过二斗径醉矣。若朋友交游,久不相见,卒然相睹,欢然道故,私情相语,饮可五六斗径醉矣。若乃州闾之会,男女杂坐,行酒稽留,六博投壶,相引为曹,握手无罚,目眙不禁,前有堕珥,后有遗簪,髡窃乐此,饮可八斗而醉二参。日暮酒阑,合尊促坐,男女同席,履舄交错,杯盘狼藉,堂上烛灭,主人留髡而送客,罗襦襟解,微闻芗泽,当此之时,髡心最欢,能饮一石。故曰'酒极则乱,乐极则悲',万事尽然,言'不可极,极之而衰'。"以讽谏焉。齐王曰:"善。" |
| f | 《孟尝君列传》 | 孟尝君将入秦,宾客莫欲其行,谏,不听。苏代谓曰:"今旦代从外来,见木禺人与土禺人相与语。木禺人曰:'天雨,子将败矣。'土禺人曰:'我生于土,败则归土。今天雨,流子而行,未知所止息也。'今秦,虎狼之国也,而君欲往,如有不得还,君得无为土禺人所笑乎?"孟尝君乃止。 |
| g | 《廉颇蔺相如列传》 | 平原君怒,将杀奢。奢因说曰:"君于赵为贵公子,今纵君家而不奉公则法削,法削则国弱,国弱则诸侯加兵,诸侯加兵是无赵也,君安得有此富乎?以君之贵,奉公如法则上下平,上下平则国强,国强则赵固,而君为贵戚,岂轻于天下邪?"平原君以为贤,言之于王。 |
| h | 《平原君虞卿列传》 | 平原君曰:"今先生处胜之门下三年于此矣,左右未有所称诵,胜未有所闻,是先生无所有也。先生不能,先生留。"毛遂曰:"臣乃今日请处囊中耳。使遂蚤得处囊中,乃颖脱而出,非特其末见而已。"平原君竟与毛遂偕。 |

续表

| | 出处 | 原文 |
|---|---|---|
| i | 《魏公子列传》 | 行过夷门，见侯生，具告所以欲死秦军状。辞决而行，侯生曰："公子勉之矣，老臣不能从。"公子行数里，心不快。曰："吾所以待侯生者备矣，天下莫不闻。今吾且死，而侯生曾无一言半辞送我，我岂有所失哉？"复引车还，问侯生。侯生笑曰："臣固知公子之还也。"曰："公子喜士，名闻天下。今有难，无他端而欲赴秦军，譬若以肉投馁虎，何功之有哉？尚安事客？然公子遇臣厚，公子往而臣不送，以是知公子恨之复返也。"公子再拜，因问。侯生乃屏人间语，曰："嬴闻晋鄙之兵符常在王卧内，而如姬最幸，出入王卧内，力能窃之。嬴闻如姬父为人所杀，如姬资之三年，自王以下欲求报其父仇，莫能得。如姬为公子泣，公子使客斩其仇头，敬进如姬。如姬之欲为公子死，无所辞，顾未有路耳。公子诚一开口请如姬，如姬必许诺，则得虎符夺晋鄙军，北救赵而西却秦，此五霸之伐也。"公子从其计。 |
| j | 《张释之冯唐列传》 | 有一人从桥下走出，乘舆马惊……廷尉奏当，一人犯跸，当罚金。文帝怒曰："此人亲惊吾马，吾马赖柔和，令他马，固不败伤我乎？而廷尉乃当之罚金！"释之曰："法者天子所与天下公共也。今法如此而更重之，是法不信于民也。且方其时，上使立诛之则已；今既下廷尉，廷尉，天下之平也。一倾而天下用法皆为轻重，民安所措其手足？唯陛下察之。"良久，上曰："廷尉当是也。"<br>其后有人盗高庙坐前玉环，捕得，文帝怒，下廷尉治。释之案律盗宗庙服御物者为奏，奏当弃市。上大怒曰："人之无道，乃盗先帝器，吾属廷尉者，欲致之族，而君以法奏之，非吾所以共承宗庙意也。"释之免冠顿首谢曰："法如是足也。且罪等，然以逆顺为差。今盗宗庙器而族之，有如万分之一，假令愚民取长陵一抔土，陛下何以加其法乎？"久之，文帝与太后言，乃许廷尉当。 |
| k | 《张释之冯唐列传》 | 乃卒复问唐曰："公何以知吾不能用廉颇、李牧也？"唐对曰："臣闻上古王者之遣将也，跪而推毂，曰'阃以内者，寡人制之；阃以外者，将军制之。军功爵赏皆决于外，归而奏之。此非虚言也。臣大父言，李牧为赵将居边，军市之租皆自用飨士，赏赐决于外，不从中扰也，委任而责成功。故李牧乃得尽其智能，遣选车千三百乘，彀骑万三千，百金之士十万，是以北逐单于，破东胡，灭澹林，西抑强秦，南支韩、 |

续表

| 出处 | | 原文 |
|---|---|---|
| k | 《张释之冯唐列传》 | 魏。当是之时，赵几霸。其后会赵王迁立，其母倡也。王迁乃用郭开谗，卒诛李牧，令颜聚代之。是以兵破士北，为秦所禽灭。今臣窃闻魏尚为云中守，其军市租尽以飨士卒，出私养钱，五日一椎牛，飨宾客军吏舍人。是以匈奴远避，不近云中之塞。虏曾一入，尚率车骑击之，所杀其众。夫士卒尽家人子，起田中从军，安知尺籍伍符？终日力战，斩首捕虏，上功莫府，一言不相应，文吏以法绳之。其赏不行而吏奉法必用。臣愚，以为陛下法太明，赏太轻，罚太重。且云中守魏尚坐上功首虏差六级，陛下下之吏，削其爵，罚作之。由此言之，陛下虽得廉颇、李牧，弗能用也。臣诚愚，触忌讳，死罪死罪！" |
| l | 《大宛列传》 | 因言曰："臣居匈奴中，闻乌孙王号昆莫，昆莫之父，匈奴西边小国也。匈奴攻杀其父，而昆莫生弃于野。乌嗛肉蜚其上，狼往乳之。单于怪以为神，而收长之。及壮，使将兵，数有功，单于复以其父之民予昆莫，令长守于西域。昆莫收养其民，攻旁小邑，控弦数万，习攻战。单于死，昆莫乃率其众远徙，中立，不肯朝会匈奴。匈奴遣奇兵击，不胜，以为神而远之，因羁属之，不大攻。今单于新困于汉，而故浑邪地空无人。蛮夷俗贪汉财物，今诚以此时而厚币赂乌孙，招以益东，居故浑邪之地，与汉结昆弟，其势宜听，听则是断匈奴右臂也。既连乌孙，自其西大夏之属皆可招来而为外臣。" |
| m | 《廉颇蔺相如列传》 | 相如至，谓秦王曰："秦自缪公以来二十余君，未尝有坚明约束者也。臣诚恐见欺于王而负赵，故令人持璧归，间至赵矣。且秦强而赵弱，大王遣一介之使至赵，赵立奉璧来。今以秦之强而先割十五都予赵，赵岂敢留璧而得罪于大王乎？臣知欺大王之罪当诛，臣请就汤镬，唯大王与群臣孰计议之。" |
| n | 《平原君虞卿列传》 | 毛遂按剑历阶而上，谓平原君曰："从之利害，两言而决耳。今日出而言从，日中不决，何也？"楚王谓平原君曰："客何为者？"平原君曰："是胜之舍人也。"楚王叱曰："胡不下！吾乃与而君言，汝何为者也！"毛遂按剑而前曰："王之所以叱遂者，以楚国之众也。今十步之内，王不得恃楚国之众也，王之命县于遂手。吾君在前，叱者何也？且遂闻汤以七十里之地王天下，文王以百里之壤而臣诸侯，岂其士卒众多哉？诚能据其势而奋其威。今楚地方五千 |

表 2　下级对异邦上级

| | 出处 | 原文 |
|---|---|---|
| n | 《平原君虞卿列传》 | 里，持戟百万，此霸王之资也。以楚之强，天下弗能当。白起，小竖子耳，率数万之众，兴师以与楚战，一战而举鄢郢，再战而烧夷陵，三战而辱王之先人。此百世之怨而赵之所羞，而王弗知恶焉。合从者为楚，非为赵也。吾君在前，叱者何也？"楚王曰："唯唯，诚若先生之言，谨奉社稷以从。" |
| o | 《郦生陆贾列传》 | 陆生至，尉他魋结箕倨见陆生。陆生因进说他曰："足下中国人，亲戚昆弟坟在真定。今足下反天性，弃冠带，欲以区区之越与天子抗衡为敌国，祸且及身矣。且夫秦失其政，诸侯豪桀并起，唯汉王先入关，据咸阳。项羽倍约，自立为西楚霸王，诸侯皆属，可谓至强。然汉王起巴蜀，鞭笞天下，劫略诸侯，遂诛项羽灭之。五年之间，海内平定，此非人力，天之所建也。天子闻君王王南越，不助天下诛暴逆，将相欲移兵而诛王。天子怜百姓新劳苦，故且休之。遣臣授君王印，剖符通使。君王宜郊迎，北面称臣，乃欲以新造未集之越，屈强于此。汉诚闻之，掘烧王先人冢，夷灭宗族，使一偏将将十万众临越，则越杀王降汉，如反覆手耳。" |
| p | 《大宛列传》 | 骞曰："为汉使月氏，而为匈奴所闭道。今亡，唯王使人导送我。诚得至，反汉，汉之赂遗王财物不可胜言。" |

从表1及表2可以看出，上级的身份以及上下级关系在本国及异邦两种情境下有着显著差异：当两方国籍相同时，上下级除了君臣关系之外，还包括门客与贵族、贵族与大臣、将领与军师等多种关系，在交际过程中，作为下级的说客需要时时显化这种等级关系，以维护古代封建社会的尊卑有序；而当两方国籍不同时，下级的身份主要为一国的使节，而上级则为另一国的君主。在此种情境下，下级便不再是绝对的低微卑贱，而是扮演了一国代言人的角色，肩负着维护国家利益的重任，其语用策略也呈现出"外交家"的特点，因此，与国内情境下的交际行为有着明显的不同。

（一）下级对本国上级的劝说行为

本文从基本言语行为构成、话语结构、策略及辅助行为四个方面对劝说行为进行剖析（见表3）。

表3　下级对本国上级的劝说

| 出处 | 基本言语行为构成 | 话语结构 | 策略 | 辅助行为 |
|---|---|---|---|---|
| a | 描述 | 论点<br>引用史实<br>结论 | 引用 | |
| b | 描述 | 比喻<br>论点<br>解决措施 | 隐喻 | |
| c | 描述 | 事实分析<br>引用史实<br>论点 | 就事论事<br>类比<br>引用 | |
| d | 描述<br>指令 | 比喻<br>疑问 | 隐喻 | |
| e | 描述 | 陈述个人经历<br>论点 | 例证 | |
| f | 描述 | 比喻<br>论点<br>反问 | 隐喻 | |
| g | 描述 | 事实分析<br>反问 | 就事论事 | |
| h | 描述 | 比喻<br>反问 | 隐喻 | |
| i | 描述<br>受约 | 直接答复<br>反问<br>比喻<br>解决措施 | 隐喻 | |
| j | 描述 | 事实分析 | 就事论事 | 脱帽 |
| k | 描述 | 自贬<br>引用史实<br>事实分析<br>自贬 | 自贬<br>类比<br>引用 | |
| l | 描述 | 事实分析 | 就事论事 | |

从表3可见，《史记》中说客在劝说本国上级时主要采用描述的言语行为，表达、指令及受约行为较少。由此可见，在本国情境下，上级对说客拥有直接的权威，因而说客在实施劝说行为时将重在表达自身的观点，就事论事，在言辞中并不流露出任何对交际效果的期望，即不让对方感到有必须采取行动，或接受建议的压力。因此，

本国情境下的下对上劝说行为表面上更类似于建议，但本质上却比建议行为包含更多对于交际结果（劝服对方）的预期。

然而，劝说并不总是建议而已，很多时候，实施劝说行为的一方需要先否定对方的看法，然后再提出自己的见解，并让对方相信自己的看法比对方的更为妥帖，让对方得以接受自己的看法。在这个过程中，由于需要否定对方原本的观点，一着不慎便可能伤害对方的负面面子，因而遣词造句必须格外谨慎，而这在古代封建等级体制下变得尤为重要。在跨等级的劝说行为中，身处下级的说客在劝服上级时需要时时表现出对于上级高高在上地位的尊敬，而在《史记》中，这一过程则主要表现为下级通过贬低自己来抬高对方的地位。比如，魏武侯认为险要的地形是一国的瑰宝，而吴起则希望劝说魏武侯相信德政才是强国的根本。在随后的劝说过程中，吴起并没有采用指令或表达等交际行为（"陛下大谬也！"），而是引经据典，引用三苗、夏桀、商纣的史实来例证山河之险并不能保证政权之固。虽然吴起自始至终都没有说过任何反对武侯观点的话，但其在阐述史实时就已经传递出武侯的想法与史实不符这样的讯息，间接否定了武侯的观点。这种表面上"翻故纸堆"实则是用来"借古讽今"，自然过渡到最后"在德不在险"的结论，在不伤及武侯负面面子的同时让其欣然接受吴起的观点。

表3显示，本国情境下的劝说行为话语结构"因人而异"，既有"论点＋论据＋论证"这样经典的论说结构，还包括了比喻、疑问、反问等多元的修辞手段。有些劝说话语甚至通篇都只是一个隐喻，如（d）《滑稽列传》中淳于髡的"国中有大鸟，止王之庭[4]，三年不蜚又不鸣，不知此鸟何也？"有的则大段陈述个人经历，在结尾画龙点睛地将论点一点而过（e）。在（d）中，淳于髡用一个疑问句作结，虽然一般情况下，说话人提出疑问句通常是希望对方给予答复的，但在此处淳于髡根本没有想要威王给出任何答案，而只是通过疑问给对方留下思考的空间罢了。由此可见，要劝服一方并无固定的套路，或直接、或顾左右而言他，都需根据情景而定，"见机行事"，有时长篇大论，有时短短几句话亦可达到相同的交际目的，劝服他人。

下级说客在劝说本国上级时主要采用隐喻、引用、类比等策略，并辅之以表现谦卑的动作，如（j）脱帽。通过隐喻、类比、引用这类较"隐晦"的修辞手段，说话者希望借助一些与听话人并不直接相关的例子间接佐证自身的想法，从而保护对方的负面面子，之后再就事实进行分析，就事论事，提出解决措施，让听话人信服。在特定情境下，陌生化亦可增强劝说话语的效果。比如，(i)《魏公子列传》中魏公子信陵君本想单枪匹马解赵国之围，侯嬴听说后并没有直接反对信陵君的想法。相反，侯生一反常态，态度冷淡地祝信陵君好走。这种反常的态度反而引起了信陵君的疑问，使其"复引车还，问侯生"，看到时机成熟，信陵君愿意冷静下来听取他人的建议了，侯嬴这才将自己的看法和盘托出，并给信陵君"出招"窃符救赵。试想，如果侯嬴一上来就反对信陵君救赵，势必招来信陵君的激烈反对，后面的"支招"自然也就无从谈起了。

另外，只要策略得当，即便是无法避免伤害对方的负面面子，也可将伤害降到最低。如在 (k)《张释之冯唐列传》中冯唐"语出惊人"，认为汉文帝即使有李牧、廉颇这样的大将也不能"人尽其才"，一时惹得汉文帝很是不快，离席而去。在这种尴尬的情况下，冯唐巧妙地采用了自贬的策略，说自己"诚愚"，主动请罪。这样自我轻贱的行为有效熄灭了汉文帝的不悦，使其得以冷静下来认真听取冯唐下面的事实分析。

总之，作为下级的说客根据情景，事宜时宜，采取多元的策略，隐晦谦恭、同时又有效地劝服自己的"顶头上司"，以达到自身的交际目的。

### (二) 下级对异邦上级的劝说行为

从表 4 可见，异邦情境下的劝说行为在基本言语构成、话语结构、策略等方面都与本国情景有着显著的差异。本文选择了四位《史记》中有名的外交说客：毛遂、蔺相如、陆贾及张骞。如前文所述，异邦情境下的劝说行为主要发生在一国使节与他国君主之间，因此，相比本国情境下维护等级制度的交际原则，此处的原则则变成了对于国家利益、国家荣誉的维护。

表4 下级对异邦上级的劝说

| 出处 | 基本言语行为构成 | 话语结构 | 策略 | 辅助行为 |
|---|---|---|---|---|
| m | 描述<br>指令<br>受约 | 引用史实<br>论点<br>反问<br>请罪 | 就事论事<br>自行请罪 |  |

续表

| 出处 | 基本言语行为构成 | 话语结构 | 策略 | 辅助行为 |
|---|---|---|---|---|
| n | 描述<br>表达<br>指令<br>受约 | 威胁<br>引用史实<br>利弊分析<br>质问 | 类比<br>例证<br>引用<br>就事论事<br>激将法 | 按剑 |
| o | 描述<br>表达<br>受约 | 威胁<br>引用史实<br>论点<br>威胁<br>利弊分析<br>对比 | 例证<br>类比<br>就事论事 | |
| p | 描述<br>指令<br>受约 | 论点<br>直陈回报 | 就事论事 | |

异邦情境下的劝说行为无论在策略还是结构上都更为丰富、多元。与本国情境下较为单一的基本言语构成不同，说客采用了多种言语行为来劝服异邦上级，除描述外，还包括大量的指令、表达及受约行为，由此，说客不再是一味地陈述自己的所思所想，而是加入了情感表达，用上了要求、甚至是威胁等手段，语势明显增强，即使以伤害对方的负面面子为代价也要确保对方能够信服自己。

异邦情境下的劝说行为主要表现为使节与国君两方为了各自的国家利益及双方共同的利益积极斡旋、协商的过程。在斡旋中，双方为了达成共识有时需要进行妥协、"各让一步"来达到双边利益最大化。在这一原则的指导下，谦恭有礼便不再显得那么重要，相反，交际结果成了双方关注的核心。因此，隐喻、类比等保护负面面子的间接、更加费时的修辞手段便不再是说客们的首选，利弊分析、激将法等更加直白的策略成为了劝说策略的主流，使说客们可以"直击要害"。

比如，毛遂在劝说楚王与赵国结盟合纵时，毛遂直接指责楚王失礼，不仅语势强烈，还伴随着激烈的肢体动作（按剑向前），增强己方气势。值得一提的是，这样的行为已不仅仅是威胁了面子这么简单，而且是直接威胁了楚王的生命，至少表面上如此。这种强大气场在一定程度上削弱了楚王傲慢、嚣张的气焰，为接下来的平等交流奠定了基础。接下来，毛遂引用史实，直击楚国的痛处：人多势众却轻易败给秦国。这种揭他人伤疤的做法表面上看会激起对方的怒火，导致谈判破裂，但毛遂巧妙地利用了当时的情景，很好地控制住了激将法的效果，使对方虽恼羞成怒，却并未"拂袖而去"，而是激起了其报仇雪恨的想法，使其注意到双方的共同利益，最终促成了谈判的成功。

总之，从上述语料分析可以看出，异邦情境下的劝说行为更为多元、直接、直白，虽然表面上伤害了听话者的负面面子，但情境得当，反而可以增加劝说的力度，使交际得以成功。

## 四、小　结

通过对《史记》十六处下级对上级劝说行为的语料分析，可以看出，在下级劝说本国上级时，下级更倾向于采用间接、隐晦的语用策略"贬己尊人"，显化交际双方的等级差异，维护听话者的负面面子。而在劝说异邦上级时，手段则更为直接、强势，通过激烈的斡旋争辩在维护己方利益的同时，尽可能扩大双方的共同利益，有时甚至不惜伤害对方的负面面子来说服对方。因此，本国情景下的劝说行为与建议行为类似，而异邦情境下则更接近论辩行为。

希望此项从语用学角度对《史记》的研究可以为现有的《史记》研究提供一种新的视角，也希望今后的研究可以通过分析其他古代典籍进一步验证本文的发现。

# 《史记》等若干传统文献所见之早期中国医学教育考察

\* 本文作者（韩国）赵容俊（CHO YONG JUN），中国人民大学历史学院专任讲师、出土文献与中国古代文明研究协同创新中心研究人员。

## 一、绪　论

早在原始时期，人类为求得生存与种族的繁殖，曾对各种危害与影响人类生息健康的疾病防治方法进行不懈的探索。因此，对于常见的外伤病征，古人已有若干治疗的知识。于考古资料中多有揭示，于夏商周时代，病征、病因识别已达相当水平[①]，且医疗病患的方法与卫生保健上的社会习俗，一方面伴随无数次成功或失败的经验积累，在一定程度上标志当时社会生活的文明发展状态，与此同时，又为后世医学体系的建立与完善奠立基础。[②]

即使如此，由于原始社会生活条件艰苦，食物低劣粗糙，且卫生条件极差，故对人体组织产生的慢性破坏作用，确极严重。尤其，在鬼神概念充斥的时代，许多远古民族，对于不易得见之疾病，则直接将病因归诸自然界神祇的降灾或鬼在作祟。因此，古人为消病除疫，通常采取各种手段安抚鬼魂，或以祭祀讨好之、或以虔诚忏悔消除鬼魂不满、或表示屈服以取悦之、或用仪式驱赶疫鬼。此时

---

[①] 对于古人的病征、病因识别水平的记述，如在《韩非子·五蠹》中，便有其记载，其云："（上古之世，）民食果蓏蚌（蚌）蛤，腥臊恶臭而伤害腹胃，民多疾病。"（梁启雄：《五蠹》，《韩子浅解》（下册），中华书局 1960 年版，第 465 页。）

[②] 详见拙著《殷商甲骨卜辞所见之巫术·先秦巫术的传统及对后世的影响》（增订本），中华书局 2011 年版，第 322—325 页。亦可参见宋镇豪：《夏商社会生活史·人生俗尚与病患医疗》（增订本、下册），中国社会科学出版社 2005 年版，第 711 页。

则借助于能沟通人鬼的媒介，即巫者的力量而完成其事。①

即使如此，进入人文思想萌芽且发展中的周代②，古人逐渐脱离依赖巫者之迷信观念③，转以针、灸以及药物为之④，而产生后世专业医术及名医，如当时著名的专业医生俞跗、医缓、医和、扁鹊（即秦越人）⑤、文挚等。不宁唯是，此时亦逐渐形成专门的医学教育，并孕育早期中国医学著作的出现。

本文运用先秦秦汉时期传世文献的记载，尤其在司马迁的《史记》等若干传统文献中的内容，主要以先秦秦汉时期的医学教育的重要特色为主，对早期中国医学教育做考察与探讨。

## 二、先秦中国医学教育

### （一）先秦教学机构

于中国古代社会，使青年后代掌握必要的生活生存技能，以适应其社会生活行为方式，便进行再生产的先期教育，以及培养其成

---

① 朱天顺：《中国古代宗教初探·鬼神崇拜与祖先崇拜》，上海人民出版社 1982 年版，第 181—188 页。

② 有关周代人文思想发展的情形，可参阅拙著《殷商甲骨卜辞所见之巫术·先秦巫术的传统及对后世的影响》（增订本），第 284—293 页。

③ 由于周代人文思想的萌芽与发展，不惟自周、秦以降巫者的政治地位迅速降低，与此同时，担任巫术性的活动，除巫者之外，亦有祝、史、卜、宗、乐工等，分担为之。（陈炽彬：《左传中巫术之研究》，台湾政治大学中文所博士论文 1989 年版，第 94—133 页。）因此，于本文叙述中，除专门从事医术的医者之外，凡从事巫术性医疗活动的人物，则通称为"巫者"。

④ 有关以针、灸、药物治病的内容，于《春秋左传·成公十年》篇中，便有其记载，其云："疾不可为也，在肓之上，膏之下，攻之不可，达之不及，药不至焉。不可为也。"（《春秋左传·成公十年》）此外，《礼记·曲礼下》亦有其记载，其云："君有疾，饮药，臣先尝之。亲有疾，饮药，子先尝之。医不三世，不服其药。"（《礼记·曲礼下》）

⑤ 对于扁鹊的姓名，司马迁则称为秦越人，如《史记·扁鹊仓公列传》便有其记载，其云："扁鹊者，勃海郡郑（鄭）人也，姓秦氏，名越人。"（《史记·扁鹊仓公列传》）即使如此，若综合各种文献所见的扁鹊故事，便知扁鹊的生存时间，已超越四百年左右。因此，山田庆儿认为，此扁鹊故事，乃为一种投影理想医者的传说。其云："（第一个作业假说）扁鹊传说不仅是游方医的传说，而且也是被理想化了的医师的传说。某时代之医师的理想像，作为在创造其像之人眼中视为最新、受到最高评价之技术与理论的完整体现者，而被刻划（画）。……关于扁鹊传说的我的第二个作业假说，可以表现如下。即，在今日所传的扁鹊传说中，具有其记述者之时代的医学状况与人们对医学之愿望的强烈投影。"（山田庆儿著，廖育群、李建民编译：《中国古代医学的形成·扁鹊传说》，台湾东大图书公司 2003 年版，第 369 页。）

为社会成员的前期教育。

正基于当时的此种需求,于中国先秦时期,乃出现专门的教学机构。首先,若视商代甲骨卜辞与西周铜器铭文等的出土资料,如商代甲骨卜辞有云:"于大(太)学寻?"(《小屯》60),以及西周中期铜器铭文"师毂簋"有云:"王若曰:'师毂,才(在)昔先王小学,女(汝)敏可事(使)……'"等的记载,便可证实商周时已有专门的教学机构。①

再次,若视传统文献的记载,如在《礼记·王制》中,便有先秦时期专门教学机构的记录,其云:

> 有虞氏养国老于上庠,养庶老于下庠。夏后氏养国老于东序,养庶老于西序。殷人养国老于右学,养庶老于左学。周人养国老于东胶,养庶老于虞庠。虞庠在国之西郊。②

又《礼记·明堂位》亦云:

> 米廪,有虞氏之庠也。序,夏后氏之序也。瞽宗,殷学也。頖宫,周学也。③

又《孟子·滕文公上》亦云:

> (孟子曰:)"设为庠序学校以教之。庠者,养也。校者,教也。序者,射也。夏曰:校,殷曰:序,周曰:庠,学则三代共之,皆所以明人伦也。"④

因此,在(唐)杜佑的《通典·大学》中,便总括虞夏商周的教学机构,即谓:

> 有虞氏大学为上庠,小学为下庠。夏后氏大学为东序,小学为西序。殷制,大学为右学,小学为左学,又曰:瞽宗。周制,大学为东胶,小学为虞庠,又云天子曰:辟雍。⑤

由此观之,于中国先秦时期,对于学校的名称与学校的位置,

---

① 宋镇豪:《夏商社会生活史·人生俗尚与病患医疗》(增订本、下册),第679—680页。亦可参见李学勤:《当代名家学术思想文库——李学勤卷·清代学术的几个问题》,万卷出版公司2010年版,第42页。
② 《礼记·王制》。
③ 《礼记·明堂位》。
④ 《礼记·滕文公上》。
⑤ 《通典·礼十三·大学》。

虽异说纷纭，但"学则三代共之"，且当时已有专门的教学机构。

### （二）医学教育

若就先秦时期的医学传授即医学教育而言，其主要方式，则为师徒传递的师传。其核心为拜师求教及传道授业，以教授医疗知识为主。故徒弟拜师求教之后，于传授当中，师傅除讲授之外，必要求徒弟背熟医疗知识，并常带徒弟至病人家参加医疗活动，由此使徒弟熟识整体医术的内容。

因此，若论传承医学知识的方式，大致有二，一为口头方式即言传，则平时由师傅进行讲授，或者透过形诸文字的医书授予医疗技艺。除直接跟随师傅学习医术之外，第二种为身教，即门徒平常伴随师傅从事医疗活动，既可提供施术上的协助，同时又可观摩学习。

例如在《史记·扁鹊仓公列传》中，便记载扁鹊在受教于其师长桑君时的"言传"方式，其云：

> 扁鹊者，勃海郡郑（鄭）人也，姓秦氏，名越人。少时为人舍长。舍客长桑君过，扁鹊独奇之，常谨遇之。长桑君亦知扁鹊非常人也。出入十余年，乃呼扁鹊私坐，闲与语曰："我有禁方，年老，欲传与公，公毋泄。"扁鹊曰："敬诺。"乃出其怀中药予扁鹊："饮是以上池之水，三十日当知物矣。"乃悉取其禁方书尽与扁鹊。忽然不见，殆非人也。扁鹊以其言饮药三十日，视见垣一方（边）人。以此视病，尽见五藏（脏）症结，特以诊脉为名耳。①

此文则描述，于先秦时期的医学传授，乃为以形诸文字的医书授医疗技艺于弟子之方式，且为所谓"禁方"的秘传式传授。②

再次，扁鹊在诊治虢太子时，便以"身教"传授其医术于门徒，如《史记·扁鹊仓公列传》便有其记载，其云：

---

① 《史记·扁鹊仓公列传》。
② 对于"禁方"的医学传授方式，如李建民在《发现古脉——中国古典医学与数术身体观》中曾提及，其云："按职业性的方术之士，在周秦以下往往是藉传授仪式、师授口诀等，对珍秘之方达到'禁'的目的，当时称之为'禁方'。甚至，方术之士也宣称禁方的验效取决于这些仪式与师说。"（李建民：《发现古脉——中国古典医学与数术身体观·导论》，社会科学文献出版社 2007 年版，第 35 页。）此外，此种秘传式的医术传授内容，亦可见于《灵枢经·禁服》。

> 扁鹊乃使弟子子阳厉（磨）针砥石，以取外三阳五会。有闲（间），太子苏。乃使子豹为五分之熨，以八减之齐（剂）和煮（煮）之，以更熨两胁下。太子起坐。更适阴阳，但服汤二旬而复故。故天下尽以扁鹊为能生死人。①

此文则描述，扁鹊以观摩学习的方式传授其医术于门徒。

除此之外，此处应注意者，如在传为（汉）孔鲋所撰的《孔丛子·嘉言》篇中②，便记载当时文人各自收藏医籍、医方之内容，其云：

> 宰我使于齐而反（返），见夫子曰："梁丘据遇虺毒，三旬而后瘳。朝齐君，齐君会大夫众宾而庆焉。弟子与在宾列。大夫众宾并复献攻疗之方。弟子谓之曰：'夫所以献方将为病也。今梁丘已疗矣，而诸夫子乃复献方，方将安施。意欲梁丘大夫复有虺害当用之乎？'众坐默然无辞。弟子此言何如？"夫子曰："汝说非也。夫三折肱为良医。梁丘子遇虺毒而获疗，犹有与之同疾者，必问所以已（瘳）之之方焉。众人为此故，各言其方，欲售之以已（瘳）人之疾也。凡言其方者，称其良也。且以参据所以已（瘳）之之方优劣耳。"③

由上引文中的"献方"而可以类推，于先秦时期，应有文人各自收藏医籍、医方之情形。此种情形，便促进医籍、医方的汇集与整理，以便于医学教材之用，与此同时，由此种不同体系的短篇医籍，乃

---

① 《史记·扁鹊仓公列传》。此外，类似此内容，亦可见于韩婴撰，许维遹校释：《韩诗外传集释》卷第十《第九章》，中华书局2005年版，第347—348页。其云："扁鹊入，砥针砺石，取三阳五输（会），为轩光之灶，八减之汤，子同捣药，子明灸阳，子游按摩，子仪反神，子越扶形，于是〔虢〕世子复生。天下闻之，皆以扁鹊能起死人也。"

② 对于《孔丛子》的成书年代，如李学勤在《简帛佚籍与学术史·竹简〈家语〉与汉魏孔氏家学》中曾提及，其云："《孔丛子》一书可以说是孔氏家学的学案，由孔子一直记到（东汉）孔季彦。……《孔丛子》也是长期公认的'伪书'，从宋代朱子以来备受责难。书中所载东周史事确有很多不实，不足征信，前人已有仔细分析，但这部书的出现并不太晚。书中《连丛子》记到孔季彦之死，没有再下一代，可知最后的作者离孔季彦不远。西晋皇甫谧《帝王世纪》已引及此书，有明引也有暗引。……诸如此类，说明《孔丛子》的出现当早于皇甫谧。它当然不会像传统所说是孔鲋所撰。朱熹认为此文软弱，多似东汉人语，李谦推测为'或子丰、季彦辈集先世遗文而成之。'现在看来很可能出于孔季彦以下一代。"（李学勤：《简帛佚籍与学术史·竹简〈家语〉与汉魏孔氏家学》，江西教育出版社，2001年版，第383—384页。）

③ 《孔丛子·嘉言》。

形成后世中国医学的代表著作《黄帝内经》。①

由此观之，于先秦时期的医学传授即医学教育的主要方式，则以言传与身教为大宗。不宁唯是，由于汇集与整理各种医籍、医方，不惟便于医学教材之用，又孕育早期中国医学著作的出现。

## 三、秦汉中国医学教育

若就秦汉时期的医学传授即医学教育而言，如在《史记·扁鹊仓公列传》中，便记载淳于意在学医术时的"言传"方式。对于（汉）文帝的诏问，淳于意对曰：

> 自意少时，喜医药，医药方试之多不验者。至高后八年，得见师临菑元里公乘阳庆。庆年七十余，意得见事之。谓意曰："尽去而（尔）方书，非是也。庆有古先道遗传黄帝、扁鹊之脉书，五色诊病，知人生死，决嫌疑，定可治，及药论书，甚精。我家给富，心爱公，欲尽以我禁方书悉教公。"臣意即曰："幸甚，非意之所敢望也。"臣意即避席再拜谒，受其脉书上下经、五色诊、奇咳（胲）术、揆度阴阳外变、药论、石神、接阴阳禁书，受读解验之，可一年所。明岁即验之，有验，然尚未精也。要事之三年所，即尝已为人治，诊病决死生，有验，精良。今庆已死十年所，臣意年尽三年，年三十九岁也。……不知庆所师受。庆家富，善为医，不肯为人治病，当以此故不闻。庆又告臣意曰："慎毋令我子孙知若学我方也。"……文王病时，臣意家贫，欲为人治病，诚恐吏以除拘臣意也，故移名数，左右不修家生，出行游国中，问善为方数者事之久矣，见事数师，悉受其要事，尽其方书意，及解论之。身居阳虚侯国，因事侯。……臣意闻菑川唐里公孙光善为古传方，臣意即往谒之。得见事之，受方化阴阳及传语法，臣意悉受书之。臣意欲尽受他精方，公孙光曰："吾方尽矣，不为爱公所。吾身已衰，无所复事之。是吾年少所受妙方也，悉与公，毋以教人。"臣意曰："得见事侍公前，

---

① 卢嘉锡总主编，廖育群等著：《中国科学技术史——医学卷·先秦时期》，科学出版社1998年版第54页。其云："早期大多是受知识传播的制约，对于各种理论、方法不可能有广泛的了解，因而形成了相对独立的知识体系。这一点在以汇编形式写成的今本《黄帝内经》——《素问》、《灵枢》中，均表现得十分充分。"

> 悉得禁方，幸甚。意死不敢妄传人。"居有闲（间），公孙光闲处，臣意深论方，见言百世为之精也。师光喜曰："公必为国工。吾有所善者皆疏，同产处临菑，善为方，吾不若，其方甚奇，非世之所闻也。吾年中时，尝欲受其方，杨中倩不肯，曰：'若非其人也。'胥（须）与公往见之，当知公喜方也。其人亦老矣，其家给富。"时者未往，会庆子男殷来献马，因师光奏马王所，意以故得与殷善。光又属意于殷曰："意好数，公必谨遇之，其人圣儒。"即为书以意属阳庆，以故知庆。臣意事庆谨，以故爱意也。①

此文则描述，于秦汉时期的医学传授，乃为由师傅进行讲授，或以形诸文字的医书授医疗技艺于弟子之方式，且为所谓"禁方"的秘传式传授。

尤其，此种秘传式的传授，往往富有巫术性的色彩，如《灵枢经·禁服》便有其记载，其云：

> 雷公问于黄帝曰："细子得受业，通于《九针》六十篇，旦暮勤服（习）之，近者编绝，久者简垢，然尚讽诵弗置（舍），未尽解于意矣。《外揣》言：'浑（合）束（要）为一。'未知所谓也。夫大则无外，小则无内，大小无极，高下无度，束（要）之奈何？士之才力，或有厚薄，智虑褊浅，不能博大深奥，自强于学若细子，细子恐其散于后世，绝于子孙，敢问约（要）之奈何？"黄帝曰："善乎哉问也！此先师之所禁（戒），坐（罪）私传之也，割臂歃血之盟也。子若欲得之，何不斋乎？"雷公再拜而起曰："请闻命于是也。"乃斋宿（肃）三日而请曰："敢问今日正阳（午），细子愿以受盟。"黄帝乃与俱入斋室，割臂歃盟。黄帝亲祝曰："今日正阳（午），歃血传方，有敢背此言者，反受其殃。"雷公再拜曰："细子受之。"黄帝乃左握其手，右授之书，曰："慎之，慎之！吾为子言之。"②

由此可知，于秦汉时期的医学传授，往往富有巫术性的色彩，因此

---

① 《史记·扁鹊仓公列传》。
② 《灵枢经·禁服》。

在斋戒之室举行割臂歃血而立盟之仪式。①

再次，如在上引《史记·扁鹊仓公列传》中，又记载淳于意在授医学课时，则以"因材施教"传授其医术于门徒的方式。对于（汉）文帝的诏问，淳于意对曰：

> 临菑人宋邑。邑学，臣意教以五诊，岁余。济北王遣太医高期、王禹学，臣意教以经脉高下及奇络结，当论俞（腧）所居，及气当上下出入邪〔正〕逆顺，以宜镵石，定砭灸处，岁余。菑川王时遣太仓马长冯信正方，臣意教以案法逆顺，论药法，定五味及和齐（剂）汤法。高永侯家丞杜信，喜脉，来学，臣意教以上下经脉五诊，二岁余。临菑召里唐安来学，臣意教以五诊上下经脉，奇咳（胲），四时应阴阳重，未成，除为齐王侍医。②

又《灵枢经·官能》亦论述以适宜的治疗技能传授医人的内容，其云：

> 雷公问于黄帝曰："《针论》曰：'得其人乃传，非其人勿言。'何以知其可传？"黄帝曰："各得其人，任之其能，故能明其事。"雷公曰："愿闻官能奈何？"黄帝曰："明目者，可使视色。聪耳者，可使听音。捷疾辞语者，可使传论。语徐而安静，手巧而心审谛者，可使行针艾，理血气而调诸逆顺，察阴阳而兼诸方。缓节柔筋而心和调者，可使导引行气。疾毒言语轻人者，可使唾痈呪病。爪苦手毒，为事善伤者，可使按积抑痹。各得其能，方乃可行，其名乃彰。不得其人，其功不成，其师无名。故曰：'得其人乃言，非其人勿传。'此之谓也。手毒者，

---

① 山田庆儿著，廖育群、李建民编译：《中国古代医学的形成·古代中国医学的传授》，第428~431页。此外，此种中国古代歃血而立盟的仪节，如《周礼·司盟》便有其记载，于"司盟：掌盟载之灋（法）"之下，郑玄注云："载，盟辞也。盟者书其辞于策，杀牲取血，坎其牲，加书于上而埋之，谓之载书。"（《周礼·秋官司寇·司盟》）除此《周礼·司盟》的记载之外，又如《说文解字·䀈（盟）》亦有其记录，其云："䀈，《周礼》曰：'国有疑则䀈（盟）。'诸侯再相与会，十二岁一䀈（盟）。北面诏天之司慎司命。䀈（盟），杀牲歃血，朱盘玉敦，曰(以)立牛耳。从囧，皿声。䀈，篆文，从朙。䀊，古文，从明。"段玉裁注：《说文解字注》第七篇注上《䀈（盟）》，台湾艺文印书馆1994年版，第317—318页。对此"䀈（盟）"字，甲骨文的字形为 、 、 、 、 、 、 、 ，金文的字形为 、 、 、 、 、 、 ，故许进雄认为，皿中盛血，结盟时饮之以立誓之意。（许进雄：《古文谐声字根·盟》，台湾商务印书馆1995年版，第124页。）

② 《史记·扁鹊仓公列传》。

可使试按龟，置龟于器下，而按其上，五十日而死矣。手甘者，复生如故也。"①

据此二文不难得知，于秦汉时期的医学传授，除身教的方式之外，又有以因材施教的方式传授其医术于门徒。

由此观之，于秦汉时期的医学传授即医学教育的主要方式，则以言传与因材施教或身教为大宗。不宁唯是，由于汇集与整理各种医籍、医方，不惟便于医学教材之用，又孕育早期中国医学著作的出现。

## 四、结　语

古代人类，因生产条件极差，于野外劳动时，易受砍伤、摔伤或蛇虫咬伤，因而已具有治疗常见外伤病征的若干知识。由于经验得知某种草药对之有必然的疗效，才能对症下药，故治疗外伤的医疗知识，遂为愈加丰富。

即使如此，于远古时期，由于地理环境恶劣，毒蛇猛兽横行，加上生活艰苦，且卫生条件极差，故难免疾病的时常发生。如前所述，对于常见外伤病征，古人已有若干治疗的知识。尽管如此，在鬼神概念充斥的时代，许多远古民族对于不易得见之若干病征，则认为此种疾病的来源，乃为由瘟神、病鬼的缠绕而造成，即所谓鬼在作祟。

因此，人类在经受各种疾病的苦恼中，便寻求各种医疗巫术的方法，以排难解忧且脱离其桎梏。故召请巫者诊病，巫者则多采取问病卜灾等占卜形式，乃诊断为何鬼所为而驱鬼治病。由此观之，先秦的医疗知识仍然处于中国医学的萌芽状态，古朴幼稚，科学与谬误参半，与巫教信仰交织一系。

尽管如此，自东周伊始，受当时人文思想的影响，则逐渐认识病因而形成医学的专门化、职业化的趋向。因此，两周时期对于疾病的治疗，已使用药物、针灸、按摩等方法。

不宁唯是，此时亦逐渐形成专门的医学教育，并孕育早期中国医学著作的出现。本文则以先秦秦汉时期的医学教育的重要特色为

---

① 《灵枢经·官能》。

主，讨论早期中国医学教育的内容。

总而言之，于先秦秦汉时期的医学传授即医学教育的主要方式，则以言传与因材施教或身教为大宗。不宁唯是，由于汇集与整理各种医籍、医方，不惟便于医学教材之用，又孕育早期中国医学著作的出现。

# 2015年《博览群书》特邀教授笔谈

【编者按】为纪念司马迁诞辰2160周年,《博览群书》2015年在文化观点栏目推出"史记今谈"的话题,由中国史记研究会和北京史记研究会组稿,特邀有热情参与的教授笔谈,评说《史记》在中国传统文化中的影响和在今天的现实意义。《博览群书》全年分期刊载,本书集中为一组以飨读者。

## 《史记》是一部国学根底书
——写在2015年司马迁诞辰2160周年之际

\* 本文作者张大可。

2015年是司马迁诞辰2160周年。中国史记研究会与司马迁故里最高学府陕西渭南师范学院将在2015年10月中旬联合举办大型国际学术研讨会纪念司马迁诞辰2160周年,对于弘扬司马迁的创新精神,推动《史记》研究,具有无比重要的现实意义。笔者这篇短文,借《博览群书》笔谈平台,漫议这一话题,期以抛砖引玉。

司马迁是我国古代最有创造天才的历史家、文学家和思想家,他有着崇高的人格、坚强的毅力和卓越的史才,所以在两千多年前就写出了一部中国古代通史,即纪传体《史记》。这是一部体系完整、规模宏大、气势磅礴、识见超群的历史巨著,蕴含着深邃的思想和历史哲学,闪耀着民族精神的光辉,是伟大中华人格的凝聚。司马迁是语言的巨匠,他以如椽大笔刻画和塑造了数以百计的各色历史人物的典型形象，惩恶劝善，为一代又一代的人们提供借鉴与效法的榜样，《史记》也因而成为中国传记文学的典范。司马迁是继孔子之后最杰出的古代文献学家。他"厥协六经异传，整齐百家杂语"，融会百家学说、天文地理、人事物事各种知识汇于一编，将各种文化典籍整理编撰为一部历史著作，是文献运用的最高形式，因而《史记》是一部"百科全书"，是古代民族文化的浓缩。用一句话概括：《史记》是一部体大思精的一代大典，可传之久远的国学根底书。因此，自《史记》问世两千多年来，有不可胜计的中外学者阅读和研究它，因而《史记》早已走向世界，成为全人类的文化遗产。《史记》全本在朝鲜、日本已流传一千四五百年，近现代《史记》走向世界，传入欧美各国，史记纪传被翻译成俄、英、德、法、波兰等文，美国学者完成了英文全译本《史记》。美国、法国的汉学家还写有《司马迁传》、《司马迁评传》。

在中国传统文化国学精品中，《史记》之树生命长青，它是取之不尽的思想源泉，具有无与伦比的凝聚作用，成为中国人人人必读的国学根底书。鲁迅评价《史记》为"史家之绝唱，无韵之《离骚》"。梁启超在20世纪初倡导新史学之际，十分推崇《史记》，提出《史记》应当进入高校课堂。傅斯年在台大当校长期间，全校大学生一年级必须选修《史记》课。国学大师、教育大家陈垣先生说，高校学子，文史两系学生不读《史记》是不合格的大学生。这些前辈学问大家的至理名言，说明了《史记》这部国学根底书对于人生修养是多么的重要。司马迁自己把《史记》比拟为《春秋》，定位为一部道德伦理教科书。司马迁把全社会的人际关系浓缩为君臣父子四个方面。他说国君不读《春秋》，不知道怎样做国君；臣子不读《春秋》，不知道怎样做臣子；父亲不读《春秋》，不知道怎样做父亲；儿子不读《春秋》，不知道怎样做儿子。一句话，全社会的人不读《春秋》，也就是不读《史记》，就不知道怎样做人。司马迁的结论是："故《春秋》者，礼义之大宗也。"(《史记·太史公自序》)所谓"礼义之大宗"，即道德伦理教科书。因此《史记》以人为本位，全方位记述三千年历史长河中形形色色的历史人物。全社会的人都可以在《史记》中找到自己的位置，找到学习的榜样，避开邪恶的教训，修养人生，成长为事业的成功者和有用的人才。

《史记》自问世已流传两千多年，激励着一代又一代人的成长，由古及今，每一个时代都有一长串名流学者阅读和研究《史记》。汉代史学大家班彪、班固父子，文献学家刘向、刘歆父子，哲学家扬雄、王充；唐宋文学八大家，史学家刘知幾、郑樵，哲学家程颢、程颐、朱熹等数十人，明清时代的学问大家、考据家与文史哲各界泰斗如王阳明、顾炎武、王夫之、黄宗羲、王鸣盛、钱大昕、赵翼、万斯同、王念孙、阎若璩、章学诚等，不胜枚举。近现代的梁启超、刘师培、王国维、胡适、鲁迅、郭沫若、侯外庐、范文澜、朱东润、程金造、白寿彝等，也为大家所熟知。据粗略统计，历代以来至2010年，研究《史记》的学者达两千余人，留下的论著约三百部，论文近5000篇。其中，20世纪80年代以来的当代《史记》研究和《史记》论著，30年间迅猛发展，发表《史记》论文论著的作者达1200余人，占历代以来作者总数的60%；发表的论文总量4000余篇，占历代论文总量的70%；出版的学术论著150余部，占历代总量的55%。综合比较，当代30年间积淀的《史记》研究成果占《史记》问世两千多年来总成果之半，成绩巨大。许多高校开设了专门的《史记》课，有的高校还成立了研究室。这一切标志着当代《史记》研究步入了一个黄金时代。一方面，《史记》研究深入发展，不断开拓新领域；另一方面日益走向普及。当前几乎没有一家书店的书架上不摆《史记》的论著，家家出版社都在推陈出新。因为《史记》厚重的历史价值与对民族产生的巨大凝聚力，这一特殊地位和作用，使《史记》成为培养中国人民族自信心与爱国主义思想源泉的教科书。司马迁的思想、精神、人格对中国知识阶层、对中华民族产生了不可估量的影响，以至于不研究司马迁和《史记》，就不知中国文化研究从何说起。这就是《史记》由古及今，始终是一门热学的原因。

　　司马迁是一位自觉的历史家，他有着崇高的人格，创新的精神。司马迁说："君子所贵乎道者三：太上立德，其次立功，其次立言。"这三立精神就是司马迁积极有为的人生观，是立志效法圣人写《春秋》的原动力。正当《史记》草创未就之时，司马迁遭受李陵之祸蒙受宫刑，这一奇耻大辱使司马迁痛不欲生，但想到《史记》未完成，他又坚强地活下来。司马迁在生与死的抉择中体悟到生命的价值，要为社会做出贡献而闪光。司马迁把他的感悟写在《报任安书》中说："人固有一死，或重于泰山，或轻于鸿毛，用之所趣异也。"如果人的一生，不能对社会作出贡献待后人评说，而仅仅以一死来与屈辱抗争，就如同"九牛亡一毛，与蝼蚁何异！"司马迁拍案而起，发愤著书。他要效法孔子、屈原、左丘明、孙子、吕不韦、韩非那些前辈先贤，忍辱著书。司马迁把自己的全部精力和热血倾注在《史记》中，成为"一家之言"，留下了宝贵的实录作品，使《史记》成为一部修养人生的道德伦理教科书。

司马迁发愤著书，被升华为"发愤著书说"。司马迁认为只有那些能够经受得起艰难环境磨难的人，才能做出一番大事业来。这一认识不但激励了自己，而且也启迪着后人深思。司马迁的"发愤著书说"，在文学史上产生了深远的影响。唐宋八大家中的韩愈提出"不平则鸣"的文学主张，欧阳修提出"诗穷而后工"的观点，就是对"发愤著书说"的继承和发扬。

司马迁的人格是崇高的，他的人格魅力、创新精神已达圣人境界。《史记》与《春秋》，司马迁与孔子，可以相提并论。东圣孔子，西圣司马迁。当我们谈论中国梦，复兴中华文化的话题时，是离不开这两位圣人的。伴随中国国力的提升和伟大中华文化的复兴，东圣孔子大踏步走向世界，如今孔子学堂遍布全世界。西方舆论认为21世纪，是中国孔子的世纪。西圣司马迁也必将紧随东圣之后大踏步走向世界。在这样的背景之下，我们迎来了司马迁诞辰2160周年。我们纪念先贤哲人的诞辰，缅怀先人的辉煌，激励今人的奋斗，展望前途似锦的未来，定会增强我们的自信心。我们深信，中国梦一定能够实现。

# 《史记》在今天的现实意义

※本文作者韩兆琦。

班固曾引刘向、扬雄的话称道司马迁有"良史之才",说《史记》"其文直,其事核,不虚美,不隐恶,故谓之实录"。鲁迅则更称《史记》是"史家之绝唱,无韵之《离骚》"。意思都是赞美《史记》的思想内容与其艺术成就都达到了无与伦比的程度。到了21世纪的今天,这部产生于两千多年前的名著还有哪些现实意义呢?我想谈以下几点:

其一,《史记》表现了司马迁进步的民族思想。

早在先秦的《诗经·闷宫》就说"荆蛮是惩,戎狄是膺",《左传》是鼓吹"尊王攘夷"的,与司马迁同时的董仲舒也是宣传"内诸夏而外夷狄"。他们都是歧视、排斥少数民族的,而司马迁却一反这种传统观念,而提出了各少数民族都是黄帝的子孙,都是一家人的看法。楚国在春秋时代是被视为夷狄的,司马迁在《楚世家》中却说:"楚之先祖出自帝颛顼高阳,高阳者,黄帝之孙,昌意之子也。"吴越地区,过去也是被视为蛮夷的,而《东越列传》则说:"闽越王无诸及东海王摇者,其先皆越王句践之后也,姓驺氏。"《越世家》说:"越王句践,其先禹之苗裔,而夏后帝少康之庶子也。"尤其令人惊奇的是他在《匈奴列传》中说:"匈奴,其先祖夏后氏之苗裔,曰淳维。"匈奴自战国后期,一直威胁着北方,汉初以来,又一直是汉王朝最主要的敌人,而到了司马迁笔下竟也成为一家人了。这种思想对我国这个多民族大家庭的形成,有着极其重要的意义。

汉武帝一生发动的战争有伐匈奴、伐大宛、伐东越、伐南越、伐朝鲜、通西南夷等。其中除其前期对匈奴进行的战争属于正义的自卫反击外,其他大都属于非正义的扩张掠夺。对南越的战争,是起于汉朝使者勾结南越王和王太后,阴谋杀害其丞相吕嘉,以图使南越进一步归附,成为汉朝国内的诸侯;对朝鲜的战争,是起于汉朝使者出使朝鲜时背信弃义地杀死了朝鲜陪送的官员,回国后谎报杀死了朝鲜的将军，汉武帝对此不仅不加责罚，反以为"名美"而加以升赏；对大宛的战争，是起于汉武帝派使者去大宛购买贰师善马，大宛不卖，汉使盛气凌人口出不逊，因而引起纠纷。司马迁明著于史，其同情显然是在被侵略、被掠夺一方的。司马迁是汉代被压迫人民与被侵略、被掠夺的少数民族的共同的朋友。

说中国境内各民族都是炎黄子孙虽然未必科学，但司马迁所宣传的这种各民族友好一家的思想深入人心，它已经成了两千年来团结、凝聚境内外各族中华儿女共同建设与保卫他们神圣家园的强大的精神力量。

其二，《史记》表现了司马迁卓绝的经济思想。

司马迁在《平准书》中说："齐桓公用管仲之谋，通轻重之权，徼山海之业，以朝诸侯，用区区之齐显成霸名；魏用李克，尽地力为强君。"《河渠书》说："郑国渠就，用注填阏之水，溉泽卤之地四万余顷，收皆亩一钟，于是关中为沃野，无凶年，秦以富强，卒并诸侯。"都明确地指出了经济发展在国家富强中的基础作用。这样突出地强调经济问题，与先秦儒家深恶痛绝地反对"言利"，片面强调"仁义"，以为只要国君实行"仁政"，天下的百姓就都将"襁负其子女而至矣"，这个国家就将"无敌于天下"的那种夸夸其谈，形成了鲜明的对照。

司马迁主张农、工、商、虞四者并重，反对秦朝以来统治者一贯推行的"重本抑末"。在这些年代的统治者看来，商人不是劳动者，他们不创造财富，他们被看作是对整个社会有害无益的"蠹虫"。封建主义最理想的蓝图就是男耕女织、自给自足、小国寡民。但是我们看看马列主义的创始人对私人工商业的看法吧，列宁说："没有工商业人口的增加和农业人口的减少，资本主义是不可想象的。"恩格斯说："商人对于以前停滞不变，可以说由于世袭而停滞不变的社会来说，是一个革命的要素。商人来到了这个世界上，它应当是这个世界发生变革的起点。"他们对于商人活动的评价是多么高啊！司马迁这种异常重要的经济思想，白白地被压抑了两千多年。试想，如果从司马迁那个时代，真来一个"工农商虞"四者并重，那中国的古代史又将是一种什么局面呢？

司马迁赞扬私人工商业者们的卓越才能，赞扬他们对国家社会所做的贡献。他引战国商人白圭的名言说："吾治生产，犹伊尹、吕尚之谋，孙吴用兵，商鞅行法是也。是故其智不足以权变，勇不足以决断，仁不能以取予，强不能有所守，虽欲学吾术，终不告之矣。"《货殖列传》写了蜀地的一个女手工业者寡妇清，由于她在秦王朝统一六国的过程中给秦始皇提供过财力支援，所以秦始皇为她修了一座怀清台，作为纪念。卓文君的祖上也是很有头脑、很有才干的手工业者，他们开发大西南的功绩，是不能忽视的。

　　但是这些私人工商业者，他们的身份却卑贱得等同奴隶、罪犯。依据秦朝的规定，调动囚犯一类的人去戍守长城，叫作"谪戍"。谪戍所征调的人，第一等是监狱和劳改场的犯人与赘婿；第二等就是登记在册的工商业者；第三等是现在虽已不是工商业者，但其父祖辈曾有做过工商业者的历史。到汉武帝时，对私人工商业者，一方面是用严格的禁令限制，另一方面是用官工官商去挤压，最恶毒的是实行一种"告缗法"，也就是鼓励全社会的人揭发举报工商业者的"申报资产不实"。谁举报，谁就可以获得被没收资产的一半。这一来遂使"中家以上的工商业者大抵皆破"，这对我国古代工商业的发展该是多么严重的摧残啊！司马迁的《平准书》和《货殖列传》就写成在这样的年代里。司马迁的这些进步经济思想被压抑了两千多年，直到改革开放的最近三十年里，才真正广泛地为中国社会所熟知、所盛赞。

　　其三，《史记》表现了司马迁强烈的民主性。

　　《史记》与其他二十多部"正史"的最大不同是司马迁不媚皇权，他生活在西汉前期，但对西汉前期的历朝帝王都没有什么虚美之词，相反倒是对他们的人性道德以及政策上的种种缺失，都能如实地予以揭露。平心而论，汉高祖刘邦在历代帝王的行列中，应该算是既有深谋远略，又有相当高的政策水平；既能广泛招揽人才，又能知人善用的一个。但司马迁在充分展示刘邦这些明显优长的时候，总忘不了插叙一些刘邦的痞子行径。西汉前期汉景帝在位的那段历史，是被许多人盛赞为"文景之治"的。但在司马迁笔下，倒是充分暴露了汉景帝的残暴不仁。他背信弃义地杀了为维护中央集权而坚持削藩的御史大夫晁错；又以"你不在阳间造反，就是想到阴间造反"的"理由"，杀害了平定"七国之乱"有大功的丞相周亚夫；又听信谗言杀了他的太子刘荣与刘荣之母栗妃。《史记》还深刻地写了刘景帝与其胞弟梁孝王的尖锐矛盾。梁孝王的部下韩安国警告梁孝王要认清自己的危险局面说："纵有亲父母，安知不为虎；纵有亲兄长，安知不为狼？"这话对揭露封建社会最高统治者的家庭矛盾，是触目惊心的。

相反，司马迁在《史记》中描写了大量的小人物，诸如游侠、隐者、食客、医生、赘婿、卜者等等。《史记》中有许多轰轰烈烈的大人物所干的大事件，但这些大事件都是靠小人物的帮助完成的：信陵君窃符救赵是靠了侯嬴、朱亥；平原君能搬动楚兵，并能坚守围城，是靠了毛遂、李同；孟尝君所以能脱离秦国，并又能在齐国干一番事业，是靠了鸡鸣、狗盗、冯谖。因此若说司马迁之所以要给信陵君、平原君、孟尝君立传，其实际目的就是为了表彰侯嬴、朱亥、毛遂、李同、鸡鸣、狗盗、冯谖等等这些下层人物，我看也是可以的。

司马迁的不媚皇权、敢于批判腐朽黑暗，与司马迁的重视社会下层，努力歌颂小人物，是《史记》中民主性突出表现的两个方面。

其四，《史记》表现了司马迁崇高的理想追求

司马迁认为当国君、当大臣的都必须以国家、以黎民百姓的利益为重，必须大公无私，不谋私利。他在《五帝本纪》里描写了尧在物色接班人时的反复考虑：是传给大家公认的贤臣舜呢？还是传给自己的儿子丹朱呢？"授舜，则天下得其利而丹朱病；授丹朱，则天下病而丹朱得其利。"最后尧下定决心说："终不以天下之病而利一人！"于是就断然将天下传给了舜。这是多么可贵的一种"天下为公"的精神啊！

早在《左传》中，进步的思想家就提出："天下有道，则公侯能为民干城。"其意思和后来唐代柳宗元所说的"吏者，民之役也"差不多。究竟君是民的役呢？还是民是君的奴呢？这是两种对立的思想。司马迁写《史记》，在这个问题上是不含糊的。既然君是民的役，那就意谓着做国君就得吃苦，就得受累，就得像大禹那样，在"洪水滔天，浩浩怀山襄陵，下民皆服于水"的情况下，"陆行乘车，水行乘舟，泥行乘橇，山行乘檋"地去到处奔走治水，以至于达到"劳身焦思，居外十三年，过家门不敢入"的地步。这样的帝王，两千年来的一切封建统治者们有几个愿意当？

以上几个都是来自儒家传说的故事。《史记》里还有一篇《循吏列传》，所记的是来自法家的几个故事。一个是说春秋时晋文公的法官李离。李离由于依据下属所报的材料错杀了人，发觉后，李离把自己拘捕起来，请求国家将自己处死。晋文公说："这是你手下的人犯的错误，不是你的责任。"李离说："我是主官，平时掌大权，拿

高薪，我从来没有把这些分给下属；如今我听了错话，错判、错杀了人，我理应受到惩处。"于是毅然自杀了。另一个是楚昭王的丞相石奢。石奢为官清正，不徇私情。一天，他到下面的县里视察，正巧碰上有人拦路杀人。石奢见此情景，立即派人将凶手擒获。迨至将凶手押到石奢面前时，石奢发现凶手竟是自己的父亲。石奢无奈，只好把父亲放走，把自己拘捕下狱，请求楚昭王将自己处死。楚昭王说："你就说你追凶手没有追上，不就完了吗？"石奢说："不偏爱父亲，就是不孝；放松对凶手的执法，就是对国家的不忠。您想宽饶我的放父逃走，那是您对我的恩惠；我为自己的执法不严而自杀，那是我为臣尽职的本分！"于是自杀而死。这两个故事都说明两点：一点是为公家做事必须公而忘私，尽职尽责；第二点是为官任职必须对自己的所作所为而负责到底。

　　本节所引的历史故事未必都是既有的事实，但它们都带有司马迁理想的光芒则是没有问题的。在当前正在推行"以法治国"的今天，司马迁这种既吸收儒家理想，又吸收法家理想的择诸家之善而从之的观点，是很有借鉴意义的。

# 《史记》中的法治思想

＊本文作者岳庆平，北京大学历史学系教授、博士生导师，中国秦汉史研究会原副会长。

《史记》中的法治思想，特别是强调道德与法律的共同作用，主张有局限的法律平等及宣扬慎刑、宽刑等内容，当前非常值得我们认真总结并借鉴。《史记》中的法治思想，主要以两种方式体现：一种是司马迁在篇末以论赞的形式直接发表观点和评论；另一种则体现在对人物和事件的描写与叙述中，正所谓"载之空言，不如见之于行事之深切著明也"。在作《史记》时，司马迁参考了当时众多的典籍而加以剪裁，在对材料的取舍轻重中无疑蕴含着撰者的主张。

《史记》叙事上始于传说中的五帝时代，在记载远古事迹时已包含初步的法治思想。据《史记》记载，尧年老时，让舜代行天子的职务，考察他的执政能力。舜实行了一系列政策，其中关于法治的措施有作"象刑"。有学者认为，"象刑"并不是真正的处罚，而是一种"象征刑"，是让犯法者穿上与众不同的衣服，戴上不同颜色的头巾，以此来表示警戒。舜时还实行"眚灾过，赦；怙终贼，刑"的政策，即赦免那些由于过失犯罪的人，对屡教不改的犯人才动用刑罚。这些都体现了原始的"慎刑"思想。

周穆王以甫侯为相，作《甫刑》，有"墨罚之属千，劓罚之属千，膑罚之属五百，宫罚之属三百，大辟之罚其属二百，五刑之属三千"。随着刑罚的渐趋发展成熟，对执法人员的素质和司法的过程也提出了更高要求。比如，当时强调选择贤人执法以安百姓，强调在司法过程中敬畏法律，以杜绝所谓"择非其人"、"敬非其刑"、"居非其宜"等现象。在具体法律的施行过程中，注意做到"两造具备"、"师听五辞"，即注重证词和证词的取得程序，以保证法律施行过程中的公正，避免冤案产生。经过严格的程序，如果犯罪的证据确凿，则按情节轻重分别予以"五刑"、"五罚"、"五过"等轻重不同的惩罚。难能可贵的是，当时已提出了处罚必须和所犯罪行相适应的"阅实其罪,唯钧其过"和疑罪从轻的"刑疑赦从罚,罚疑赦从免"的口号。认为只有谨慎使用法律,不轻易用刑,才能"简信有众,唯讯有稽",得到百姓的拥护。

秦自商鞅变法始,信奉申不害、韩非子等法家代表人物的法治思想,逐渐确立了以法治国的政策。秦统一后,李斯主持整理修订法律,"明法度,定律令",还"除疑定法",使百姓"咸知所避"。司马迁肯定李斯在法治上的建树,但批评他过于"严威酷刑",认为如果不是因为这一点,他将会和周公、召公等圣贤一样名垂青史。

秦始皇"奋六世之余烈",用战争手段统一中国,并强制性地把秦国的法律推行到新征服的地区,造成这些地区人民的激烈反抗。秦始皇死后不久,陈胜、吴广揭竿而起,空前强大的秦帝国随之轰然倒塌。秦朝的快速灭亡,使汉初知识阶层深刻反思秦代统治教训,形成了一股"非秦"的思潮,而秦朝的严刑峻法是广受批评的内容。贾谊的《过秦论》即是"非秦"思潮的代表作品,贾谊认为秦王"禁文书而酷刑法,先诈力而后仁义,以暴虐为天下始",但继位的秦二世如能"攻守异术",对政策进行一些调整,秦朝也不至于骤然覆灭。按照贾谊的主张,秦二世应该"虚囹圄而免刑,除去收孥污秽之罪",约法省禁,让天下的人能够自新,以威德统治天下,那样就会避免"暴乱之奸"。司马迁非常推崇贾谊对秦政的分析与批评,将其言论附在《秦始皇本纪》的篇末。也对秦始皇的政策进行批评,认为他"刚毅戾深,事皆决于法,刻削毋仁恩和义,然后合五德之数。于是急法,久者不赦"。

与对秦始皇的批评形成鲜明对比的是司马迁对汉文帝的赞扬,在他的笔下,汉文帝是一位贤明君主。在汉文帝时期,中国的法治有几项重大的变革,废除"收孥"是其中之一。"收孥"是由秦代开始的一种残酷制度:如果一人犯罪,其父母妻子等家属都要遭受处罚。汉文帝即位第一年就废除了这一制度,认为法律是政治之本,其作用是禁止暴行,引导民众,如果某人犯罪亲属也连坐,则有悖于法律的根本宗旨,应该予以废除。汉文帝相信"法正则民悫,罪当则民从",即法律正当民众才会诚实,处罚得当民众才会服从。如果官员不能引导民众遵守秩序,又用不正当的法律处罚,这反而会使民众信奉暴力。

汉文帝时期另一项重大法治变革是废除肉刑,而这是由一位女子的上书所引发的。司马迁叙事以言简意赅而著称,被认为是"文省理幽",但他在看似普通的这件事上却不惜笔墨,在《孝文本纪》和《扁鹊仓公列传》两处都进行了详细叙述,足以看出他本人对这一举措的赞同。汉文帝时期,齐国的太仓令淳于意犯罪,按法律应该押解到长安受肉刑。他的小女儿缇萦跟随父亲到京城,在皇宫门阙外上书,说"死者不可复生,而刑者不可复续",即便想改过自新也不可能了。还说我愿意舍身去做官府的女奴,来赎父亲的罪过,让他能改过自新。缇萦的上书感动了汉文帝,文帝认为对犯罪者不进行教育而只是施加刑罚,残毁肉体,"断支体,刻肌肤,终身不息",这不是为民父母应有的做法。他随即下令废除肉刑,成为中国古代司法史上的重要事件。

在《史记》中,司马迁为奉公守法的官吏作《循吏列传》,对他们有很高的评价。在该传的最后,他明确地表达出从宽执法的主张:"法令所以导民也,刑罚所以禁奸也。文武不备,良民惧然身修者,官未曾乱也。奉职循理,亦可以为治,何必威严哉?"

据《张释之冯唐列传》,即便是汉文帝这样一位古代的模范帝王,在自身受到冒犯时也不能完全依法行事。一次,他出行过中渭桥,有一个行人从桥下走出来冲撞了他的仪仗,惊动了他的马,他让侍从抓捕这个人后,交给管司法的部门处理。当时,张释之担任司法机关的长官廷尉,查明情况后按照法律规定判这个人罚金。汉文帝知道后很生气,觉得判得太轻。张释之认为,"法者天子所与天下公共也",如果不遵守法律规定而加重处罚,就会失去民众的信任。廷尉作为司法机关,应该追求公平,一切依法律办事。汉文帝思考很长时间,最后赞同张释之的判罚。

汉武帝后法网渐趋严密,中央大力打击地方豪强,出现了郅都、张汤、杜周等一大批"酷吏",司马迁认为他们中"其廉者足以为仪表,其污者足以为戒"。在评价郅都时,说他虽然严酷,但却能"致行法不避贵戚",体现了一定的司法平等观念。

《史记》中大力宣扬道德教化与法律制约相互配合,认为礼、德要优于政、刑,非常认同"导之以政,齐之以刑,民免而无耻。导之以德,齐之以礼,有耻且格"。《史记》中还有礼治与法治相互补充、相辅而成的思想,在《孔子世家》中引用"夫名不正则言不顺,言不顺则事不成,事不成则礼乐不兴,礼乐不兴则刑罚不中,刑罚不中则民无所措手足矣"。对于礼与法的关系,司马迁也有类似的观点,他在《太史公自序》中说:"夫礼禁未然之前,法施已然之后,法之所为用者易见，而礼之所为禁者难知。"认为道德规范可以起到预防犯罪的作用，法律规定的作用只体现在犯罪行为发生之后，法律的处罚制裁作用是即时的、显性的，而道德的引导规范作用是长期的、隐性的。

自《史记》问世以来，历朝历代的学者都在不断地研究它，不断地挖掘它的价值。2015年是史圣司马迁诞辰2160周年，在两千多年后的今天，我们重新审视《史记》这部伟大的作品，汲取其中最为光彩、最有价值的内容，尤其是认真总结《史记》中的法治思想，借鉴上述德主刑辅、礼法合治等积极因素，对于大力弘扬中华优秀传统文化，使之服务于全面深化改革和全面推进依法治国的实践，具有极其深刻和长远的重要意义。

# 《史记》评述注重事势

\* 本文作者杨燕起。

司马迁撰写《史记》，要"稽其成败兴坏之理"，在此过程中，他在排斥了具有人格神意志的天命、天意对社会历史起支配作用的同时，却也认识到在社会历史的推移中，确有一种人为的主观因素之外的客观力量在起作用，在制约着历史的变化，形成历史的发展趋势，人们顺应它，其事业就可能获得成功、兴盛，如果违抗它，其事业就可能导致失败、废坏。司马迁把这种潜在的无形力量，表述为"势"。他对历史经验教训进行综合概括，以便从中找出对现实和未来具有参考和指导意义的一些事理、法则的探求，就是建立在对事势观察分析的基础之上的。

《史记》是纪传体史书体例，本纪则是全书之纲。十二本纪的总体内容，在构建早期中华一统国家体制的理念中，展示出从原始部落的自然分化到周代大规模的政治分封，然后经秦的统一六国推行郡县，再到汉初的郡国结合，发展而为汉武时期的专制主义中央集权，并在其中杂糅着反残暴、反分裂的战争，天子修身的影响，德治力治的相应转换，以及人心向背的作用等诸多因素的历史发展的大趋势。而十表则以这一大趋势为基础，将《史记》所叙三千年的历史，划分为春秋以前、春秋、战国、秦楚之际与汉代五个阶段，并在其前几篇序言中，论说出各阶段历史形势的特点，仍然集中强调了中央集权与地方分权之间的矛盾与斗争，显示出大一统国家逐步形成与发展的艰辛历程。《史记》认为历史发展的这种大趋势，虽然是人们看不见摸不着的，但它具有汹涌澎湃的巨大力量，不是一般人的行为可以阻挡的。在这样一个总体大趋势的推动下，各个诸侯国或各个历史时期都有其相应的独特演变的态势。如《齐太公世家》论赞称："吾适齐，自泰山属之琅邪，北被于海，膏壤二千里，其民阔达多匿知，其天性也。以太公之圣建国本，桓公之盛修善政，以为诸侯会盟，称伯，不亦宜乎？洋洋哉，固大国之风也！"这是从所处的自然环境、文化传统、经济发展、政治阶段划分等多方面，论述了齐在春秋时期称霸的合理性，明确表现了司马迁评述历史立足于事势的观点。又如《秦楚之际月表序》所说："秦起襄公，章于文、穆，献、孝之后，稍以蚕食六国，百有余载，至始皇乃能并冠带之伦。"这显示了秦国独特的发展道路，及其在中华大一统中所起的转变历史的巨大作用之为事势的必然。即如一种学术思想演变的评述，《史记》也注意揭示其自身联系中的内在态势。《老子韩非列传》写了老子、庄子、申子、韩非数人的事迹，并借以显示出老庄道家无为而治到申韩法家残忍刻薄之过渡。正如清代学者杨琪光在《读史记臆说》中所言："夫无为必不务修明其法制，官事浸以耗弛，而民玩盗恣，非严法乌足以已之。汉文景尚黄老，武帝而酷吏兴于治，虽罔密务诋严，亦势使然哉！"正是结合汉初的社会政治现实，恰当地指出了这种演变是事势发展的必然。

　　《史记》七十列传的撰述标准是："扶义俶傥，不令己失时，立功名于天下。"强调人们在参与社会活动的过程中，不要让自己错失了时机，以此鼓励人们必须有智慧、有胆量，去为历史的发展建立功名。商鞅本是卫国人，后去了魏国为官，当时的魏相公叔座知道商鞅贤能，推荐他接替自己为相，遭到魏惠王反对。恰好在这时，秦孝公为振兴秦国，发布命令向天下求贤，于是《商君列传》记述说"公叔既死，公孙鞅闻秦孝公下令国中求贤者，将修缪公之业，东复侵地，乃遂西入秦"。商鞅做出了正确选择，后来以他推动的秦国变法，使他在中国历史上立了奇功。同样典型的例子也有李斯，他本是楚国人，《李斯列传》记，李斯"乃从荀卿学帝王之术。学已成，度楚王不足事，而六国皆弱，无可为建功者，欲西入秦"。李斯入秦的选择也是对的，后来辅佐秦始皇废封建行郡县立下了大功。司马迁认为，历史上有本领有才能的人多得很，但并非所有这些人都能立功成名，恰恰相反，有些本来是平庸之辈，却因为赶上了机遇却有了成就。《范雎蔡泽列传》的论赞说："韩子称'长袖善舞，多钱善贾'，信哉是言也。范雎、蔡泽世所谓一切辩士，然游说诸侯至白首无所遇者，非计策之拙，所为说力少也。及二人羁旅入秦，继踵取卿相，垂功于天下者，固强弱之势异也。然士亦有偶合，贤者多如此二子，不得尽意，岂可胜道哉！然二子不困厄，恶能激乎？"这说明不"失时"并乘势作为的极端重要性。

　　还有一方面，人的行为在历史演进的过程中，也不能违势、逆势，否则事业不仅不会成功，甚至还会身败名裂。《魏世家》论赞称："说者皆曰魏以不用信陵君故，国削弱至于亡，余以为不然。天方令秦平海内，其业未成，魏虽得阿衡之佐，曷益乎？"这就是说，在强大秦军的打击面前，魏国即使有如辅佐商汤的伊尹一样的人才来治理，也是要被灭亡的，因为结束分裂统一中国的大趋势，谁也不能阻挡。类似的情况如韩国之诱导秦修郑国渠，燕太子丹之派荆轲刺秦王，都无助于二国之将被灭亡。

说人们的作为只能顺势，不能逆势，并不是说人们不可以通过自己的努力，为社会做出积极贡献，给国家事势的发展增添力量，并推动着历史前进。《史记》给孔子立世家，论赞中称"自天子王侯，中国言《六艺》者折中于夫子，可谓至圣矣"，就是表彰孔子一生所创立的儒家学说，对于巩固统一的中央政权所能起的作用。《史记》肯定陈胜首先发动了秦末农民起义，《陈涉世家》最后记述说"陈胜虽已死，其所置遣侯王将相竟亡秦"，就是将亡秦的首功归于陈胜。而且《秦楚之际月表序》评述："初作难，发于陈涉；虐戾灭秦，自项氏；拨乱诛暴，平定海内，卒践帝祚，成于汉家。"这是充分而精确地展示了陈胜作为在历史上所具有的造势功能，当然，这个过程中也还包括了项羽和刘邦。此外，如商鞅之变法，李斯之议郡县，汉初重臣萧何、曹参、张良、陈平、周勃父子之维护国家统一，汉景时晁错之议众建诸侯而少其力，汉武时主父偃之议推恩分子弟国邑等，均对最终形成中华传统的专制主义中央集权的历史发展的趋势，作出了有益的贡献。《史记》从"势"的角度评论历史人物，并以此衡量他们在天下存亡和历史进程中的不同作用。司马迁认为，在所形成的客观事势面前，人不是被动的，不是无能为力的。相反，人们通过对地理环境、历史条件、社会政治现实的比较分析和通观研究，完全可以凭借自身的智慧才能，审时度势，发挥历史主体作用，主动提出正确处理相关问题的对策，积极参与诸多社会活动事项，以便在历史上建立功勋并推动社会继续前进的。当然，在一定的历史条件下，也有人不愿意承认事势的客观力量，或者可能采取一些错误的政策措施，结果与事势的发展要求背道而驰，这样，社会的历史就会出现另外的局面，人们的努力就会遭受失败。

在《史记》中，司马迁所讲的势，实际包括了两个方面的内容：一个方面是指带有纲领性、规律性的事势发展的总的趋势；另一方面是指某些社会政治人物在他的活动期限内，作为它的历史背景的具体的时势。时势是历史总趋势链条中的一环，是历史发展的横断面，因而更具有现实性。所以从"稽其成败兴坏之理"的角度来说，"势"也自有其规律性和现实性的程度与性质的区别。因此，《史记》的所谓"势"，实际上是历史发展的必然性和偶然性相结合的产物，是社会各种客观条件的交替综合，是各种社会力量、社会矛盾冲突的集中与概括。司马迁对历史发展趋势和具体形势的许多分析和论述，反映了从远古传说至汉初中国历史发展的实际，其中对社会的经济和政治等内容的很多认识是深刻的，在思想上是具有进步意义的。

事势就是社会历史的一种客观的无形力量，即如近代学者齐树楷之《史记意·读法》所说，"势自有力存乎间"，而李长之在《司马迁的人格与风格》一书中解释，这种"客观的力量……是物质的自然和人为的（文化的、历史的）活动所加在一起而构成的"。《史记》处处是注意到这种力量的表现的。比如称礼、乐之随时代不同而变化为"自然之势也"；讲经济问题时，在《货殖列传》中，司马迁所说的"道之所符"、"自然之验"以及"物之理"等，究其实质，指的也都是事势之必然。司马迁特别强调"定势"之不可逆转，认为想把流通经济非常繁荣的社会，倒退到老子所说的小国寡民的时代去是根本不可能的，所以司马迁提出"善者因之"，或者"承敝通变"、"顺流与之更始"等等，就是主张人们顺应事势发展的自然，来制订正确的政策措施，以求得社会历史的正常发展。司马迁从历史经验中看到了物盛而衰，物极必反的许多事实，认为如果不能顺应事势的发展，就会出现完全意想不到的结果，以致使事态激化到不可收拾的地步。

《史记》中所说的事势，有许多时候是用"天"来表述的。刘咸炘在《太史公知意·序论三·挈宗旨》中说："盖谓古今之变，有非人力之所能为者，则归之于天。此所谓天，非有深意，即孟子所谓莫为而为者。故秦之成则归之天助，项之兴则疑为舜裔，后妃之事则委之于命。此皆谲词，以明古今大变，有不可全以人力解者，势之成也。天人参焉，故曰际也。"意思是说"势"成即为"天"。《史记》中讲"天"大体分为三种情况，一是讲自然的天，如《天官书》内主要所叙述的日月五星等；一是讲人格神的天，具有一定的迷信色彩；一是讲表示事势的天。在涉及社会历史的具体问题时，《史记》所讲的"天"，在绝大多数场合下，是指事势及其发展这样一个人为的主观因素之外的客观存在。如上文《魏世家》论赞提到的"天方令秦平海内",这个"天"指的就是秦国要完成的统一六国大业的潮流趋势。同样,《六国年表序》中,讲秦的"卒并天下,非必险固便形势利也,盖若天所助焉",这个"天"与前说相同,就是指的历史事势发展的总趋势。《秦楚之际月表序》讲刘邦之"卒践帝祚"为:"岂非天哉!岂非天哉!非大圣孰能当此受命而帝者乎?"这是说明刘邦起于布衣,乃是"无土而王",恰恰是秦的废分封,"堕坏名城,销锋镝",为他的登上帝位扫除了障碍。刘邦是借助于历史参错扰攘急速变化的形势,很快成就了帝业,这里所说的"天""受命",就是指承受了社会有利的客观条件,顺应了历史发展的要求。《外戚世家》论赞说,吕后死后大臣们诛杀吕禄、吕产,是"天诱其统,卒灭吕氏",其后迎立代王刘恒,"是为孝文帝,奉汉宗庙,此岂非天耶?非天命孰能当之"?这里的天统、天、天命,究其实并不是讲人格神,从该事件关涉的多篇记载的论述分析,它所讲的也正是指事势的必然。

《史记》评述内容中所讲的事势,接近于形成对社会发展内在规律的某种认识,是历史研究领域的重要时代成就,司马迁讲要"究天人之际,通古今之变""稽其成败兴坏之理"时,其所究之"天",所通之"变",所稽之"理"中,就包含着社会历史发展中客观事势趋向存在的必然。

# 司马迁创作精神时下谈

※本文作者刘德奉,重庆市文化艺术研究院院长。

近读《汉书·司马迁传》至其篇后赞论,汉史学家班固总结了一段特别有见地的话,这段话虽然含有引用成分,然而却体现了班固的史学精神,也是对司马迁的真实评价。其文曰:"迁有良史之材,服其善序事理,辨而不华,质而不俚,其文直,其事核,不虚美,不隐恶,故谓之实录。"这段话看似平淡,读来明了,却是对司马迁为人与治史的高度评价。尤其是当我们反复诵读其《史记》,再相见其为人,心中总会荡起层层涟漪,一种敬仰与感伤的情态久久重叠于心里,挥之不去,招之即来。

客观地讲,在司马迁所处的政治环境里,所处的职司位置上,所要进行的治史事业中,没有坚定的信念,没有高远的目标,没有彻底的牺牲精神,是不可能完成《史记》这一伟大的工程的,也就不会有影响今天、影响世界的伟大《史记》流传。

今年是 2015 年,亦系司马迁诞辰 2160 周年,值此之际,手捧《史记》,如见其人,面对当下之创作,感慨良多,故数语如下,以教于人。

《史记》是一部什么样的书,司马迁自己说得最为明白。他在《报任安书》中说:"究天人之际,通古今之变,成一家之言。"通览《史记》,无论是记还是传,无论是表还是文,无论是述政治军事还是述社会民俗,无论是记帝王将相还是记文人侠士,无论是纵向的书写还是横向的实录,都充分地体现了他的这一思想。也就是说,要给后来的人们提供规律性的思考,启示性的教育。而不是一般性的资料堆积,单一性的现象记录。比如规律性的内容,大都体现在其篇前的序论、篇后的赞论、篇中的夹叙夹议之中。启示性的教育,大都体现在其人物叙述、故事推演、事物介绍的内容之中。《史记》之所以千古流传,影响至今,不仅仅在于治史资政,甚至于文学传播、知识传播,更在于其创作的根本点和出发点。

然而，如今的创作态度是什么呢？如果用直接的史学类作品作比较的话，那么，无论是政治史还是经济史，无论是社会史还是文化史，无论是综合类还是专业型，大到政治的小到市井的，上到官修的下到民著的，林林总总，充斥市场，虽说不乏有优秀的学术成果，但相当比例却空洞无物。看似学术大繁荣，实则文化大衰退。因为这些作品，花去大量人力物力财力，最终失去学术性可读性，仅余资料性信息性。从头翻到尾大都是资料整理，尤其费心费力之后出版的大量年鉴更是如此。如果要引用什么资料，无疑它是最好的工具书，至少帮助你减少了大量的图书馆、档案馆查阅工作，既节省了人力，又节省了财力。但是，如果不是当时代人，如果不是行业内人员，如果对其过去和现状一无所知，那么，这些资料对你而言也只算是一些零散的碎片，无市的尾菜，你根本无法从中寻其规律，获其教益，受其启示。虽然这一类的图书读者很多，且市场销售不匪。我只能说其益在于丰富了出版市场，促进了文化产业，满足了某些单位、个人、项目者虚荣。其害让人少思索、懒思索、不思索。长此以往，何以获得国家、社会、事物发展规律，何以产生新的史学家、哲学家、思想家、政治家，何以立国、立民、立学于世。这不是危言耸听，此种流害，不亚于敌国长期侵略，不亚于西方帝国殖民。更何况这是自我肌体中的瘤毒，无可发觉的瘤毒，致人兴奋的瘤毒。如果说几十年来我们一直警惕"西化"的话，那么，来自自身的文化惰性才是最大的文化侵略。

据媒体介绍，我国每年创作出版的文学作品多达数万部，仅小说亦有数千部之多，与之明清小说繁荣时期相比，亦更加繁荣有过了。然而，又有几多优秀作品，几多可以传世，几多可以长期上架。其中最为重要的标准，就是看它是否反映了社会发展的基本规律，是否表现了人性的基本特点，是否展现了时代的基本精神。如果用司马迁的话来说，亦是否究了天人之际。为什么《诗经》《离骚》千古绝唱，为什么《西厢》《红楼》脍炙人口，甚至《家》《春》《秋》《四世同堂》仍不过时，其根本就在于此。而今人的作品为什么如电影般只领骚三五月，飘然而过，燕不留影，其问题亦在于此。

70多年前，毛泽东同志在延安文艺座谈会上指出："人民生活中本来存在着文学艺术原料的矿藏，这是自然形态的东西，是粗糙的东西，但也是最生动、最丰富、最基本的东西；在这点上说，它们使一切文学艺术相形见绌，它们是一切文学艺术的取之不尽、用之不竭的唯一的源泉。"2015年10月，习近平同志又在文艺工作座谈会上强调："文艺创作方法有一百条、一千条，但最根本、最关键、最牢靠的办法是扎根人民、扎根生活。"通观《史记》，我们不难发现，司马迁在深入生活，实地考察，收集甄别大量文献上下了何等功夫。古人常说："读万卷书，行万里路。"这对于文学艺术创作者来讲是千古不变的真理，这对于司马迁来讲更是最为贴切的概括。

从实地考察角度看，司马迁一生倾之用力，不仅仅在时间上、路线上、内容上费尽心机，而且在形式上、方法上、着力点上很下功夫。归纳起来主要有三种情况：一种是学术性游历。司马迁在《太史公自序》中带有自豪性的表述说："二十而南游江、淮，上会稽，探禹穴，窥九疑，浮于沅、湘；北涉汶、泗，讲业齐鲁之都，观孔子之遗风，乡射邹、峄；厄困鄱、薛、彭城，过梁、楚以归。"此次游历的时间长达两三年之久，路线和内容都是中国文化的核心地区，考察对象既涉及帝王将相，又涉及自然人文；既涉及政治经济，又涉及古今变化；既有纯粹性的考察，又有学术性的交流。比如，司马迁在齐鲁之地的游历，既有"讲业"又有"观风"，并且把亲历的感受充分吸收到《史记》的创作之中。《孔子世家》的赞论中就体现了这一考察价值："适鲁，观仲尼庙堂车服礼器，诸生以时习礼其家，余祗回留之不能去云。"还比如，司马迁在《屈原贾生列传》中对屈原的感性认识，亦与其亲临其境息息相关，他在最后的赞论中说："余读《离骚》、《天问》、《招魂》、《哀郢》，悲其志。适长沙，观屈原所自沉渊，未尝不垂涕，想见其为人。"在《史记》的创作中，明明白白表达出司马迁观感的就达数十次之多，那么，没有写进《史记》，而又对《史记》创作直接产生影响的，则不计其数了。另一种是扈从皇帝考察。据张大可先生《司马迁传》所提供的资料，汉武帝嗜好巡幸，一生巡幸多达34次，除了两次之外，司马迁全部参与其中。参与皇帝巡幸，不仅仅是行万里路，更重要者与帝王将相直接交流。这对于丰富《史记》创作，提升创作境界起着重要作用。比如在《封禅书》赞论中司马迁就提出了关于人鬼的哲学思考："于是退而论次自古以来用事于鬼神者，具见其表里。"再一种情况是受命出使。司马迁在《太史公自序》中说："奉使西征巴蜀以南，南略邛、笮、昆明。"问题的关键在于司马迁在执行任务的过程中，不仅仅是单一地完成出使任务，而还从《史记》创作的需要出发收集大量资料，这对于司马迁创作《史记·西南夷列传》起到了开阔视野、丰富内容、准确资料的积极作用。甚至，我们可以设想，如果没有西南地区的出使之机，会不会有《西南夷列传》的出现还是一个问号。

从收集甄别文献角度看，司马迁说得最为自信，《太史公自序》中就表达了这样的心态："自曹参荐盖公言黄老，而贾生、晁错明申、商，公孙弘以儒显，百年之间，天下遗文古事靡不毕集太史公。"他要"网罗天下放失旧闻"，不仅仅有了游历的亲闻，而且还拥有大量图书资料，这对其创作《史记》提供了难得的先决条件。当然，这些资料的收集整理之后，关键还要具备甄别能力，去粗取精，去伪存真，然后服务于创作。这在《史记》全书中可以直接观感到，有的直接引用，有的间接吸取。此时，我们随便选取一章，如《司马相如列传》，直接引用的资料就占了整个篇幅的半数以上。同时，在很多章节的创作过程中，司马迁也时常地感叹其事迹与精神，常常有言："余读某某书而……"如《高祖功臣侯者年表》就有"余读高祖侯功臣，察其首封，所以失之者，曰：……"之语。

罗列上述文字，是想说明文学创作也好，史学著作也好，尊重史实，深入生活，既是司马迁的创作美德，也是所有创作者的基本要求。如此之浅显易懂的道理，虽数千年重复不止，然依旧反其道而行之。对此，我们只能做出一种解释：如此之做者作风漂浮，浅尝辄止，不求甚解。他们的创作源泉是从想象来自想象，从书本来自书本，从传说来自传说。到了如今，社会发达，信息化程度高，大家又从网络来自网络，从微信来自微信，从影视来自影视。根本无视其真实与否，更无视其科学与否。人云亦云，追风跟风，甚至放大信息，可谓遗害流传，损人损己损社会。如此之创作态度，如此之表现作品，何益于社会？如果就史学角度而言，古今事物已经发生变化，如果仍用其旧史，手抄其旧迹，定会发生错误。我的家乡重庆市长寿区，《史记》中就有巴寡妇清的筑台记录，而各家注本、各种辞书，亦说台筑于枳县之南。可是，现在已于2007年搬迁，至今仍未复建。如果现代之人引用原始材料，而不加实地考察，自然错误出现。还如，《史记·货殖列传》说"渭川千亩竹"，而目前渭河平原却是少竹。可是，是什么时候少的，少到什么程度，是地理原因，还是植物原因，不得而知。如果谁要直接引用《史记》这一资料，亦必定被司马迁所误。还比如那些众多的重复性地名、人名、山名，如不加认真考察，亦会误判其结果。如山名之南山、黄山、华山，自古及今，岂止一处两处。数月前去重庆南山，则可说西安有南山，海南有南山。亦发现重庆南山曾称黄山，那么安徽亦有黄山。而此时，我门前就有华山一座，可是此华山则非西安之彼华山。从文学角度而言，苏东坡有一则故事很能说明问题。其大意云：四川有一位杜姓先生，特别喜欢戴嵩画牛图，某天拿出晾晒，却被一放牛孩子看见，孩子笑说这非斗牛图。如是斗牛，牛角用力，尾巴夹在两股之间，而此牛尾巴自然下垂，是不符合客观事物的。杜先生笑着说，有道理。无独有偶，在重庆某一景区，就有如此之一尊雕塑，其形象为一农人耕作水田，人在其后，牛在其前，用力耕作。然而，其牛脚背露出地面。如此之状，稍有农耕生活者都会明白，无论耕其水田，还是耕其旱地，牛脚肯定陷其泥中，何能见其脚背。这只能说明，作者不了解牛耕，亦说明作者不够深入生活。如今，社会变化快，行业差异大，专业要求高。更需要创作者深入创作对象，走进创作主体，否则就会出现上述笑话。

读其《史记》和《太史公自序》《报任安书》，让人感动的还有司马迁的创作境界与创作精神。

《太史公自序》中说："先人有言：'自周公卒五百岁而生孔子。孔子卒后至于今五百岁，有能绍明世，正《易传》，继《春秋》，本《诗》《书》《礼》《乐》之际？'意在斯乎！意在斯乎！小子何敢让焉。"可见司马迁不是一般性的创作目标，而是要与孔子等人比肩，要让其思想流传万世。而且对于司马迁来讲，看重的不是一般性文学作品，而是如《春秋》般的传世"史记"。究其原因，除了他的职司之外，还在于他对史书的深刻理解。我们知道他在《太史公自序》中论述了很多古今著作，却对史书着墨最多。他说："夫《春秋》，上明三王之道，下辨人事之纪，别嫌疑，明是非，定犹豫，善善恶恶，贤贤贱不肖，存亡国，继绝世，补敝起废，王道之大者也。"可谓放到了治理国家的层面。还说："《春秋》辨是非，故长于治人。""故有国者不可以不知《春秋》，前有谗而后弗见，后有贼而不知。为人臣者不可以不知《春秋》，守经事而不知其宜，遭变事而不知其权。为人君父而不通于《春秋》之义者，必蒙首恶之名。为人臣子而不通于《春秋》之义者，必陷篡弑之诛，死罪之名。其实皆以为善，为之不知其义，被之空言而不敢辞。夫不通礼义之旨，至于君不君，臣不臣，父不父，子不子。夫君不君则犯，臣不臣则诛，父不父则无道，子不子则不孝。此四行者，天下之大过也。以天下之大过予之，则受而弗敢辞。故《春秋》者，礼义之大宗也。"这又上升到了做人的层面。如此等等，不可胜举。如果说对于《春秋》的论述是为自己的创作寻找理论依据的话，那么这无疑是最为正确的选择。如果说司马迁可见其著作流传影响程度的话，那么对他无疑也是最大的精神欣慰。但是，对于时下的作家们、艺术家们，其创作目标和态度如何？我不能说绝大多数都是如此，但相当部分则是功利的、现实的、个人主义的、为我意识的。习近平同志说："文艺不能当市场的奴隶，不要沾满了铜臭气。"而现实是"奴隶"气、"铜臭气"弥漫了天空，遮蔽了太阳，难以复见其灿烂的光辉了。所以，在这样的创作态度下，整个社会的作品则是"存在着有数量缺质量、有'高原'缺'高峰'的现象，存在着抄袭模仿、千篇一律的问题，存在着机械化生产、快餐式消费的问题"。如此之作品何以立于世，何以益于人。如果说过去的创作把"各领风骚五百年"作为并不太高的要求的话，那么，现在能引导三五年亦算优秀和经典了。

  当然，这只是其一。有了一定的创作方向，还需要良好的精神状态。可是，司马迁因李陵而招来的横祸，是非常人所能忍受的。他不仅仅在《太史公自序》中说到这件事痛心疾首，而且在《报任安书》中还反复提及。如"仆闻之，修身者智之府也，爱施者仁之端也，取予者义之符也，耻辱者勇之决也，立名者行之极也。士有此五者，然后可以托于世，列于君子之林矣。故祸莫憯于欲利，悲莫痛于伤心，行莫丑于辱先，而垢莫大于宫刑"。"太上不辱先，其次不辱身，其次不辱理色，其次不辱辞令，其次诎体受辱，其次易服受辱，其次关木索被箠楚受辱，其次剔毛发婴金铁受辱，其次毁肌肤断支体受辱，最下腐刑，极矣。""仆以口语遇遭此祸，重为乡党戮笑，污辱先人，亦何面目复上父母之丘墓乎？虽累百世，垢弥甚耳！是以肠一日而九回，居则忽忽若有所亡，出则不知所如往。每念斯耻，汗未尝不发背沾衣也。"后来，他还自我寻求解脱，说只能怪"家贫，财赂不足以自赎，交游莫救，左右亲近不为壹言"。并进一步安慰道："人固有一死，死有重于泰山，或轻于鸿毛，用之所趋异也。"其言之切，其心之痛，千年之后的今人每读至此亦感伤不已。但是，他将这一切都化作《史记》的创作力量，发愤而著书，把思想和精力转移到"述往事，思来者"之上。尤其难能可贵的是，司马迁仍站在历史的高度、国家的高度，公平公正地书写这伟大的

《史记》。如果放到现在，我绝对不能否认会出现攻击、攻击、再攻击的文章。不是吗？就如此之大好形势，我们看看那些世情的作品、官场的小说，哪一位作者不是拿着人民的钱在骂人民，哪一位作者不是享受着国家的发展而骂国家。如果说曾经有一种现象：端着碗吃肉，放下筷子骂娘，是底层社会的病态。那么，长期以来存在于那些所谓的知识分子创作出来的作品之中的，还未曾被人们所发现的，更未被人们引起警觉的，反而被广大读者推上所谓作家席而大受尊重的作家与作品，与司马迁所遭受的横祸相比，与《史记》所展现的正能量相比，岂非天壤之别。每当翻阅《史记》中那些充满力量的篇章，特别是关于汉武帝、李陵将军的章节，无不为司马迁伟大的人格而赞叹，无不为"不虚美，不隐恶"的创作精神而服膺。

　　司马迁的父亲遗言于他："今汉兴，海内一统，明主贤君忠臣死义之士，余为太史而弗论载，废天下之史文，余甚惧焉，汝其念哉！"（《太史公自序》）其后司马迁再次把这一观点放大。他说："汉兴以来，至明天子，获符瑞，封禅，改正朔，易服色，受命于穆清，泽流罔极，海外殊俗，重译款塞，请来献见者，不可胜道。臣下百官力诵圣德，犹不能宣尽其意。且士贤能而不用，有国者之耻；主上明圣而德不布闻，有司之过也。且余尝掌其官，废明圣盛德不载，灭功臣世家贤大夫之业不述，堕先人所言，罪莫大焉。"字里行间充满着对国家发展的自信和完成职司的责任感。也可能正因为如此，他才下定决心，排除万难，发愤著书。当今的中国亦是发展壮大的中国，亦是世界竞争中的强国。如此繁荣发达的国度，如此幸福和谐的社会，我们的作家却是一种何样创作态度？我们的作品却是一种何样的艺术表现？有几多作家站到了司马迁的高度，有几多作品反映了国家的发展主题。我们说作品是时代的产物，然而无论文学也好、艺术也好，要么避开现实而追逐历史，要么着眼现实而避开主题，要么避开积极而偏向消极，总之，与人们所需要的时代性、主题性、积极性相比，还有相当差距。

　　近读马识途《我怎样写起小说来的》，他说："与其问我怎样走上文学之路成为作家的，不如问我怎样走向革命之路成为革命家的。"也就是说他的人生目标是革命，而不是创作。那么，作为从事创作的作家来讲，我们的创作目的是什么？是图名当作家？图利当作家？还是图贡献当作家？现实里往往鱼龙混杂、良莠相间。对于这个问题肯定有人没弄清，否则，不会在创作中为个人利益而索求，为低俗作品而忙碌。好在人们已经惊醒，去年习近平同志在文艺工作座谈会上的讲话便是重重的敲击，我坚信这一重锤定会敲醒中国文艺创作中昏睡的人们，让所有的作者读者都迎来光辉的明天。

说明：此文中引用了张大可先生相关观点，在此深表谢意。

# 司马迁对公羊学"大一统"
# 思想的继承和发展

\* 本文作者丁德科，渭南师范学院院长、教授。

司马迁顺应中国历史由分裂割据走向统一一体、由贫弱衰败走向富强文明、由战火连绵走向长治久安的趋势，基于对历史全面深刻的分析考察，以唯物主义的哲学观为指导，提出了"礼义"一统的国家学说，成为中国古代一统思想成熟的标志。

《公羊传》从原始儒学的角度阐述《春秋》的"大一统"思想，影射和劝谏现实，开公羊学之先河。董仲舒由《公羊春秋》入手，阐发儒学一统理论及政治主张，为了提高施行"礼义"为核心的大一统方略的权威性，把原始的天命论发挥改造到极致，成为系统化、理论化的"王权神授"的神学体系，创立了公羊学，并使之陷入唯心主义的窠臼。司马迁以儒家特有的理性主义精神，把天神从人和社会剥离出去，还历史以本来面目，使儒家"礼义"一统的思想走上唯物主义的轨道，臻于完备、成熟。

《公羊传》推崇周文王，称赞他建立周。肯定《春秋》中各国特别是鲁国国君遵守周朝"礼义"制度，按照周的年历，以建子的月为正月，等等。这都无不表明，《春秋》及《公羊传》，主张以周代的礼制一统天下。公羊学家董仲舒从加强社会遵从和施行"礼义"为核心的"大一统"主张的权威性出发，对《公羊学》的思想，作了较大程度的改造，把"礼义"一统的认识掩盖在"王权神授"烟霭笼罩下的天子一统的认识之下，以至于还有一统于天命、服从于三统等唯心主义的内容，使人觉得神而又神，只可遵循不可置问。而在解释天子一统认识的同时，却明显地露出"礼义"一统的论见。譬如："《春秋》何贵乎元而言之？元者，始也。言本正也。道，王道也，王者，人之始也。王正则元气和顺，风雨时，景星见，黄龙下。王不正则上变天，贼气并见。"（《春秋繁露·王道》）这里谈到

"元"和"本"之"正"、君王之正与否和自然等的关系。所谓以元为始,就是讲遵守"礼义";所谓"正",就是"礼义"得到遵守和施行。在《玉英》篇中,认为确定鲁国诞生之年为元年,是以"礼义"治理国家的开始,"治国之端在正名"。这说明"元"的本身就反映了遵守"礼义"制度。董仲舒还认为元即天地万物的起源:"故《春秋》以元之气正天之端,以天之端正王之政,以王之政正诸侯之即位,以诸侯之即位正境内之治。诸侯不上奉王之政则不得即位,故先言正月而后言即位。政不由王出则不得为政,故先言王而后言正月也。王者不承天以制号令则无法,故先言春而后言王。天不深正其元则不能承其化,故先言元而后言春。五者同日并见,相须成体,乃天人之大本,万物之所系,不可不察也。"(《公羊解诂·隐公元年》)"元"在公羊学家手里,是"礼义"得到遵守和施行、社会政治进步和发展的范畴,当然也变成了体现天人关系的原则性的术语。具体到社会政治领域,董仲舒认为只有遵守和施行"礼义"政治的尧、舜、周文王和周武王才能承担天之大命。

司马迁对董仲舒以天命论为思想基础的一统论是否定的,但对其隐含的"礼义"一统等论见是汲取并发扬光大的。他的一统思想,认为一统的核心是"礼义",以施行和弘扬"礼义"为出发点,以贯彻"礼义"为过程,以实现"礼义"的现实化和升华为宗旨;认为"礼义"应该得到广泛深入的施行和遵守,成为国家管理机制的运行规范,成为社会各阶级、阶层以至每个成员的自觉意识和品格修养,体现在集体和个体的行为中;认为天子在社会"大一统"历史中,应该也必须处于中心地位,驾驭统一全局,具有强大的凝聚力、号召力,具有至高无上的权威性和作用力,圣君贤相通过辅佐天子、管理国家机构作用于社会,而推动"大一统"进程,在"大一统"过程中起到一定的作用;认为"大一统"体现在社会运行有序,政治、经济、文化进步和发展,国家统一稳定,民族融合团结;认为"大一统"就是社会不断富强和文明。如此丰富深刻的一系列思想内涵,根源于使人事脱离了神力。也就是说,把一统思想由董仲舒的神学体系下拯救出来,进而使之完善,是司马迁一统思想的突出特征和重大贡献。

司马迁一统思想的突出特色和重大贡献,来自对董仲舒"天人感应"学说的评析批判。《太史公序》里通过自然星象的观察说:"星气之书,多杂礼祥,不经;推其文,考其应,不殊。比集论其行事，验于轨度以次。作《天官书》。"通过对历史的考察说："幽厉以往，尚矣。所见天变，皆国殊窟穴，家占物怪，以合时应，其文图籍禨祥不法。"司马迁认为"天人感应"等迷信学说为"不经"之论，所谓"天变"大多是人们因政治需要臆造出来的。他列举了一系列史例，说明自然天象与社会政治没有丝毫关联："或曰：'天道无亲，常与善人。'若伯夷、叔齐，可谓善人者非邪？积仁絜行如此而饿死！且七十子之徒，仲尼独荐颜渊为好学。然回也屡空，糟糠不厌，而卒蚤夭。天之报施善人，其何如哉？盗跖日杀不辜，肝人之肉，暴戾恣睢，聚党数千人横行天下，竟以寿终，是遵何德哉？此其尤大彰明较著者也。若至近世，操行不轨，专犯忌讳，而终身逸乐，富厚累世不绝。或择地而蹈之，时然后出言，行不由径，非公正不发愤，而遇祸灾者，不可胜数也。余甚惑焉，傥所谓天道，是邪非邪？"(《史记·伯夷列传》)。司马迁还在《项羽本纪》中说明项羽失败在己不在天；在《蒙恬列传》中说明蒙恬之死不是由于修长城而绝了地脉，而是因为他不强谏以帮助改革政治；在《伯夷列传》中则直接批判了天人感应、因果报应邪说；在《扁鹊仓公列传》中则否定灵魂不在、天人感应学说和迷信思想，批判天命论。但是，司马迁却明确地指出了社会历史主体的人的活动是社会历史的主要内容，只有人事的主动精神才能在社会政治中发挥作用："国君强大，有德者昌；弱小，饰诈者亡。太上修德，其次修政，其次修救，其次修禳，正下无之。"(《天官书》)既然自然天象对于社会政治无丝毫作用，有的只是干扰，那为什么"天人感应"观点还能产生并且会盛行呢？司马迁认为"天人感应"的迷信学说是适应春秋战国以至汉初诸侯国君难以自保而察禨祥候星气的需要产生的(《天官书》)，是因秦皇汉武借助上天神圣公示天下自己"受命而王"、"王权神授"以树立权威而盛行的(《封禅书》)，都不过是自欺或欺人的骗术而已。这里还有一个问题必须明确，就是为什么"天人感应"学说能成为学说？这有着深刻的原因。司马迁认为，邹衍的阴阳五行学说，"其语闳大不经，必先验小物，推而大之，至于无垠"，"然要其归，必止乎礼义节俭，群臣上下六亲之施"，因而，是与社会政治相联系的阿谀世俗的理论，它使邹衍"游诸侯见尊礼"，与"仲尼菜色陈蔡、孟轲困于齐梁"(《史记·孟子荀卿列传》)形成鲜明对比。而董仲舒在理论上主动迎合汉武帝的需要，有意识地将公羊学与阴阳五行学说结合起来，在谈论社会政治时比附天命、五行等思想，以天人感应学说为观察社会事物的出发点。"以《春秋》灾异之变推阴阳所以错行，故求雨闭诸阳，纵诸阴，其止雨反是"（《史记·儒林列传》）。董仲舒的学术是围绕着汉武帝喜欢和允许做的事情进行的。这里揭示了"汉武帝好《公羊》"[①]的原因。虽然是讥讽批判董仲舒学术、政治主张的，但同时也说明了董仲舒学术出发点是社会政治，不同于公孙弘学术的"希世用事"（《史记·儒林列传》）。

司马迁是不满足于把神力剥离于人事的，他更注重如何发挥人事对于"礼义"施行和遵守的作用。他认为社会政治进行要符合"礼义"，顺应客观规律，有健康而正常的秩序。司马迁在《历书·序》中曾谈到帝王改正朔易服色等社会政治问题，突出阐述应顺应自然规律，正时历而建正、顺统："昔自在古，历建正作于孟春。于时冰泮发蛰，百草奋兴，秭夫鸟（杜鹃）先嗥。物乃岁具，生于东，次顺四时，卒于冬分。时鸡三号，卒明。抚十二月节，卒下丑。日月成，故明也。明者孟也，幽者幼也，幽明者雌雄也。雌雄代兴，而顺至正之统也。日归于西，起明于东，月归于东，起明于西。正不率天，又不由人，则凡事易坏而难成矣。"孟春作为正月比较符合日月运行的实际，这是顺应自然规律最为基础的作为。顺应自然规律，社会政治运行有序，才有成功和发展，否则"凡事易坏而难成"。司马迁进而谈到顺应自然规律与国家管理机构、农业经济和民风等的关系，反映出其"大一统"思想中关于政治、经济、文化等全面进步和发展的思想："太史公曰：神农以前尚矣。盖黄帝考定星历，建立五行，起消息，正闰余，于是有天地神祇物类之官，是谓五官。各司其序，不相乱也。民是以能有信，神是以能有明德。民神异业，敬而不渎，故神降之嘉生，民以物享，灾祸不生，所求不匮。"

司马迁的历史循环论，虽受董仲舒《春秋》公羊学的消极影响，但却体现出一统思想以"礼义"为核心、追求社会不断全面进步和发展的观点。司马迁并没有像董仲舒那样从天人思想的三统、四法、十二世的体系中表述出循环论，而只是略有印迹，谈夏、周三王之正有循环："夏正以正月，殷正以十二月，周正以十一月，盖三王之正若循环，穷则反本。"（《历史·序》）而更多、更主要的是，司马

---

[①] 阮元：《春秋公羊传疏校勘记序》。

迁从自远古至战国末这样一个广泛的视角，以十二本纪为《史记》之纲，记载中国三千年历史进程，概括出由德治到力治又由力治到德力结合、以德为主的历史发展总趋势，得出"礼义"的施行和遵守是一统历史的核心、一统不是循环而是追求不断前进和发展的亘古至理。因而，司马迁在《陈杞世家》中称赞"舜之德可谓至矣！"在《越王句践世家》中称赞勾践之兴是由于"功"、"贤"，强调一个国家其祖先的业绩所形成的事业基础及传统精神对后代无形而重要的影响，认为像勾践、范蠡"苦身焦虑"、顽强奋斗，不让他们显名天下是根本不可能的。尤其是，他一改董仲舒无视秦的存在的狭隘意识，肯定秦在中国历史上由德向力的政治大势转变中的重要作用，肯定秦为后来朝代留下宝贵的政治经验和教训，认为没有秦的暴政就不可能有汉初的"休养生息"方略。强调必须顺应形势，承敝通变，将国家政治引导到正确的轨道上来，必要时也需要改革以至变革。

司马迁结合当时的历史变化，"以礼说《春秋》"，对一统思想有了新的发展。司马迁对社会历史观察所得出的"天人之际"关系的结论，与董仲舒唯心主义神学体系是根本对立的。在对董仲舒思想理论的批评中，形成了司马迁的唯物主义哲学思想，以及他对现实政治的抗争精神，从而表现出历史的进步性，这是值得加以充分肯定的。

# 司马迁笔下的循吏带给我们的启示

＊本文作者田志勇，红河学院人文学院教授。

在太史公司马迁《史记》所载人物列传七十篇中，有一篇对我们今天极有启发意义的人物类传，这篇文章就是全文仅有一千二百余字的《循吏列传》。记述的人物也只有五个：孙叔敖、子产、公仪休、石奢、李离。这五个人中，前面四个的官职都是"相"，都是位高权重的大官，最后一个是"理"，是掌管刑律的大法官。而且特别有意思的是，被司马迁列入"循吏"的这五个官员，全部都是春秋时期的人物，没有一个是西汉时代的人物。那么，"循吏"是什么官？司马迁写《循吏列传》为什么不选西汉的官员？司马迁写《循吏列传》的深意是什么？他在文中记述的循吏人物的言行对我们今天有什么启发意义？这篇小文章试着来解答一下。

先说说什么是"循吏"？"循吏"这个词是司马迁的首创，是他在《史记》中第一次使用的。当然，太史公在《史记》中，还创造了一个词"酷吏"，把那些滥用职权专司酷刑恶法的官员都纳入了里面。自从《史记》首先为循吏和酷吏立传之后，循吏和酷吏便成为后世修史所关注的两种重要的官吏类型。由于篇幅的限制，我们在这里主要是讨论循吏，看看司马迁把什么样的官员列入"循吏"。

在《史记·太史公自序》中，司马迁提到了他撰写《循吏列传》的意旨。他说："奉法循理之吏，不伐功矜能，百姓无称，亦无过行，作《循吏列传》。"此外，在《循吏列传》开头的序言中，他又写道："太史公曰：法令所以导民也，刑罚所以禁奸也。文武不备，良民惧然身修者，官未曾乱也。奉职循理，亦可以为治，何必威严哉？"

太史公的这两段文字，给出了他心目中"循吏"的答案。有几个关键词很紧要，一个是"奉法"、一个是"奉职"，还有一个是"循理"。什么意思？用今天的话讲，"奉法"就是尊奉法律，"奉职"就是忠于职守尽职尽责，"循理"就是按规矩按制度按规律办事。由此看来，一个官员，只要他在日常的工作中具备了这三种"素养"，他就可以称为"循吏"了。所以，在司马迁的心目中，"循吏"就是指那些勤政爱民、守法奉公、恪尽职守、清正廉洁的官员（唐代的司马贞在《史记·索隐》中，将"循吏"解释为"谓本法循理之吏也"，大概也是不错的）。太史公作《循吏列传》，就是为了表彰他心目中的理想官员。

既然《循吏列传》是司马迁专为那些勤政爱民而又廉洁奉公奉职守法的官员而作的，那么司马迁都写了些什么人，记了些什么事呢？

有人评论《循吏列传》"文简而高，意淡而远"（吴氏《林下偶谈》卷四，转引自《历代名家译史记》），确实如此。文中一共写了五个官员的为政故事。楚相孙叔敖的事迹，司马迁挑了三件来写，一件泛言他为楚相后"施教导民"的政绩，一件写他"复郢市"就是整顿恢复市场价格秩序的事情，还有一件则是具体写他引导老百姓自高"庳车"（矮车），平稳地进行了一次"车改"的事迹。这三件事都不是什么轰轰烈烈地动山摇的大事，但却收到了"不教而民从其化，近者视而效之，远者四面望而法之"的功效。

子产是郑国的名相，司马迁在《史记·郑世家》里已经较详细地记述过子产的事迹了，《循吏列传》专门把子产列为"循吏"，可是具体的政绩基本都没有记，而把重点放在他执政的效果上：子产"为相一年，竖子不戏狎，斑白不提挈，僮子不犁畔。二年，市不豫贾。三年，门不夜关，道不拾遗。四年，田器不归。五年，士无尺籍，丧期不令而治"。最后还特别写上一句："治郑二十六年而死，丁壮号哭，老人儿啼，曰：'子产去我死乎！民将安归？'"仔细阅读这篇传文中子产的政绩，一切具体的行事均被略去，而百姓的爱戴感激之情却跃然纸上。

公仪休是春秋时期鲁国的名相，据说他做相国曾经三仕三去，按理说也是有很多政绩可以记的，但是司马迁除了表彰他"奉法循理，无所变更，百官自正。使食禄者不得与下民争利，受大者不得取小"而外，只专门挑了几件"小事"来记，一件说他"嗜鱼"而"不受鱼"，就是说他生活中特别喜欢吃鱼，却只吃自己买的，任何人送他的鱼他都拒不接受。这个"嗜鱼"却"拒鱼"的故事在公仪休的事迹中虽然仅寥寥数十字，却是司马迁着墨最多的。公仪休还有两件"小事"，司马迁用一笔就带过了："食茹而美，拔其园葵而弃之";"见其家织布好，而疾出其家妇，燔其机"，最后还不忘补上一句，"欲令农士工女安所雠其货乎？""弃葵"和"出妇"、"燔机"，看似小题大做，实则有深意在焉，实足以供为政者警戒。公仪休的故事读下来，司马迁为我们塑造的这位公正廉明、拒腐不沾的"清官"形象着实使人印象深刻。

《循吏列传》最后写的两个官员，一个是楚昭王的相石奢，另一个是晋文公之理李离，司马迁只分别记了他们的一件事，而着墨重点都放在他们的刚正执法上面，甚至为维护法律的权威而不惜以身自裁殉法。写石奢，说他"坚直廉正，无所阿避"，侧重写他执法时的"纵父自系"；叙李离，则强调他"理有法，失刑则刑、失死当死"的执法信念，突出他"过听杀人，自拘当死"的大义凛然。当法律的权威受到来自执法者自身的挑战时，这两个人的自责罪己和敢于担当，是如此的义无反顾！

文章写到这里，难免让人心生疑窦，上面五个官员，全是汉以前的人物，难道说自汉高祖至汉武帝当世，众多为政者中就没有一个可以入司马迁"法眼"的"循吏"？而稍后接着《循吏列传》写的，便是《史记》中另一篇充满鞭挞意味的《酷吏列传》，入选的十二个官员居然全都是汉以后甚至一大半都是汉武帝时代的官员，而这，又是为何？话又说回来，即便是春秋以前，自三代而下能克己奉公的官员也多了去了，何以司马迁偏偏只选上面的五个人来记？

这个问题，前人时贤均注意到了，例如明人陈子龙在《史记测义》中就曾说："太史公传'循吏'，无汉以下者；传'酷吏'，无周以前者，寄概深矣。"（转引自韩兆琦《史记笺证》第九册，页5904，江西人民出版社2004年12月）这个"寄概"是什么？张大可先生指出，"循吏传叙春秋时五人，不及汉人；酷吏传叙汉十二人，无一先汉人。并非春秋无酷吏，汉时无循吏，司马迁作决然的分断，意在突出世风之变化，法网日益严密，刑治日益严峻。汉武加强中央集权，用法严酷，故酷吏十二人中，十人在武帝一朝"（张大可《史记全本新注》）。

客观地说，西汉一代包括武帝本朝官吏，也不乏仁厚廉正守法之人，但《循吏列传》只表彰历史人物，全不言及当世；而《酷吏列传》则全写当代人物。这是直接讥刺汉武帝宠用酷吏、任其肆虐为害的时弊；写循吏，则全无时人，实际是以古讽今，暗藏批评当朝吏治的锋芒。司马迁如此安排，中心要旨乃是通过为循吏立传，

"歌颂一种宽缓不苛的政治局面，歌颂一批修身正己，奉法循吏的爱民官员，言外之意就是不满武帝时的酷吏政治，以及张汤、赵禹等一批为武帝效力的扰民官僚"（韩兆琦《史记笺证》第九册，页5906）。

近人李景星说："太史公之传循吏，只举孙叔敖、子产、公仪休、石奢、李离五人。盖以五人皆具爱民心肠，其所行事皆可为后世楷模，借五人以为循吏榜样，非只为五人作连传也"（李景星《四史评议》，转引自韩兆琦《史记笺证》第九册，页5905）。司马迁为循吏立传，以缅怀与崇敬的心情记述他们的政绩和道德风范，描绘了一幅太史公倾心向往的理想的吏治蓝图，对后人启发良多，为我们今天整肃吏治，建设法治国家提供了颇可参考的借鉴意义。

启示之一，为官一任，须得勤政爱民。但是这种"勤政"，不是只顾追求自己的"政绩"而乱作为，不是"伐功矜能"，也不是庸庸碌碌浑浑噩噩尸位素餐毫无建树的不作为，而是首先心里要装着百姓，按照规矩和制度规律，为百姓着想，实实在在为百姓来做事，并通过自己的言行来引导百姓。哪怕是你的"政绩"暂时不为人所称道，但只要是真正做到了"为官一任。造福一方"，那么也就能"奉职循理而无愧为循吏者"了（李景星语）。

启示之二，修己自律，清廉正直，方能正己正人，这是为官的基础。在司马迁笔下，公仪休的拒贿不贪，石奢的坚直廉正，李离的勇于担责，无不闪耀着道义和法治的光芒，寄托着司马迁对清明政治的向往和对理想吏治的推崇。而这种拒腐不沾，忠于职守，敢于担当的精神，不正是今天我们建设廉洁干部队伍所需要的吗？

启示之三，立法重要，守法重要，人性化的严格执法更重要。司马迁说："法令所以导民也，刑罚所以禁奸也。文武不备，良民惧然身修者，官未曾乱也"。"官未曾乱"正表明为政者的自觉守法和严格执法，是达致社会有序运行的主要条件。俗话说没有规矩，不能成方圆；没有法律，无以治国安邦。法律是治国之重器，道理古今皆然。但是法律制定出来了，并不会自动运行。这个时候既需要有相应的执行机构，更需要有稔熟法律的执法者。良法是善治的前提，可是再完善的法律，如果没有人来执行，抑或是用人不当，则都将是一纸空文，难收预期之效。而通览太史公笔下的循吏，无一不是自觉遵纪守法的楷模。正是由于这些执法官吏的以身作则，严格依法办事，才使得当时的循吏们所在国家的法律发挥了其应有的作用。"太史公曰：孙叔敖出一言，郢市复。子产病死，郑民号哭。公仪子见好布而家妇逐。石奢纵父而死，楚昭名立。李离过杀而伏剑，晋文以正国法。"司马迁在《循吏列传》结尾所作的这一段闪现着法治精神的文字，不正是今天我们建设法治国家所需要努力追求的吗？

# 长剑横九野　壮士唱大风
## ——读司马迁《史记》中的军人传记

＊本文作者陈曦。

人类发展史充斥着战争，充斥着流血的政治。时至今日，战争的阴影仍远未消除，永久和平的年代仍远未来到。既然战争与人类历史的发展如影随形，挥之不去；既然春秋时人孙武所谓"兵者，国之大事"早已成为共识，也就毫不奇怪作为我国第一部通史的《史记》，会格外青睐战争行为的主体——军人，会给军人留下大片的记述空间。据统计，《史记》全书有四分之一的篇幅与战争有关，其中不乏备受赞誉的名篇，如《项羽本纪》《陈涉世家》《留侯世家》《孙子吴起列传》《伍子胥列传》《白起王翦列传》《乐毅列传》《廉颇蔺相如列传》《田单列传》《蒙恬列传》《淮阴侯列传》《李将军列传》《卫将军骠骑列传》等，传主大都是不同历史年代"有灵魂、有本事、有血性、有品德"的杰出军人代表，身上所蕴含的感天动地的精神力量，足以感召当代军人进一步坚定"能打仗，打胜仗"的信念，以无愧于时代的不凡业绩，进入当代史家所不能遗漏的新型传主的行列。

## 一、血性充沛　赴死慨然

战争是要死人的，从冷兵器时代的"十步杀一人"，到核武器时代数十万生灵霎时间的消失，人们总能听到战地丧钟被死亡的幽灵不停地敲响。古往今来，没有哪种职业像军人这样经常贴近死亡，需要时时正视其狰狞面孔。考察一个军人的能力素质，关键就要看他能否正视淋漓的鲜血，能否经受死亡的考验，《史记》的军人传记篇章在这方面记述得特别充分。司马迁笔下的杰出军人，往往是在非生即死的危急关头，演绎着他们令人动容的生命传奇。读了《淮阴侯列传》，不会忘记韩信曾一度面临"坐法当斩"的生死考验，临刑前他毫无畏惧地质问道："上不欲就天下乎？何为斩壮士！"读了《陈涉世家》，不会忘记陈胜在遇雨失期、"法皆斩"的危急时刻，喊出的震古烁今的话语——"壮士不死即已，死即举大名耳，王侯将相宁有种乎？"读了《李将军列传》，不会忘记当他深陷匈奴大军的围困，身边的"吏士皆无人色"，他却毫不畏惧，"意气自如"；读了《项羽本纪》，更不会忘记项羽慷慨赴死的英雄壮举。对于项羽的自刎乌江，唐朝著名诗人杜牧是颇有微词的，写诗说："胜败兵家事不期，包羞忍辱是男儿。江东子弟多才俊，卷土重来未可知。"认为项羽未能做到忍辱负重、百折不挠。但在司马迁看来，项羽的赴死是一种杀身成仁，他的死是有意义有价值的。要知道，项羽宅心仁厚、勇悍刚强，这种品质连他的敌人都不得不承认，不得不佩服。在完成了推翻暴秦的大业以后，项羽虽然在战场上一如既往地所向披靡，但在内心深处，他认为个人的使命已经完成，早就不愿和刘邦再打下去了，不愿让天下百姓因为自己而深陷生灵涂炭的持久战中，曾对刘邦说："天下匈匈数岁者，徒以吾两人耳，愿与汉王挑战雌雄，毋徒苦天下之民父子为也。"如果我们了解了项羽厌战爱民的心态，或许就能了解他日后选择自杀的意义所在了。他在突出了垓下重围之后，谢绝了乌江亭长的好意，没有选择卷土重来的道路，而是义无反顾地上演了自刎乌江的悲壮一幕。项羽的这种死，在《史记》研究专家吴汝煜先生看来是意义重大的，因为"是项羽最先提出结束内战、消除人民痛苦的问题，也正是由他自己亲手解决了这个问题"。曾遭遇宫刑之耻的司马迁，在痛定思痛之后悟出了"人固有一死，或重于泰山，或轻于鸿毛"的道理，而项羽的自刎乌江，不正是司马迁所心仪的"重于泰山"之死吗？司马迁为什么把项羽之死写得惊天地泣鬼神？原因正在于此。

## 二、能打胜仗　才干卓然

司马迁挥动如椽巨笔，采用他所发明的纪传体，从上古时期的黄帝，一直写到他所生活的西汉武帝时期。面对三千年以来曲折幽邃的时空隧道，面对灿若繁星的历史人物，他必须有所斟酌有所侧重，必须在拟定传主名单时精挑细选。他在《张丞相列传》中言及选择历史人物的标准，表示即使某些人官至高位，封侯拜相，但若"无所能发明功名有著于当世者"，毫无建树，尸位素餐，他也绝不为之立传。有幸成为《史记》传主的,均须才干不凡,成就突出。著名学者李长之先生曾感叹说:"司马迁爱一切奇,而尤爱人中之奇。人中之奇,就是才。司马迁最爱才!"他还指出司马迁在整部《史记》中最喜爱的历史人物是项羽与李广:"写到他们的文章——《项羽本纪》和《李将军列传》——也便是《史记》中最精彩,最炫耀人的文章了!"而这两个人物恰恰均为兵家,他们体现了《史记》中军人的典型形象,即会带兵,能打仗,讲武德,能力超群,有胆有识。

除了项羽、李广,在《史记》中的战争天地充分展现军事天赋的,还有孙武、孙膑、吴起、田单、伍子胥、韩信、张良、卫青、霍去病等。在司马迁笔下,孙武的吴宫教阵、孙膑的进兵减灶、田单的火牛阵、韩信的深谋远虑、张良的运筹帷幄、卫霍的大战匈奴,不仅为古往今来的文人墨客与"军事迷"所津津乐道,更是历代史家研究战争所不可或缺的重要史料。在唐代边塞诗中,人们可以看到其中充盈着浓郁的汉代情结,李广、卫青、霍去病等被唐朝诗人竞相歌咏,荣光无限。"匈奴未灭不言家,驱逐行行边徼赊"(李昂《从军行》)、"但使龙城飞将在,不教胡马度阴山"(王昌龄《出塞》)、"誓辞甲第金门里,身作长城玉塞中"(王维《燕支行》)、"倚剑对风尘,慨然思卫霍"、"汉家战士三十万,将军兼领霍嫖姚"(李白《胡无人》)……上引诗句所用典故,出处均在《史记》。是司马迁的描绘,点燃了唐人的诗情,引发了唐人的追慕。在当代军事史论著当中,人们可以看到专家对汉代名将的盛情点赞,如倪乐雄先生对霍去病的赞颂——"其实西汉的霍去病就是中国古代的巴顿,和巴顿一样,为战争而生、为战争而死。……其用兵来如急雨、去如狂飙,犁廷扫穴般驰骋往来于匈奴腹地数千里,如入无人之境,其用兵每战必胜,已经达到出神入化之境界。"这番评述来自倪先生对《史记·卫将军骠骑列传》的细读。司马迁的记述作为西汉前期汉匈战争的第一手资料,不仅激发了唐代诗人建功边陲的入世情怀,更激发了后世学者对以李广、霍去病为代表的汉代名将的探究热情。在实现强国梦强军梦的征途上,岂能忽略对大汉盛世优秀军人及其战争谋略的学习与借鉴?由此可见《史记》战争记述的当代价值。

## 三、重战、研战而绝非好战

司马迁在《太史公自序》中说:"非兵不强,非德不昌。黄帝、汤、武以兴，桀、纣、二世以崩，可不慎欤？"这几句话足以说明太史公撰写军人传记的两大思想原则——一是重战、研战，二是绝非好战。顾炎武在《日知录》中曾评价司马迁的兵学修养道："盖自古史书兵事地形之详未有过此者。太史公固有一天下大势，非后代书生之所能及也。"司马迁之所以能够获得如此美誉，在于他不仅做到了深入研读战争资料，透彻了解笔下人物的戎马生涯与军事思想，还能做到走出书斋的狭小天地，实地考察传主曾经生活与战斗过的环境。例如，在《樊郦滕灌列传》中，司马迁写道："吾适丰沛，问其遗老，观故萧、曹、樊哙、滕公之家，及其素，异哉所闻！方其鼓刀屠狗卖缯之时，岂自知附骥之尾，垂名汉廷，德流子孙哉？"萧何、曹参、樊哙、滕公等人原本都是处于社会底层的小人物，战争的暴风骤雨将他们推向历史舞台中心，成为名声显赫的人物。司马迁由此加深了对战争的认识，感受到战争在激发人的才智、改变人的命运乃至重建社会结构方面所起到的巨大作用。扎扎实实地实地考察不仅为司马迁荣获"实录"桂冠打下坚实基础，也使他对战争的认识有别于一般文人，能对兵家的生长环境有身临其境的感受，从而真切地把握战争年代的血雨腥风是如何把他们磨砺成一代名将的。

　　重视战争，研究战争，对战争人物倾注巨大的写作热情，这一切并不意味着司马迁迷信暴力，也不意味着他是一个好战分子。习主席在纪念孔子诞辰2565周年时指出："中华民族历来是一个爱好和平的民族，爱好和平在儒家思想中也有很深的渊源。"控诉战争罪恶，反对穷兵黩武，声势浩大的反战思想经过先秦儒家孔、孟、荀的大力倡导，一直延伸至秦汉以下的历朝历代，极大地影响了中国人战争文化心理结构的生成。司马迁是儒家思想的传承者，他在儒家思想影响下，明确地表达了重视战争而又反对滥用武力的辩证思维。司马迁在《平津侯主父列传》中借主父偃《谏伐匈奴疏》引《司马法》曰："国虽大，好战必亡；天下虽平，忘战必危。"这说明司马迁重视兵家人物，倡导注重战争，研究兵略，不是好战，而是自强，抗暴御侮，维护和平。这些思想在今天看来，仍然闪射着智慧的光芒。

# 谈《史记》气势恢宏的人生观和悲壮浓烈的生死观之现代启示

\* 本文作者康清莲，重庆工商大学教授。

司马迁是汉代大一统文化孕育出的时代骄子，其一生大致与雄韬武略的汉武帝相始终。汉武帝是司马迁身体的戕害者，是汉武帝让司马迁受的宫刑；同时，他又是司马迁灵魂的升华者，是受宫刑让司马迁擦亮了眼睛，才使得《史记》具有别的史书无法比拟的民主性和反抗性。汉武帝时期是国力非常强盛的时期，也是人民充满了民族自信心和自豪感的时期，司马迁抱负远大，气魄雄伟，又躬逢盛世，因此他立志继承父亲的遗愿，写一部与《春秋》比肩的民族通史，这从《史记》所体现出的开阔的胸襟和博大的视野可以看出来。汉武帝天汉三年（前98），已潜心撰述《史记》七年之久的司马迁因替名将李陵败降匈奴的事辩白，触怒了汉武帝，惨遭宫刑。司马迁正当盛年，而《史记》的创作尚待时日，受宫刑在司马迁看来，是奇耻大辱，从身体上说，"大质已亏缺"，失去了做人的尊严；从心态上说，与宦官为伍，被视为无行之人。因此活下来比死去更要痛苦百倍，在《报任安书》中，司马迁说："仆以口语遇遭此祸，重为乡党所戮笑，以污辱先人，亦何面目复上父母之丘墓乎？虽累百世，垢弥甚耳！是以肠一日而九回，居则忽忽若有所亡，出则不知其所往。每念斯耻，汗未尝不发背沾衣也。"但是，司马迁硬挺着活下来了，他忍辱含垢，发愤著书，耗尽毕生的才华和心血，为自己、为时代、为民族写出这部超迈古人，凌驾百世的历史巨著。

司马迁忍辱著书的动力来源于哪里呢？这主要取决于他气势恢宏的人生观和悲壮浓烈的生死观。

## 一、以"立德、立功、立言"为核心的激进人生观

司马迁在《报任安书》中曾剖析了自己在受宫刑以后所以隐忍

苟活的原因："恨私心有所不尽，鄙没世而文采不表于后也。"这句话直接脱胎于孔子的"君子疾末世而名不称焉"。他又曾用儒家非常激进的"立德、立功、立言"来鼓励自己的好友挚伯陵勇于事功。好名，尤其好身后之名，追求所谓不朽，是很有价值的。庄子的等死生、齐万物、泯是非，自然是不好名的；佛教讲弃世出家，当然也不好名，但这种消极无为怎么能够作为人类主流思想推动社会进步呢？勇于事功的人生追求，可以提升人的精神境界。司马迁在《太史公自序》中引用父亲司马谈的话："孝始于事亲，中于事君，终于立身。扬名于后世，以显父母，此孝之大者。"这种见解标志着司马迁在生与死的抉择中形成的以"三立"为核心的人生观，同时又将其升华为发愤著书说。司马迁身上有一种"天降大任于斯人"的气概，"铁肩担道义，秉笔写春秋"。这种自信，既是司马迁的性格特点，也是他在《史记》中所描写的许多人物的共同特征。

三千年的历史长河，其间活跃的人物如过江之鲫，什么人才可以青史留名呢？司马迁在《太史公自序》中表述他选人入传的标准："扶义倜傥，不令己失时，立功名于天下，作七十列传。"如：他为商鞅立传的原因是"鞅去卫适秦，能明其术，强霸孝公，后世尊其法"；在《刺客列传》中，司马迁歌颂刺客"其事或成或不成，然其立意较然，不欺其志"；在《游侠列传》中歌颂游侠"其言必信，其行必果，已诺必诚，不爱其躯，赴士之厄困，既已存亡死生矣，而不矜其能，羞伐其德"；《货殖列传》中，司马迁第一次在正史中为地位低下的商人写传，司马迁歌颂了许多大商人为社会所作出的杰出贡献。子贡"结驷连骑"，奔走于诸侯国之间，宣传孔子的政治思想和学术主张，使孔子"名布天下"；范蠡即陶朱公，"三致千金"，三分于贫困的昆交子弟……班固在《汉书·司马迁传》中批评司马迁："是非颇谬于圣人，论大道则先黄老而后六经，序游侠则退处士而进奸雄，述货殖则崇势利而羞贫贱。"但我们却恰恰从班固的批评中看出司马迁迥异于常人的选人标准，以及《史记》中这种非同一般的个性色彩。

《史记》中那些勇于事功的人从小便显得与众不同，便胸怀雄心大志。陈胜在田间劳作时尚能对他的伙伴说："苟富贵，毋相忘！"当伙伴对富贵不抱任何指望时，他说："燕雀安知鸿鹄之志哉！"而且对千百年来压在人民头上反动的血统论大胆说"不"，振聋发聩地喊出了："壮士不死则已，死即举大名耳，王侯将相宁有种乎？"项羽见到秦始皇出游的盛大队伍，很轻蔑地说："彼可取而代也！"刘邦也不无羡慕地慨叹："大丈夫当如是也。"陈平在其落魄为人操刀割肉时说："使平得宰天下，当如是肉矣！"韩信在无法养活自己时，还对那位漂母说："吾必有以重报母。"

《史记》中所表现出的那种积极入世，勇于建功立业、豪情万丈的精神是极为可贵的。人类社会正是靠这种锐气和力量，才得以不断前进。

## 二、困厄逆境并不可惧，忍辱奋发方能成功

人的一生不可能总是一帆风顺，栽跟头，受挫折在所难免，在山穷水尽的时候，如何激励自己走出困境柳暗花明呢？司马迁认为，人在困厄面前应该百折不挠，忍辱发奋，凤凰经历涅槃，方可获得新生。司马迁自己是这样做的，受宫刑对司马迁是奇耻大辱，他宁愿九死而不愿一生，但想到自己尚未完成父亲的遗愿，"草创未就，适会此祸，惜其不成，是以就极刑而无愠色"。于是他选择了一条更加艰辛的路——忍辱苟活，发奋著书。因为他有一颗没有被阉割，也永远阉割不了的心，身残处秽而灵魂高尚。他以历史上的周公、孔子、屈原、左丘明等伟大的人物为榜样，在打击中崛起，在困辱中奋进，"古者富贵而名磨灭，不可胜记，唯倜傥非常之人称焉。盖文王拘而演《周易》；仲尼厄而作《春秋》；屈原放逐，乃赋《离骚》；左丘失明，厥有《国语》；孙子膑脚，兵法修列；不韦迁蜀，世传《吕览》；韩非囚秦，《说难》、《孤愤》；《诗》三百篇，大抵贤圣发愤之所为作也。此人皆意有所郁结，不得通其道，故述往事，思来者"。司马迁并没有说大话，经过十多年的潜心著述，人类历史的光辉巨著《史记》终于完成。正因为受宫刑这种奇耻大辱，让司马迁擦亮了眼睛，洞察到封建统治者残酷的、缺少人性的一面，他的思想升华了，境界提高了，表现在《史记》中对人、对事的看法更敏锐、更深刻、更理智了。

司马迁不仅自己在逆境中忍辱发奋，而且在《史记》中，他也表现出对这类人物的特别偏爱，极力褒扬那些不怕困难，百转千回的历史人物，如：越王句践、伍子胥、苏秦、范雎。

《苏秦列传》写苏秦穷愁潦倒的时候，"妻不下纴，嫂不为炊，父母不与言"，苏秦用悬梁刺股的毅力发奋苦读，后来身佩六国相

印，所有亲人的态度来了个180度的大转弯，苏秦感慨万千："此一人之身，富贵则亲戚畏惮之，贫贱则轻易之，况众人乎？且使我有洛阳负郭田二顷，吾岂能佩六国相印乎？"很多人小富即安，老婆孩子热炕头的小日子就泯灭了自己的进取之心，而一个有作为的人，不管面对什么样的屈辱，都毫不妥协气馁，越是被逼到绝境，越能触底反弹。

越王句践卧薪尝胆的故事，在中国妇孺皆知，蒲松龄称颂他"苦心人，天不负，卧薪尝胆，三千越甲可吞吴"；范雎早年曾被魏齐所害，千辛万苦逃到秦国，几经奋斗，做了秦相，逼得魏齐自杀，报了深仇；韩信曾受胯下之辱，项羽的猛将季布曾屈身为奴……他们之所以忍辱含垢，目的就是为了将来有东山再起之时，为了更好地实现自己远大的人生抱负。

人生路漫漫，人们常说"三贫三富不到老"、"三十年河东，三十年河西"，应当怎么面对逆境和挫折呢？是一蹶不振还是擦干眼泪奋然前行呢？司马迁为我们提供了一种有章可循的光辉典范。"不平则鸣"、"穷而后工"，这既是对不幸者的宽慰，也符合"祸兮，福所伏"的辩证法则。司马迁留给我们的精神财富异常宝贵。

## 三、生当做人杰，死亦为鬼雄

孟子曾就生与死的问题谈过自己独到的见解："生亦我所欲也，义亦我所欲也；二者不可得兼，舍生而取义者也。生亦我所欲，所欲有甚于生者，故不为苟得也；死亦我所恶，所恶有甚于死者，故患有所不辟也。"勇于面对，敢于担当，司马迁对生死问题的看法与孟子英雄所见略同。他认为：人在生死关头要慎于抉择，要死得重于泰山，万不可死得轻于鸿毛。司马迁由于替李陵说话而惨遭宫刑，为此司马迁痛不欲生，"每念斯耻，汗未尝不发背沾衣也"。"虽累百世，垢弥甚耳！"在生与死的十字路口，司马迁十分矛盾痛苦，经过激烈的思想斗争，他最终选择活下去，因为这里面蕴含着一个有无意义、有无价值的问题。他说："人固有一死，或重于泰山，或轻于鸿毛，用之所趋异也。"司马迁只是一个小小的太史令，如果这时候他死了，"若九牛亡一毛，与蝼蚁何以异？"最终他也将沦为历史长河中的沧海一粟，有谁会记得一个被封建专制统治戕害的小生灵呢？而如果他选择活下来，虽然身心会倍受摧残，但司马迁坚信他的著作会千秋万代地传下去,一切都将大白于天下,千秋功罪留待后人评说。如果这样,即使被戮杀一万次,又有什么可后悔的呢?我们很庆幸司马迁做了这样的选择,不然,于中国的历史、政治、经济、军事、文学等方方面面都将是一个多大的缺失啊!司马迁在《史记》中宣扬了一种壮烈的生死观,生要生得轰轰烈烈,死也要死得感天动地。

项羽兵败垓下时,他自觉"无颜见江东父老"而自刎乌江。李清照颂扬他的诗永远回响在历史的天宇:"生当做人杰,死亦为鬼雄。至今思项羽,不肯过江东。"项羽虽死,英名永存。

陈胜在生死关头的勇敢抉择让司马迁景仰。"今亡亦死,举大计亦死,等死,死国可乎?""壮士不死则已,死即举大名耳,王侯将相宁有种乎?"短短几句话,句句涉及生死的大问题。陈胜认为要死就要为国家大事而死,这样的死顶天立地。

蔺相如先是为了和氏璧,后又为了赵国的尊严,两次在强秦面前奋不顾身,司马迁对此无限敬佩。他说:"知死必勇,非死者难也,处死者难。方蔺相如引璧睨柱,及叱秦王左右,势不过诛。然士或怯懦而不敢发。相如一奋其气,威信敌国;退而让颇,名重泰山,其处智勇,可谓兼之矣。"这里整个谈的都是生死观的问题,蔺相如的"先国家之急而后私仇"的话铮铮作响,坦荡无私。

程婴和公孙杵臼为保全赵氏孤儿,狸猫换太子,公孙杵臼慷慨赴死,程婴则忍受着别人的诟骂和误解,含辛茹苦地将真正的孤儿养大,报仇雪恨以后自杀而死。

豫让为报智伯的知遇之恩,在智伯被赵襄子杀死以后,立志复仇。他说:"嗟乎!士为知己者死,女为悦己者容。今智伯知我,我必为报仇而死,以报智伯。"为了报仇,"漆身为疠,吞炭为哑",了却复仇意愿后伏剑自杀。程婴、公孙杵臼、豫让这种大仁大义的行为准则,这种刚烈与血性,令人"仰之弥高,钻之弥坚"。司马迁把这种感天动地的情感用一种"铁肩担道义"的沉着表现出来,这种诚信、情谊、道义在道德准则不断坍塌的当代显得尤为宝贵。

《史记》留给我们的不仅仅是三千年历史大舞台上一个个鲜活的人和事,更是我们做人的典范。司马迁借历史这个大舞台,弹奏出了贯穿于《史记》的昂扬向上、永不言败、惊天动地、激烈悲壮的时代主旋律。《史记》极富阳刚之美,是一部男子汉的书,《史记》中的英雄人物群像身上体现出的是悲壮而不是悲哀,它永远不会让人颓废消沉，而是激发人热血沸腾，急进拼搏。我们现在经常在谈论对人的"三观"教育，司马迁的人生观、生死观、世界观就是绝好的教材，它可以使我们认识到如何体现生命最大的价值，使人生绽放出最灿烂的火花。司马迁的成就无疑是巨大的，然而他的精神尤其伟大，这种精神将会经天贯日，与日月同辉。

# 司马迁《史记》与六经的传承

＊本文作者姜海军，北京师范大学历史学院副院长、副教授。

司马迁《史记》在中国史学上具有里程碑的意义。其实，它在中国经学史上也具有承上启下的重要地位。尽管汉代班彪认为司马迁"离经叛道"，不能"依《五经》之法言，同圣人之是非"（《后汉书·班彪传》），其子班固也认为司马迁"论大道则先黄老而后六经"（《汉书·司马迁传赞》），但这种说法已经得到了历代学者的驳斥，很多学者都认为司马迁重视六经、孔子儒学，明人焦竑甚至认为，司马迁"列孔子于世家，老子于列传，而且与申、韩相埒，亦曷尝先黄老而后六经哉？"（《焦氏笔乘》卷二《史公权衡》）

## 一、推崇六经，重视儒学

实际上，司马迁的父亲注重黄老之学，而司马迁本人更重视六经、孔子儒家。如朱熹就曾说："先黄老而后六经，此是太史谈之学，若迁皆宗孔氏。"（《朱子语类》卷一百二十二）清冯班也说："史迁极重仲尼，史谈乃重老子，父子异论。"（《纯吟杂录》卷六）清人王鸣盛也说："《太史公自序》叙其父谈《论六家之要指》……以明孔不如老，此谈之学，而迁意则尊儒，父子异尚。"（《十七史商榷》卷六《司马氏父子异尚》）父子之别不仅是个人的思想旨趣，也是时代发展的必然结果。可以说，司马迁对六经、孔子儒家的重视，除深受其师董仲舒的影响之外，也是汉武帝时期文化政策转向的必然结果。

汉武帝为了巩固自己的皇权，他接受了董仲舒的建议，实行"罢黜百家，独尊儒术"的国策。董仲舒为了给汉武帝提供这样做的理论依据，便利用阴阳五行学说对《春秋》进行解释，由此奠定了汉代经学诠释的新模式。可以说，董仲舒是先秦子学向汉代经学转型的关键人物。在这种情形下，司马迁无论是在史学编纂、历史叙事还是人物事件的评价方面,自然都认可儒学、经学的主导地位,并为之服务。

司马迁《史记》旨在实现"究天人之际,通古今之变,**成一家之言**"的目的,也是为了传扬儒家经典及圣人之道,如其所谓"绍明世,正《易传》,继《春秋》,本《诗》、《书》、《礼》、《乐》之际"(《史记·太史公自序》)。在《史记》一书中,司马迁极为重视六经、儒学,"考信必于六艺,造次必衷仲尼"(《史记志疑》卷三十六),同时还在人物事件的评价上,基本以儒家仁义思想为判定标准。此外,司马迁还结合社会政治的需要,利用对六经的理解、诠释,提出了自己对当时社会政治的看法,经世以致用。

## 二、梳理建构六经的历史

司马迁推尊六经,传承圣人之道,他在其《史记》的《孔子世家》《仲尼弟子列传》《儒林列传》等篇章中清晰地记载了孔子修订六经与六经传承等历史事实,由此建构了先秦经学发展的基本脉络,而这些记载成为了后代研究孔子与六经关系及先秦经学史最早、最重要的文献证据。

比如司马迁在《孔子世家》中记载了孔子删定《诗经》的史实。他认为孔子在古代三千篇《诗》的基础上,以周礼为标准,经过删减重复,只留下了305篇。后来班固《汉书·艺文志》、王充《论衡·正说》、赵岐《孟子题词解》、郑玄《六艺论·诗论》、魏征《隋书·经籍志》等都继承了司马迁的这个说法,孔子删诗说由此成为中国古代的基本看法。

又比如《周礼》也称《周官》,它最早出现于《史记·周本纪》的记载:"既绌殷命,袭淮夷,归在丰,作《周官》。"司马迁《史记》中周公作《周官》的观点,后来被汉代班固、宋代朱熹等继承,由此成为中国古代最为流行的说法。

至于《仪礼》《周易》《孝经》《左传》等其他儒家经典的传承脉络,司马迁《史记》也都有记载,这自然为后人研究六经、十三经提供了至关重要的论据。司马迁在梳理记载六经传承、发展的历史的同时,还借助历史考证的形式,对儒家所言的古圣先王及相关历史事实做了最为系统的梳理和建构,这无疑对儒家学说的神圣性与合法性提供了历史事实上的支持。

总的来说，司马迁对六经传承、发展谱系的记载和梳理，对了解六经学史、先秦经学史、儒学史等都有重要的意义。正如康有为在其《新学伪经考》中所说："孔子六经之传，赖是（司马迁《史记》）得存其真。史迁之功，于是大矣。"梁启超更是认为："太史公最通经学，最尊孔子。"（《饮冰室合集》专集第十五册《读书分月课程》）

## 三、兼采众长，诠释六经

司马迁早年师承董仲舒，而董仲舒（前179—前104）在当时经学、学术思想界影响甚大，尽管司马迁在经学思想与方法上对董仲舒有一定的继承和发展，但他也有自己的特点。比如董仲舒对《春秋》的解释强调天人感应、阴阳灾异等思想，以此来论证其天人感应思想体系的合理性。相比之下，司马迁在《春秋》的理解与诠释上有自己的特点，他认为《春秋》为"礼义之大宗"。清人皮锡瑞在《经学通论》中将司马迁这种解释《春秋》的理念称为"以礼说《春秋》"，所谓："案太史公述所闻于董生者，微言大义，兼而有之。以礼说《春秋》，尤为人所未发。"（《经学通论》四《春秋》）其实，司马迁不仅在《春秋》的理解、诠释上表现出自己的个性与特色，在其他儒经的理解与诠释上，也都是如此。

另外，在西汉，经学的传承、诠释非常强调家法、师法，同时又有今文经学与古文经学的区分。司马迁在当时并没有倾向哪一家，哪种解释方式，而是兼采今古之学，超越了家法、师法的束缚，如他的易学出自杨何，尚书学出自孔安国的古文说，诗学出自今文《鲁诗》，《礼》深契"鲁地"之风，春秋学思想则继承今文公羊学，但对于史实的采择则用古文《左传》说。这正如刘家和先生所言，司马迁"既未墨守于当时已立于学官的经和经说，又未严守任何师说"（刘家和：《史记与汉代经学》，载《史学史研究》1991年第2期）。总之，司马迁在儒家今古文经的鉴别、理解与诠释上独具特色：去粗取精、兼采众长、融会贯通，进而实现了对今古文经学整合统一的工作。

总体来说，司马迁在经学解释上独具特色，个性十足，正如刘家和先生所总结的："一则，与当时株守一经及一家之说而拒斥他说的陋儒不同，司马迁对儒家诸经之间的态度是开放的；二则，与董仲舒的罢黜百家、独尊儒术的态度不同，司马迁主张兼容百家，只不过以儒家的六经为最高标准来整齐百家，所以对百家的态度也是开放的。"（刘家和：《史记与汉代经学》，载《史学史研究》1991年第2期）可以说，司马迁在经学诠释上独树一帜，兼采众家、兼收并蓄，既没有墨守董仲舒之说，更没有严守今文经学的说法，而是整合今古文之说，折中于六经，进而形成一家之言。

## 四、承前启后，弘扬儒学

司马迁《史记》对六经、儒学传承历史进行梳理，在某种程度上建构了先秦经学、儒学的基本脉络，为后人研究先秦经学、儒学提供了最权威的文献。司马迁不仅在经学史上具有承前启后的重要地位，在儒学史上也具有里程碑的意义。正如宋郑樵在其《通志·总序》中所说："司马氏世司典籍，工于制作，故能上稽仲尼之意。……通黄帝、尧、舜，至于秦汉之世，勒成一书。"

司马迁编纂《史记》，不仅秉笔直书，叙述了历史，更是远绍孔子《春秋》之学，传承了圣人之道，为后世立法。正如司马迁在《太史公自序》中所说："先人有言：'自周公卒五百岁而有孔子。孔子卒后至于今五百岁，有能绍明世，正《易传》，继《春秋》，本《诗》、《书》、《礼》、《乐》之际？'意在斯乎！意在斯乎！小子何敢让焉。"司马迁此言，进一步申明自己要秉承父子的遗命，上继孔子《春秋》精神，传承六经之义，弘扬周、孔以来的礼乐文明。可以说，司马迁《史记》的思想旨趣，已经远远超越了对六经之义、孔子儒学的传扬，而是借此来传承周、孔以来的礼乐文明与王道理想。

司马迁不仅推尊六经、孔子儒学，且建构了先秦儒学发展的基本谱系，更为主要的是借助历史叙事的形式，发展了儒学的基本理论，比如他对天道的认知与理解上，尽管继承了其师董仲舒的一些观点，但司马迁更强调天与人的自然协调，而非简单的比附。另外，司马迁还在其论赞、历史叙事等方面对孔孟的仁、礼等学说都做了一定的传扬与诠释，这无疑丰富了六经之义、孔子儒学。可以说，正是由于司马迁借助《史记》历史叙事的形式来传承六经、弘扬儒学，由此奠定了他在经学史上、儒学史上崇高的地位，这一点正如甘鹏云所说："嗟乎，续《春秋》而为良史，综六艺而为通儒，左氏以来盖未有如迁者也。"（《经心书院续集》卷三《太史公自序书后》。）

总的来说，司马迁在经学史上有重要的地位，他继承父亲遗命，以历史叙事的形式，传承六经之义与圣人之道，还借助"以史证经"的方式，进一步丰富完善了六经的内容与孔子之道，由此奠定了中国古代"以史证经"的重要典范。此外，司马迁还借助六经诠释、历史叙事、考察盛衰的方式，对孔子儒家的很多内容、思想都做了重要的发展与弘扬，成为中国古代重要的儒者。

## 结　语

司马迁借助《史记》的形式传承了六经之意、孔子儒学，在中国经学史上具有承上启下的重要地位，更是奠定了他在儒学史上的崇高地位。司马迁在其《史记》多篇之中都提及六经、儒学，并对它们的传承谱系、发展历史做了梳理补正，并以"以史证经"的方式，对孔子儒学做了自己的理解与诠释，甚至在很多历史叙事、人物评价中也反复以儒学仁义思想为评价标准，以此来弘扬儒学。

正是由于司马迁《史记》言必提六经、取信于孔子儒学，并借助历史叙事的形式对六经、孔子儒学思想做了考证、论证甚至是完善发展，由此史学从此被视为经学的重要补充和展现形式，进而在《汉书·艺文志》以后的中古时期，史学日渐从经学中分离出来，并作为经学的有益补充而独立存在，进而成为中国古代书籍、学术分类中的重要板块。由此可以说，司马迁《史记》不论在经学史上，还是儒学史上、史学史上都具有里程碑的意义。

# 春风噙寒入锦帷

## ——司马迁笔下的汉宫红颜

＊本文作者刘玲娣，保定师范学院教授。

在男权占主导地位的中国历史，而且是第一个强大起来的汉代历史中，宫廷女子进入了司马迁的视野。这不仅体现了司马迁进步的妇女观，并且透过他笔下女子的形象与命运，折射出了封建统治权势下宫闱恩幸之间的人性异化与残酷无情。这些人物本身所具有的揭露与批判力量，令人荡气回肠。

## 一、吕后凭刚毅杀伐决断

吕后是司马迁在《史记》中惟一专门立传的女性，也是唯一一位进入本纪的女君王。尽管司马迁对这位性格乖戾的女人没有多少好感，但作为一位良史，《吕太后本纪》还是较为客观地评价了她的一生。

在刘邦尚未起义前，吕后和千千万万女人一样，是个普通的妻子、母亲。一天，她带着一双儿女在田间薅草，碰到一位过路老人向她讨水喝。吕后给了老人水，还给他干粮吃。

生活磨炼了吕后的意志，机遇让她走近权利。司马迁说："吕后为人刚毅，佐高祖定天下，所诛大臣多吕后力。"（《吕太后本纪》）她久居宫闱，看惯了权力争斗的残酷，而儿子刘盈的仁慈与懦弱让她为这个未来皇帝（当然也包括自己）的命运寝食难安。因此，趁刘邦在世时便加快为儿子登基扫雷铺路。她借助刘邦的威望，先后除掉了为建立汉家天下出生入死的多位大将，亲手杀死大功臣韩信，菹醢彭越，灭掉英布。刘邦死后，为了巩固她殚精竭虑为刘盈争得的权位，干下一系列悖谬绝伦的勾当。

比如，刘邦生前宠爱戚夫人及其子刘如意，说刘盈太怯懦，所有儿子中最像他的是刘如意，甚至一度想废刘盈而立刘如意为太子。

吕后为此四处求助，最终张良献策请出商山四皓才平息此事。对此，吕后对戚夫人母子恨之入骨。刘邦死后，她首先向刘邦生前的宠姬发难，最惨的是戚夫人。吕后先囚禁戚夫人，又用毒酒毒死刘如意，命人砍去戚夫人的手脚，弄瞎眼睛，熏聋耳朵，灌入哑药，扔到猪圈里，名曰"人彘"，以致刘盈观后吓得大病一场，说"此非人所为。"

再如，为了巩固皇权，她让即位时十七岁的刘盈，娶了自己的亲姐姐鲁元公主六七岁的女儿做妻子。不仅搞得刘盈尴尬不已，还使子嗣成为大问题。为保皇后之位不旁落，吕后不惜让其假装怀孕，把后宫姬妾生的孩子抱来、杀掉孩子的生母，假说是皇后所生，并立为太子。刘盈一死，就立太子为皇帝。不想这个皇帝知道了自己的身世，发誓长大后要为自己的母亲报仇。于是，吕后便以皇帝有病为名将其幽禁，最后又将其杀害。

## 二、窦后顺天命歪打正着

窦皇后，出身贫困，父母因生计困难，便以"良家子"身份把她送到吕后宫中当使女，呼为窦女。窦女到宫中时，正值吕后由于分封诸吕引起了诸多刘邦旧臣及刘姓王的不满，为了"维稳"，吕后便将自己手下的女子作为礼物分送给刘姓王，每人5个，窦女就在其中。这个窦女很有心机，她为了离家近些，便给负责分配的宦官送礼，要求去赵国侍候赵王。结果不知是这个宦官记错了，还是收礼太多弄乱了，误把窦女分去代国侍候代王刘恒。窦女抹着眼泪极不情愿地去了代国。

令窦女出人意料的是，到代国后，她受到刘恒的宠爱，生了两男一女，可谓因祸得福。过了几年，代王夫人及所生的四个儿子（一说三个）相继死掉，好像有意给窦女母子让位似的。接着吕后去世，政局动荡，周勃、陈平等人铲除诸吕，刘恒被选入宫继承帝位，即后来的汉文帝。窦女和她的两子一女也随入宫中，长子刘启被立为太子，即日后的汉景帝。皇后人选，自然是窦女，母以子贵，妻以夫荣，耀眼的光环不偏不倚罩在窦女头上。

窦皇后地位的改变和她耳濡目染的皇宫生活，使她由一个纯真朴实的女子逐渐成为权力欲很强的乖戾女人。不仅溺爱少子梁孝王，造成了汉景帝与梁孝王兄弟之间的矛盾，上演了汉代版的"郑伯克段于鄢"；而且喜黄老之学，维护贵族利益，反对变法革新，以至罢免，乃至杀戮丞相、太尉等。由此我们想到近年上演的电视连续剧《甄嬛传》，其中多少女子在残酷的宫廷生活中，由纯情少女逐渐变成老谋深算，善于争风吃醋，甚至专断弄权的行家。

## 三、薄后、王后靠心机得势

文帝母亲薄太后，本为薄氏与魏王族女魏媪的私生女，称薄姬。父亲去世后，她就被魏媪送入当时魏王魏豹的宫中做宫女。魏媪曾经带着女儿去相面，相面大师许负说她将来会生天子。当时正值楚汉相争时，魏豹本来跟着刘邦打项羽，听说薄姬的相面后很高兴，就脱离刘邦保持中立，梦想称帝。结果帝没称成被刘邦所获，薄姬也成为罪犯和其他人一起从事织作活计。魏豹死后，有一天刘邦到织室转悠，看到薄姬貌美就纳入后宫，但很快就忘掉了，一年多都不曾见面。

薄姬小时，曾经和正在受刘邦宠幸的管夫人、赵子儿要好，她们相约谁先富贵了不要忘掉好朋友。一天，刘邦闲坐在河南宫成皋台上，听到两个美人笑谈薄姬当时和他们的约定，心生恻隐，当天便召见并临幸薄姬。这个薄姬实在不简单，她对刘邦说："昨天晚上我梦见一条苍龙压在我的肚子上。"刘邦告诉她这是显贵的征兆，薄姬因此生下儿子刘恒。薄姬的聪明之处还在于她没有贪恋温柔乡，而是从此远离刘邦。所以，当刘邦死后吕后全力捕杀迫害刘邦生前的得宠姬妾时，薄姬得以随儿子去代国远离宫中是非，既保全了自己，也保全了儿子。与戚姬相比，其智慧不知要高出多少倍。刘恒在这样的母亲调教下，多了几分善良，少了几分贵公子哥的飞扬跋扈。因此在周勃等人选拔新皇帝时，成功入选。

景帝皇后、武帝的母亲王娡，本来不是宠姬。景帝最宠爱的是太子刘荣的母亲栗姬。子贵母荣，栗姬的境遇可谓如日中天。因此，景帝的姐姐刘嫖亲自向栗姬提亲，要把女儿嫁给刘荣。可是，栗姬因为气愤景帝身边的女子都是通过刘嫖介绍过来的，当即拒绝。刘嫖由此怀恨在心，转身去找王娡，王娡慨然应允，顺势上位。于是，两个女人联手算计栗姬，不惜造谣诽谤。栗姬呢，仍沉浸于怨忿中不能自拔，尤其是在景帝身体不好，向她托付诸位王子、希望她善待时，她竟然不肯答应，还出言不逊。栗姬的不谙事理、为人偏狭，成全了武帝母子，自己却落得子废身亡的结局。

## 四、卫后、李夫人凭理智全身

　　武帝皇后卫子夫，本是武帝姐姐平阳公主家的歌女，一次武帝去霸水边上祭祀，回来路过姐姐家小饮，公主为弟弟选了十几位美女供挑选，结果武帝都没看中，独独欣赏卫子夫。但是带到京城后，武帝便隐入花丛一年多都难得再见。因此，当武帝挑选宫中级别较低的侍女、准备打发其回家时，卫子夫不等挑选，流着眼泪自动请求出宫。这梨花带雨的娇容让武帝见状大为感动，垂怜召幸，"遂有身，尊宠日隆"，终成皇后。卫后这种以退为进的策略，与武帝宠爱的刘闳母亲王夫人为儿子要地盘却不露声色如出一辙。

　　武帝宠妃李夫人得赏识，缘于她的音乐天赋和美貌。在汉武帝诸位妃嫔中，李夫人最值得称道之处还不在于她倾国倾城的美貌和能歌善舞，而是她的审时度势和自知之明的生存智慧。《汉书·外戚传》较为详细地描写了这位集万千宠爱于一身的美人，在红颜褪色、春尽花零之际的明智选择与过人睿智。她的"以色事人者，色衰而爱弛，爱弛则恩绝"的见地，道出了历代靠美貌而走近君王的女性即"以色侍君"者的苦衷。

　　此外，淮南厉王刘长母亲赵美人，汉昭帝母亲钩弋夫人，却在懵懵懂懂中花谢寒流。

　　司马迁巧妙地用"命"字画龙点睛，指出宫廷斗争的变幻莫测。在封建时代，不论是看似得势的太后，还是尽享恩宠的宫嫔，她们的悲剧命运并无二致。作为君王附庸的生活与命运，使她们失去独立人格与自尊，成为以色侍君之玩偶。为了争得一席之地，她们不得不使出浑身解数，在后宫永不闭幕的邀宠争势悲喜剧中担纲主角，青春与生命，便在这角逐中悄然而逝。后人往往对此大加诟病，甚至把"女人祸水"的脏水泼向她们。但细想来，这些女人真正为自身争权的有几人？他们不过是为子孙争得一席之地，培植一棵自己可以乘凉的大树而已。她们虽然也曾不同程度地享受过作为皇后或妃嫔的荣耀，如吕后、窦太后者一度大权独揽发号施令母仪天下，但更多的是虽受恩宠却小心翼翼、敛气息声，至如赵美人、钩弋夫人辈则尚未享受尊荣却已大放悲歌。正可谓：

　　纵然有倾国倾城如花貌，终难挡春风噙寒入锦帷。悲夫！

# 《史记》在国外的传播与研究

﹡本文作者张新科、李红。张新科，陕西师范大学文学院教授；李红，陕西师范大学外语学院副教授。

司马迁的《史记》，不仅是中华民族的宝贵文化遗产，而且是具有世界意义的历史学巨著。《史记》在国外的传播与研究，由于历史及文化背景等原因呈现出不同的状况。现就笔者所了解的情况略作概述。

## 一、传播情况

《史记》的传播最早从东亚一带开始。据史书记载，《史记》在魏晋南北朝时期传播到了朝鲜半岛。《北史·高丽传》记载，唐以前"三史"传到高丽。《旧唐书·高丽传》说高丽"俗爱书籍"，"其书有《五经》，及《史记》、《汉书》、范晔《后汉书》、《三国志》、孙盛《晋阳秋》、《玉篇》、《字统》、《字林》，又有《文选》，尤爱重之。"据有关资料，自20世纪60年代以来，韩国出版韩文《史记》译本（包括全译和节译）数十种，其中第一部《史记》韩文译本《史记列传》1965年由崔仁旭完成。此后1973年李英根翻译的《史记》，是第一部韩文全译本，由汉城新太阳社出版。1992年以来，在丁范镇率领下，由成均馆大学中文系青年学者共同参与完成七卷本《史记》全文的韩译工作。在韩国诸多的《史记》选译中，"列传"是最为突出的部分。这些各具特色的译本，对于《史记》传播起了积极的作用。《史记》传入日本已有一千多年的历史。据考证，《史记》是在公元600年至604年之间由第一批遣隋使始传日本的，明清之际，是《史记》东传日本的黄金时代。《史记》传入日本后，对日本的政治、文化等产生了重要影响。据《正斋书籍考》、《三代实录》、《日本纪略》以及《扶桑略记》日本史书记载，上至天皇，下至幼童，包括僧徒，都在阅读《史记》，诸王诸臣也讲《史记》，甚至学生入学还要试《史记》,这种情况在全世界都是罕见的。在日本,各种形式的《史记》抄本、刻本,或选本,或全本,数量在百种以上,《史记》的传播和普及程度是非常广泛的。

《史记》在欧洲的传播时间稍晚。据有关资料,《史记》在 18 世纪传到俄国,俄罗斯汉学家 19 世纪起就节译过《史记》。前苏联出版过帕纳秀克《司马迁〈史记〉选译》和越特金与塔斯金合译的《史记》两卷本。十月革命后的《史记》译作据不完全统计有 71 种。2010 年,由越特金和其子花 40 年功夫翻译的《史记》俄文出版,标志着《史记》全书第一个欧洲语言译本的问世。目前,《史记》在俄罗斯有广泛的影响。柳若梅《史记在俄罗斯的收藏与翻译》一文对此有一定介绍(《广东社会科学》2014 年第 3 期)。《史记》在欧美其他各国也有程度不同的传播。在法国,汉学家沙畹(1865—1918)曾翻译《史记》,这在法国是个有一定影响的《史记》读本,而且是第一部西洋《史记》翻译,共五本。还有 1972 年吴德明(Yves Hervouet)《司马相如列传译注》,等等。美国自 19 世纪 40 年代开始关注《史记》,1840 年出版的《中国丛报》开始有介绍司马迁的文章。20 世纪 50 年代以来,《史记》在美国有两次重要的译介,即华兹生(Burton Watson)和倪豪士(William H. Nienhuaser)译本。华兹生教授从 1950 年至 1993 年,将《史记》130 卷中的 80 卷翻译成了英文。倪豪士教授计划翻译整部《史记》,拟出版九卷,截至目前完成五卷。在英国,也有学者翻译《史记》,较有代表性的是 1994 年雷蒙·道森(Raymond Dawson)《司马迁史记》,它作为"世界经典系列丛书"之一由牛津大学出版社出版。19 世纪中期,奥地利汉学家先驱菲茨迈耶把《史记》24 卷翻译成德文,这是最早的德文译介,此后,德国慕尼黑大学海尼诗(Erich Haenisch)、汉学家弗雷兹·杰格(Fritz Jaeger)等人,对《史记》都有部分翻译。其他国家如丹麦、匈牙利等也有《史记》译本。

## 二、研究状况

国外的《史记》研究,相对来说,东亚地区的研究由于时间长久,取得的成果较为丰富。比如韩国,自 20 世纪 60 年代以来,对《史记》的研究呈现出逐步发展的趋势。1971 年至 1994 年的 24 年间,韩国学术刊物上发表研究论文 26 篇,专著 4 部,硕士学位论文

7部，博士学位论文5部。从研究的范围看，主要涉及司马迁的生平和思想研究、《史记》的历史性质研究、《史记》的语法研究、《史记》的文学性质研究、《史记》人物描写研究、《史记》总体研究、《史记》与《汉书》比较研究等各方面。这些成果，无论从学术研究的方法上，还是从内容和水平上都开创了一个新时代。关于《史记》总体方面的研究论著如1982年洪淳昶撰写的《〈史记〉的世界》，包括司马迁的生平、《史记》的时代、《史记》的写作过程、《史记》的体裁及其内容、《史记》的世界等。关于《史记》人物描写，如金圣日的《史记列传人物描写技巧研究》，从西方传记、现代小说的文章运用技法、人物描写论、对话方法论等写作技巧理论角度入手，对《史记》列传的写人技巧作了较为深入的探讨。关于《史记》与《汉书》的比较方面的研究论著，以朴宰雨《〈史记〉〈汉书〉比较研究》为代表，1994年作为"中外学者学术丛书"之一种，由北京中国文学出版社出版。

东亚地区日本《史记》研究的成果最为突出。据统计，仅现代而言，日本颇有影响的《史记》研究专家就有泷川资言、水泽利忠、宫崎市定、野口定男、加地伸行、池田四郎次郎、池田英雄、伊藤德男、今鹰真、青木五郎、藤田胜久等百余人，论著层出不穷。日本研究《史记》已有一千多年的历史。1945年以前，除了传播、宣传《史记》外，重点是资料整理，成绩最大的是泷川资言和有井范平二人。泷川资言的《史记会注考证》广采博搜，汇集了日人及我国学者对《史记》的各家注释百余种，并加以考释。该书还在书后附有《史记总论》，包括太史公事历、《史记》名称、《史记》记事、《史记》体制等15个方面的内容。有井范平《补标史记评林》的底本，是我国明代凌稚隆辑、李光缙增补的《史记评林》。有井范平除了补充凌氏未收的明人的《史记》评论外，还补充了不少清人的评论，并增加了他自己的许多评语。1945年以后日本的《史记》研究有较大进展，研究的领域涉及到众多的方面。除校注、拾遗等基础工作外，资料整理也很突出，1978年日本明德出版社出版了池田四郎次郎著、池田英雄校订增补的《史记研究书目解题》一书，对670多种《史记》研究的有关著作作了提要介绍，规模宏大，体例专精，远远超过了我国同类著作。本时期，评论司马迁和《史记》的论著增多，如冈崎文夫的《司马迁》、武田泰淳的《司马迁——史记的世界》、贝塚茂树的《司马迁》、加地伸行的《史记——司马迁的世界》、今西凯夫的《史记的世界》、藤田胜久《史记战国列传研究》等。佐藤武敏的《司马迁研究》从司马迁的家世、司马谈和历史、司马迁的生年、司马迁的旅行、司马迁的官历、李陵之祸、《史记》的编纂过程、《史记》体裁上的特点、《史记》内容上的特点等方面论述了司马迁及其《史记》。对研究史的总结成为本时期一个重要的课题,池田英雄《从著作看日本先哲的〈史记〉研究》一文系统勾勒了一千多年来《史记》在日本的流传和研究情况;他的专著《史记学50年》,详细介绍1945—1995年日本《史记》研究情况,并与中国的《史记》研究进行对比分析。藤田胜久《日本的〈史记〉研究》、《〈史记〉在日本的流传与接受》等,结合中日文化交流的历史,对《史记》在日本的流传与研究情况进行了细致的介绍分析。

在欧美及其他国家,翻译和研究《史记》并重。在法国,汉学家沙畹在翻译《史记》时,前面有长达250页的《前言》和《导言》,是西方汉学史上研究《史记》的最为权威的著作。《前言》主要确立了自己研究《史记》的基本原则和方法。《导言》共五章,探讨的问题有:司马迁的生平及其著作;汉武帝在位的那一个时代;《史记》编著中的史料来源;司马迁的写作方法及其见解;《史记》的遇合,其附加者、注释者与评论者。该书为读者全面介绍《史记》的来龙去脉。美国学者研究《史记》,成就突出的如华兹生《司马迁:伟大的中国历史学家》、侯格睿(Grant Handy,一译葛兰特·哈代)《青铜与竹子的世界:司马迁对历史的征服》、杜润德《雾镜:司马迁著作中的紧张与冲突》等著作,都是很有见地的著作。王靖宇在研究中提出一个问题:"在古代以简牍书写的困难条件下,司马迁为何不满足于简单的平铺直叙的方式,而却还要花费大量时间与精神去致力于文学效果?"作者从司马迁的个性以及他写作《史记》的目的两方面分析了这个问题,颇有理论深度。汪荣祖《史传通说——中西史学之比较》一书,结合古今中外史学例证,系统分析了司马迁的经历、思想渊源、《史记》的体例、史料来源、创作主旨、文章风格以及在中国史学史上的地位等问题,许多见解令人深思。

国外《史记》研究值得一提的是,1955年12月22日,前苏联的东方学家、高等学校的教师等在莫斯科举行晚会,纪念司马迁诞生2100周年,历史学硕士图曼在报告中说:"司马迁真正应当在大家公认的世界科学和文化泰斗中占有重要的地位。"会议消息发表在1955年12月27日的《光明日报》上。这次会议,应该说在《史记》研究史上具有重要意义。

# 司马迁生年研讨

【编者按】1916年王国维率先发表《太史公系年考略》考证司马迁生年，引发学术界争论。至2016年，恰好100年整。2015年学术界纪念司马迁诞辰2160周年学术研讨会，由中国史记研究会与司马迁故里陕西渭南师范学院联合举办，重提司马迁生年话题。中国史记研究会与北京史记研究会发布联合会务通讯，决定于2016年重启司马迁疑案研究，特别是司马迁生年疑案，两研究会举全会之力，集体攻关，疏理和总结百年来的争论，画一个阶段性句号。此举为《史记》研究廓清障碍，是很有意义的。本次研讨方法，全力解读前贤的争论，把学术界已发表的数十篇学术论文运用各种不同的方法，把郭、王两家之说的全部论据疏理出来，进行一条一条的比较、驳论，而不是炒冷饭。参与研讨的学者，自行从已刊争论文章中选出若干篇，或支持王说，或支持郭说，或只作综述，或综合评析。论文在两研究会年会论文辑中同时刊布数篇以为样式，抛砖引玉，最后汇总论文，出版专集。下面发布论文三篇。

# 李长之关于司马迁生于前135年说举证十条无一考据
## ——兼论郭沫若《〈太史公行年考〉有问题》亦无一考据

本文作者陈曦。

关于司马迁的生年,主要有公元前145年与前135年两种说法。公元前135年说(亦称建元六年说)者,学术界一般以郭沫若为代表,其实祖述者为李长之。李氏举证十条以立其说。文章题称《司马迁生年为建元六年辨》(以下行文简称"李文"),最早发表于1944年5月出刊的《中国文学》一卷二期,后收入1948年开明书店出版的李氏专著《司马迁之人格与风格》一书。李文的发表并未引起学术界的重视。到了1955年,郭沫若在《历史研究》第6期发表《"太史公行年考"有问题》一文,并同期推出李文(署名刘际铨),来为自己论文佐证,随即引发学术界关于司马迁生年的大讨论,李文因而声名鹊起。非常遗憾,李文是引进、借鉴了日本学者桑原骘藏、山下寅次两人的推论、猜测①,无一考据,李文拼凑成十条,亦无一考据,因此无一条成立。这样说虽有不客气之嫌,但历史事实就是如此。1956年,李长之告语李仲钧,他已改弃其说②,不失为明智之举。但半个多世纪以来,持建元六年说的后继者的论据,基本上是李文的延伸和演绎,因此辩驳了李文,也就基本辩驳了建元

---

① 参阅〔日〕桑原骘藏《司马迁生年一新说》,《史学研究》1929年第一卷第一号。〔日〕山下寅次《史记编述年代考》论及司马迁生年问题,其主要观点见程金造《从史记三家注商榷司马迁的生年》一文(《文史哲》1957年第2期)。

② 李仲钧在《读程金造先生"从史记三家注商榷司马迁的生年"》一文(载《文史哲》1957年第8期)中说:"李长之先生曾主张司马迁生年为建元六年,举证十条以立其说,去年(1956)三月间相晤谈及此问题,自云论据不巩固,已放弃前说,但并非即承认生于汉景帝中五年。"

六年说论者。追本溯源，不得不辨。以下是对李氏十条的逐一辩驳。

第1条，"早失二亲说"。李文云："司马迁《报任安书》（以下行文简称《报书》）明明说'早失二亲'，如果生于前145年，则司马谈死时，迁已三十六岁，说不上早。假若生于前135年，迁那时便是二十六，却才说得过去。"

这一条如果成立，充其量只是一个论点，为什么"二十六岁"可以说"早"，"三十六岁"就不能说"早"，要做考证来说明，才能变论点为论据。李长之未做考证，放了一个烟幕说"他（司马迁）决不能把父亲是否早死也弄不清楚"，偷换概念，转移视线，避开了回答"早失二亲"为什么成为前135年说的证据。郭沫若与李长之一样未做任何考证①，便称其为驳难王国维的"致命伤"②，真是莫名其妙。

孤立地看，也就是断章取义，"早失二亲"至少有三种解释。其一，是指双亲早死，有些年头了，当儿子的没有尽孝感到失落；其二，指双亲走得早，儿子很孤独；其三，指自己年纪轻轻早早失去了双亲。前两种解释，与"二十六"或"三十六岁"毫无关系。只有第三种解释，年龄越小失去双亲越是孤苦可怜，但在父母眼里，子女总是年幼的。郑鹤声据古人丧礼习俗指出：父丧称为孤子，母丧称为哀子，父母皆丧成为孤哀子。一岁丧父母如是称呼，六十岁丧父母亦如是称呼，因此"司马迁所谓'早失'自然也没有年龄的限制"③。郑鹤声进一步指出：班固祖先班伯卒时年三十八，称"早卒"；颜渊死，据《孔子家语》，年三十二称"早夭"，据清人考证，

---

① "早失二亲说"为李、郭之后的建元六年说的后继者所经常采用，如李伯勋在《司马迁生卒年考辨》一文（载《兰州大学学报》1980年第1期）中说："司马迁的母亲死于何时，史无明文，我们无从考察。而他的父亲司马谈死于元封元年（前110年），《史记·自序》却有明白记载。依据王国维司马迁生于汉景帝中元五年之说，元封元年司马迁当为三十六岁。三十六岁死父亲，怎么能说'早失'呢？依据司马贞之说，司马迁生于汉武帝建元六年，元封元年他正好三十六岁。二十六岁死父亲，要说'早失'，是说得过去的。"这一番论述完全照搬李长之、郭沫若，且同李、郭二人一样未做任何考证。

② 郭沫若在1955年4月撰写的《〈太史公行年考〉有问题》一文中说："司马迁的母亲死于何时虽然不知道，但他的父亲司马谈是死于汉武帝元封元年（前110年）。在这一年，依王国维的推定，司马迁当为三十六岁。三十六岁死父亲，怎么能够说'早失'呢？这正给予王说一个致命伤。"见郭沫若：《郭沫若全集》历史编第三卷，人民出版社1984年版。

③ 郑鹤声：《司马迁年谱·司马迁生年问题的商榷》，商务印书馆1956年版，第10页。

颜渊死年四十二。"反过来说，司马迁年三十六死父母，何尝不可以说'早失呢'"？① 程金造亦有类似例证②。近年又有建元六年说者指出③：古人称三十而立。司马迁"二十六"未到而立之年，失去双亲可以说"早失"，"三十六"已过而立之年，不可以说"早失"。这样还算是有论辩，只可惜是建元六年说者附会上去的，不是司马迁要表达的意思。

司马迁《报书》云："今仆不幸，早失二亲，无兄弟之亲，孤身独立，少卿视仆于妻子何哉？"司马迁说得十分明白，自己是一个不幸的人，早早失去了父母，又没有兄弟相伴，十分孤独。司马迁遭遇不白之冤，交游莫救，左右不为一言，身边无亲人可倾述衷肠，孤苦无依，特别是"无兄弟之亲"更加坐实"早失二亲"，指父母早早离去之意。王国维认为《报书》作于太始四年，上距司马谈去世的元封元年是十八年；一说作于征和二年，则上距元封元年是二十年。双亲已离去快二十年了，当然可以说"早失"，这与"三十六岁"或"二十六岁"有何干系？李长之、郭沫若为了拼凑论据，无可奈何抓稻草，所以才高声放烟幕，一个说"他，司马迁决不能把父母是否早死也弄不清楚"；一个说这可是王国维的"致命伤"。真可以说是一个筋斗云翻转了十万八千里，莫名其妙地让读者找不着北。

第2条：《报书》云："仆赖先人绪业，得待罪辇毂下，二十余年矣。"李文假设司马迁做郎中是紧接二十南游的事，并采用了王国维的《报书》作于太始四年说，按司马迁生于前145年，到太始四年（前93）是五十三年，减去二十年就是三十三年，这是初入小学蒙童就会的加减法④，李文据此得出结论："应该说待罪辇毂下三十余年了。"司马迁二十南游了几年，何时为郎，何自为郎，这些问题的关节点李长之均未做任何考证，凭着一个蒙童加法，再加一个假设就提出了一个证据，太轻率了。我们试用蒙童减法，假设司马迁南游了四年，三十三减四等于二十九，不就是"二十余年"了吗？

---

① 郑鹤声：《司马迁年谱·司马迁生年问题的商榷》，第10页。
② 参阅程金造：《史记管窥》，陕西人民出版社1985年版，第92—93页。
③ 参阅刘大悲：《司马迁生年探源》，《西昌师专学报》1997年第4期。
④ 蒙童加减法是另一位建元六年说者刘大悲在《司马迁生年探源》一文（载《西昌师专学报》1997年第4期）的发明。该文说：司马迁二十南游，加三年游历，为22岁，加一年23岁仕为郎中，加一年24岁奉使，加一年25岁还报命，是岁元封元年25岁，到元封三年再加3岁，迁年28岁，上推生年为公元前135年。

考证不是蒙童的加减法，而是要做严肃的文献挖掘。司马迁南游时间无确论，有五年说，有四年说，多数认为至少二、三年。于是建元六年说的后继者主张《报书》作于征和二年（前91），再用蒙童加减法，司马迁从二十南游到写《报书》就是35年了。再加上一个"过梁楚以归。于是迁仕为郎中"，说什么"于是"者，"就在此时"①也。这样一来，司马迁即使南游了五年，三十五减五，还有三十年，而不是"二十余年"，看起来像是做了一番考证，其实仍然是以假设做证据。由介词"于"和代词"是"组成的介宾词组"于是"，有"在此时"、"在此地"等意；此外，"于是"在先秦时期业已虚化为"连词"，连接两个句子，表示前后句子所说的两件事情，具有时间上先后相承或事理上相承的关系②。"过梁楚以归。于是迁仕为郎中"，在《太史公自序》具体的语言环境中，"于是"正确的解释是作连词，连接"过梁楚以归"和"仕为郎中"前后两件事情；若翻译成现代汉语，可直接译为"于是"，或译为"在这之后"。司马迁说，他南游归来之后，重大的事件就是"出仕郎中"，并"奉使西征巴蜀以南"，而不能把"南游"、"出仕郎中"、"奉使西征巴蜀"当作连续紧接发生的事，而是他人生经历的重大事件，三者有一个相当长的时间过程。出仕郎中有一定的条件，当了郎中到奉使为钦差大臣，还要经过若干年的历练，因此不是紧接连续的事。据施丁考证："司马迁始仕郎中，肯定在元狩年间，至迟在元狩五年。"③ 元狩五年为公元前118年，再用蒙童的减法，元狩五年下据太始四年，即公元前93年是二十五年，下据征和二年，即公元前91年是二十七年，当然合于《报书》的"二十余

---

① 袁传璋在《司马迁生于武帝建元六年新证》一文（载《陕西师范大学学报》1988年增刊）中说："须知在上古书面语言里，'于是'是由介词'于'和指代时间或地点的'是'构成的介词结构，以表示时间或地点的状态。意为'就在这个时候……'或'就在这个地方……'《史记》中的'于是'大抵是这两种用法。"然而查诸中国社会科学院语言研究所古代汉语研究室编纂的《古代汉语虚词词典》，可知"于是"除了"在这时""在这里"等词义外，还有一个词义，即"虚化为连词。先秦已有用例，后沿用至今。……连接句子与句子，表示前后两件事情的承接关系。两件事情之间，既有时间上相承的关系，也有事理上的相承关系。可译为'于是。'"见该词典第778页—779页（商务印书馆2000年版）。袁先生完全忽略了《史记》中所存在的大量连词"于是"，其所谓"《史记》中的'于是'大抵是这两种用法"实属臆断。

② 参阅中国社会科学院语言研究所古代汉语研究室编纂：《古代汉语虚词词典》，商务印书馆2000年版，第778页—779页。

③ 施丁：《司马迁行年新考》，陕西人民教育出版社1995年版，第20页。

年"。更何况有史料证明,《报任安书》的写作与征和二年仁安死于巫蛊之祸一事并无关联,该文并非作于征和二年①,因而李长之及其后继者试图以征和二年作为时间坐标点做蒙童加减法,数字一定是不可靠的。

第3条:李文借王国维说——"孔安国为博士在元光、元朔间",如果司马迁生于公元前135年,到元朔三年前125年(应作前126),则"十岁诵古文"正符合。李文的这一条借用埋藏了两个假设。一是假设"十岁诵古文"是向孔安国问故;二是假设向孔安国问故的时间在元朔三年,正好与"十岁诵古文"相合。秦篆汉隶,简化了先秦古文。"十岁诵古文"只是说司马迁年少聪慧,十岁就能识读古文书,并不等于向孔安国问故。又元光、元朔共十二年,李文单取一个元朔三年,已属押宝,没有任何考证,显然是在拼凑十条论据。又据张大可等考据,"孔安国仕宦京师为博士及谏大夫时,应在元朔、元狩间,不是在元光、元朔间,这是王国维的疏失"②,李文借势取巧不成立。实际上,从"问故"出发,是解决不了司马迁生年问题的,正如施丁所论:"(司马迁)从安国问故,可以在十岁之时,也可以在十几岁或者二三十岁之时;既可能问一次,也可能问多次;既可能在安国为谏大夫之时问,也可能在安国为谏大夫之前问。……可见无论是王国维,还是其他学者,以'从安国问故'来推测或说明司马迁的生年,都是徒劳。"③

第4条:空白说。李文说:"司马迁是一个不甘于寂寞的人,如果照郑鹤声的《年谱》(他也是主张生于前145的),司马迁在元朔五年(前124)仕为郎中,一直到元封元年(前110),前后一共是十五年,难道除了在元鼎六年(前111)奉使巴蜀滇中以外,一点事情没有么?……假若真是过了十四年的空白光阴(算至奉使以前),司马迁不会在自序里不提及。看他说'于是仕为郎中,奉使西征巴蜀以南,南略邛笮、昆明,还报命',似乎中间为时极短。倘若生于前135,则仕于前115或前114之际,跟着没有三年,就有扈从西至空峒之事(前112),奉使巴蜀之事(前111),不是更合情理么?"这

---

① 参阅陈曦:《史记与周汉文化探索》,中华书局2007年版,第259—271页。
② 张大可:《关于司马迁生年的考辨》,《上海师范大学学报》1984年第2期。
③ 施丁:《司马迁生年考——兼及司马迁入仕考》,《杭州大学学报》1984年第3期。

一条也极受建元说后继者的追捧①，并解"于是"二字为"就在此时"，用以代替李文"似乎中间为时极短"这种极其不规范的考证语言。用蒙童的减法计算，十五年减去十年还有五年时间，不是很具体吗？前文第二条驳文中已指出，把南游全国与出仕为郎中，到奉使巴蜀这样三件事，缩短在具体的五年时间中是一种不合理的假设，所以李文含糊其词曰"似乎中间为时极短"，而后继者用"就在此时"来解读"于是"二字，掩盖李文的含糊其词，表面看生动形象，细细推敲，"就在此时"是在何时？从逻辑上看比含糊其词的五年时间更短，也更荒唐。由此可见，无论多么精巧的推论与弯弯绕，是不能代替考证的。为此，施丁作了考证。施文云：

自元朔三年南游至元鼎六年奉使西征之间，有如下内容：

元朔三年（前126），开始游历。

元狩元年（前122），此年左右，"过梁、楚以归"。

元狩五年（前118），"入寿宫侍祠神语"。

元鼎五年（前112），"西至空桐"。

元鼎六年（前111），此年春，"奉使西征"。

仅以此而言，十六年间的"空白"并不多；当然也就说不上景帝中五年说有什么"大漏洞"②。

又据张大可考证：董仲舒致仕后家居茂陵，排挤陷害他的公孙弘卒于元狩二年，而对他敬重有加的张汤第二年迁为御史大夫，但仍不见起用董仲舒，很可能元狩末董仲舒已经去世；孔安国为博士、谏大夫，元狩六年出为临淮太守。司马迁向孔安国问故，师从董仲舒，正在出仕之前的元狩年间，即司马迁南游归来，在二十八岁出

---

① 如赵光贤在《司马迁生年考辨》一文（载《北京师范大学学报》1983年第3期）中说："王国维的《太史公行年考》说元朔三年，迁年二十，开始南游。照此说法，至元鼎元年，三十岁，中间无事可记，南游无论如何不会有十年之久，显然这是个大漏洞，一般讲司马迁年世的大都从王说，未注意这个漏洞，反将出仕郎中之年下移至元封元年，这样相距十五年，把这个漏洞反而扩大了。假定南游时间用二、三年，还有十四、五年的空白时间，司马迁干什么去了呢？"又如赵生群在《论司马迁生于建元六年》一文（载《司马迁与史记论集》第五辑，陕西人民出版社2002年版）中说："如果说司马迁生于景帝中元五年，《自序》（笔者注：指《太史公自序》）在时间上就存在着一段很大的空白。根据《自序》，司马迁二十南游，至元封元年出使还都报命，见父于河洛之间，按照王国维的推算，此年司马迁已三十六岁。自二十至三十六岁，中经仕为郎中、出使两件大事，前后时间长达十五六年，按《自序》行文之例，理应交代各事间隔之年岁。"他们虽均未在阐述时提及李长之，但实际上却都是李氏"空白说"的追捧者与因袭者。

② 施丁：《司马迁生年考——兼及司马迁入仕考》，《杭州大学学报》1984年第3期。

仕之前的二十三、四岁到二十七岁之间这几年向大师学习①。还有元封二年司马迁扈从武帝封禅,并负薪塞河。如此说,更不存在"空白说"。司马迁写人物列传,不是开履历表,不是记流水账,而只写每个历史人物的特点和重点。《太史公自序》着重写司马迁父子怎样写《史记》,对司马谈出仕三十年只写了《论六家要旨》、培养司马迁、临终遗言三件事。"空白说"的提出,说明李氏及后继者未仔细读历史传记书,更未仔细读《太史公自序》。

  第5条:《自序》中有生年说。李文引《自序》云:"太史公仕于建元、元封之间,……太史公既掌天官,不治民。有子曰迁。迁生龙门。"对此,李文说"看口气,也很象",司马迁父亲"任为太史令之后才生他"。这又是大胆提出的一个猜想和假设,未做任何考证,用了"那么"两个字,笔锋一转,变成了"这也是他于建元六年,即公元前135"的"更可靠的证据",此真可谓开了一个主观虚妄的猜想恶例。众所周知,胡适提出"大胆假设,小心求证",而李文只有假设,没有求证,所以说是开了一个无证无考的恶例。李文发表六十余年之后,到了2010年以来,有四五位建元六年说的后继者,发挥李文的猜想,炒作《史记》中写有生年。其推论理由是:"有子曰迁",写在司马谈建元年间出仕之后,由于司马迁写《史记》是按时间先后叙事,所以司马迁只能出生在建元年间,也就是建元六年,即公元前135年。有一位建元六年说论者直接标题为"司马迁自叙生于建元年间"②。另有声称握有"新证"者③,尽管没有在其论文中提及李长之的举证,但也是对李氏"《自序》中有生年说"的因袭。由于《自序》中没有记载生年,所以这个炒作论题就是一个不成立的伪命题。依时间先后叙述这是最基本的写史书法,特别是编年体史,如《资治通鉴》,记载的所有史实,无不一一与其确定的时间相联系,并被嵌入相应的日、月、时、年、年号、君主、朝代的严密序列当中。由于一个历史事件涉及多个人物,多个方面,或时间延续很长,一支笔无法同时叙写出来,必然是一件件、一桩桩来写,所以有倒叙、插叙、纪事本末等等手法,《资治通鉴》也不

---

  ① 司马迁师从董仲舒、孔安国,参阅张大可:《关于司马迁生平的考辨》,《上海师范大学学报》1984年第2期。
  ② 吴名岗:《司马迁自叙生于建元年间》,《史记论丛》第十三集,中国文史出版社2016年版。
  ③ 曾维华:《司马迁生年新证》,《中华文史论丛》2013年第1期。

例外，这是大家所熟知的。也就是说，严密的编年体叙事，也不是机械的时间流向只朝一个方向。说到《太史公自序》，毫无疑问是按时间先后叙事，为了脉络清楚，依然是一桩桩、一件件来写。就拿开头两大段来说，第一大段写司马迁家世，叙写至"谈为太史公"，这句话就写在"太史公仕于建元元封之间"的前面。第二大段写司马谈的作史，"太史公仕于建元元封之间"，一句话写了三十年，然后倒过来写三十年间的三件大事：一是发表《论六家要旨》，应当在元狩元年，为司马谈的述史宣言，写在"迁生龙门"之前，因是司马谈的主体活动，必然先写；二是培养司马迁，写司马迁的青少年时代，自然在《论六家要旨》之后；三是临终遗命司马迁。在培养司马迁的段落中有"迁生龙门，耕牧山河之阳，年十岁则诵古文"的话头，这是司马迁自认为他少年时代自豪的三件大事：出生于龙门圣地；天资聪慧，十岁诵古文；少年时代耕牧于家乡，接受大自然的熏陶，为二十壮游打基础。司马迁把"耕牧河山之阳"看得比"十岁诵古文"还重要，并表示少年时期在故乡生活，所以叙说在前面，只有这样理解，文章才合情理，否则就成了十岁以前耕牧，这难道不是很荒诞吗？所以，按时间顺序推论"司马迁自叙生于建元年间"是一个伪命题，某些所谓"新证"则纯属荒诞的字意揣测①。

第6条：李文说，司马谈临终遗言，司马迁"听了后，便俯首流涕，这也宛然是告诫一个青年的光景"。一个"宛然"，就把"俯首流涕"转化成了出生于公元前135年说的论据，李长之的考证就是这样立足于文学想象而"妙笔生花"出来的。

第7条：劝进友人是"少年躁进"说。李文说司马迁元封三年

---

① 曾维华在《司马迁生年新证》一文中将《太史公自序》中"太史公既掌天官，不治民。有子曰迁。迁生龙门，……"，重新标点为："太史公既掌天官，不治民，有子曰迁。迁生龙门，……"认为"迁生龙门"前用逗号，可以拉近司马谈先做官后生子两者的联系，其实是徒劳。两者是不相干的独立事件，不因改变标点而改变。而且此举并非曾氏的独家发明，实是因袭李长之对该段的标点。又，曾氏说："这里的'既'字不仅表示'已'、'已经'，而且也可以表示司马谈出仕后不久，或司马谈出仕与生儿子司马迁是前后紧相衔接的两件事，即理解为太史公（司马谈）当官不久，就生了儿子司马迁。据此，这段话应解释为：'太史公（司马谈）已任掌管'天官'之职，不理民政，时有儿子名迁。迁生于龙门，……"这就是曾氏的"新证"！与李长之"看口气，也很象是他父亲任为太史公之后才生他"的表述相比，曾氏"新证"其实并无多少"新"意。他只是比李长之多分析了一个表示时间的副词"既"而已。在一定的语境下，"既"，意为"已"、"已经"，怎能又多出"时"、"当时"（"时有司马迁"）的意思？这种所谓"新证"，纯属荒诞的文字游戏。

始为太史令，致信友人挚峻劝进，先定格为"少年躁进"，接着推论说："与其说出自一个将近不惑之年（三十八岁）的人，决不如说出自还不到而立之年（二十八）的人，更适合些。""劝进"，也就是指热衷于仕进，有种种动机和背景，只热心于往上爬的人，或许是"少年躁进"；如果是有浓厚忠君报国或济世救民的人，例如孔子周游列国，能说是"躁进"吗？任安致信司马迁"推贤进士"，无论是在太始四年，还是在征和二年，年岁已不小，难道是"老年狂躁"吗？李长之对"少年躁进"四个字未加考证落实，只是一个假设的莫须有帽子。这一条与第六条有异曲同工之"妙"，同属荒诞不经。这种考证，只能称作文学虚构考证法，在传统考证学词典里没有立足之地。

第8条：司马迁夏阳见郭解说。郭解被杀于元朔三年（前126），他在死前曾到夏阳安置外祖老小。李文说："倘此年为司马迁之九岁，则司马迁在十岁学古文之前还在家乡，因而见郭解是最可能的。否则这一年十九岁，未必有见郭解的机会了。"李文的这一条似乎有一些考证，但把事实搞颠倒了。据张大可考证[①]，司马迁见郭解恰恰是生于公元前145年之一证。按诸史实，元朔二年，汉武帝大规模强制豪强移民茂陵，中级、高级的京官家属亦移至茂陵。司马迁以及家居广川的董仲舒都移置茂陵，因此十九岁的司马迁在茂陵见郭解。关中贤豪，知与不知，争相见郭解，动静很大。已移置于茂陵的郭解受其徒众杀人的牵连，遭官府通缉逃逸，秘密地到夏阳去安置外祖家老小，已是元朔三年，司马迁不在夏阳，而在南游；即便司马迁在夏阳，他怎能见到秘密行动的郭解呢？"司马迁在夏阳见郭解"，似乎是在刻意混淆史实，不只是假设，甚至有臆造的嫌疑。

第9条：司马迁年幼见李广说。李文说："李广自杀于元狩四年（前119），迁及见广，但迁与李广之孙李陵为友，则迁见广时应很年幼，说李广死时司马迁二十七岁是不如说他十七岁更合理的。况且李广只活了六十几岁！"此条全文引录李文，读者可以清晰地领略李氏是怎样颠倒事实的。正因为李广死得早，二十七岁的司马迁比十七岁的司马迁见李广才更合理些，李文颠倒为说。十九岁的司马迁家徙茂陵，十七岁的司马迁还在夏阳，是见不到李广的。二十七岁

---

① 参阅张大可：《关于司马迁生年的考辨》，《上海师范大学学报》1984年第2期。

的司马迁在二十南游归来，二十三、四至二十六岁，李广正好在京师。元狩五年司马迁二十八岁入仕为郎，十六、七岁的李陵在元狩年间"已为侍中"①，司马迁比李陵年长十岁左右，"俱为侍中"的两人，后来交往了"约有十余年"②。因此，与李陵为友的司马迁"见广时应很年幼"的说法，亦属缺乏考证的文学想象！

第10条：李文为《正义》按语"迁年四十二"找出路，认为是司马迁一生的年岁，郭沫若也十分欣赏这一说法，《正义》有了出路，《索隐》不就坐实了吗！按古人虚岁纪年法，从建元六年（前135），到太始四年（前93）是四十三年，而不是四十二岁。如果《报书》作于征和二年，即公元前91年，则司马迁四十五岁了，由于史实不落实，李文的用语是："但我想，《正义》四十二岁之说的确可能并非指太初元年四十二岁，却只是指司马迁一生有四十二岁。"既然不能坐实的"但我想"与"的确可能"，不是考据，只是一种推测，当然不能成立。

综上所述，李长之的十条证据，不仅没有一条考据，而且也违背了推理的基本原则——由已知推未知，而是什么"假若"、"看口气，也很像"、"宛然是"、"但我想"、"的确可能"云云，运用文学想象的手法代考证，显然是不及格的。故而李文的发表，学术界没有什么反响。由于郭沫若的追捧，引之为佐证；更由于李文的虚构法考证给建元六年说者开启了一条步入学术殿堂的捷径幻影，特别是近年来建元六年说者有高涨之势，其基本手法是师承了李文的所谓考据，研讨思路多不出李氏十条，因此在司马迁诞辰2160周年之际总结司马迁生年百年争论的时候，李文不能不首当其冲地予以研讨，这就是本文写作的原因。由于李长之本人已申明放弃，没有什么可苛责的，但李文开启的恶例影响似有泛滥趋势，不能不从源头上予以澄清，这是本文写作更深层的原因。

本文最后，还有两个问题必须予以回答：一是并不擅长考证的李长之为什么要写这篇考辨文章？二是李文为何受到郭沫若的追捧？

李氏为何要写这篇文章，李文本身在结束时作了鲜明的回答。李氏认为《史记》是一部充满浪漫色彩的诗史，应当出自一个"血气方刚，精力弥漫的壮年人"之手，年龄应当在"三十二岁到四十几岁"，不能是"四十二岁到五十几岁"，"那是一部成人的东西"。

---

① 施丁：《司马迁行年新考》，第20页。
② 同上。

这就是李氏要司马迁晚生十年而又要司马迁早死于四十二岁的原因。《史记》是一部文史名著，因以人物为中心述史，于是兼及文学。《史记》定位，第一是历史学，第二才是文学。《史记》中人物是在实际生活中创造历史的真人真事，而不是虚构的文学人物。文学创作可以产生神童作家，而历史记述要博闻强记历史知识，要耗尽一个人的一生，乃至几代人接力。《史记》与《汉书》都是父子两代人的结晶。古今中外伟大的历史著作未闻产自青年学者之手。所以李长之的构想，只是充满浪漫色彩的一个幻影，十条考辩无一考据是必然的结果。

  郭沫若为何追捧李氏的文章，我以为郭氏要否定王国维的考证，但他苦于自己没有考出新证据，只好借用李文来壮势。郭氏《〈太史公行年考〉有问题》并没有用证据来驳王国维，他只是引用了十条汉简来重复证明王国维提出的论点依据，即《博物志》记载司马迁的履历是可靠的先汉记录。至于关键问题——十年之差是怎么造成的，郭文回避不说。王国维认为是《史记》在流传中记载的数字发生了讹误，《索隐》的"二十八"原来是"三十八"；郭沫若说："汉人写'二十'作'廿'，写'三十'作'卅'，写四十作'卌'。这是殷周以来的老例。如就廿与卅，卅与卌而言，都仅一笔之差，定不出谁容易，谁不容易来。"[①] 既然是定不出谁优谁劣，必然的逻辑结论应当是《索隐》和《正义》都有可能发生讹误，到底是谁发生了讹误，要用考据来证明。郭沫若拿不出考证，于是效法李长之，笔锋一转："因此，这第一个证据便完全动摇了。"[②] 此指王国维说《索隐》"三十八"讹为"二十八"完全动摇了。至于接下来驳王国维的两条论据，其实只是抓住王国维的失误作文字游戏。司马迁向孔安国问故，向董仲舒学习，在二十南游归来的二十三四岁至二十七八岁之时[③]，而王国维考证粗疏，说司马迁在二十岁左右时向孔安国问故，在十七八岁时向董仲舒学习，受到郭文的驳斥。王国维误把"年十岁诵古文"作为司马迁向孔安国问故的依据，又错误地认为董仲舒家居广川，二十岁后的司马迁无法相见。十分有趣的是，郭沫若驳王国维，又承袭王国维的错误，依然依据"年十岁诵古文"是

---

① 郭沫若：《"太史公行年考"有问题》，载《郭沫若全集》历史编第三卷。
② 同上。
③ 参阅张大可：《关于司马迁生年的考辩》，《上海师范大学学报》1984年第2期。

向孔安国问故,遽然断定司马迁"学古文是在元朔三年(前126)"①,认为这样他便正好晚生十年。还说既然董仲舒在广川,司马迁年幼时见、年长时见没有区别,说明郭沫若也不知道董仲舒家居茂陵。所以说郭文是在做文字游戏,给读者造成错觉,用了三条证据驳王国维,其实哪一条都不是考据。郭文在驳王国维的三条论据后,又因袭李长之十条中的第一条"早失二亲"说,没有任何考证便声称"这是一个确切的根据可以判定这个疑案",是"王说一个致命伤"②,其谬误前已述及。郭沫若说王国维的考证"有问题",那就必须用证据,郭沫若没有考出新证,于是顺手借用李文来壮势,引以为奥援,这就是20世纪50年代中郭沫若发起司马迁生年之争的由来。

本文集中探讨李氏十条,兼论郭文,就此结束。

---

① 参阅张大可:《关于司马迁生年的考辨》,《上海师范大学学报》1984年第2期。
② 郭沫若:《"太史公行年考"有问题》,载《郭沫若全集》历史编第三卷。

# 司马迁自叙生于建元年间
## ——兼论张守节《史记正义》不可尽信

* 本文作者吴名岗，滨州学院兼职研究员。

【编者按】本文认为"司马迁自叙生于建元年间"，这是一个伪命题，《太史公自序》中找不到自叙生年。近年来连续有几篇司马迁生年为前135年说的"新证"者，都从《太史公自序》中找依据，找铁证，他们找不到就大骂王国维，本文则痛斥张守节。鲁迅说过"谩骂绝不是战斗"，但此类文章，一概不登也不是办法，而糊里糊涂登了也可以说是不负责任。为了严肃和谨慎，刊出本文，特发此"编者按"，同时写出驳论予以回应，让读者明晰考证文章该怎么写，要有理有据，以供研讨。

对于司马迁的生年，自王国维因唐人张守节的《史记正义》注《太史公自序》之"五年而当太初元年"为"迁年四十二岁"，推司马迁生于汉景帝中五年之后，至今争论不休。在先贤对张氏的注解毫不怀疑，争论于一些版本、轶文等细枝末节的是否错讹之时，对《太史公自序》原文的研读似不够。窃以为，司马迁在《太史公自序》中是说自己生于建元年间的。虽然说的似乎不那么直接，但细读原文即可得此结论。再者，从《史记正义》的一些注释看，张守节是个不够严谨的注解者，其《史记正义》不能尽信。

## 一、司马迁为什么不直写自己的生年？

《太史公自序》是《史记》的最后篇章，当司马迁写完父亲和自己的传记太史公自序之后，终于可以长舒一口气了。司马氏父子竭尽两世的努力，为撰写《史记》付出了毕生心血，特别是司马迁忍受了宫刑的耻辱，披肝沥胆，完成了这部五十二万六千五百字的空前巨著。他知道这部"究天人之际，通古今之变，成一家之言"

（《汉书·司马迁传》）的重要著作会在中国的历史上发挥怎样的作用，他也知道自己会是一个像文王、孔子、左丘明、孙子一样的重要历史人物。他说："退而深惟曰：'夫《诗》《书》隐约者，欲遂其志之思也。昔西伯拘羑里，演《周易》；孔子厄陈蔡，作《春秋》；屈原放逐，著《离骚》；左丘失明，厥有《国语》；孙子膑脚，而论兵法；不韦迁蜀，世传《吕览》；韩非囚秦，《说难》《孤愤》；《诗》三百篇，大抵贤圣发愤之所为作也。此人皆意有所郁结，不得通其道也，故述往事，思来者。'于是卒述陶唐以来，至于麟止，自黄帝始。"（《太史公自序》）这是司马迁自述作《史记》的因由和动力，也是其自比文王、孔子等以思想、文化影响后世的先贤而自居。司马迁"思来者"，对自己死后的历史影响是有所想象的，他这位写过十二本纪、三十世家、七十列传的传记作家，不会不懂得生年之重要，不会不重视自己的生年。司马迁对自己生年的叙写之所以在后人看来不那么明白，是因为受作为国家历史这样的官方书籍自身的体例所限制，不能明显交代自己的生年。《史记》中连文帝、武帝的生年都无明确记载，司马迁能直截了当地叙写自己的生年吗？

但是，我们只要仔细阅读，用心思考，还是可以明白司马迁在《太史公自序》中对自己生年的清楚交代的。

## 二、以事记年、以大记小的记事方法

中国很早以前就采用干支纪年的办法，乙丑紧随甲子，60 年转一圈，不容易出差错，便于查找。但干支纪年和数字纪年一样抽象，难于让人记住。干支纪年和皇帝在位时间相配合，就稍微形象一些，至少可以记住这事发生时是哪位皇帝当家在位。在汉武帝之前都是这样纪年的。汉高祖在位 12 年，就依次记为"汉三年"、"高祖十二年"等，惠帝在位七年，就记为"孝惠五年"等。到了汉武帝时，开始"改元"。所谓"改元"就是不再一直从皇帝即位的第二年为元年依次数下来，而是可以换一个开始年为元年往后数。这个"元年"是因为国家发生了一件重大事件或传播广泛的有趣事情，就称这年为元年。如元狩元年就是因为武帝打猎得到了一只"麟"，这事少有，有趣且传遍天下，容易让人记住，就以这年为元年。汉武帝封禅泰山，十几万大军浩浩荡荡，这是百姓皆知且容易记住的国家大事，就改这年为元封元年。这样的纪年容易让人记住，且回想起来颇有趣味。这种方法就是以事纪年。事实上，很多人都是以某一件对自己印象特别深刻的那件事情来记住那个年份的。对于一些小的事情，只要以这件人人皆知的重要事情为坐标记住，就容易记清其年份，且便于后人查找，这就是以大记小的方法。司马迁在《史记》中常用的就是这种以事纪年、以大记小的方法。其实这种方法早在《左传·襄公六年》中就出现过，如记齐国灭莱这件事之开始时就说："十一月，齐侯灭莱，莱恃谋也。于郑子国之来聘也，四月，晏弱城东阳，而遂围莱。"这是说围莱的开始时间是郑国的子国访问鲁国的那一年。子国访鲁在前一年，即鲁襄公五年，《春秋》有记载。从上年的四月围困莱子国，到了第二年十一月灭莱，齐国围困莱子国都用了一年半的时间。司马迁写《史记》常用这种以重要事件为坐标记述相对次要的事情的方法。

司马氏迁居夏阳这件事，在历史上无须记载，但对司马迁家族来说是重要的。他是这样写这事的："晋中军随会奔秦，而司马氏入少梁。"《太史公自序》把"司马氏入少梁"系于"随会奔秦"这件大事之下，入少梁的时间便可查，不然则难于说清。随会奔秦是《左传》有详细记载的大事，晋襄公死后，太子夷皋很小，赵盾派随会跟先蔑到秦国迎接在秦国的襄公之弟公子雍回晋国为君。等到秦康公送公子雍到晋国时，赵盾因夷皋的母亲坚决要求立太子为国君而变卦。赵盾无奈带兵袭击了来送公子雍为晋君的秦军，两国发生了令狐之战。因此，先蔑、随会作为迎接公子雍的当事人无法接受而奔秦。这年是晋灵公夷皋元年，公元前620年，"四年，伐秦，取少梁"（《史记·晋世家》）。司马迁的祖先才得以在少梁定居下来。"随会奔秦"比"司马氏入少梁"早三年，但二者有联系，前者作为大事有记载，而司马氏入少梁在司马迁之前是没有记载的。

司马迁记父亲的卒年是相同的笔法，他说："是岁天子始建汉家之封，而太史公留滞周南，不得与从事，故发愤且卒。"（《太史公自序》）司马迁没有说父亲"卒于元封元年"，而是说"是岁天子始建汉家之封"这是对这年汉武帝始封禅泰山这件大事的记载，然后把父死系于汉武帝的封禅泰山之下，这就便于记忆和查找了。

记载自己的生年，司马迁用的也是这样的方法。一般人的生年并不足道，也难于被家人记住，所以古人创造了用十二生肖纪年的方法，只要想住生年的代替性动物就可以了。司马迁把自己的生年系于父亲的行年之下，就像把父亲的逝年系于君王的行年之下一样，这是便于记住和查找的,况且自己之生就是父亲生平中的一件大事。所以他说:"太史公仕于建元元封之间……太史公既掌天官,不治民。有子曰迁。迁生龙门,耕牧河山之阳。"这既是记父亲之事,又记了自己生年的背景,对于家人来说,父亲开始当官的年份是容易记住的,升官的年份也是印象深刻的,儿子就生在父亲升官的那一年,自然也就不会被忘了。

## 三、司马迁自叙生于父亲"掌天官"的建元年间

在《太史公自序》中,司马迁对自己生年的背景记述清楚,"太史公仕于建元元封之间",这是司马迁的父亲司马谈当官的始终,是自己和父亲相重合的一段历史。司马谈在汉武帝建元年间入仕,到朝中当官,到元封年病逝而终止了自己的一生。

司马谈始仕于建元年间,这是司马迁明确告诉我们的。汉武帝建元共六年,元年是公元前 140 年,六年是公元前 135 年。司马谈究竟哪一年入仕,司马迁没说明,但在这六年之间是明确的。

在《太史公自序》中,司马迁说过"太史公仕于建元元封之间"后,用七个段落叙述了他父亲的《论六家要旨》。我们研究司马迁的生平,可以把这七段放在一边。接下来,司马迁说:"太史公既掌天官,不治民。有子曰迁。"此句之文意是紧接"太史公仕于建元",写出了《论六家要旨》之后的。太史公建元年间当官,开始可能是一般的郎中,以后"掌天官",这个官主事,但"不治民"。接下来是"有子曰迁"。司马谈是在入仕之后,写出了《论六家要旨》后,"掌天官"后生的司马迁,也就是说司马迁生于汉武帝建元元年之后。这话是司马迁自己说的,白纸黑字印在《史记》中。司马迁生于汉武帝建元年间是确凿无疑的,任何人都可以根据司马迁自己的记述作出这一判断。任何到建元元年之前寻找司马迁生年的做法都是违背司马迁《太史公自序》的记述的。

《司马迁生年王郭两说学术研讨论文解读》说:"排比司马迁行年的资料,要依据《史记》的本证,这才是抱西瓜。"可惜的是诸家在论述司马迁的生年时偏偏遗漏了"太史公仕于建元元封之间……太史公既掌天官,不治民。有子曰迁"这一司马迁生年的重要历史记述。

应当注意,自"太史公仕于建元元封之间",到"迁俯首流涕

曰：'小子不敏，请悉论先人所次旧闻，弗敢阙"这段文字，是司马迁与其父司马谈生年重合的部分。我们可以暂删去其他段落来读这段文章。

> 太史公仕于建元元封之间。
> ……
> 太史公既掌天官，不治民。有子曰迁。迁生龙门，耕牧河山之阳。年十岁则诵古文。二十而南游江、淮，上会稽，探禹穴，窥九疑，浮于沅、湘；北涉汶、泗，讲业齐、鲁之都，观孔子之遗风，乡射邹、峄；厄困鄱、薛、彭城，过梁、楚以归。于是迁仕为郎中，奉使西征巴、蜀以南，南略邛、筰、昆明，还报命。
> 是岁天子始建汉家之封，而太史公留滞周南，不得与从事，故发愤且卒。
> ……

这段文章有五个时间点，一是司马谈入仕起始之年，是"建元年"，虽然没有写清具体是建元几年，但绝不会超出"建元"这个年号，即不会早于公元前140年。二是司马谈仕之终年是元封元年，同时为仕初年又是司马迁的生年，仕之终年又是司马谈的卒年，这一始一终，一生一死界定了这段历史时空。三是司马迁十岁这年已能"诵古文"，四是二十岁这年开始南游，五是"迁仕为郎中，奉使西征"之年，应是二十几岁。

在写父亲司马谈的事迹时是虚写，司马迁用了七个段落详细介绍了司马谈的《论六家要旨》，这不仅是司马谈的理论，也是司马迁自己的认识。在写自己的事迹时则实写，这样虚实相映，父子相继。司马迁先写自己的生年，再写自己的生地，生年由叙写父事带出，写生地则直截了当。司马迁作为历史学家，时间顺序观念是很强的，在写了司马谈入仕后，方写其《论六家要旨》，说明此作的时间在入仕之后。然后才写"太史公既掌天官，不治民"。"掌"是执掌的意思，是部门的主要领导，初入仕不会立即当主要领导，所以是入仕过了一段时间之后。然后才是"有子曰迁"。"有子曰迁"在司马谈建元入仕之后，在其写出《论六家要旨》之后，在其执掌天官之后。

"有子曰迁"之"有"，生也。《词源》"有"的第二个义项是"发生"的意思，并以《左传》为例。"有子曰迁"即"生子曰迁"。从上下文看"有子曰迁"也是"生子曰迁"之意。接下来说："迁生龙门"正是"有"为"生"意之连贯。司马迁这样写也是修辞上的需要，如果说"生子曰迁，迁生龙门"会有重复之感。上文没有司马迁家庭的任何交代，下文则说"迁生龙门，耕牧河山之阳。年十岁则诵古文，二十而南游江、淮"。"十岁"、"二十"都是司马迁人生的时间节点，如果司马迁没有交代自己的生年，那就缺少了一个重要的人生起点。事实上，司马迁是交代了，他就生于父亲掌天官之后。今人可能不明白司马迁为什么不直接说自己生于哪一年，可这是《史记》的写作体例所不允许的。《史记》对时间的交代是大有学问的，用的是春秋笔法，细读《史记》就能发现其叙写年、月、日、时的规则。事实上，司马迁在尽量写清自己的生年时，已经做了最大努力，他是在叙父亲的经历时似乎是无意中带过自己生年的。

"有子曰迁"许多人把"有"理解为"生有"，认为是"早就有了"而不是"刚刚发生或发生不久"的意思。"有"之"发生"意，至今仍用，至少在口头语言上仍在用。说"张三有孩子了"，是说"张三刚生了孩子不久"，如果张三的孩子三岁了，再有人说"张三有孩子了"，别人马上会纠正说"人家的孩子都三岁了"。司马迁对"生"的惯常用法是"生有"的意思：如"昌生无泽"、"无泽生喜"、"喜生谈"等，这才是《史记》中"生"字最多的用法。以此，我们更可以看出"有子曰迁"是今人理解的"生子曰迁"之意。

作者先述其生年，父亲在建元年到朝廷任职天官后生了自己，再述其生地，生于龙门。说自己耕牧于黄河之西，梁山之东。二十岁前在家中耕读，二十岁之后南游。南游数年后当了一名郎中，当郎中后奉使巴、蜀。

接下来的一段说：

> 是岁天子始建汉家之封，而太史公留滞周南，不得与从事，故发愤且卒。而子迁适使反，见父于河洛之间。

"是岁"是指司马迁"还报命"的这一年。这年是汉武帝始封禅泰山之年，即元封元年。司马谈因没能跟随武帝封禅泰山发愤而死。自司马迁"二十而南游江、淮"到元封元年不会超过十年，在最无事可写的青少年时期，司马迁以十年为限简写自己的经历，二十岁以后，当官以后可写的事情多了，能让其叙述再超过十年吗？以现代人写简历的要求来说，也是不可以的。所以这年司马迁二十几岁。这个年龄是从司马迁上述文章中得出的。元封元年是公元前110年，建元元年到元封元年正好30年，生于建元之后的司马迁无论如何也不会超过 30 岁。

> 卒三岁而迁为太史令,细史记石室金匮之书。五年而当太初元年,十一月甲子朔旦冬至,天历始改,见于明堂,诸神受纪。

司马贞注《史记》的《索隐》说:"《博物志》:'太史令茂陵显武里大夫司马迁,年二十八,三年六月乙卯除,六百石。'"

司马谈卒于元封元年,"卒三岁而迁为太史令"三岁当指虚年,亦即元封三年司马迁为太史令。这年司马迁 28 岁,以此推知司马迁生于建元六年。司马迁生于"建元六年"是符合司马迁自己说的"太史公仕于建元元封之间。太史公既掌天官,不治民。有子曰迁。迁生龙门"的。而说太初元年"迁四十二岁"则等于是说司马迁生于汉景帝中五年,这远在司马谈入仕之前,这显然与司马迁自己的说法不合,所以不可取。

因此,我认为李长之先生在 1948 年正式提出的司马迁生于汉武帝建元六年之说是正确的。因为这符合司马迁自己说的"太史公仕于建元元封之间,……太史公既掌天官,不治民。有子曰迁。迁生龙门,耕牧河山之阳"这段对自己生年的记述。

## 四、张守节之《史记正义》不可尽信

王国维以张守节之司马迁太初元年四十二岁说为据,推司马迁生于景帝中元五年之说之所以不可取,一是与《太史公自序》不合,二是张守节的《史记正义》本身不可尽信。今人读到的《史记》多是三家注本,但张守节的《史记正义》错谬甚多,直接与《史记》原著相忤逆,不可尽信。如果完全相信张守节的注解,会对《史记》产生许多错解。今举《史记正义》与原著本意相违背者数例,希望引起研究《史记》的专家学者们注意。

(一) 断章取义

《史记·五帝本纪》之评赞说:"太史公曰:学者多称五帝,尚矣。"唐人张守节的《史记正义》注曰:"太史公,司马迁自谓也。《自序传》云:'太史公曰先人有言',又云'太史公曰余闻之董生',又云'太史公遭李陵之祸',明太史公,司马迁自号也。"

张守节虽然以《太史公自序》为证解释"太史公"是司马迁

"自谓"、"自号",但其所举例只是《太史公自序》的后半部分。

《太史公自序》是司马谈与司马迁的合传,自开篇到"迁俯首流涕曰:'小子不敏,请悉论先人所次旧闻,弗敢阙。'"是司马谈传,后面才是司马迁传。司马谈传,司马迁是以第三人称写的,自称"迁"。在写父亲的传记时,司马迁不便以第一人称说"余"如何如何,而只是自称其名"迁"。到了为自己写传记时,司马迁才以"余"发言叙事。对司马谈传中的"太史公"是绝对无法用"自谓"、"自号"解释为司马迁的。

在《太史公自序》的司马谈传记部分,司马迁六次称其父为太史公:"喜生谈,谈为太史公";"太史公学天官于唐都";"太史公仕于建元元封之间";"太史公既掌天官,不治民。有子曰迁";"而太史公滞留周南";"太史公执迁手而泣"。

这里的"太史公"都是指司马谈是毋庸置疑的,是任何读者都清楚的。张守节注《史记》,且名之曰"正义",在注"太史公"时又引用了那么多例证,他不可能没有通读《太史公自序》,而他越过《太史公自序》的前半部分,专以司马迁传部分的"太史公"为据,注之为"自谓"、"自号",而以此为对《史记》全书中"太史公"的注解,这就是有意识的断章取义,以此误导了后人。此一错误,并非一般的差错,是在注者明知《自序》中的"太史公"先是司马迁对其父亲的称呼之后做出这样的注解的。这就使我们不得不怀疑张守节的治学态度,至少可以看出,其注《史记》是非常不严谨的,是不负责任的。

(二)"地重"非"地潟卤"

《齐太公世家》说:"武王已平商而王天下,封师尚父于齐营丘。……太公至国,修政,因其俗,简其礼,通商工之业,便鱼盐之利,而人民多归齐,齐为大国。"张守节的《正义》注营丘说:"《括地志》云:'营丘在青州临淄北百步外城中'。"这是说营丘在临淄。

但《货殖列传》说:"太公望封于营丘,地潟卤,人民寡,于是太公劝其女功,极技巧,通鱼盐,则人物归之,襁至而辐凑。"营丘的土地特点是"地潟卤"——盐碱。在写到临淄时则说:"临淄亦海岱之间一都会也。其俗宽缓阔达而足智,好议论,地重,难动摇,怯于众斗,勇于持刺,故多劫人者,大国之风也。"临淄之地的特点是"地重"。

"地潟卤"与"地重"显然其土地特点是不同的,"地重"非"地潟卤",这说明营丘不在临淄,证明张守节的注解是不对的,他在作注时没有联系司马迁在《货殖列传》中对两地土地不同特点的论述,误把两地混为一地。

### (三) 不知东西

张守节的《史记正义》注《太史公自序》之"耕牧河山之阳"说:"河之北,山之南也。案:在龙门山南也。"

司马迁说:"耕牧河山之阳",张守节就说"河之北"。他竟不知道夏阳或韩城在黄河的西边,不知道这很长的一段黄河是南北向的。他只知道河北为阳,不知道河西亦为阳,日出东方,阳光洒向西岸,就像太阳从南边照射到河的北岸一样,所以河西亦称"河之阳"。正确的注解应该是"河之西"。"山"是指梁山,这正是韩城在春秋时期称"少梁"之由来。司马迁说"司马氏入少梁"就是指其祖先定居韩城。韩城在梁山之东,山之东为阳,所以,司马迁才说"耕牧河山之阳"。

今司马迁祠就是"东临黄河,西枕梁山"。张守节只知河北、山南为阳,不知河西、山东为阳。

### (四) 自相矛盾

张守节在注《史记·五帝本纪》之"太史公"时说:"司马迁自谓也。"举出司马迁传部分的三个例句后又说,"明太史公,司马迁自号也。"到了《史记》的最后一篇《太史公自序》之"谈为太史公"时,张守节再也无法说,司马迁"自谓也"了。他是怎么说的呢?

张守节先引虞喜《志林》云:"古者主天官者皆上公,自周至汉,其职转卑,然朝会坐位犹居公上。尊天之道,其官属仍以旧名尊而称也。"然后下案语说:"下文'太史公既掌天官,不治民,有子曰迁',又云'卒三岁而迁为太史公',又云'太史公遭李陵之祸'又云'汝复为太史,则续吾祖矣',观此文,虞喜说为长。乃书谈及迁为'太史公'者,皆迁自书之。"

首先,此注中的"卒三岁而迁为太史公"与原文不符,原文是"迁为太史令"。这有篡改文献之嫌。

其次,张守节在举例时是有选择的,本来《太史公自序》在

"太史公既掌天官之后"，还有"太史公留滞周南"、"太史公执迁手而泣"，但张守节跳过此两例引"卒三岁而迁为太史公"，再引"太史公遭李陵之祸"，又倒回来引"汝复为太史，则续吾祖矣"。

以此可以看出，张守节在注释用例上是动了心思的，他不是从对原文的解读和研究中来理解原文，解释原文，而是选择原文中的一些文句来证明自己的某种并不正确的认识和理解。如果尊重客观实际、尊重原著的话，任何人都能看到，《太史公自序》中至少是司马迁先称自己的父亲司马谈为太史公的，这是无法歪曲的事实。虽然下面有司马迁自称的部分，但司马迁是否既称自己的父亲为太史公，又自称太史公是深可怀疑的，因为这么做是不尽人情的，是不合礼法的。张守节不深研此事，却不顾事实，硬要继续证明太史公是司马迁"自谓"、"自号"，这样的《正义》能"正"吗？能令人尽信吗？我甚至怀疑，张守节把"太史令"举例为"太史公"不是疏忽而是有意为之，如果如此，那就太成问题了。

张守节在《五帝本纪》中注释的是"谁是太史公"这个问题，到了《太史公自序》中注释"谈为太史公"时，他应继续说清"太史公"究竟是指谁。既然司马迁说"谈为太史公"，那么"太史公"还能是司马迁的"自谓"、"自号"吗？但是张守节没说这个问题，而是说"书谈及迁为'太史公'者，皆迁自书之"，这显然与解释"谁是太史公"不是一个问题。同时，他也没有拿出"皆迁自书之"的任何证据。张守节的太史公是司马迁"自谓"说不但与司马迁的原文相矛盾，他的注释也是自相矛盾的，如果"书谈及迁为'太史公'者，皆迁自书之"，他就不是"自谓"、"自号"了，难道"自"还有既指自己，又指"父亲"的用法吗？《史记》注完了，这个出现过156次的"太史公"究竟指谁，张守节并没有弄清。弄不清也不要紧，可以留给别人，但其却偏偏要"以其昏昏，使人昭昭"，留下了现在我们看到的，流传了千年的这样的《史记正义》。这样的注释，真是你不说别人还明白，你越说让人越糊涂了。

以上所举四例，除第三例把营丘与临淄混为一地与《史记》不合外，其他三例都是有关司马迁的。出现这样低级的错误足见张守节对司马迁本人，对《太史公自序》并没有认真严肃的研究。他的"迁年四十二岁"只是随便一说，没讲任何依据。有人说，其依据与司马贞的《索隐》同出《博物志》，这只是后人的附会，没见有任何的证据。张守节说司马迁太初元年四十二岁是与《太史公自序》明显不合的,是毫无依据的,从其注《史记》的态度和实际做法看,张守节是不负责任的,是不可信的。

我们应当相信用尽了毕生精力写出《史记》的司马迁在叙写自己的生年时是清楚而认真的,而那个千年后为《史记正义》的张守节则是不可信的。司马迁生于建元六年这一说法是经得起历史的检验的。

# 《太史公自序》中没有记载司马迁生年
## ——兼与吴名岗等先生商榷

\* 本文作者张奇虹，悉尼大学硕士毕业，现在麦觉理大学攻读土著学。

## 一、问题之提出

近年来连续有多篇主张司马迁生年为前135年的"新证"论者的论文，而且都是从《太史公自序》中找依据，作者以"铁证"自居，文风偏激，或大骂王国维，或痛斥张守节。2012年中国史记研究会在杭州举办第十一届年会，出版《史记论丛》第九集，以编委会名义摘要刊登《司马迁生年论证》一文的论点。该文认为《太史公自序》中"太史公既掌天官，不治民。有子曰迁"这几句话提供了司马迁生于建元六年说即生于前135年的证据，批评王国维司马迁生于前145年说是"妄议"、"荒谬呓语"，"是虚妄的，生硬的，主观的"，"误导"读者。2013年中国史记研究会在商丘举办第十二届年会，出版《史记论丛》第十集，又有一篇题称《从文内文外读史记》的论文，仍然是从这几句话中读出了司马迁生于前135年。今年即2016年10月至11月北京史记研究会、中国史记研究会将分别在北京与重庆两地举办学术研讨年会，出版《史记研究》与《史记论丛》年会论文集，两会秘书处成立联合编委会。编委会收到吴名岗先生的论文《司马迁自叙生于建元年间》（以下简称"吴文"），副题《兼论张守节〈史记正义〉不可尽信》，论说系统而机敏，自信而胆壮，题目直接标明司马迁在自序中说"生于建元年间"，又痛斥张守节治学"是非常不严谨的，是不负责任的"，"是不可信的"。但吴文通篇既"无理"，亦"无据"，《太史公自序》中没有记载生年，所以吴文题目"司马迁自叙生于建元年间"是一个伪命题。中国史记研究会与北京史记研究会共同发起，今年的年会主题之一是研讨司马迁的生年，在两会的年会论文集中均要刊载研讨论文。吴文既然应征参加研讨，毫无疑义应予刊登。既然是研讨，旗帜就必须鲜明。编委会将吴文转给我，指示：要立场鲜明地写出驳论，以供两会年会研讨。这就是本文写作的缘起。

## 二、从《太史公自序》中找司马迁生于前 135 年说的证据，不是"新大陆"，版权发端于李长之

认为《太史公自序》有司马迁生年为前 135 年说的"新证"论者行文口气以发现"新大陆"自居，十分自信而胆壮，以痛斥王国维或张守节来突显"新大陆"的发现。其实版权发端于李长之。1944 年《中国文学》第一卷第二期发表李长之的《司马迁生年为建元六年辨》，举证十条以立其说。其中第五条说：

第五，《自序》上说："太史公仕于建元、元封之间……太史公既掌天官，不治民，有子曰迁，迁生龙门。"看口气，也很像是他父亲任为太史公之后才生他。那么，这也是他生于建元六年，即公元前一三五，较比提前十年更可靠的证据。

李长之先生发明了《太史公自序》中有"生年"说的版权，但没有做任何辨析和考证，只是提出了一个猜想、一个论点，即"看口气，也很像"，但笔锋一转，用了"那么"两个字，就把猜想的"看口气，也很像"变成了"这也是他生于建元六年，即公元前一三五"的"可靠的证据"。李长之给建元六年说者开了一个"虚妄的，生硬的，主观的"恶例，也就是创造了"因"与"果"的循环论证。"因为"——"看口气，也很像"；"那么"，即"所以"——是"可靠的证据"。试问："可靠的证据"是什么？那就是"因为"的"看口气，也很像"。

李长之先生的其他九条证据暂且不说，单就这一条来说是无据无考，开了一个炒作证据的恶例。近年来建元六年说"新证"论者师法李长之炒作无据无考的"新证"越来越热。2013 年曾维华在上海《中华文史论丛》发表《司马迁生年新证》是一典型例证。且看曾维华的"新证"都有哪些内容。

其一，司马迁父亲司马谈出仕的时间，在"建元"至"元封"之间，历时约二十五至三十年。

其二，《太史公自序》的体例，基本上是按时间先后顺序论述其生平事迹的。这样，对《太史公自序》中所说，"太史公既掌天官，

不治民。有子曰迁。迁生龙门……"可以理解为太史公司马谈为官在前，生儿子司马迁在后。

其三，中华本"太史公既掌天官，不治民。有子曰迁。"应标点为"太史公既掌天官，不治民，有子曰迁。"说什么：这"不治民"后的句号改为逗号，时间先后的顺序表述就更明确。"这里的'既'字不仅表示'已'、'已经'，而且也可以表示司马谈出仕不久，或司马谈出仕与生儿子司马迁是前后紧相衔接的两件事，即理解为太史公司马谈当官不久，就生了儿子司马迁。"

以上不厌其繁引述的曾维华"新证"与吴文"司马迁自叙生于建元年间"对照，如出一辙，有用的话只有一句："司马迁按时间先后顺序记事。"其推论逻辑是：由于"有子曰迁"写在司马谈出仕之后，即司马谈先出仕，后生儿子；既然司马谈出仕在建元年间，而且是出仕不久就生儿子，那么司马迁只能生在建元年间。"新证"还振振有词，这是司马迁《自序》写的，是铁证。王国维、张守节的说法不符合司马迁的《自序》，所以是"荒谬"的"妄语"，是"非常不负责任的"，"是不可信的"。

到底是谁在说"呓语"，是谁"不负责任"，是王国维、张守节，还是前前后后的"新证"者，且看下面对吴文的评析。

## 三、吴文"司马迁自叙生于建元年间"是一个伪命题

吴文命题不成立，因为它是杜撰的，没有的事实依据。《太史公自序》中没有记载生年，吴名岗等"新证"者的推理不成立，论说无考无据。下面将对吴文的论说一一予以澄清。

其一，吴文说，"司马迁为什么不直写自己的生年"，那"是因为受作为国家历史这样的官方书籍自身的体例所限制，不能明显交代自己的生年"。又说："《史记》中连文帝、武帝的生年都无明确记载，司马迁能直截了当地叙写自己的生年吗？"

从李长之始作俑开始，对司马迁生年主张建元六年说的大多数"新证"论者有一个共同的诡辩手法，无中生有"历史定律"，其方法是列举几条似是而非的事实，将之说成是板上钉钉的证据，用以粉饰自己的巧言。古代史官"左史记言，右史记事"，国家档案记录，只是侧重"言"与"事"。对个人参与的活动，重在记录活动本身这件事，至于个人的生年、参与活动时的年龄等都不予重视，这

就是"文帝、武帝的生年都无明确记载"的原因，并不是有一条国家的书法"体例"规定，不准记载生年。吴文中所说的这条"体例"规定是无中生有不能成立。但史官认为重要的生卒年及年岁，将之当作大事的予以记载，至于哪些重要哪些不重要，很大程度上依赖史家判断，因此对个人的纪年无规律可寻，这是客观事实。

其二，吴文说古代"以事记年，以大记小的记事方法"为司马迁采用，因此司马迁记载父亲的卒年就用此笔法。"是岁天子始建汉家之封，而太史公留滞周南，不得与从事，故发愤且卒。"因此，"司马迁没有说父亲'卒于元封元年'，而是说'是岁天子始建汉家之封'这件大事，然后把父死系于汉武帝的封禅泰山之下，这就便于记忆和查找了。"

古代史官对于个人的记年是从记事中带出来的，吴文的说法没有错，以大记小的记事方法也没有错，这些可以说是史官记事的基本功。这正是"文帝、武帝的生年都无明确记载"的原因，所以二十四史中历史人物的生年绝大多数要用考证的方法去捕捉，这是古史记年的缺陷，但不是什么"体例"规定。吴文把客观缺陷说成是主观的规定，目的是为了塞进私货，这就是本文所要批驳的。司马迁记载父亲死在元封元年，是在叙事中带出了记年，而不是为了规避什么"体例"而隐晦记年，这就是我们和吴名岗先生的分歧，也是和"新证"者们的分歧。吴文把"是岁天子始建汉家之封"这句话，解读为是司马迁"把父死系于汉武帝的封禅泰山之下"就是偷换概念，塞入私货。目的是为下面推论出："司马迁自叙生于父亲'掌天官'的建元年间"这个伪命题作铺垫。吴文在"把父死系于汉武帝的封禅泰山之下"后又加了一句："这就便于记忆和查找了。"这句话是在偷换概念中施展的障眼法，什么"便于记忆和查找"？难道直接写出"卒于元封元年"不是更便于记忆和查找吗？

中国历史有明确系统的记年是从司马迁开始的，《史记》中的系列年表足以表明司马迁对于记年的重视，以及对古代史官记年缺陷的纠正。但传统的习惯势力的影响使司马迁对个人生年、行年的记载仍未能足够重视，所以"文帝、武帝的生年都无明确记载"。岂止文帝、武帝，连汉朝开国皇帝汉高祖刘邦的生年《史记》、《汉书》都无明确记载，致使后人的记载留下了两种说法。

《史记·高祖本纪》："（高祖）十二年，四月甲辰，高祖崩长乐宫。"《集解》引皇甫谧曰："高祖以秦昭王五十一年生，至汉十二年卒，年六十二。"据此推算，刘邦生于公元前 256 年。

《汉书·高帝纪》："十二年，夏四月甲辰，帝崩于长乐宫。"颜注引臣瓒曰："帝年四十二即位，即位十二年，寿五十三。"据此，汉高祖卒于公元前 195 年，上推五十三年，则生于公元前 247 年。

这就是史官不直接记载个人生年带来的缺陷和弊端。司马迁已经注意到这一缺陷，当他把个人的生年、死年、行年本身当作大事时，也就加以明确的记载，这种方法司马迁用在了秦始皇和孔子两人身上。

《史记·秦始皇本纪》："秦始皇帝者，秦庄襄王子也。以秦昭王四十八年正月生于邯郸。""年十三岁，庄襄王死，政代立为秦王。"

《史记·孔子世家》："鲁襄公二十二年而孔子生。"行文中有："孔子年十七；孔子年三十五；孔子年四十二；孔子年五十；孔子年五十六；孔子年六十三；孔子年七十三，以鲁哀公十六年四月己丑卒。"特别是孔子死，司马迁认为是历史大事件，所以春秋列国世家，凡孔子到过的国家，都要写上一笔"孔子卒"。此外，秦朝二世皇帝年少篡位，大权旁落赵高，所以也特别地写了一句："二世皇帝元年，年二十一。"

总之，吴文杜撰的史官受"官方书籍自身的体例所限制"，司马迁不能明写生年而要隐晦记载，是没有的事，是伪命题。

## 四、吴文等"新证"用"时间顺序"记事推论"自叙生于建元年间"也是不成立的

吴文说："司马迁作为历史学家，时间顺序观念是很强的，在写了司马谈入仕后，方写其《论六家要指》，说明此作的时间在入仕之后。然后才写'太史公既掌天官，不治民'。'掌'是执掌的意思，是部门的主要领导，初入仕不会立即当主要领导，所以是入仕过了一段时间之后。然后才是'有子曰迁'。'有子曰迁'在司马谈建元入仕之后，在写出《论六家要指》之后，在其执掌天官之后。"

上引吴文絮絮叨叨反复说一些无用的话，引导读者跟着弯弯绕。你们看，这些都是司马迁写的，先写什么，后写什么，有严格的时间顺序，其实要的就是一句话：《自序》先写司马谈出仕，后写"有子曰迁"，所以司马迁生于建元年间。对照前引曾维华的"新证"以及其他"新证"论者，无论怎么绕来绕去，都是说司马迁运用"时

间顺序"在隐晦地记载生年。假定他们的说法是成立的，也只是提出的一种说法，一种观点，即一个假说，也就是一种论点，而不是论据。"新证"论者们没有拿出任何直接的或间接的论据来证明假设，而是笔锋一转，偷换概念，用痛骂王国维、张守节的方式转移读者视线，把他们提出的假设偷换成证据，还强加给司马迁，说成是司马迁自己写的。

假的就是假的，伪装应予剥去。吴名岗等"新证"论者们扭曲的"时间顺序"是不成立的。

本来，按"时间顺序"记事是最基本的史官书法，这是常识，无须"新证"论者们絮絮叨叨，而他们絮絮叨叨的史官常识，其实是为偷换概念施加的障眼法。由于任何历史事件，都是人群共同参与，即使是个人的活动，也不是单一的孤立的，而是包含多种内容牵涉到丰富的人际关系。历史学家在记录时无法用一支笔同时平行地记录群体的活动，也不能同时平行记录个人的多种内容的活动，总是说了一件再说一件，所以必然地要在记事中打破"时间顺序"，有倒叙，有插叙，或交叉叙事，但时间顺序又十分明晰。吴名岗等"新证"论者们提出的"一根筋"的"时间顺序"是不存在的，包括《太史公自序》。下举六证以明之。

其一，《自序》云："太史公学天官于唐都，受《易》于杨何，习道论于黄子。太史公仕于建元元封之间，愍学者之不达其意而师悖，乃论六家之要指曰"云云。

请问"新证"论者们，这段话的时间顺序如何解读？

"太史公仕于建元元封之间"这一句话是这段话的核心，写了司马谈三十年。其下"论六家要指"、"培养司马迁"、"临终遗命"都是倒回来写。司马谈执掌天官三十年，参与了多少朝议，起草了多少文件，是否扈从武帝，司马迁一概没写，只写了"论六家要指"、"培养司马迁"、"临终遗命"三件事，因为这三件事讲的是一个问题，即司马氏父子怎样写《史记》。"太史公既掌天官，不治民。有子曰迁。"中华本的这一标点没有错。这三句话说的也仍然是一个问题：即司马氏父子怎样写《史记》。"既掌天官，不治民"，意思是说，司马谈做了官，做的是不治民的天官，全部身心扑在修史上。"有子曰迁"，说的是有一个独生子，为了培养他做修史接班人，所以司马谈没有把年少的司马迁带到任上去染习仕途，而是留在乡间耕牧锻炼，成年后壮游调查，说的也完全是修史。如此说来，司马谈是先有子，后出仕才是正解。如果说司马谈先出仕，后生子，请问：司马谈在京都做官，怎么会回到乡间娶妻生子，两地分居呢？当今农村子弟考入北大、清华，毕业了在首都谋职，有一些未能娶上北京姑娘，只好在老家找一个向阳花做妻子，这是20世纪60年代到80年代那个时代的青年学子常有的事。假定司马谈也是这一情况，那是出于无奈，与修史有何干系？《太史公自序》的主题讲的就是修史这一件事，前半部分说司马氏父子修史，后半部分概述《史记》内容，是《史记》一百三十篇的提要。司马谈为了培养司马迁，才没有把儿子带在身边去染习仕途经济，而是留在乡间锻炼，所以司马迁才自豪地说："迁生龙门，耕牧河山之阳。年十岁则诵古文。二十而南游江淮。"

其二，"耕牧河山之阳"这句话写在"年十岁则诵古文"之前，按照吴名岗等"新证"论者们的一根筋"时间顺序"，岂不是说司马迁在十岁之前耕牧河山之阳吗？这难道不荒诞吗？

其三，"太史公学天官于唐都，受《易》于杨何，习道论于黄子"，这三句话写在"太史公仕于建元元封之间"的前面，按吴名岗等"新证"论者们一根筋的"时间顺序"，也只能是司马谈在出仕之前向他们请教。而事实是，司马谈为了修史，重振天官学，他是出仕后师事唐都、杨何与黄子的。黄子，景帝时为博士，曾与辕固生辩论汤武革命于景帝前。《历书》记载："至今上即位，招致方士唐都，分其天部。"杨何，菑川人。《儒林传》载："何以《易》，元光元年征，官至中大夫。"司马谈，夏阳人，他之出仕，当与唐都一样，是汉武帝即位，建元元年举贤良出仕。司马谈学天官于唐都，是向同事学习。学《易》于杨何，是在元光元年以后。只有黄子是老前辈，景帝时已为博士，也当是司马谈出仕后在京师向黄生请教的。

其四，《自序》云："喜生谈，谈为太史公。"这句话更是写在"太史公学天官于唐都"之前，何时出仕，是无法知道的。正是有了"太史公仕于建元元封之间"这句话才明白的。司马迁为什么要把"谈为太史公"这句话写在"太史公仕于建元元封之间"的前面呢，按吴名岗等"新证"论者们一根筋的"时间顺序"是无法解释的，按"时间顺序"，这是倒置的。而这种倒置恰恰是按时间叙事。司马迁先写家世，从远祖写到司马谈，然后起头细说司马谈，于是"谈为太史公"就写在了"太史公仕于建元元封之间"的前面了。而

"太史公仕于建元元封之间"，一句话写了三十年，然后再回头一件一件细说司马谈的事。一支笔不能同时记述几件事，只能一桩一桩写，所以"时间顺序"就有了交错。所有历史典籍叙事，都不存在吴名岗等"新证"论者们一根筋的"时间顺序"，因此无论曾维华，还是吴名岗，以及没有提到姓名的"新证"论者们的"时间顺序"推导出的"司马迁自叙生于建元年间"的说法只能是杜撰的，是一个不成立的伪命题。

其五，《论六家要指》发表于何年？有什么意义？这要认真追索，不可轻轻放过。吴名岗说，《论六家要指》是写在"有子曰迁"之前，所以司马谈是在司马迁出生前发表了《论六家要指》。司马谈为什么要在生儿子之前写《论六家要指》，没有任何依据。司马谈出仕不久在建元年间发表《论六家要指》，更是不可能的。据张大可《司马迁评传》的考证，《论六家要指》前后两部分重复，前一部分是司马谈的原作，发表于元狩元年，是司马谈的述史宣言。司马谈发凡起例，原计划的《史记》断限为："于是卒述陶唐以来，至于麟止。"所谓"至于麟止"就是《太史公书》下限至于元狩元年。《论六家要指》后半部分是司马迁的发挥，司马迁修改《史记》断限，"余述历黄帝以来至太初而讫，百三十篇"。这是定稿后的《史记》面貌。《史记》的写作宗旨："究天人之际，通古今之变，成一家之言。"所以要"厥协六经异传，整齐百家杂语"。《论六家要指》要囊括百家，吸收其精华成为一家之言，两代人的写作宗旨是一致的。司马谈修史开端于元狩元年，司马迁修正断限在太初元年。元狩与太初这两个时间点，象征天下一统，至为重要。《论六家要指》作为述史纲要，述史宣言，发布在元狩元年，表明司马谈经过长期准备，以元狩元年为正式述史的起点，也作为《史记》下限的终点，虽是推论，当无大误。否定这一点，《自序》载《六家要指》就无意义。元狩元年是公元前122年，司马迁已24岁（依王国维说），或14岁（依郭沫若说）了。

其六，"太史公仕于建元元封之间"这句话是司马迁事后追叙概括说的，司马谈死于"元封"改元之前，他不知道元封年号。司马谈死在汉武帝封禅泰山之前叫元鼎七年，封禅后改元把元鼎七年称为元封元年，其时司马谈已死。吴文"新证"说：《自序》以司马谈临终遗言为界限，前半是司马谈传，后半是司马迁传。这泛泛说可以成立，但前后都是司马迁一人所写，吴文从中推论出"司马迁自叙生于建元年间"这种说法，表明吴先生根本就没有真正读懂《自序》，遑论从中推断司马生年了。

以上六点可证"司马迁自叙生于建元年间"是一个伪命题。

## 五、吴文诬罔《正义》之辞亦不成立

吴文说《史记正义》"不可尽信"，原则上这句话没有错，任何一个作家，包括司马迁的《史记》不可能没有错，错的部分就不能信。对任何经典都可以说"不可尽信"，这是原则上说的，也就是道理如此。但这话的使用要有分寸。吴文说《史记正义》"是非常不严谨的"，"是不负责任的"，则大错特错。吴文所举《正义》"是不负责任"的四条"错误"亦不成立。

其一与其四两条，吴文说《正义》注《史记》断章取义，自相矛盾。例子是《正义》对"太史公"的注。《五帝本纪·正义》说："太史公，司马迁自谓也，司马迁自号也"；《太史公自序·正义》说："乃书谈及迁为'太史公'者，皆迁自书之。"张守节的两条注，概括为一句话："《史记》全书的'太史公'都是司马迁自己写的"，斩钉截铁，既未断章取义，也不自相矛盾。

"太史公释名"是《史记》中一大疑案。《太史公自序》中凡称"太史公"者十四次，有四种意义：其一，有六次称"太史公"指司马谈；其二，有五次称"太史公"指司马迁；其三，有两次称"太史公"指谈、迁父子；其四，有一次称"太史公"指书名，即"太史公书"。

《史记》全书称"太史公"凡152次，这些个"太史公"是谁写的？是什么意思？称官名还是指代人名？是他人题名还是他人尊称？是后人所加还是司马迁写的？历来众说纷纭，有十种解说，这里不一一纠缠，单说在张守节之前有代表性的四种说法，一一列出，再看张守节的解说，真相自明。

第一种：桓谭说。

——桓谭曰："太史公造书，书成，示东方朔，朔为平定，因署其下。太史公者，皆朔所加之也。"（《孝武本纪·索隐》引）

第二种：如淳说。

——如淳说："《汉仪注》太史公，武帝置，位在丞相上。天下计书先上太史公，副上丞相。序事如古春秋。迁死后，宣帝以其官

为令，行太史公文书而已。"(《太史公自序·集解》引)

第三种：韦昭说。

——韦昭曰："说者以谈为太史公，失之矣。《史记》称迁为太史公者，是外孙杨恽所称。"(《孝武本纪·索隐》引)

第四种：虞喜说。

——虞喜曰："古者天官皆上公，自周至汉，其职转卑，然朝会坐位，犹居公上，尊天之道。其官属仍以旧名，尊而称公，公名当起于此。"(《孝武本纪·索隐》引虞喜《志林》)

以上四种说法，概括起来是两大问题：第一，《史记》中的"太史公"是谁写的？桓谭说是东方朔，韦昭说是司马迁外孙杨恽。外人所加，题写书名是可以的，加于全书不可信，近于荒诞。第二，"太史公"什么意思？如谆引汉卫宏《汉仪注》说是官名，与三公平齐。《汉书·百官表》无此官名，不可信。虞喜说是对旧名的沿用尊称，勉强可通。

在张守节之后，"太史公"释名继续争论直到现代。其中一种说法，先秦楚国，以及秦汉时，"令"字可尊称为公，司马氏父子任"太史令"，司马迁用"太史公"代"太史令"，用尊称来定书名："太史公书"。所以"太史公曰"，均为司马迁所写，因此，在《太史公自序》中有四种意思的"太史公"也都是司马迁写上去的，两千年来的争论，只有张守节一人最清醒，所以吴文说的"断章取义""自相矛盾"，乃诬罔之词。

总之，张守节独具慧眼，他摒弃桓谭、如谆、韦昭之说，明确指出，《史记》全书的"太史公"都是司马迁所写，勉强同意虞喜的说法，"太史公"不是官名，可能是沿用旧称。张守节为了注释简明，在《五帝本纪》中举例"太史公"皆指司马迁，吴文说成"断章取义"；在《太史公自序》中张守节对"太史公"既指谈，又指司马迁说："皆迁自书之"，与"自谓""自号"完全一致，意思是说"太史公"三字都是司马迁所写，吴文无中生有斥之为"自相矛盾"，真可谓欲加之罪，何患无辞。

其二，吴文指出："地重"非"地舄卤"。吴先生自己误解，反说张守节注误。

《齐太公世家》："封师尚父于齐营丘。"《正义》引《括地志》云："营丘在青州临淄北百步外城中。"今《史记词典》云："营丘：古邑名。在今山东淄博东北临淄北。以营丘山而得名。后改称临淄。"（中州出版社，1991 年版 756 页）当代《史记》注家仍沿用张守节之说。

吴文提到《货殖列传》中的两个句子：一是"太公望封于营丘，地舃卤，人民寡。"二是"临淄亦海岱之间一都会也。其俗宽缓阔达而足智，好议论，地重，难动摇。"吴文释"地舃卤"为"盐碱地"，是。而释"地重"曰"非地舃卤"，其义是"土地肥沃"，但又不明说，而是似是而非地说："地舃卤与地重显然其土地特点是不同的"，"这说明营丘不在临淄，证明张守节的注释是不对的。"按："地重"不是地肥沃，而是"重地"，指乡土观念重，人民难移动。吴文误解了这一点，反而用以指斥张守节，却又含混其辞，真可谓是一篇"奇文"了。

其三，吴文谓张守节"不知东西"。

《太史公自序》："耕牧河山之阳。"张守节注云："河之北，山之南也。案：在龙门山南也。"中国所居地在北半球，太阳大部分时间由南向北照射，所以形成了"山南为阳，水北为阳"的观念。太阳东升西落，也可以引申"河之北，山之南"为"河之西，山之东"亦可为"阳"。司马迁故里夏阳正在黄河冲出龙门折向南流的河之西，梁山之东。故"河山之阳"在这里的准确注释应为"黄河之西，梁山之东"。张守节用习惯语"河之北，山之南"来解说，因为从"迁生龙门"的角度，夏阳在龙门山南，所以张守节加案语："在龙门山南也"，注释不完善。由于司马迁突出龙门山，不说梁山，张守节案语："在龙门山南也"也没有错。吴文延伸指出"河之西，山之东"亦为"阳"，是一亮点，值得肯定，但又骄矜夸张，指斥张守节"不知东西"就过了。王国维对此也没有引出延伸的解释，《太史公行年考》说："耕牧河山之阳，则所谓龙门，固指山南河曲数十里间矣。"王氏亦重在突显龙门山。司马迁有言："智慧不可以一个人占有，信矣。"① 吴文有此一得之见，使本文在愉快中结束，亦一幸事。

---

① 此为译意，原文见《史记·刘敬叔孙通列传赞》曰："智岂可专邪！"